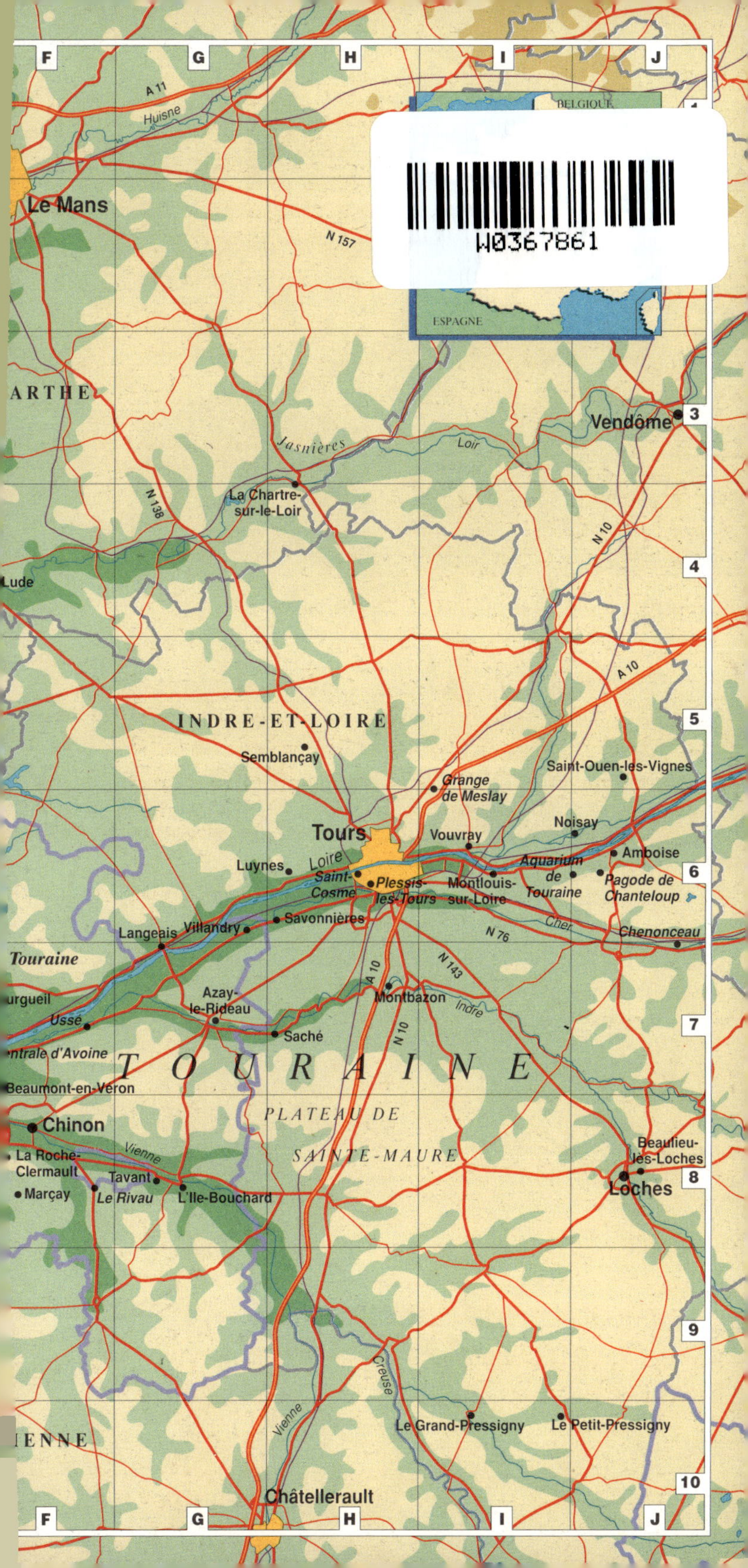
F
G
H
I
J
A 11
Huisne
BELGIQUE
Le Mans
N 157
ESPAGNE
ARTHE
Vendôme
Jasnières
Loir
La Chartre-
sur-le-Loir
N 138
N 10
Lude
A 10
INDRE-ET-LOIRE
Semblançay
Saint-Ouen-les-Vignes
Grange
de Meslay
Noisay
Tours
Vouvray
Amboise
Luynes
Loire
Saint-
Cosme
Plessis-
lès-Tours
Montlouis-
sur-Loire
Aquarium
de
Touraine
Pagode de
Chanteloup
Cher
Savonnières
Villandry
Langeais
N 76
Chenonceau
Touraine
N 143
A 10
Azay-
le-Rideau
Montbazon
Indre
urgueil
Ussé
Saché
N 10
ntrale d'Avoine
TOURAINE
Beaumont-en-Véron
PLATEAU DE
SAINTE-MAURE
Chinon
Vienne
La Roche-
Clermault
Tavant
Marçay
Le Rivau
L'Ile-Bouchard
Beaulieu-
lès-Loches
Loches
Creuse
Vienne
Le Grand-Pressigny
Le Petit-Pressigny
IENNE
Châtellerault
1
3
4
5
6
7
8
9
10

19 7bre 1905

Au début du siècle, le sable de la Loire était encore tiré à bras d'homme, avant d'être transporté jusqu'au port et déchargé par brouettes. Il était enfin tamisé par le cribleur, à l'aide de grandes claies garnies de grillage.

“Joyeuse belle et brave Touraine dont
les sept vallées ruissellent d'eau et de vin.”
Honoré de Balzac

L'hiver 1879-1880 fut particulièrement rigoureux. La Loire était entièrement prise par les glaces. Comme l'on craignait pour les ponts, l'armée fut chargée de dynamiter la banquise. Dix ans plus tard, une nouvelle vague de froid déferla sur la Touraine, et la Loire resta gelée pendant vingt-cinq jours ! Le dernier hiver mémorable pour son climat est celui de 1962-1963, où le nombre de jours de gel battit un record : la Loire se couvrit entièrement de glace durant quatre semaines.

À la fin du XIXe siècle, le vignoble et ses activités annexes occupaient une large part de la population. La succession de gestes et d'actes précis auxquels se livre le tonnelier n'a guère changé au cours des âges. Il façonne les douelles (planches de bois), puis il les assemble dans un cercle de montage. Le cintrage, phase délicate qui déterminera la longévité et la qualité du tonneau, s'effectue généralement au feu de bois.

De nombreuses personnalités universitaires ou locales ont collaboré à ce guide. Toutes les informations contenues dans cet ouvrage ont été soumises à leur approbation

Guides Gallimard
Direction
Pierre Marchand
Assisté de
Hedwige Pasquet

Rédaction en chef
Nicole Jusserand

Coordination
Graphisme : Élisabeth Cohat
Architecture : Bruno Lenormand
Nature : Frédéric Bony
Photographie : Éric Guillemot, Patrick Léger
Réactualisation : Anne-Josyane Magniant

Fabrication
Catherine Bourrabier

Partenariats
Philippe Rossat

Commercial
Jean-Paul Lacombe

Presse et promotion
Manuèle Destors

Châteaux de la Loire
Édition : Anne-Josyane Magniant assistée de Serge Gras, Cécile Gall, Florence Picquot, Philippe Voyenne (chronologie historique), Veronika Vollmer (coordination partie pratique), Sylvie Blanchard et Philippe Yvan (Les vins de la Loire)
Maquette : Olivier Brunot, François Chentrier, Gérard Dumas, Carole Gaborit, Philippe Marchand
Iconographie : Anaïck Bourhis

Des clefs pour comprendre
Identité : René Maurice, Anne-Josyane Magniant
Nature : René Chaboud, Alain Perthuis, Gérard Tardivo
Histoire : Jeanine Labussière
Arts et traditions : François Icher, Denis Le Vraud, Maurice Pommier, Cécile Vuatrin Duflot
Architecture : Anne Bourgne
Le Val de Loire vu par les peintres : Sylvain Bellanger, Marie-Christine Forest, Yves Mauffra, Véronique Moreau
Le Val de Loire vu par les écrivains Françoise Boucheron, Didier Julien, Jean Pitié †

Itinéraires en Val de Loire
Amboise : Stéphane Gendron, Annie Gros
Angers : René Maurice
Azay-le-Rideau : Marie Latour, Anne-Josyane Magniant
Blois : Bruno Guignard, Élisabeth Latrémolière, Florent Texnier, Aude de Tocqueville
Chambord : Jean Martin-Démézil, Françoise de Person, Aude de Tocqueville
Chenonceau : Stéphane Gendron
Chinon : Marie Latour
Loches : Paul-Jacques Lévêque-Mingam
Orléans : René Maurice
Saché : Bernard Briais
Saumur : René Maurice
Tours : Christian Daumas, Stéphane Gendron, Annie Gros, Jeanine Labussière, Marie Latour, Élizabeth Latrémolière, René Maurice, Andrée Moreau, Danièle Moreau, Véronique Moreau

Carnet de voyages
Alain Bradfer, Veronika Vollmer, Florence Picquot

Carnet d'adresses
Jean-Claude Ribaut

Illustrations
Nature : Anne Bodin, Jean Chevallier, Jean-Philippe Chabot, Gismonde Curiace, Bernard Duhem, François Desbordes, Claire Felloni, Gilbert Houbre, Jean-Michel Kacedan, Catherine Lachaud, Jean-Marc Peau, Sylvaine Pérols, Pascal Robin, Frédérique Schwebel
Architecture : Philippe Candé, Nicolette Castle, Hugh Dixon, Bill Donohoe, Mick Gillot, Jean-Marie Guillou, Trevor Hill, Roger Hutchins, Tuth Lindsey, Ian Moores, Claude Quiec, Michael Shoebridge, Ed Stuart, Tony Townsend
Itinéraires : Grégory Baird, Philippe Biard, Jean-Marc Lanusse, Bruno Lenormand, Philippe Lhez, Dominique Mansion, Fabrice Moireau, Jean-Claude Sénée,
Carnet de voyages : Maurice Pommier
Cartographie : Atelier de Bayonne : Francine Callède, Dominique Duplantier ; Éric Gillion, Vincent Brunot (coloristes)
Cartographie Infographique : Édigraphie, Patrick Alexandre, Sophie Compagne, Philippe Doussinet, Cyrille Mallié, Patrick Mérienne

Photographes
Pierre Aucante, Alain Beignet, Serge Chirol, Alain Doron, Jean-Pierre Gislard, François Joly, Patrick Lavaud, Michel Magat, Jean-Pierre Moreau, Jean-Luc Pechinot, Jean-Philippe Perraguin, Pierre Pitrou, Jean-Noël Thibault

Nous remercions pour leur précieuse collaboration : Jacques Gérard, Jacques Hesse, Pierre Huteau, Nicole Lagravère, Paul-Jacques Lévêque-Mingam, Solange Matheron, Yves de La Morandière, Marc Philippe, Jean-Yves Pinon, Galerie La Cymaise (Paris), Bibliothèque départementale (Tours), Bibliothèques municipales (Tours et Angers), Château de Blois, Musée de la Sologne (Romorantin-Lanthenay), Musée des Beaux-Arts (Tours), École nationale d'équitation (Saumur)

Dépôt légal : février 1999
Numéro d'édition : 87848. ISBN 2-74-240538-0
Photogravure : France Nova Gravure (Paris)
Imprimé en Italie par la Editoriale Llyod sur papier 100% biologique.
Février 1999

FRANCE

CHÂTEAUX DE LA LOIRE

GUIDES GALLIMARD

Sommaire
Des clefs pour comprendre

SOMMAIRE
ITINÉRAIRES EN VAL DE LOIRE

▲ Identité du Val de Loire

Par convention, le Val de Loire commence à Gien, quand la Loire amorce sa lente ondulation vers l'ouest et se termine à Angers, ville frontière entre le Bassin parisien et le Massif armoricain. Les anciennes provinces historiques qui le composent – Orléanais, Blésois, Touraine, Anjou – ont été découpées administrativement en quatre départements (Loiret, Loir-et-Cher, Indre-et-loire, Maine-et-Loire) et en deux régions (Centre et Pays de Loire, pour l'Anjou). Toutefois, les anciennes provinces ont gardé leurs propres caractères géographiques et seul le cours ligérien a su les lier : l'activité batelière autrefois, le tourisme aujourd'hui.

Anjou ● *37,* ▲ *277*
Entité historique plus que géographique, l'Anjou se compose, à l'ouest, des régions de Segré et des Mauges, rattachées au Massif armoricain. Terres de grès et de schistes, de bocages et de landes, elles portent aussi le nom d'Anjou noir. À l'est, le plateau de Baugé et la plaine de Saumur forment l'Anjou blanc. Là dominent le tuffeau, la vigne et la forêt, tandis qu'autour d'Angers la vallée alluviale s'organise en coteaux où alternent prairies, vignobles, cultures horticoles et maraîchères ■ *26.*

Touraine ▲ *193,* ● *77*
De nos jours, la Touraine correspond au département de l'Indre-et-Loire dont Tours, ville universitaire réputée, est la capitale. Répartie autour de la Vallée de la Loire, et de celles de ses affluents, cette région de douceur et de lumière possède un vignoble ■ *30* de qualité, qui constitue l'une des sources essentielles de ses richesses. Creusées dans le tuffeau blanc, les habitations troglodytiques sont très présentes ● *76,* comme en Anjou ▲ *286.*

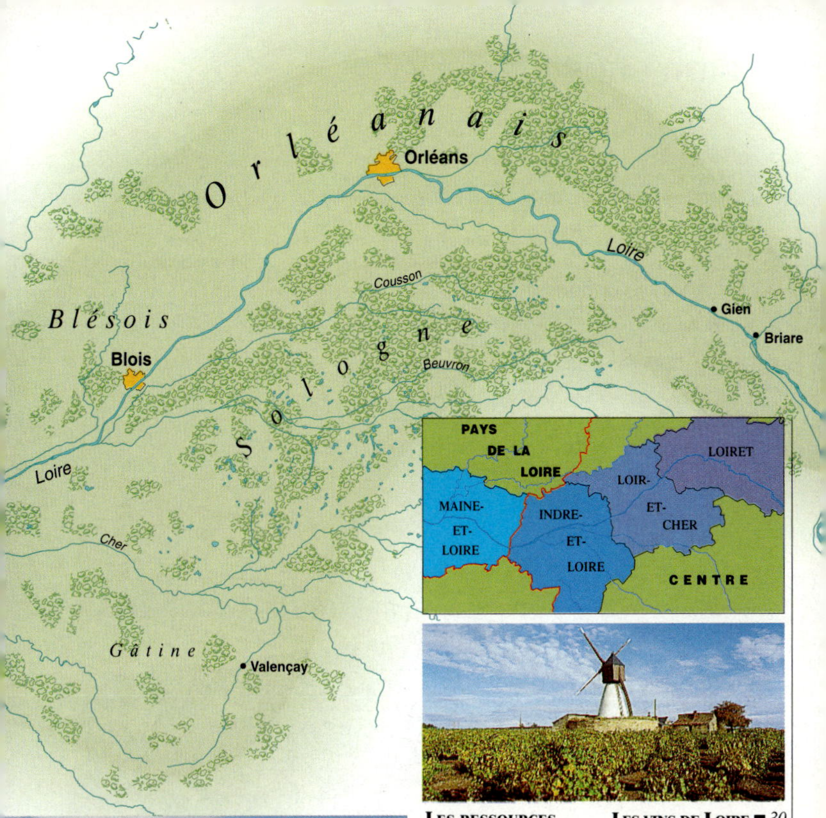

LES RESSOURCES AGRICOLES
Si les produits de la vigne occupent la première place, les cultures de fruits, de primeurs et de fleurs constituent ses autres spécialités. Aux grandes cultures céréalières du nord du Blésois et de l'Orléanais s'ajoutent les cultures maraîchères ■ *26*.

LES VINS DE LOIRE ■ *30*
Au cours des siècles, le vignoble du Val de Loire s'est développé autour du lit du fleuve. La Touraine et l'Anjou saumurois constituent les deux grandes régions de production. Ce terroir viticole offre une riche palette de vins qui accompagnent au mieux une gamme tout aussi variée de spécialités gastronomiques.

Ci-dessus, moulin-cavier ● 79 à Thouarcé (Maine-et-Loire), au centre, villes de Gien et Blois ; ci-dessous centrale nucléaire de Saint-Laurent-des-Eaux ▲ 139.

ORLÉANAIS ▲ *111*
La région orléanaise s'ordonne autour de la courbe de la Loire qui atteint son point culminant à Orléans, capitale du Loiret. Encore plus qu'ailleurs, le fleuve unifie villes et terroirs qui composent ici une véritable mosaïque : à la Beauce calcaire, au nord, succède la Sologne sableuse, au sud, puis à l'est la très belle forêt d'Orléans (35 000 ha) et les terres argileuses du Gâtinais, et enfin, la Vallée. Là le fleuve commence la sublime et nonchalante parade de ses paysages et de ses châteaux.

BLÉSOIS ▲ *141*, ● *77*
Blois (ci-dessus) est devenue la préfecture du Loir-et-Cher. Terres pauvres de Sologne ▲ *174*, plaines fertiles de Beauce, bocages du Perche, et riche Vallée de la Loire (prestigieux châteaux comme Chambord et Cheverny) offrent des paysages d'une grande diversité.

L'ACTIVITÉ INDUSTRIELLE
La région a vu s'implanter les centrales nucléaires d'Avoine-Chinon (1963), de Saint-Laurent-des-Eaux (1969) et de Dampierre-en-Burly (1980), qui jouent un rôle essentiel dans l'activité économique de la région.

Comment utiliser ce guide

En haut de page, les symboles annoncent les différentes parties du guide.

■ Nature

● Des clefs pour comprendre

▲ Itinéraires

◆ Informations pratiques

La carte-itinéraire présente les principales étapes du parcours et permet de se reporter à une carte de navigation fluviale.

La mini-carte situe la région de France couverte par le guide.

▲ Orléans vers Gien
Le Val d'Orléans

1. Orléans
2. Saint-Jean-de-Braye
3. Chécy
4. Jargeau
5. Châteauneuf-sur-Loire
6. Germigny-des-Prés
7. Saint-Benoît-sur-Loire
8. Sully-sur-Loire
9. Centrale de Dampierre
10. Gien
11. Briare

Orléans vers Gien ▲
Le Val d'Or

Le Val d'Or est une région de vastes plaines parcourue par la Loire, s'étendant à travers les argiles et les sables de Sologne, de Châteauneuf-sur-Loire à Saint-Benoît. C'est ici que le fleuve, jadis lieu d'une intense navigation, commence à étaler son cours.

env. 80 km
1 journée 1/2

Combleux, maisons au bord de l'ancien canal d'Orléans.

À l'est de l'agglomération orléanaise, le Val d'Orléans semble redescendre du sommet de la courbe de la Loire vers la source du fleuve. À travers un pays plat, prolongeant la Sologne toute proche, la Loire, autrefois encombrée de gabares ● 46, est doublée ici par le canal d'Orléans qui ▲ 174 reliait jadis Orléans à Montargis et au Loing. Entre Loire et canal, les rives arborées et fleuries invitent à la promenade.

En bordure de la Loire et du canal ♥ (P2)

Saint-Jean-de-Braye. Perchée sur le coteau dominant la Loire, cette bourgade est un important site historique. En effet, le lieu-dit la pointe Saint-Loup servit en 451, de lieu de campement à Attila, et d'emplacement pour l'édification d'une bastille anglaise lors du siège d'Orléans, en 1429 ▲ *116*. De l'ancienne abbaye de Saint-Loup (XIVe siècle), détruite par les Orléanais eux-mêmes en 1429 afin d'empêcher les Anglais de s'y retrancher, il ne reste que la chapelle et quelques bâtiments.
La Fonderie Bollée ♥. C'est l'une des trois dernières fonderies de cloches de France (ci-contre). Un exceptionnel musée campanaire y retrace l'histoire de la fabrication des cloches.
Combleux. Le canal d'Orléans s'arrêtait à l'écluse de Combleux, charmante cité fleurie (vues ci-dessus). En suivant le chemin de halage, de Saint-Jean-de-Braye vers Combleux, à tout moment, la Loire dédie aux promeneurs ses largesses paysagères.

L'enfant du pays
L'écrivain Maurice Genevoix (1890-1980) a habité au n° 2 *bis* de la rue Saint-Nicolas – Saint Patron des Mariniers – à Châteauneuf-sur-Loire. Membre de l'Académie Française depuis 1946, Maurice Genevoix est l'auteur de nombreux livres consacrés à la Sologne et à la Loire, notamment : *Raboliot* (Prix Goncourt 1925), *La Loire*, ou *Le Bestiaire enchanté* (1970) ● *103*.

Saint-Denis-de-l'Hôtel et Jargeau (Q2)

De chaque côté du fleuve ces deux petites «villes sœurs» présentent le même type de clocher carré à leur église. À Saint-Denis-de-l'Hôtel, la Maison Maurice-Genevoix ● *103*, ouverte en 1984, perpétue le souvenir du célèbre auteur de «romans de la nature». Sur la rive gauche du fleuve, c'est Jargeau, la capitale de l'andouille. Sa collégiale, Saint-Vrain (XIe-XIVe siècle), se distingue surtout par une chaire à prêcher en fer forgé de 1755.

Châteauneuf-sur-Loire (Q2)

Capitale des rhododendrons, Châteauneuf est un ancien port de mariniers de Loire, très actif jusqu'à l'avènement du chemin de fer.
Le château. Il ne perdure aujourd'hui du château, fondé au XIe siècle puis reconstruit pour le marquis Louis Phélipeaux de la Vrillière (secrétaire d'État de Louis XIV) au XVIIe siècle, que quelques annexes formant un bel ensemble architectural, dont les anciennes écuries (XVIIe siècle), l'orangerie (XVIIIe siècle), la rotonde octogonale à coupole – où est installé l'hôtel de ville – et les écuries à la Mansart (XVIIe siècle). Le parc-arboretum du château contribue à la réputation de la ville en tant que cité fleurie.
Musée de la Marine de la Loire. Situé sous les voûtes de l'ancienne salle des gardes, il s'est ouvert au public en 1962 et présente des collections uniques en France, concernant la navigation en Loire ● *46*.
Balade des mariniers ♥. À partir du musée, une agréable promenade dans la vieille ville permet au visiteur de découvrir des vestiges de la vie passée des mariniers. Les quais de la Rampe du Haut-du-quai donnent une idée de l'intense activité qui régnait alors au port. La colonne des Mariniers, érigée en 1847, place du port, rend hommage à la bravoure des mariniers-sauveteurs, lors de la crue de la Loire d'octobre 1846.
Église Saint-Martial. Reconstruite à plusieurs reprises, restaurée après 1940, cette ancienne église du hameau de la Ronce (XIIe siècle) abrite le mausolée de Louis Phélipeaux de la Vrillière, attribué à Dominico Guidi (1628-1701), dans la tradition du Bernin.
Halle Saint-Pierre. Située derrière l'église, cette ancienne gare à bateaux fut installée en 1854, puis transformée en halle à grains.

Pour le souvenir d'un timbre
Jargeau abrite le musée de la Fondation Oscar Roty (1846-1911), du nom du graveur de la *Semeuse*, illustration célèbre de pièces de monnaie et de timbres-poste français du début du XXe siècle.

127

■ ● ▲ ◆
Les symboles, en titre ou à l'intérieur du texte, renvoient à un lieu ou à un thème traité ailleurs dans le guide.

♥ Le coup de cœur de l'éditeur pour un site dont la beauté, l'atmosphère ou l'intérêt culturel séduiront particulièrement le visiteur.

Nature

Crue de la Loire à sa jonction avec le Cher.

«Ciel au gré des saisons se fait radieux ou mélancolique mais ne s'obscurcit jamais longtemps», disait Joachim du Bellay. Le Val de Loire, doux et tempéré, s'étend autour de la Loire, frontière météorologique entre le nord et le sud de la France. Aux abords du fleuve, l'atmosphère semble hésiter sans cesse entre soleil et nuages. Familière des brouillards matinaux, pourtant peu tenaces, arrosée de pluies régulières mais peu abondantes, cette région bénéficie d'un bon ensoleillement, en particulier le long des coteaux de la Loire. Le climat devient plus contrasté au nord du Loir-et-Cher, vers les collines du Perche. Au sud-est, la Sologne se distingue par un taux d'humidité élevé dû à l'abondance de ses forêts et de ses étangs.

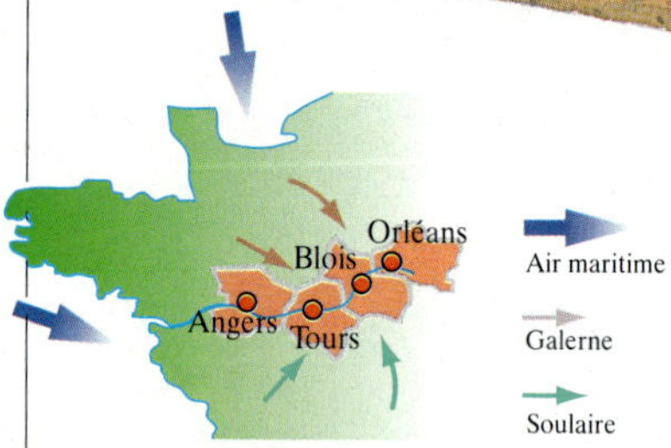

La galerne désigne le vent d'ouest, tandis que le solaire ou soulaire souffle du sud-ouest et apporte les ondées océaniques.

Fortes chutes de neige et sécheresses intenses sont des phénomènes exceptionnels en Val de Loire. Climat modéré, d'une luminosité incomparable, à peine troublé par les brumes du matin, il paraissait tout désigné pour accueillir la Renaissance.

Le lit de la Loire, avec ses bancs de sable et ses îlots, est un site particulièrement propice aux oiseaux migrateurs (canards, limicoles, mouettes…).

Pendant la nuit, le sol perd rapidement la chaleur accumulée au cours de la journée et se refroidit plus vite que l'air ambiant. Au cours de la nuit, ce refroidissement se transmet progressivement aux couches d'air voisines sur quelques centaines de mètres.

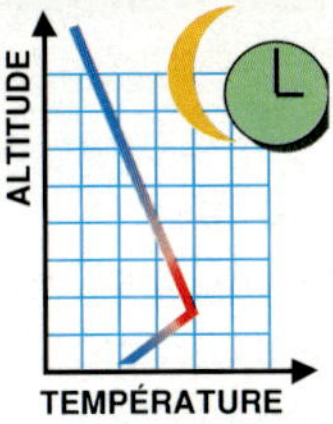

Au bout de quelques heures d'ensoleillement, le sol se réchauffe. Puis les couches d'air voisines font de même. Le brouillard s'élève peu à peu… et se dissipe.

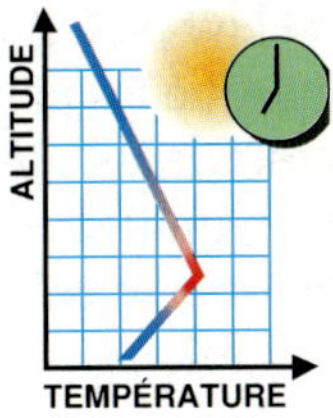

Si le taux d'humidité de l'air est suffisant, la vapeur d'eau se condense, sous forme de minuscules gouttelettes. C'est ce phénomène qui provoque des brouillards, surtout par nuit claire et sans vent.

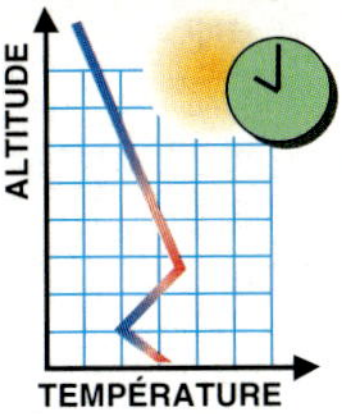

En cours de journée, la terre reçoit le rayonnement solaire qu'elle transforme en chaleur. Le sol, meilleur conducteur, s'échauffe plus vite que l'air atmosphérique. Une partie de cette chaleur se communique aux couches d'air voisines par le rayonnement terrestre.

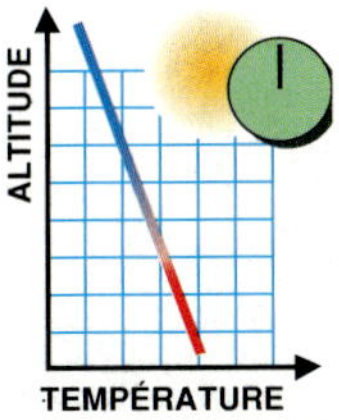

LA LOIRE

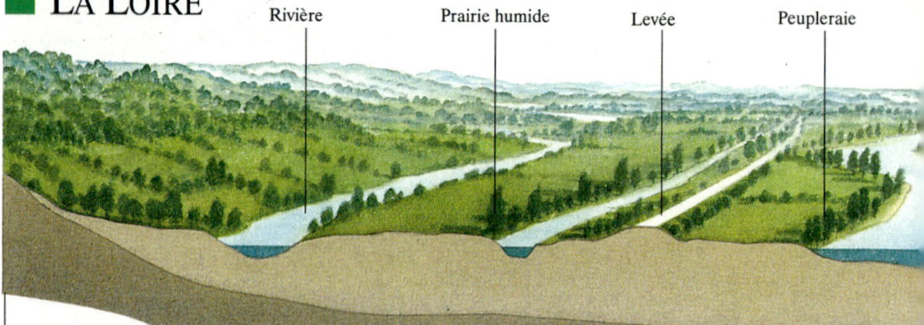

Installée depuis les dernières glaciations dans un large val, la Loire, fleuve majestueux aux crues imprévisibles, a perdu une partie de sa liberté avec la construction dès le Moyen Âge, des turcies ou levées. Ces aménagements linéaires ont profondément marqué les paysages ligériens aux teintes douces et aux lignes reposantes. Au fil des saisons et des variations hydrométriques, le lit du fleuve est un lieu de rencontre privilégié entre l'eau, le sable et la lumière, déployant une extraordinaire diversité de milieux originaux : îles, grèves, boires, prairies sèches ou humides, forêt alluviale, qui abritent une faune et une flore tout à fait exceptionnelles en Europe.

«LE DERNIER GRAND FLEUVE SAUVAGE» Du mont Gerbier-de-Jonc à Saint-Nazaire, la Loire et ses affluents offrent le plus remarquable des hydrosystèmes d'Europe occidentale. Le fleuve est capable de passer du volume d'un simple ruisseau à une masse d'eau en furie lors des crues. Grand axe économique, il fut jadis le siège d'une batellerie ● *46* dont il subsiste des vestiges : maison de mariniers, quais, épis ennoyés, ports, quais.

AMBOISE. Qualité des milieux, douceur du climat ont fait du Val de Loire un écrin pour demeures royales.

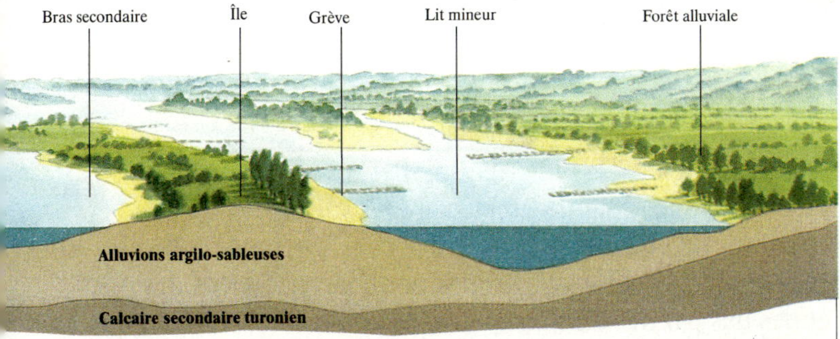

De nombreuses espèces font la spécificité de la flore et de la faune ligériennes : l'hoplia (scarabée bleu métallique) utilisée autrefois comme bijou ; le perce-neige qui couvre les sous-bois d'un tapis immaculé à la fin janvier ; et le saule pourpre, espèce pionnière. dont les étamines dorées s'ouvrent sur des chatons purpurins dès les premiers beaux jours.

Hoplia bleue

Perce-neige

Saule pourpre

Grand cormoran
Très grégaire, ce migrateur originaire des Pays-Bas et du Danemark est présent d'août à avril. Il pêche en plongée, sèche son plumage, et se rassemble dans les arbres des îles.

Berges et francs bords

Belette
Ce carnivore, friand de rongeurs, visite parfois les terriers de lapins et ajoute volontiers œufs et oisillons à son menu.

Dès le printemps, le lit mineur du fleuve se pare de bancs de sable blond, dont les emplacements varient au gré des courants, du niveau et du débit des eaux. Nommées grèves, ces étendues, petites ou grandes, sont parfois isolées des rives et des îles par des chenaux plus ou moins profonds. Ces lieux arides, malgré la proximité de l'eau, sont animés d'une vie pionnière composée de plantes fugaces, d'insectes et d'oiseaux arénicoles. Tous concourent à la spécificité et à la richesse des écosystèmes du «dernier fleuve sauvage» de France.

Les grèves dorées de la Loire sont formées de sable et de gravier à grain très variable dont l'origine provient surtout de l'érosion des roches locales (silex, meulière, calcaire), mais aussi de la géologie de l'amont (granite, basalte, gneiss, micaschiste).

Martin-pêcheur d'Europe
Seul membre en Europe de la famille des martins-pêcheurs, cet oiseau, au plumage chatoyant, creuse son nid dans la berge. Sensible à la pollution, il est, de ce fait, un excellent indicateur de la qualité des eaux.

Saule cendré
Ses chatons duveteux sont les premières fleurs mellifères du printemps.

Chevaliers sylvain, guignette et gambette
Grâce à leurs longues pattes et selon leur taille, ces échassiers peuvent exploiter différentes hauteurs d'eau en se nourrissant d'animalcules de vasières. Migrateurs, ils trouvent sur les grèves les conditions favorables à leur stationnement.

Petit gravelot
Cette espèce, qui niche en nombre sur les îlots sableux, est tributaire des variations du niveau du fleuve.

Lapin de garenne
Le sable lui procure les conditions idéales pour creuser ses terriers ou garennes.

Hirondelle de rivage
Berges sablonneuses abruptes et fronts de taille de carrières sont les lieux préférés de ces petites hirondelles au manteau brun, qui y creusent des galeries pour établir leur nid.

Sterne naine
La Loire est un site capital pour le maintien des populations nicheuses de la plus petite sterne d'Europe, emblématique de ce fleuve.

Modification des biotopes
La disparition du pastoralisme associée à l'abaissement du fil des eaux, dû au dragage et à l'eutrophisation du fleuve (désoxygénation des eaux par la prolifération des algues due aux phosphates et aux nitrates), contribue à l'explosion de la végétation arborée.

Sterne pierregarin
Migratrice au long cours, elle arrive d'Afrique fin mars pour former ses colonies reproductrices sur les grèves exondées.

Paludine. Escargot d'eau vivipare qui se nourrit d'algues et de plancton.

Cicindèle hybride
Cette carnassière aime courir sur le sable en plein soleil.

Gomphe serpentin
Libellule d'Europe centrale. La Loire a permis son extension vers l'ouest.

Comme le sandre, le brochet est un redoutable chasseur : il consomme trois à sept fois son propre poids en poissons par jour.

La Loire et ses affluents sont surtout réputés pour leurs poissons migrateurs tels que le saumon, l'alose feinte, la grande alose, la lamproie fluviatile, la lamproie marine, l'anguille et le mulet. Autrefois pratiquée par de nombreux professionnels, la pêche est, aujourd'hui, devenue le fait de quelques détenteurs du permis les autorisant à barrer le fleuve d'un grand filet. La dégradation de la qualité des eaux, due aux pollutions urbaines, industrielles et agricoles, la destruction des sites de frayères due aux prélèvements abusifs de sable et gravier et la construction de barrages infranchissables sont autant de causes du déclin de ces populations de poissons migrateurs.

SAUMON DE L'ATLANTIQUE
Cette espèce était autrefois tellement répandue que les mariniers et les domestiques exigeaient, dans leurs contrats, de ne pas avoir à en manger plus de deux fois par semaine. Aujourd'hui en déclin, elle est devenue rare. Un plan de sauvegarde a été établi, permettant de restaurer les frayères et d'en permettre le libre accès en aménageant obstacles et barrages grâce à des «écluses à poissons».

L'usage des nasses dépend de la réglementation qui régit la pêche aux engins.

LA PÊCHE À LA NASSE
Jadis en osier pour les anguilles d'avalaison, on les fabrique à présent en métal ou en plastique.

LA PÊCHE AU FILET. On pêche lamproies, aloses et saumons, avec un filet fixe qui barre en partie la remontée des migrateurs. À son extrémité, on amarre la toue ● *46* munie d'un filet mobile, le carrelet.

Le poisson bute sur le barrage et file vers le carrelet. Là, il se frotte à la «bistoquette» (cordelettes) ce qui donne le signal de la levée du filet.

BROCHET La population de brochets est en régression, du fait de la raréfaction des prairies inondables, lieu privilégié des frayères.

GRANDE ALOSE. Ce migrateur, proche parent de la sardine, quitte en mai les eaux littorales et remonte la Loire pour pondre.

LA PÊCHE À «TROUSSE-CULOTTE» Elle consiste à s'immerger dans l'eau à mi-cuisse et à remuer sable et gravier avec ses doigts de pied (grattée ou rabouille). Le nuage de sable ainsi produit attire goujons, spirlins et ablettes.

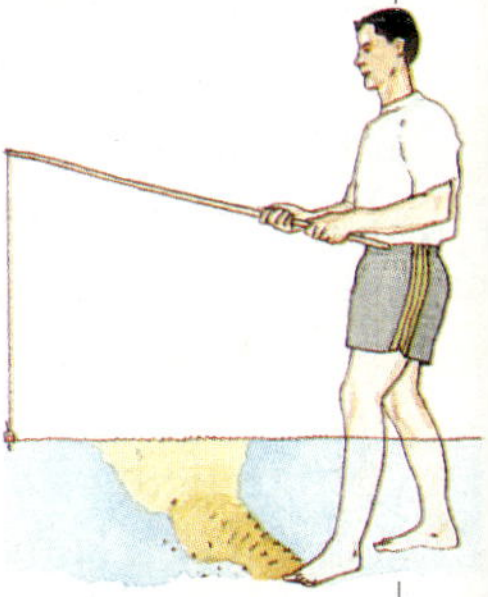

HOTTU. Originaire d'Europe orientale et centrale, il est très sensible aux pollutions.

GOUJON Très reconnaissable, ce poisson vif, très grégaire, est grand consommateur d'invertébrés.

ANGUILLE. Dès l'été, elle descend la Loire pour une longue migration vers la mer des Sargasses où elle va pondre.

SPIRLIN. Petit poisson des eaux courantes qui affectionne sable et gravier.

POISSON-CHAT Originaire d'Amérique du Nord, il est de très petite taille en Europe.

MULET PORC. Ce poisson marin vivant en bandes remonte très loin la Loire pour s'alimenter.

BRÈME Elle apprécie les eaux calmes et profondes et les fonds vaseux qu'elle fouille pour trouver sa nourriture.

LAMPROIE FLUVIATILE Ce poisson migrateur primitif, à la bouche en forme de ventouse, est devenu comme sa cousine, la lamproie marine, d'une grande rareté en Loire.

Le saumon de Loire est à l'origine de recettes typiques du Val de Loire : saumon en sauce verte ou saumon poché dans un court-bouillon au vouvray.

Bois et forêts

Salamandre tachetée
Les nuits pluvieuses sont les plus propices pour rencontrer ce batracien.

Souvent en grands massifs, les bois et forêts enserrent le cours moyen de la Loire. Les influences géologiques et l'action de l'homme ont modelé des facettes multiples. Les chênes sessiles et pédonculés y tiennent une place royale avec de magnifiques peuplements séculaires comme dans le Blésois. Dans l'Orléanais, la plus vaste forêt domaniale de France – 35 000 ha – compose avec le pin sylvestre introduit depuis deux siècles. Les bouleaux et les châtaigniers solognots complètent la marquetterie forestière. Vers l'Anjou, le pin maritime s'affirme… Au sein de tous ces feuillages, une flore et une faune riches et diversifiées animent le bal des saisons.

Perçues comme des paysages naturels, les forêts sont pourtant, du gland au chêne centenaire, modelées par l'homme.

Cerf élaphe
À l'entrée de l'automne, la forêt retentit des appels puissants du brame. À la saison des amours, le cerf cesse pendant plusieurs semaines de s'alimenter.

Sanglier d'Europe
Sous un pelage sombre et rude, le vieux mâle mène une vie solitaire. Les femelles âgées dirigent les groupes rassemblant plusieurs générations.

Autour des palombes
Habile chasseur forestier qui contrôle les populations de pigeons, de corneilles, de geais et d'écureuils.

Houx. Il pousse à l'ombre des sous-bois.

Pic mar
En diminution en Europe, cet habitant typique des vieilles chênaies lance son cri nasillard depuis les frondaisons.

Geai des chênes
Grand amateur de glands, ce corvidé est reconnu comme le premier reboiseur européen.

CULTURES ET HORTICULTURE

CONCOMBRE
Cultivé sous serre, comme la tomate.

La qualité des terres du Val de Loire, légères, sablonneuses et riches en limon, associée à la douceur du climat, en fait une région de prédilection pour l'horticulture, le maraîchage et l'arboriculture. Le «jardin de la France» est planté de vastes cultures sous abri ou de plein air où les productions florales dominent. Le maraîchage s'est spécialisé dans bon nombre de cultures, citons : asperges blanches ou vertes, céleris, salades, choux-fleurs, cornichons et champignons de couche. Les petits fruits (fraises, cassis, framboises…), la production grainetière, les bulbes et les vergers de poires et pommes complètent ce panel et le savoir-faire ligérien. Ainsi Orléanais, Blésois, Touraine et Anjou participent à la notoriété du Val de Loire comme pôle de production au niveau européen.

Creusées dans le calcaire, les caves champignonnières peuvent développer sur plusieurs centaines de mètres, voire kilomètres. Les champignons poussent sur un substrat fait de fumier de cheval, de paille et d'engrais. De l'ensemencement à la récolte annuelle il s'écoule trois mois.

CHAMPIGNON DE COUCHE
Sélectionné à partir du rosé des prés, ce champignon existe en variété blanche (*albidus*) – la plus courante – et blonde (*avelloneus*).

CASSIS
Récolté avec des machines à vendanger, on en tire sirop et liqueurs.

IGNAME
La commune de Saint-Claude-de-Diray (Loir et Cher) est la principale productrice d'ignames en France continentale.

ROSE
Sa culture est une tradition historique en Val de Loire. Doué-la-Fontaine (Anjou) et Bellegarde (Orléanais) en sont les deux principaux producteurs.

BRUYÈRE
C'est une espèce très cultivée en Touraine (500 000 pots par an).

CHRYSANTHÈME
Le succès de cette fleur lui vient de sa floraison à la Toussaint. L'Anjou et la Touraine sont de gros producteurs.

GÉRANIUM
Les espèces Zonale et Peltatum font le charme de nos jardinières. L'Orléanais en a fait sa spécialité.

La platissoire
La poire et la pomme tapées, recette oubliée, renaît à Rivarennes (Touraine) et à Turquant (Saumurois). Le fruit, déshydraté lentement au four, est ensuite aplati et conservé en bocal.

Fraise
Cultivée sur paillis, comme l'asperge et la vigne, elle valorise les terres sablonneuses.

Alberge de Touraine et Précoce de Saumur
Deux variétés d'abricots.

Poires passe-crassane, beurré-hardy, conférence. Les terroirs du Val de Loire sont très productifs en poires. Les variétés d'été (william) et d'hiver (crassane) régressent au profit de celles d'automne (conférence, beurré…).

Prune sainte-catherine
Donnait le pruneau fleuri de Tours.

Pommes golden, melrose, reine des reinettes, granny-smith
L'arboriculture est une production importante du Val de Loire, occupant les coteaux mais aussi le Val. Les pommiers, dont la variété dominante reste la golden, y sont majoritaires en nombre d'hectares plantés.

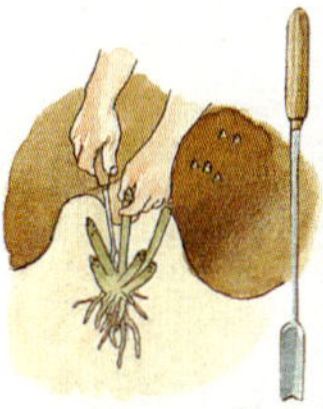

Gouge à asperges

Cultivée en France depuis le XVIIIe siècle, l'asperge blanche a trouvé dans les terres sablonneuses du Val de Loire de très bonnes conditions pour pousser.

La récolte des asperges
Le paillage plastique (ci-dessus) favorise la précocité de la récolte. L'asperge se cueille d'avril à juin avec une gouge (ci-dessus, à droite) qui sectionne les turions.

Choux-fleur
Nautilus, frémont, linday, variétés d'une production d'été traditionnelle en Touraine.

Lolo rossa
Production récente appréciée par les restaurateurs.

Laitue
Trois cultures successives peuvent être conduites sous serres.

Asperge verte
De tradition méridionale, sa production se développe en Val de Loire notamment dans le Loir-et-cher.

Terroir et savoir-faire sont les clés d'un bon fromage de chèvre fermier.

Le Val de Loire, du Giennois à l'Anjou, était un territoire historiquement voué à l'élevage. Avec la progression des systèmes céréaliers et face à une conjoncture économique difficile, l'élevage a fortement régressé, voire disparu, laissant place dans le Val aux maïs, vergers, maraîchages et peupliers. Il demeure encore présent, dans les zones humides, pour les bovins et les chevaux. Volailles, porcs et chèvres font l'objet d'élevages intensifs répondant à de nouvelles normes de qualité.

GÉLINE NOIRE DE TOURAINE
Poule issue du vaste complexe des poules noires françaises, son standard a été défini en 1909.

DINDE NOIRE
D'origine américaine, cette volaille fait l'objet d'une production fermière en Val de Loire ; parfois sous label rouge, comme en Touraine.

LA GÂTINAISE
Cette poule blanche dont la race a été fixée en 1906 est spécifique du Loiret et des régions avoisinantes, elle est élevée pour la chair et la ponte.

Aujourd'hui supplanté par les tracteurs, le cheval de trait, animal efficace, servait autrefois au transport du sable de la Loire, au halage des gabares de Loire ● *46* et aux travaux agricoles.

BREBIS SOLOGNOTE
Extrêmement résistante, cette bonne marcheuse prolifique, pâturant les pieds dans l'eau, a alimenté une industrie lainière prospère jusqu'au XIXe siècle. Le retour des friches agricoles pourrait donner un second souffle à son élevage.

CHÈVRE ALPINE
Avec la race blanche Saanen, elle constitue la majorité des troupeaux de Val de Loire dont les petits élevages traditionnels laissent la place aux grands troupeaux de chèvreries modernes.

Comme partout en France, cette race blanche Charolaise s'est imposée comme race à viande de référence.

Fabrication du fromage de chèvre
Elle demande un grand soin. Une fois caillé par adjonction de présure, le lait est réparti à la louche dans des faisselles qui permettent l'égouttage du petit-lait pendant 24 à 48 heures.

Vin et fromage de chèvre
Le fromage de chèvre se déguste chaud sur canapé ou en feuilleté, en salade, ou tout simplement au moment du fromage, le tout accompagné d'un excellent vin blanc de Loire : Cheverny, Vouvray, Saumur…

Si quelques fermes produisent des fromages de vache et de brebis, l'essentiel de la production fromagère reste tourné vers la transformation du lait de chèvre. Le Selles-sur-Cher (L&C), la bûche de Sainte-Maure (I&L) et la pyramide de Valençay ▲ *232* (Indre) demeurent les plus connus. Les deux premiers sont protégés par une AOC.

La Maine-Anjou
La vache Maine-Anjou trouve ses origines dans la race Mancelle. Au XIXe siècle la sélection et les croisements avec les races anglaises Durham et Shorthorn ont permis d'obtenir la Durham-Mancelle en 1908 et de fixer le standard de la race en 1925. Son berceau d'origine se situe aux confins de la Sarthe, du Maine-et-Loire et de la Mayenne. À l'origine, race mixte viande-lait, elle est aujourd'hui orientée vers la viande, qui est persillée à grain fin et reconnue pour sa saveur. Ses troupeaux occupent le Val de Loire en région angevine. Les plus gros effectifs de la race (85 000 têtes en 1996) se situent aux USA et au Canada.

Source d'emplois saisonniers, les vendanges étaient aussi l'occasion de réunir famille et amis.

Présente en Val de Loire depuis l'époque romaine, la vigne connut un regain d'activité du IXe au XIIe siècle grâce aux monastères, notamment les célèbres abbayes de Saint-Benoît, en Orléanais, Marmoutier, en Touraine, et Fontevraud, en Anjou. L'engouement des rois de France pour les terroirs ligériens ne fit que contribuer à cet essor. L'axe fluvial où gabares et chalands naviguaient en favorisa le commerce jusqu'au début du XXe siècle. Aujourd'hui le vignoble de la vallée de la Loire, entre Sancerre et Angers, avec ses 60 000 ha, est le quatrième producteur de France. Les vignes y sont réparties selon les affinités géologiques et climatiques au sein d'une cinquantaine d'appellations d'origine contrôlée, offrant ainsi une palette de vins blancs secs, moelleux, pétillants, mousseux, de vins rouges primeurs ou de garde, de vins rosés secs ou doux.

PRINCIPALES APPELLATIONS
AOC (Appellation d'origine contrôlée) **:** anjou, bonnezeaux, bourgueil, cheverny, chinon, cour-cheverny, coteaux-de-l'aubance, coteaux-du-layon, mennetou-salon, montlouis, pouilly, pouilly-fumé, quarts-de-chaume, quincy, reuilly, saint-nicolas-de-bourgueil, sancerre, savennières, saumur, saumur-champigny, touraine, vouvray.
VDQS (Vin délimité de qualité supérieure) **:** côtes-de-gien, gris-meunier de l'Orléanais, valençay.

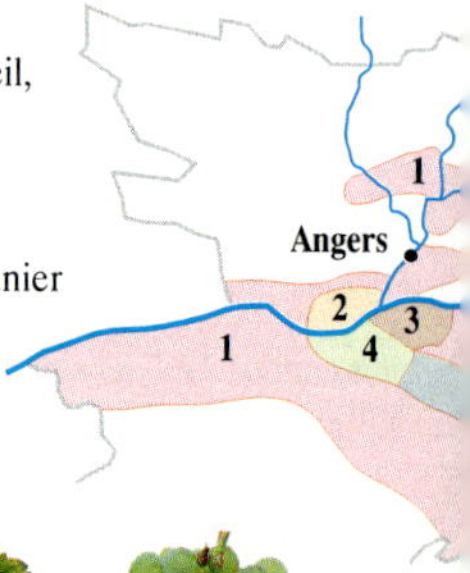

CÔT
Ce cépage rouge est surtout connu sous le nom d'auxerrois à Cahors. Il entre, en Anjou, Touraine et Blésois, dans la vinification des anjous et touraines rouges et rosés, et du valençay. Il se prête très bien aux associations avec les gamays, grolleaux et cabernets pour donner les meilleurs rosés d'Anjou.

SAUVIGNON
Ce cépage précoce est la base des blancs secs et vifs, très aromatiques, épicés. Son fief de prédilection se situe dans le Sancerrois avec les sancerres, pouilly-fumé, mennetou-salon. Cultivé en Anjou, Giennois, Blésois et Touraine, il se marie très bien avec le chenin et d'autres cépages.

PINEAU-DE-LOIRE OU CHENIN
Connu déjà sous Rabelais, c'est le cépage typique du Val de Loire. En vinification seule il offre des vins blancs réputés : vouvrays, montlouis, saumurs, coteaux-du-layon, savennières, quarts-de-chaume, bonnezeaux. Associé au sauvignon il participe aux touraines, chevernys et anjous blancs.

GAMAY
Cépage rouge à jus blanc issu du Beaujolais. Très en vogue, il a conquis de nombreux terroirs dont l'Anjou, la Touraine et le Blésois. Il offre des vins légers, fruités et gouleyants. Il s'accommode parfaitement de l'engouement des vins primeurs.

CABERNET-FRANC
Ce cépage, appelé aussi cabernet-breton en Touraine et en Anjou – à cause de son transit par les ports bretons –, obtient ses lettres de noblesse aux confins de l'Anjou-Touraine dans les appellations : chinon, bourgueil, saint-nicolas-de-bourgueil, saumur, saumur-champigny.

VENDANGE TARDIVE
C'est une pratique qui tire profit du *Botrytis cinerea*, ou pourriture noble, nécessaire à la maturation du chenin pour obtenir des vins liquoreux, moelleux, ambrés aux arômes de miel (vouvrays, bonnezeaux, quarts-de-chaume…).

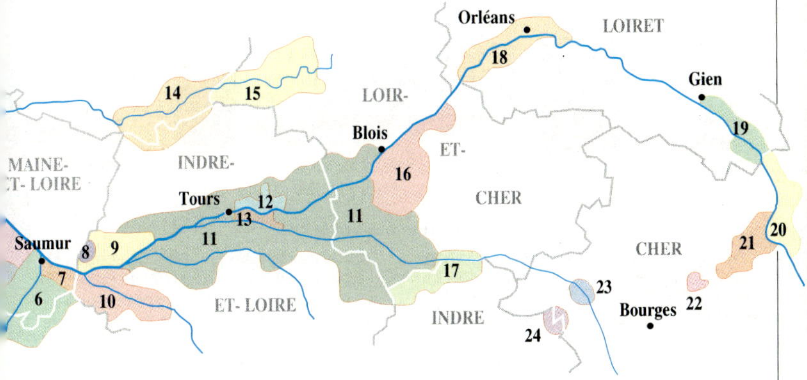

* = VDQS (vin délimité de qualité supérieure)

1 Anjou
2 Savennières
3 Coteaux-de-l'aubance
4 Quarts-de-chaume, bonnezeaux
5 Coteaux-du-layon
6 Saumur
7 Saumur-champigny
8 Saint-nicolas-de-bourgueil
9 Bourgueil
10 Chinon
11 Touraine (azay-le-rideau, amboise, mesland)
12 Vouvray
13 Montlouis
14 Coteaux-du-loir, jasnières
15 Coteaux-du-vendômois *
16 Cheverny, cour-cheverny
17 Valençay *
18 Vins de l'Orléanais (gris-meunier) *
19 Coteaux-du-giennois *
20 Pouilly-fumé, pouilly-sur-loire
21 Sancerre
22 Mennetou-salon
23 Quincy
24 Reuilly

PINOT NOIR
Ce cépage rouge célèbre en Champagne, Bourgogne et Alsace, entre dans la vinification des rouges du Giennois, de l'Orléanais et du Sancerrois.

LA ROCHE-AUX-MOINES, COULÉE-DE-SERRANT (SAVENNIÈRES)
Près d'Angers, en rive droite de la Loire, le chenin, cultivé sur 28 ha de coteaux schisteux abrupts et pittoresques, donne ici deux grands crus exceptionnels.

TAILLE DE LA VIGNE
Opération décisive pour la qualité et le rendement des productions. S'effectue en hiver. (Voir légende de l'âne de saint Martin ● *104*).

DÉBOURREMENT
Les bourgeons libèrent les feuilles en mai. Les vendanges ont lieu 100 jours après la floraison.

VENDANGES
Manuelles ou mécanisées, elles durent plusieurs semaines à partir de la mi-septembre.

MISE EN BOUTEILLE
La mise en bouteille est précédée par une filtration légère des vins.

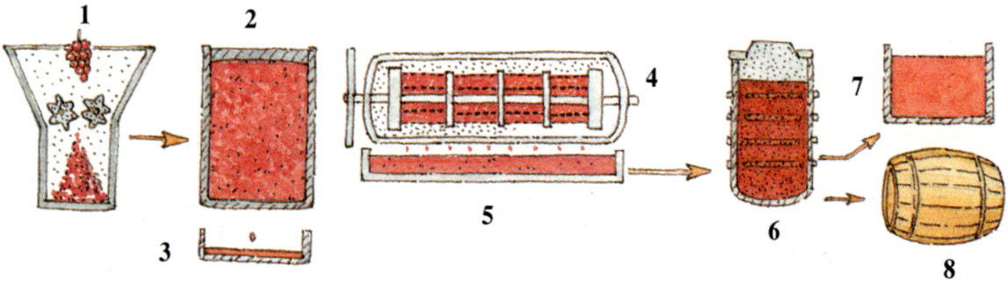

VINIFICATION DES ROUGES

Après avoir été cueillis à la main ou récoltés à la machine, les raisins sont égrappés (**1**), et débarrassés des rafles (queues) puis mis en cuve pour une période variant de 5 à 20 jours (**2**). Le jus se colore au contact des peaux, les sucres fermentent sous l'action des levures. Une fois le vin de goutte évacué (**3**) (moût de raisin fermenté, récupéré par gravité dans la cuve), le marc de raisin est pressé (**4**) pour obtenir le vin de presse (**5**). Vin de goutte (**3**) et vin de presse (**5**) sont ensuite assemblés (**6**) et répartis en cuves (**7**) ou en fûts (**8**), là où aura lieu l'élevage.

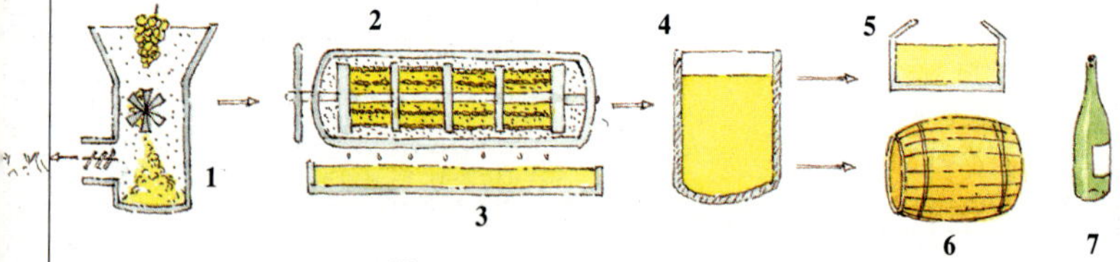

VINIFICATION DES BLANCS ET ROSÉS

Les raisins blancs ou rouges (pour le rosé) sont égrappés (**1**), puis pressés (**2**) le plus vite possible pour éviter les oxydations nuisibles. Les jus ou moûts (**3**) sont mis en cuve pour une fermentation étroitement contrôlée (**4**). Puis il est procédé au débourbage qui consiste à éliminer les impuretés, ou bourbes, par soutirage et filtration. Après la répartition des moûts, en cuves (**5**) ou en fûts (**6**), l'élevage sera poursuivi jusqu'à l'ultime soutirage et collage avant la mise en bouteille (**7**). Le collage consiste à clarifier le vin par adjonction d'une substance (caséine, blanc d'œuf) qui précipite les impuretés du vin.

VINS MOUSSEUX, VINS PÉTILLANTS
Les chenins de Loire se prêtent à merveille à l'élaboration de vins pétillants et de vins mousseux, l'appellation crémant-de-Loire couvre une aire allant d'Angers, en aval, à Cheverny, en amont.

HISTOIRE

De Charles V à Louis XVI

1. Le porc-épic, emblème de Louis XII.
2 et **3.** Le cygne et l'hermine, emblèmes d'Anne de Bretagne et de sa fille Claude de France.

4. La salamandre, emblème de François Ier.

*__Charles V__ (1338-1380) -

Charles VI (1368-1422) - Isabeau de Bavière (1371-1435)

Charles VII (1403-1461) - Marie d'Anjou (1404-1463)

Louis XI (1423-1483) - Charlotte de Savoie (1442-1483)

Anne de Valois (1461-1522) - Pierre de Beaujeu (1438-1503)

Charles VIII (1470-1498) - Anne de Bretagne (1476-1514)

1- Jeanne de Valois (1464-1505) -
2- Anne de Bretagne - (1476-1514)

François II (1544-1560) - Marie Stuart (1542-1587)

Charles IX (1550-1574) - Élisabeth d'Autriche (1554-1592)

Henri III (1551-1589) - Louise de Lorraine (1553-1601)

Anne de Bretagne. Charles VIII doit parer aux intrigues du duc François II de Bretagne qui veut marier sa fille héritière, Anne, à Maximilien d'Autriche. Le roi contraint par les armes la jeune duchesse à rompre son engagement et s'impose comme mari. Les engagements pris sont irrévocables : si Anne n'a pas d'héritier mâle, elle devra épouser le successeur de Charles VIII. C'est ce qu'elle fera en épousant Louis XII : la Bretagne rentre ainsi définitivement dans le giron français ▲ *268*.

Louis XII. Fils du fin lettré Charles d'Orléans ▲ *114*, le jeune Louis reçoit de sa mère (il n'a que trois ans à la mort de son père) une éducation diversifiée : histoire, lettres, éducation physique. Lorsqu'il monte sur le trône, Louis XII a acquis le goût des contacts et une subtile connaissance des caractères humains.

1. 
2. 
3. 

Jeanne de Bourbon (1338-1377)

Louis, duc d'Orléans - Valentine Visconti
(1372-1407) (1366-1408)

Charles, duc d'Orléans - Marie de Clèves
(1391-1465) (1426 -1487)

Jean, comte d'Angoulême - Marguerite de Rohan
(1404-1467) (? -1496)

Louis XII
(1462-1515)

Charles d'Angoulême - Louise de Savoie
(1459-1496) (1476-1531)

Claude de France - **François Ier**
(1499-1524) (1494-1547)

Marguerite - Henri d'Albret, roi de Navarre
(1493-1549) (1503-1555)

Henri II - Catherine de Médicis
(1519-1559) (1519-1589)

Jeanne d'Albret - Antoine de Bourbon
(1528-1572) (1518-1562)

1- Marguerite de Valois -
(1553-1615)
2- Marie de Médicis - **Henri IV**
(1573-1642) (1553-1610)

Louis XIII - Anne d'Autriche
(1601-1643) (1601-1666)

Louis XIV - Marie-Thérèse d'Autriche
(1638-1715) (1638-1683)

Louis dit le Grand Dauphin - Marie-Anne de Bavière
(1661-1711) (1660-1690)

Louis, duc de Bourgogne - Marie-Adélaïde de Savoie
(1682-1712) (1685-1712)

Louis XV - Marie Leszczynska
(1710-1774) (1703-1768)

Louis de France - Marie-Josèphe de Saxe
(1729-1765) (1731-1767)

Louis XVI - Marie-Antoinette d'Autriche
(1754-1793) (1755-1793)

**Généalogie des rois de France succédant au trône de Charles V jusqu'à Louis XVI.*

- **- 500000** Premiers hommes dans le Val de Loire
- **- 80000 à - 35000** Homme de Néandertal ; début de la dernière glaciation
- **- 7000** Agriculture à Fossé (près de Blois) avec des graines de blé et de millet venues du Moyen-Orient
- **- 2500 à - 1500** Dolmens et menhirs
- **- 58** Début de la conquête de la Gaule par César
- **- 52** Soulèvement des Gaulois contre les Romains
- **258 à 260** Francs et Saxons pénètrent dans les pays de la Loire

- 500000 | - 50000 | - 10000 | - 5000 | 0 | 400

PRÉHISTOIRE ET PROTOHISTOIRE

Les premiers hommes du Val de Loire, apparus au paléolithique, vivent de chasse, de pêche et de cueillette. Vers 10000 av J.-C., le réchauffement du climat influe sur le mode de vie de ces nomades qui se sédentarisent et commencent à pratiquer l'élevage et l'agriculture. Entre 6000 et 4000 av J.-C., au néolithique, ils défrichent les forêts et affinent leur outillage ; outre le silex, ils travaillent le bois, la corne et l'os. À partir de 2500 av. J.-C., le paysage est marqué par des mégalithes destinés au culte des morts. Les dolmens, sépultures collectives, sont nombreux : on en recense près de 140 dans les 4 départements du Val de Loire, dont le remarquable dolmen de Bagneux ▲ *289*. Les menhirs, blocs monolithiques, gardent leur mystère ; nombre d'entre eux ont été détruits mais il en reste néanmoins près de 130. L'incinération était également pratiquée, comme l'atteste notamment le champ d'urnes funéraires en terre cuite, près de Jargeau ▲ *126*. De 1500 à 750 av. J.-C., durant l'âge du bronze, la production se distingue par son «luxe» (poignées d'épées et bijoux). De l'âge du fer (750 à 50 av. J.-C.) subsistent un matériel guerrier et des bijoux.

LA GAULE CELTIQUE ET ROMAINE

LES GAULOIS

Vers 450 av. J.-C., des tribus celtes venues de l'est s'établissent dans le Val de Loire : les Andes ▲ *296* dans l'actuel Anjou, les Turons ▲ *196* en Touraine et les Carnutes ▲ *112* dans l'Orléanais. Ils édifient des camps et des villages fortifiés, comme l'oppidum des Châtelliers, à Amboise ▲ *182*.

L'IMPLANTATION DU CHRISTIANISME

Il semble que le christianisme se soit développé dans le Val de Loire à partir du IIIe siècle. Au IVe siècle, Angers, Orléans et Tours ont leur évêque. À saint Lidoire, premier évêque de Tours (337-370), succède saint Martin ▲ *206*. Conciliant sa charge épiscopale (371-391) à la méditation, il établit une communauté à Marmoutier, près de Tours. Ce sera le berceau du monachisme qui rayonna dans toute l'Europe.

LA «GUERRE DES GAULES»

En 58 av. J.-C., Jules César entreprend la conquête de la Gaule. Dans la vallée de la Loire, ses légions se heurtent aux Andes et aux Carnutes, alliés à Vercingétorix. En 52 av. J.-C., César brûle en représailles Cenabum, capitale des Carnutes (actuelle Orléans) et centre de la Gaule. La même année, la capitulation d'Alésia et la reddition de Vercingétorix marquent la fin de la «guerre des Gaules».

LA ROMANISATION

Rome imprime son modèle administratif et socioculturel à la Gaule. Des cités «à la romaine» voient le jour d'Angers à Orléans. Caesarodunum (Tours) est fondée en l'an 20. D'importantes exploitations agricoles (les *villae*) sont aménagées. L'imposant aqueduc d'une propriété privée subsiste en plein champ à Luynes ▲ *262* (ci-dessous). Les Romains mettent en place un dense réseau de routes pavées : seize rayonnaient de Cenabum.

LA FIN DE LA PAIX ROMAINE

Au milieu du IIIe siècle, les Barbares, jusqu'alors contenus, franchissent les frontières de l'Empire. De 258 à 260, les Francs et les Saxons ravagent les pays de la Loire. En 274, la région subit une nouvelle invasion franque. Les villes se protègent par des enceintes fortifiées : Orléans au IIIe siècle et Tours au IVe siècle, dont la belle enceinte est visible en bordure du quai d'Orléans ▲ *196*.

476 Fin de l'Empire romain d'Occident : les Barbares s'emparent de Rome… et de Tours

751 Début de la dynastie carolingienne : Pépin III le Bref élu roi des Francs

Fin VIIIe-début XIe siècle Renaissance carolingienne

v. 972-1040 Foulques Nerra, comte d'Anjou

500 — 600 — 700 — 800 — 900 — 1000

486 Clovis, roi des Francs

507 Victoire de Clovis sur les Wisigoths à Vouillé (Vienne)

732 Charles Martel, maire du Palais, arrête les Arabes venus d'Espagne à Poitiers

800 Charlemagne sacré empereur

987 Début de la dynastie capétienne : Hugues Capet, comte d'Orléans et d'Étampes, élu roi de France

Le haut Moyen Âge

Les invasions «barbares»

Au Ve siècle av. J.-C., Germains, Francs, Burgondes, Wisigoths déferlent en Gaule. La population se replie dans des sites fortifiés tels qu'Orléans et Tours. En 451, les Huns assiègent sans succès Orléans, les Saxons sont à Angers, les Wisigoths convoitent Tours. Les Barbares se taillent des royaumes dans toute la Gaule romaine.

Le royaume franc

Francs et Wisigoths se disputent la Touraine. Clovis, par sa victoire à Vouillé (507) sur Alaric II ▲ *190*, roi des Wisigoths, s'empare de Tours puis de l'Aquitaine. À sa mort, en 511, ses fils se déchirent en des luttes fratricides relatées dans l'*Histoire des Francs* par Grégoire de Tours ▲ *196*.

La Renaissance carolingienne

Les rois mérovingiens sont peu à peu supplantés par les maires du Palais qui excercent la réalité du pouvoir. En 751, l'un d'entre eux, Pépin III le Bref (fils de Charles Martel), est élu roi des Francs. Son fils Charlemagne (747-814), en 46 ans de règne, repousse les limites de la chrétienté : son empire, dont Aix-La-Chapelle est la capitale, s'étend sur 1 000 000 km^{2}. Par sa volonté, la basilique Saint-Martin de Tours ▲ *204* devient abbaye royale, avec l'érudit Alcuin à sa tête. Ce dernier fait de Tours un grand centre religieux et intellectuel ▲ *205*. Charlemagne charge Alcuin et Théodulfe ▲ *129*, abbé de Saint-Benoît-sur-Loire, de redonner vie aux écoles épiscopales et de créer dans chacune d'elles un *scriptorium* (atelier de copistes) ; celui de Saint-Martin de Tours produira, au IXe siècle, des manuscrits remarquables.

De nouvelles invasions

L'empire, divisé et affaibli, est menacé par de nouveaux envahisseurs : les Vikings. À six reprises, de 853 à 903, ceux-ci remontent la Loire : d'Angers à Orléans, villes, églises et monastères sont pillés. Les raids cessent lorsque Charles le Simple donne la Normandie au chef viking Rollon (911), en échange de sa promesse d'être le rempart du pays contre les invasions.

La dynastie carolingienne, affaiblie, prend fin en 987, lorsque Hugues Capet est élu roi ; son domaine s'étend de Compiègne à Orléans. Il n'aura de cesse d'imposer sa dynastie face aux grands féodaux.

La Croix d'Anjou
Créée pour Louis Ier d'Anjou vers 1377-1379, elle est d'abord l'emblème de l'ordre de la Croix, avant de devenir la Croix d'Anjou. Elle prend son nom de Croix de Lorraine en 1431, lorsque le roi René hérite de ce duché.

L'«Empire» angevin et les Plantagenêts (1044-1259)

Le «Grand Anjou»

Deux puissants vassaux de Hugues Capet, le comte de Blois et le comte d'Anjou, se disputent la Touraine. Foulques Nerra (v. 972-1040), comte d'Anjou, s'en empare et balise son territoire de solides donjons. C'est l'amorce du «Grand Anjou» ▲ *297*. En 1044, la Touraine est définitivement annexée à l'Anjou.

Une habile politique matrimoniale

Le mariage contracté par Foulques V le Jeune (1095-1143) apporte aux Angevins le comté du Maine (1110). Après avoir conclu l'alliance de son fils Geoffroi le Bel (1113-1151) avec la fille d'Henri Ier, roi d'Angleterre, Foulques V part en terre sainte, en 1129. Son fils Geoffroi V le Bel, premier de la lignée à être surnommé Plantagenêt en raison de la branche de genêt dont il a coutume d'orner son couvre-chef, prend alors les rênes du comté d'Anjou. En 1144, il conquiert le duché de Normandie, qu'il confie dès 1150 à son fils Henri Plantagenêt.

1150	1250	1300	1325	1350	1375
1154 Les Plantagenêts s'installent sur le trône d'Angleterre	**1259** Traité de Paris		**1328** Début de la dynastie des Valois, Philippe VI roi de France — **1337** Début de la guerre de Cent Ans	**1348** La peste bubonique se propage dans toute l'Europe — **1360** Traité de Brétigny	

LE DUEL PLANTAGENÊTS-CAPÉTIENS

Le 21 mars 1152, le mariage entre le roi de France Louis VII (1120-1180) et Aliénor d'Aquitaine (1122-1204) est dissous sous prétexte de consanguinité. Deux mois plus tard, Aliénor se remarie avec le jeune Henri Plantagenêt (1133-1189) qui hérite, en 1154, du royaume d'Angleterre. Le couple se trouve à la tête d'un vaste État, rival de celui du roi de France, qui s'étend de l'Écosse aux Pyrénées et dont l'Anjou est le cœur. Mais en 1189, Henri II se voit imposer une humiliante capitulation près d'Azay-le-Rideau par son fils rebelle Richard Cœur de Lion (ci-contre) allié à Philippe Auguste ; il cède la couronne d'Angleterre au premier et avalise les conquêtes territoriales du second. Il s'éteint à Chinon la même année. Les rois de France successifs ne cesseront de lutter pour conserver le domaine des Plantagenêts dans la mouvance française. Saint Louis, par le traité de Paris (1259), met un terme à ce que l'on a appelé la «première guerre de Cent Ans». Il récupère la Touraine, l'Anjou et le Maine et obtient l'hommage du roi d'Angleterre pour la Guyenne.

L'ŒUVRE DES PLANTAGENÊTS

Les Plantagenêts ont laissé une forte empreinte dans le Val de Loire. Ils ont fondé des abbayes, dont celle de Fontevraud ▲ *227* qui abritera leur nécropole. L'hôpital Saint-Jean ▲ *308* à Angers ainsi que la chartreuse du Liget ▲ *230* furent édifiés par Henri II (ci-dessous) en expiation du meurtre de Thomas Becket. On leur doit aussi la création des écoles de droit, fondements de la future université d'Angers. La voûte angevine ● *60*, appelée aussi voûte Plantagenêt, voit le jour sous leur règne. Enfin, des levées sont aménagées afin de protéger la vallée de la Loire des inondations.

LA GUERRE DE CENT ANS (1337-1453)

L'AVÈNEMENT DE LA DYNASTIE DES VALOIS

En 1328, Philippe de Valois (1293-1350) ▲ *112*, neveu de Philippe le Bel, succède sous le nom de Philippe VI au dernier Capétien direct, son cousin Charles IV. En 1337, Édouard III, roi d'Angleterre et vassal du roi de France pour la Guyenne, refuse l'hommage à Philippe VI, qui lui confisque alors son domaine. En 1340, Édouard III, petit-fils de Philippe le Bel par sa mère, revendique le trône de France. Le conflit franco-anglais recommence. Il durera 116 ans, entrecoupé de nombreuses trêves.

DE CRÉCY À LA TRÊVE DE 1375

En 1346, les Anglais débarquent en masse à Calais. Philippe VI et la fine fleur de la chevalerie française sont décimés le 26 août à Crécy. Dix ans plus tard, le roi de France Jean II le Bon (1319-1364), fils de Philippe VI, est fait prisonnier à Maupertuis, près de Poitiers, par le prince de Galles (le Prince Noir). Il restera captif à Londres pendant 8 ans. Le dauphin Charles (1338-1380), futur Charles V, dirige le pays pendant la captivité de son père. Le traité de Brétigny (1360) permet à Jean le Bon de retrouver sa liberté au prix d'une rançon ; par ailleurs, le roi d'Angleterre renonce à ses prétentions sur la couronne de France, l'Aquitaine, l'Anjou et la Normandie. La guerre avec l'Angleterre reprend en 1369 quand Charles V confisque à nouveau la Guyenne. Grâce à Du Guesclin (v. 1320-1380), nommé connétable en 1370, les Français reconquièrent presque tous les territoires perdus. La trêve de 1375, imposée par le pape, permet aux deux camps de fourbir leurs armes.

ARMAGNACS ET BOURGUIGNONS

Le conflit reprend en 1377, au nom du nouveau roi d'Angleterre Richard II (1367-1400), âgé de 10 ans. En France, Charles VI (1368-1422), mineur, règne sous la tutelle de ses oncles paternels, le duc d'Anjou, le duc de Berry et le duc de Bourgogne (Philippe le Hardi) et de son oncle maternel, le duc de Bourbon.

1400 — **1407** Assassinat de Louis d'Orléans par Jean sans Peur, duc de Bourgogne

1409 Naissance à Angers du roi René

1410 — **1415** Défaite française à Azincourt

1418 Paris occupé par les Bourguignons

1420 — **1420** Traité de Troyes

1429 Jeanne d'Arc délivre Orléans assiégé

1429 Victoire française à Patay

1430 — **1431** Jeanne d'Arc livrée au bûcher

1440 — **1440** Début de la présence royale en Val de Loire

1453 Fin de la guerre de Cent Ans

1450

En 1388, sous l'influence grandissante de son frère Louis d'Orléans (gendre du comte d'Armagnac), Charles VI remercie ses oncles et les remplace par d'anciens conseillers de son père. Mais en 1392, le roi est pris d'une crise de folie furieuse dans la forêt du Mans. Ses oncles profitent de la fragilité de son état mental pour revenir au pouvoir. En 1407, l'assassinat de Louis d'Orléans par Jean sans Peur, nouveau duc de Bourgogne, attise la lutte entre les deux camps, Bourguignons et Armagnacs. En 1414, Jean sans Peur s'allie aux Anglais contre les Armagnacs et le roi de France. L'invasion anglaise commence en août 1415. Après la défaite des troupes françaises à Azincourt (ci-dessus), le 25 octobre 1415, la moitié nord du royaume est occupée soit par les Anglais, soit par les Bourguignons. En mai 1418, le duc de Bourgogne s'empare de Paris et du roi. Le dauphin Charles prend la fuite, se repliant d'abord à Bourges puis à Chinon. Par le traité de Troyes (21 mai 1420), Charles VI donne sa fille en mariage à Henri V d'Angleterre qu'il reconnaît comme héritier, en excluant de la couronne le «soi-disant dauphin» accusé par sa mère, Isabeau de Bavière, d'être adultérin. Le 1er décembre 1420, les Anglais entrent dans Paris.

La peste de 1348

En 1347, un fléau, inconnu en Europe depuis le VIIe siècle arrive à Marseille par un bateau venant de Crimée : la peste noire, qui se répand en France en 1348. L'Europe des années 1349-1350 donne une vision de deuil. On estime qu'un habitant sur trois du royaume de France en fut victime.

La reconquête

En 1422, Charles VII se proclame roi, mais n'est pas encore sacré. Le 12 octobre 1428, les Anglais entreprennent le siège d'Orléans ▲ *116*. L'inattendu se produit alors. Jeanne d'Arc (ci-dessous) quitte Domrémy pour être reçue par son roi, à Chinon ▲ *243* le 6 mars 1429, et obtient son accord pour s'armer et rejoindre Orléans. Huit jours après son arrivée, le siège est levé. Après la victoire de Patay (8 mai 1429), encore plus décisive, Jeanne convainc Charles de se faire sacrer à Reims, le 17 juillet. La paix d'Arras, que Charles VII signe le 21 septembre 1435 avec les Bourguignons, assoit enfin sa légitimité. Son règne se poursuit par vingt années d'une lente reconquête commencée à Paris en 1436 et qui s'achève par la prise de Bordeaux en 1453. La guerre de Cent Ans prend alors fin sans que soit signé aucun traité de paix.

1460	1470	1480	1500	1550	1600

1498 Louis, duc d'Orléans, roi de France

1519 Mort de Léonard de Vinci au Clos-Lucé

1560 Conjuration d'Amboise

1598 Proclamation de l'Édit de Nantes

1470 Installation des ateliers de soie à Tours

1491 Mariage de Charles VIII et d'Anne de Bretagne à Langeais

1523 Calvin à l'université d'Orléans

1588 Assassinat du duc de Guise à Blois

L'ÂGE D'OR : LES XVe ET XVIe SIÈCLES

LA LOIRE, FLEUVE ROYAL

Sous l'impulsion de Charles VII (1403-1461), malmené par sa capitale pendant la guerre de Cent Ans, les rois de France délaissent Paris au profit de la vallée de la Loire. La cour, itinérante, va d'un château à l'autre. Charles VII s'établit successivement à Chinon ▲ *244*, Loches ▲ *224* et Amboise ▲ *180*, avant de se fixer près de Tours ▲ *196*. La ville devient, pour quatre-vingts ans, la capitale politique et religieuse du royaume. Louis XI (1423-1483) fait du Plessis-lès-Tours ▲ *259* (ci-dessus) sa «plus continuelle résidence». Charles VIII (1470-1498), époux d'Anne de Bretagne ● *34*, se partage entre Langeais ● *66*, ▲ *268* et Amboise où il meurt accidentellement. Louis XII (1462-1515), qui lui succède, épouse sa veuve et déplace la cour à Blois ● *67*, ▲ *144*. François Ier ● *35* (ci-dessous) ajoute une aile au château ● *68* et fait venir Léonard de Vinci (ci-contre, page de droite) à Amboise, au Clos-Lucé ▲ *185*.

Il entreprend la construction de Chambord ▲ *158*. Son fils, Henri II (1519-1559), achève l'édifice tandis que, par amour, il offre Chenonceau ▲ *218* à Diane de Poitiers.

LES GUERRES DE RELIGION

Au début du XVIe siècle Luther puis Calvin, en dénonçant les privilèges du clergé, demandent la réforme de l'Église. Le livre, fruit de l'imprimerie naissante, et la parole propagent la pensée de Calvin venu à plusieurs reprises à l'université d'Orléans ▲ *121*. La vallée de la Loire est, après Paris, la terre d'élection de la Réforme en France. De Gien à Angers, les huguenots bâtissent des temples. La conversion de grandes familles comme les Bourbons, les Condés, les La Rochefoucault annonce la formation d'un «parti» protestant qui va s'opposer aux persécutions, de plus en plus nombreuses. Le problème religieux devient politique. La mort accidentelle d'Henri II, lors d'un tournoi, en 1559, ouvre une période troublée. Sa veuve, la reine Catherine de Médicis, penche pour la tolérance tandis que la puissante famille des Guises lui dispute la tête du «parti» catholique. En 1560, les princes protestants tentent d'enlever le jeune dauphin François II (1544-1560), âgé de 15 ans, pour le soustraire à l'influence des Guises. C'est la conjuration d'Amboise, atrocement réprimée ▲ *183*. La rupture entre catholiques et huguenots est consommée. La Saint-Barthélemy (24 août 1572) de Paris est suivie par un massacre des protestants d'Orléans à Angers. En 1588, voulant être reconnu comme seul chef des catholiques, Henri III (1551-1589) fait assassiner le duc de Guise ● *146* à Blois (ci-dessous). Pour fuir la colère de la noblesse catholique, Henri III se réfugie à Tours où il réunit les États Généraux. Son assassinat par le moine Jacques Clément, le 1er août 1589, fait de Henri de Navarre (1553-1610), protestant, son successeur légitime. Mais le royaume ne veut pas d'un prince réformé. Ce dernier se convertit au catholicisme et, en 1594, est sacré à Chartres sous le nom d'Henri IV. Par la proclamation de l'Édit de Nantes, en 1598, le nouveau roi établit la tolérance et clôt 40 ans de guerre civile. Son avènement met fin à la présence royale en Val de Loire.

1598 Fin de la présence royale en Val de Loire — **1648-1653** Fronde — **1685** Révocation de l'Édit de Nantes — **1709** Émeutes de la faim — **1745** Influence croissante de Mme de Pompadour sur la politique de Louis XV — **1774** Règne de Louis XVI

1610 — 1650 — 1700 — 1725 — 1750 — 1775

1610 Assassinat de Henri IV par Ravaillac — **1642** La Loire est reliée à la Seine — **XVIIe-XVIIIe siècles** La Loire, grand axe commercial — **1715** Mort de Louis XIV — **1774** Pillage des bateaux transportant des céréales

La morosité provinciale : les XVIIe et XVIIIe siècles

Une pléiade d'artistes
L'engouement pour l'architecture nouvelle des nobles et des familles enrichies par le négoce et la finance couvre le Val de Loire d'hôtels et de châteaux décorés par des artistes tourangeaux : Jean Fouquet ● *88* (Ci-dessus, *la Vierge et l'Enfant entourés d'Anges*), Jean Bourdichon ▲ *227*, François Clouet ▲ *220* (v. 1505/1510-1572). Cette société manifeste également un vif intérêt pour les lettres. Rabelais évoque dans *Gargantua* ▲ *250* son pays natal. Ronsard ▲ *258*, le poète de l'amour, dédie ses poèmes à Cassandre ▲ *140* et à Marie. Il s'éteint à Saint-Côme ▲ *258*, où il s'était retiré. Du Bellay s'enthousiasme pour la nouvelle école poétique de la Pléiade ● *94*.

Malgré quelques agitations lors de la minorité de Louis XIII (1601-1643), et pendant la Fronde (1648-1653), le Val de Loire demeure à l'écart des troubles politiques et religieux du royaume.

La Contre-Réforme

Les protestants continuent d'inquiéter. À Saumur, place sûre pour les réformés, collèges et académies forment des pasteurs. Cependant, l'Église catholique est décidée à réduire l'influence de la Réforme. À partir de 1614, les prêtres de l'oratoire font de Notre-Dame-des-Ardilliers ● *63*, ▲ *285*, à Saumur, un important lieu de pèlerinage. Un siège épiscopal est créé en 1691 à Blois. Alors que de nombreux collèges et couvents sont fondés, des temples réformés sont fermés. Les protestants commencent à émigrer ▲ *278*. La révocation de l'Édit de Nantes, en 1685, par Louis XIV (ci-dessus) ● *35*, amplifie l'émigration.

Vers le déclin économique

Orléans s'appuie sur la batellerie pour son trafic avec le Levant, les Antilles, l'Angleterre et – comme Angers – se tourne vers de nouveaux débouchés : la ville est reliée à la Seine par voie d'eau au milieu du XVIIe siècle. À la veille de la Révolution, on dénombre à Orléans 32 raffineries, 200 vinaigreries ▲ *123* et des manufactures de toiles peintes. Blois a assez bien résisté au départ de la cour (fin XVIe siècle), grâce au négoce des vins et des eaux-de-vie. Mais Tours «décapitalisée» végète : ses soieries ▲ *260* sont concurrencées par Lyon. À la veille de la Révolution, on constate, d'une manière générale, un important déficit démographique dans les villes : en un siècle, Blois a perdu 7 000 à 8 000 habitants ; Tours en a perdu 13 000, tout comme Angers. Seule Orléans aurait connu une certaine stabilité. De leur côté, les effectifs des couvents enregistrent une chute des vocations.

L'Œuvre des intendants
La centralisation monarchique commencée sous Louis XIII s'appuie sur des intendants aux pouvoirs étendus. Ils marqueront à leur manière le Val de Loire. Au XVIIIe siècle, l'intendant Du Cluzel ambitionne de composer à Tours «la plus belle entrée du royaume» : un pont de pierre descendant sur la ville, prolongé par la rue Nationale bordée d'immeubles semblables. Perrin de Cypierre à Orléans fait ouvrir la rue Royale avec ses célèbres arcades ▲ *121* prolongée par un pont de pierre. Blois est dotée d'un pont à dos-d'âne ▲ *145* sur lequel s'articulera la ville du XIXe siècle.

1790	1800	1820	1830	1840	1850

1789 Début de la Révolution française

1793 Angers est prise par les Vendéens

1810 Talleyrand achète Valençay

1815 Fin du Ier Empire

1829 Bateaux à vapeur d'Orléans à Blois

1846 Émeutes de la faim à Tours

1849 Le train arrive à Orléans, Blois, Tours et Angers

DE LA RÉVOLUTION À LA IIIe RÉPUBLIQUE

LA RÉVOLUTION ET L'EMPIRE (1789-1815)

Les États Généraux, convoqués le 5 mai 1789 par Louis XVI (1754-1793), se transforment rapidement en une assemblée révolutionnaire qui conteste le régime de la monarchie absolue. Si, dans le Val de Loire, les citadins, gagnés aux idées nouvelles, accueillent favorablement les transformations politiques (une constitution et une assemblée législative) et administratives (4 départements gérés par des citoyens élus), la masse paysanne va de déception en déception. Les réformes religieuses troublent la vie des paroisses, tandis que le nouveau régime fiscal n'améliore en rien le sort de la paysannerie. Le mécontentement s'amplifie avec la vente des biens du clergé et l'obligation pour les ecclésiastiques de prêter serment de fidélité à la Constitution civile du clergé. La République est finalement proclamée le 21 septembre 1792 ; Louis XVI est décapité le 21 janvier 1793.

En mars 1793, la République, en guerre contre l'Europe entière, décrète la levée en masse des hommes. Cette mesure est perçue comme une provocation par la population de la Vendée et de l'Anjou qui, royaliste de cœur, se soulève. «Blancs» (monarchistes) et «Bleus» (républicains) s'affrontent. Saumur tombe, puis Angers. La terrible répression qui s'ensuit a marqué durablement la mémoire collective de l'Ouest. Bonaparte (1769-1821), Premier Consul, tient compte de ce climat et conclut une paix religieuse prolongée par le Concordat de 1801. Devenu empereur, Napoléon Ier tente de séduire le Maine-et-Loire monarchiste, mais le fardeau de la conscription lui aliène les Angevins.

L'INSTABILITÉ DE RÉGIME

La Restauration (1815-1830) et la monarchie de Juillet (1830-1848) ne parviennent pas à effacer totalement les acquis de la Révolution et de l'Empire. La monarchie est définitivement renversée par la Révolution de 1848 qui voit naître la IIe République (1848-1851). Son président, élu au suffrage universel en 1849, n'est autre que Louis-Napoléon Bonaparte, neveu de Napoléon Ier. Le coup d'État du 2 décembre 1851 instaure le Second Empire et sacre Napoléon III (ci-contre). La libéralisation du régime, trop tardive, ne suffira pas à asseoir l'Empire.

1860 | **1870** | **1880** | **1890** | **1900** | **1910**

1870 La délégation gouvernementale s'installe à Tours

1870-1871 Guerre franco-allemande ; opérations de l'armée de la Loire

1875 Fondation de l'université catholique d'Angers

1883 Fondation à Blois du premier syndicat agricole, la Franciade

Fin du XIXe siècle Destruction des vignobles par le phylloxéra

1902 Fin du trafic des marchandises sur la Loire d'Orléans à Nantes

LA IIIe RÉPUBLIQUE ET LA SECONDE GUERRE MONDIALE

UNE ADHÉSION TEMPÉRÉE

La défaite de Sedan (1er septembre 1870) entraîne l'effondrement du Second Empire. La IIIe République est proclamée le 4 septembre. La République est rapidement adoptée par les habitants de l'Indre-et-Loire, alors que ceux du Loir-et-Cher et du Loiret sont plus tempérés. La situation diffère dans le Maine-et-Loire, où le conservatisme de l'Ouest puise ses racines dans son passé monarchiste et clérical, particulièrement vivace dans les campagnes. Avec les lois sur la laïcisation de l'école et la séparation de l'Église et de l'État (1905), le syndrome des «Blancs» et des «Bleus» reprendra une nouvelle vigueur.

Les Prussiens à Tours

LA DÉFENSE DE LA LOIRE

En 1870 Gambetta quitte Paris en ballon pour rejoindre Tours, capitale provisoire, et la délégation du gouvernement qui s'y est repliée. Les combats ont lieu sur la Loire, à Orléans et Beaugency ▲ *139*. Les habitants doivent faire face aux réquisitions, au froid et aux épidémies, notamment de variole.

LES VILLES DU VAL DE LOIRE AU XIXe SIÈCLE

Angers conserve l'image d'une ville aisée, fière de son École du génie et de ses nombreux collèges privés ; elle est marquée par l'influence religieuse et aristocratique, qui est moindre à Tours où les fonctionnaires et les cheminots sont nombreux. Blois a peine à s'affirmer alors qu'Orléans connaît une croissance moyenne. La main-d'œuvre venue des campagnes contribue à la croissance des villes.

ÉCONOMIE RURALE ET INDUSTRIALISATION

La désertion rurale s'accentue avec le phylloxéra qui détruit les vignobles entre 1876 et 1883. Un tiers ne sera pas reconstitué et laissera place à des cultures maraîchères, de l'horticulture et des pépinières. Les villes ont conservé et accru leurs activités. Angers, Tours et Blois ont créé des entreprises qui ont acquis une importance nationale, voire mondiale. Angers est le «fief» de l'«empire Bessonneau» du textile et des liqueurs Cointreau ● *56*. Tours et Orléans possèdent des industries pharmaceutiques alors que Blois est renommée pour le chocolat Poulain ● *56*. Le Loiret accueille de remarquables entreprises étrangères. La faïencerie créée à Gien ▲ *136* par l'Anglais Hall en 1821 connaît dans la seconde moitié du XIXe siècle son âge d'or. L'Américain Hutchinson installe en 1853 à Montargis (Loiret) une industrie du caoutchouc.

LA SECONDE GUERRE MONDIALE (1939-1945)

En juin 1940, l'histoire se répète : Paris occupé, Tours est capitale pour trois jours, avant que, le 14 juin, le gouvernement ne se replie à Bordeaux. Lors de la bataille sur la Loire, de Gien à Gennes, les «Cadets» de Saumur ▲ *279*, ▲ *293*, résisteront héroïquement aux troupes allemandes. Les villes-ponts sont bombardées ; les dommages sont considérables (17 ha à Orléans). Après l'armistice du 22 juin 1940, les quatre départements du Val de Loire sont en grande partie occupés et le seront complètement en 1942. À partir de 1943, et surtout au printemps 1944, les bombardements alliés frappent les aérodromes et les nœuds ferroviaires ; les villes sont à nouveau touchées. La libération a lieu entre le 10 août et le 1er septembre grâce à la 3e armée du général Patton, épaulée par la Résistance française.

1920	1950	1960	1970	1980	1990

1920 Congrès de Tours, scission de la SFIO, naissance du PCF

1940 Tours, capitale de la France pour trois jours

1940-1944 Bombardements des villes du Val de Loire

1950-1970 Reconstruction d'après-guerre et émergence de villes nouvelles

1964 Mise en fonction de la centrale nucléaire d'Avoine-Chinon

1972 Création des régions Centre et Pays de la Loire

1986 La halle aux grains de Blois devient un centre de culture et de congrès

1990 Mise en service du TGV Paris-Tours

LES IVe ET Ve RÉPUBLIQUES : VERS LE TROISIÈME MILLÉNAIRE

La reconstruction d'après-guerre (ci-dessus) canalise les énergies tandis que la désertification des campagnes s'accélère. Face à l'afflux de population dans les villes, des zones d'habitation et d'industrie ont été créées à proximité de villes-mères (Orléans achète le domaine de la Source de 530 ha ▲ *124*). Ainsi ont surgi de véritables métropoles : le «grand Angers» avec 215 000 habitants, Tours 282 000, Blois 65 000, Orléans 244 000. Les industries «anciennes» ont en grande partie disparu, remplacées par des multinationales (Bull, Thomson, Scania, SKF, Michelin, Matra, etc.). Cas unique : les laboratoires de produits pharmaceutiques Servier créés il y a 30 ans à Gigy avec 9 employés en comptent 400, possèdent des usines à New York et Tokyo et sont présents dans 130 pays. Quatre centrales établies le long de la Loire fournissent 25 % de l'électricité nucléaire française. Des autoroutes ont été construites pour améliorer la dynamique régionale. Le TGV Atlantique (ci-dessous), mis en service en 1990, met Tours à moins de 1 h de Paris. TAT, la première compagnie aérienne privée, a ses bureaux à Tours. Les structures universitaires qui manquaient aux quatre départements existent aujourd'hui. Orléans, siège de l'Académie d'Orléans-Tours, possède une université depuis 1966 ; Angers et Tours, depuis 1971 ; Blois accueille depuis 1993 une antenne de l'université de Tours. L'organisation du pays en régions offrait l'opportunité de former, à partir des quatre départements, une unité. Mais le découpement tel qu'il fut conçu a fait resurgir les antagonismes : le Maine-et-Loire est rattaché aux «Pays de la Loire», les trois autres départements à la région Centre dont la préfecture, Orléans, accueille le siège du Conseil régional ● *12*.

UNE RENAISSANCE PAR LE TOURISME

Le tourisme a bénéficié des nouvelles voies d'accès. Une centaine de châteaux du Val de Loire sont ouverts au public, Chambord étant après Versailles le deuxième monument d'État le plus visité en France. La navigation fluviale renaît. Le pont-canal de Briare ▲ *137* a fêté en 1996 son centenaire, les sept écluses de Rogny (vestiges du canal du XVIIe siècle) forment un escalier d'eau impressionnant. Les affluents de la Maine (Sarthe, Mayenne et Loir), partiellement navigables possèdent une «base» importante à Angers. Le Loiret ▲ *124*, sur ses 12 km, offre des promenades agréables.

Arts et traditions

La marine de Loire

Les bateaux à vapeur
À partir de 1822, un grand nombre de bateaux à vapeur furent construits. La concurrence était rude entre les compagnies Riverains, Paquebots de la Loire ou les célèbres Inexplosibles.

Quais et ports de Loire gardent le souvenir d'une batellerie qui a connu son apogée vers 1860. À l'époque où les principaux axes commerciaux étaient les voies d'eau, les gabares ou les chalands permettent l'approvisionnement des grandes villes en vins, pommes, sel, blé, ardoises, pierres de tuffeau et produits venus des colonies débarqués à Nantes… La marine à voile, qui s'était adaptée au fil des siècles aux caprices du grand fleuve, disparaîtra vers 1900, concurrencée par l'arrivée du chemin de fer dans la Vallée.

La communauté des marchands
Dès le XVIe siècle, les mariniers se groupèrent pour se défendre contre les péages seigneuriaux abusifs et pour engager les travaux d'entretien nécessaires sur la Loire et les rivières «descendant en ycelle». Les délégués des villes riveraines se réunissaient tous les quatre ans à Orléans ▲ *112*. En 1772, la communauté disparut et la charge du balisage et de l'entretien des levées revint aux Ponts et Chaussées.

La durée des voyages
Compte tenu des aléas climatiques (crues, glaces, sécheresse, vent défavorable…), la durée des voyages était très variable. Le trajet Briare-Nantes s'effectuait en une dizaine de jours à la «descente», mais en plus de trois semaines pour la «remonte». En moyenne, on naviguait 250 jours par an.

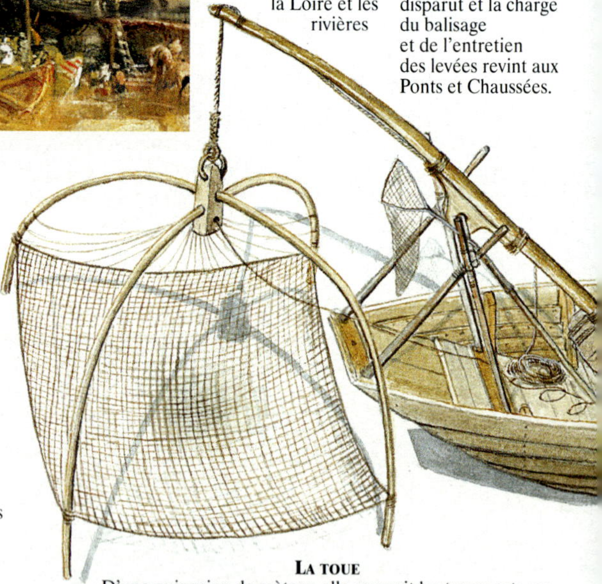

La toue
D'une quinzaine de mètres, elle assurait les transports sur courtes distances. Les tireurs de sable la chargeaient d'une dizaine de tonnes. Cabanée et munie d'un carrelet, elle était l'outil du pêcheur professionnel pour la pêche au saumon ou à l'alose : des viviers flottants, les «bascules», conservaient le poisson jusqu'à la vente.

La sapine
Longue d'environ 30 m, d'un tirant d'eau faible (environ 70 cm), la sapine, ou «salembarde», était à la fois véhicule et… cargaison. Construite en haute Loire, elle effectuait, sans mât ni voile, une unique «descente» et était «déchirée» à l'arrivée, le bois étant alors vendu en même temps que les 40 t de marchandises transportées (charbon, poterie).

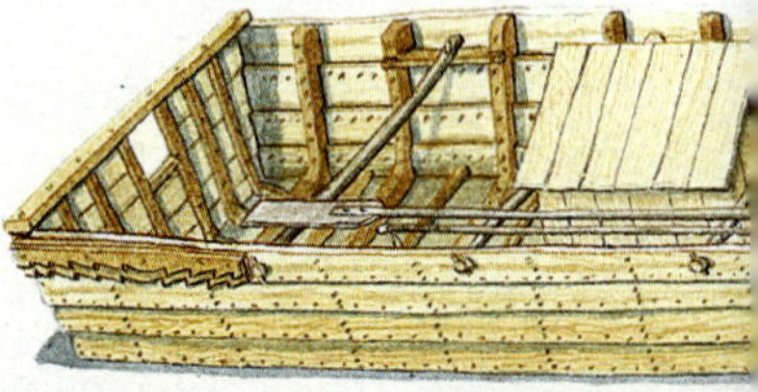

Le Fram
En 1898, une nouvelle sorte de bateau à vapeur, à hélice cette fois, est expérimentée. Pendant une dizaine d'années, le Fram assurera la liaison de Nantes à Blois pour livrer le cacao aux usines Poulain.

Le fûtreau
Cette barque d'une dizaine de mètres pouvait être gréée ou non suivant les usages auxquels on la destinait.

«Bachot» pour le marinier ou le passeur, elle était bateau de service ; «galiote» pour le pêcheur, elle était munie d'un vivier à poisson, le «sentineau». On la menait le plus souvent à la bourde (perche ferrée).

«Virer en pantin»
Au passage des ponts, les grands chalands pouvaient démâter ou se déhaler. C'est la raison pour laquelle un puissant treuil, le guindas, les équipait. La manœuvre n'était pas sans danger : elle nécessitait huit hommes qui tantôt poussaient (gare, si un des bras du guindas cassait !), tantôt se laissaient pendre (au risque de lâcher prise).

«Chantons la Loire
et sa marine
Sur terre il n'est rien
de pareil.
En route au lever
du soleil
Chantons la Loire
et sa marine.»

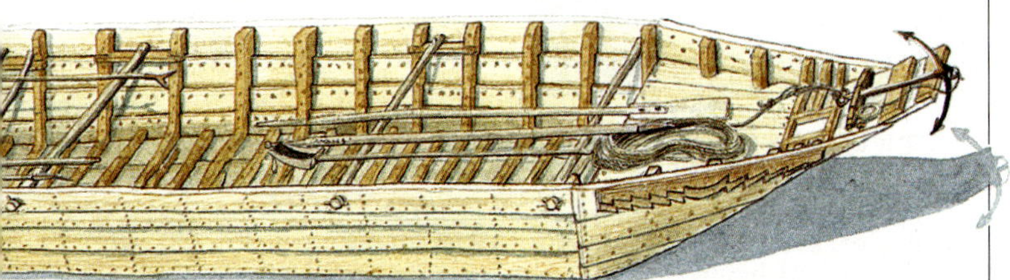

De la pirogue monoxyle au chaland, les hommes ont toujours utilisé au mieux leurs connaissances techniques et les contraintes matérielles pour s'adapter aux exigences de la rivière. Les bateaux de Loire ont des caractéristiques communes : un fond large et plat relevé à l'avant, une voile carrée et un grand aviron, la «piautre», pour se diriger.

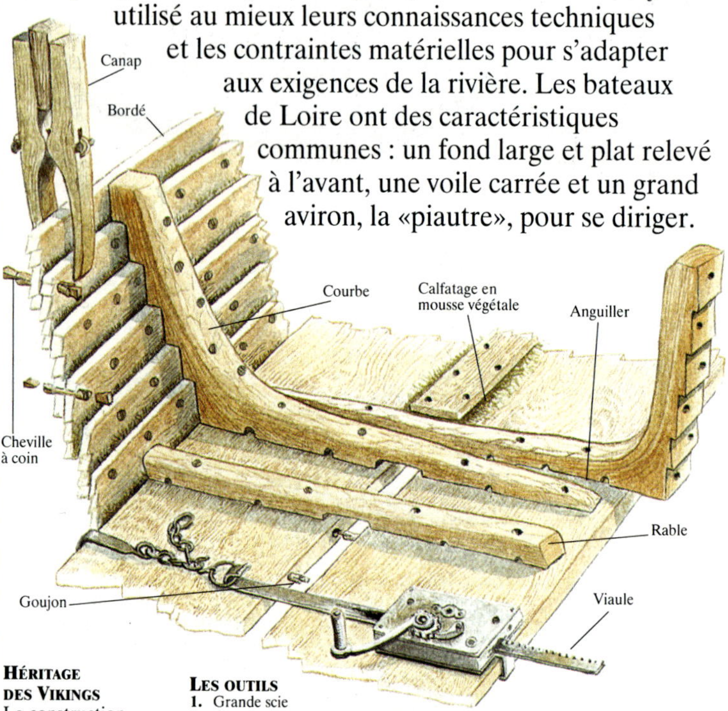

Héritage des Vikings

La construction «à clins» et l'unique voile carrée témoignent de l'héritage nautique laissé par les Vikings lors de leurs incursions en basse Loire, vers le IXe siècle. De même, certains cordages (boitas, bouline, gueurde…) ont gardé leurs noms norois, à peine déformés.

Les outils

1. Grande scie
2. Compas à verge
3. Compas
4. Équerre
5. Sauterelle
6. Rainette avec tourne à gauche
7. Cordeau et craie
8. Serre-joint
9. Trusquin
10. Vilebrequin
11. Tarière
12. Rabots
13. Varlope
14. Maillet
15. Ciseau
16. Gouge
17. Hache
18. Herminettes
19. Doloire

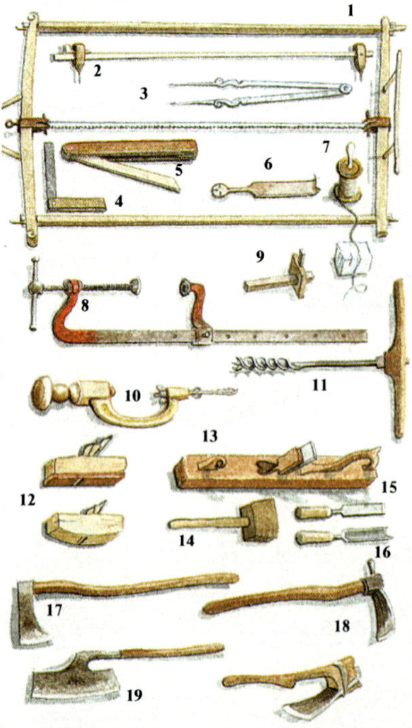

Le renouveau

Les bateaux de Loire à voile carrée n'ont heureusement pas disparu à jamais du paysage ligérien. Sous l'impulsion de quelques passionnés, les charpentiers construisent de nouveau toues, gabares et fûtreaux.

Une belle équipe

Elles avaient fière allure les «équipes de remonte». En tête, la «mère», toilée à bloc, conservait sa piautre. Derrière venaient le «tirot» et les «sous-tirots» aux voiles décroissantes. Les «allèges», quant à elles, n'étaient pas gréées. De tels trains de 7 à 8 gabares bien amarrées étaient menés par un équipage d'une dizaine d'hommes.

Évolution des bateaux de Loire

La pirogue monoxyle

Elle est creusée dans un tronc à l'aide d'un outil (hache ou herminette) ou par l'action du feu. Les renforts sont gardés en réserve dans la masse.

La pirogue d'Ancenis

La pirogue monoxyle a été fendue volontairement ou accidentellement. Sa largeur est augmentée par l'adjonction de planches. Pour ce faire, il est nécessaire de cheviller plusieurs traverses.

La barque limougeotte

Le charpentier la construit entièrement avec des planches. La rigidité est obtenue en associant des traverses et des courbes pour l'équerrage.

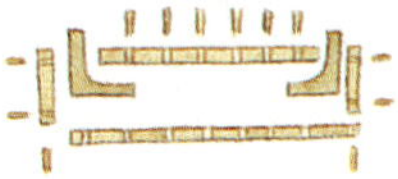

Une technique, un outil vikings

Les Vikings ont apporté la technique du clin (les planches se recouvrent à la manière des ardoises) et un outil, le canap, sorte de grosse pince qui maintient les bordés entre eux pour les cheviller.

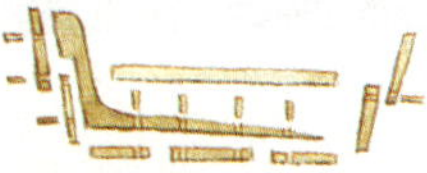

Le chaland classique

Ses dimensions sont limitées par la longueur du fût des arbres et par la faible profondeur du fleuve.

Drôle de vie que celle des mariniers de Loire, toujours à la merci des caprices du fleuve. Les hommes étaient habiles à la manœuvre. Ceux du «Pays bas», remontant un train de bateau, devaient guetter le vent de mer, trouver le chenal, démâter au passage des ponts, tandis que ceux du «Pays haut» profitaient de la crue pour dévaler le fleuve sur un radeau ou une sapine chargée de charbon.

❝Ils portaient aussi des boucles d'oreilles d'or ou dorées. Leur forme affectait celle d'une pièce de un franc dont le milieu était orné d'une ancre qui y était découpée.❞
Pierre Mondanel

Épingle de cravate.

LES HABITS DE FÊTE
Habillés ordinairement d'une blouse bleue, d'un pantalon de velours, d'une ceinture de flanelle écarlate et coiffés d'un feutre à large bord, les mariniers revêtaient pour les fêtes une chemise blanche qui mettait en valeur les broches ornées des signes distinctifs de la profession. Quant au foulard de cachemire, il arrivait des Indes via le port de Nantes.

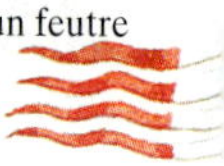

LE «SAINT-LOUIS»
L'église de Saint-Georges-sur-Cher abrite un ex-voto exceptionnel. Réalisée en 1852 par Eugène Archambault, fils de marinier, cette gabare polychrome représente le *Saint-Louis*, bateau qui fréquentait aussi bien la Loire que le Cher, navigable au siècle dernier jusqu'à Vierzon.

La «trempée au vin»
Émiettez dans une jatte du pain bien rassis. Mouillez d'eau fraîche. Sucrez à volonté. Au moment de servir, versez un bon vin rouge bien frais. Remuez et consommez à la cuiller.

Cruche à huile de noix.

«Gendarmes».

Goutte à deux sous.

Nomades de l'eau
D'un caractère vif et indépendant, les mariniers étaient toujours en partance. Leur fortune tenait dans le coffre qu'ils avaient eux-mêmes décoré. Francs buveurs et bien souvent paillards, ils n'invoquaient pas moins la grâce de leurs saints patrons (saint Nicolas, saint Clément…) lors de manœuvres périlleuses ou d'ouragans soudains.

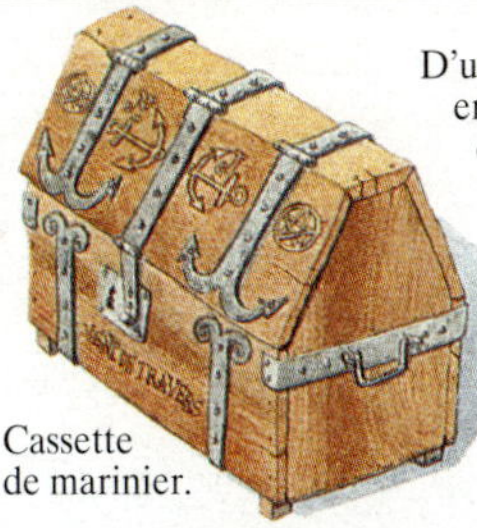
Cassette de marinier.

Fourneau à deux marmites devant lequel on plaçait le «cuit-pomme».

Le guiroué
Si, en temps ordinaire, une simple bannière suffisait à indiquer la direction du vent, chaque bateau possédait une girouette pour les grandes occasions. Taillé au couteau à la veillée, le guiroué faisait la fierté des équipages.

La cuisine à bord
Les mariniers avaient le «bec fin» et faisaient grand cas de ce qu'ils avaient dans leurs assiettes : viande boucanée ou en boulettes, soupe, poisson, matelote, carpe farcie… le tout bien arrosé de vin des coteaux, prélevé sur la cargaison !

Garde-manger

La piautre
Ce grand aviron de gouverne est l'un des éléments originaux des chalands de Loire. En appui sur le tableau arrière, la piautre est retenue par un jeu de cordages. On peut la régler en fonction de l'enfoncement du bateau ou même l'enlever quand on forme une «équipe».

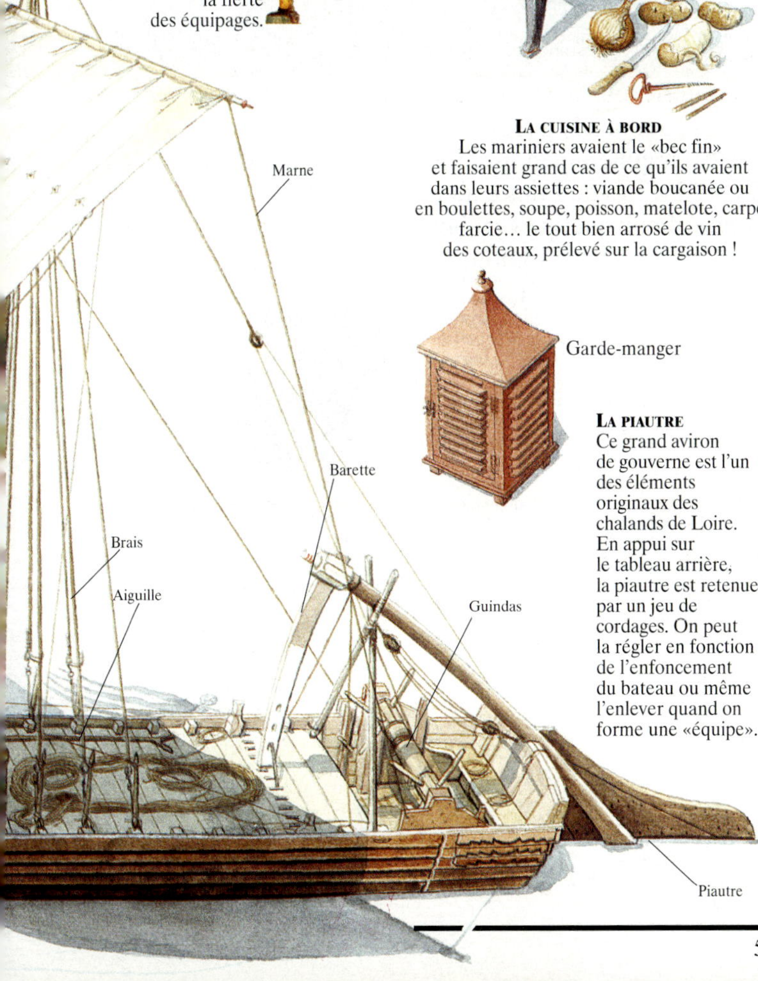

La vénerie, ou chasse à courre, est l'art de chasser avec des chiens courants le gibier de nos contrées. Depuis le XIIe siècle, elle est régulièrement pratiquée en France ; elle sera le sport favori des rois de France au XVe siècle dans le Val de Loire. Aujourd'hui, quelques milliers de passionnés, à cheval ou à pied, perpétuent cette tradition codifiée par des siècles d'usage.

LES MOTS DE LA VÉNERIE
Selon la situation, on parlera du «bien-aller» (ci-dessus) – le veneur sonne le «bien-aller» et on encourage les chiens par la voix et par la trompe –, du «rapport», du «lancer», du «débucher», du «défaut», du «relancer», du «passage de route», du «changement de forêt», de l'«hallali», etc.

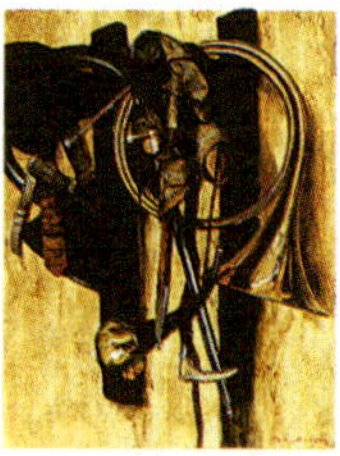

LES «ACCESSOIRES»
Sur ce tableau de Henry Koehler (1991), on reconnaîtra : la trompe, le fouet, la dague, la toque, la pibole et le ceinturon de vénerie, indispensables à tout veneur.

LE «DÉFAUT»
de Karl Reille (1960). Le défaut signifie que l'on a perdu la «voie» de l'animal chassé.

BOUTONS ET «BOUTONS»
Chaque équipage se différencie, entre autres, par les boutons qui ferment gilet et tunique (l'uniforme du veneur), d'où le surnom de «boutons» donné aux membres qui le composent. Ci-contre, celui de Cheverny ▲ *170*.

LE PATRON DES CHASSEURS
Saint Hubert, au VIIIe siècle, eut la vision d'un cerf portant une croix entre ses bois. La Saint-Hubert est célébrée le 3 novembre par tous les veneurs.

GRANDE OU PETITE VÉNERIE
La grande vénerie s'intéresse aux grands animaux : cerf, chevreuil ou sanglier ; la petite, aux animaux de moindre gabarit : renard, lièvre ou lapin.

«L'HALLALI»
de René Princeteau (XIXe siècle). Cris de chasse annonçant que l'animal est aux abois.

ÉQUIPAGE ET MEUTE
Le maître d'équipage dirige la chasse, aidé par les membres de l'équipage, les boutons. Le piqueux est responsable des chiens, tant au chenil que durant la chasse. La meute se compose d'une soixantaine de chiens pour les équipages de grande vénerie et d'une vingtaine pour ceux de petite vénerie. Les races les plus recherchées sont les anglo-français ou les anglais (beagles et harriers). Les suiveurs, les invités, suivent la chasse, à cheval ou en voiture.

LES «HONNEURS»
L'usage veut que, lorsqu'on «prend», l'un des suiveurs reçoive les honneurs du pied ou parfois des bois.

TERRINE DE POISSONS

«Dans un langage difficile à contraindre, une cuisine claire, simple, logique et nette, inspirée de l'esprit de Rabelais et du génie de Descartes, dans un grand pays de gueule.» Ainsi parlait le grand gastronome Curnonsky de la cuisine tourangelle. Renommée pour sa charcuterie, son fromage de chèvre, ses confiseries et ses vins, la Touraine est aussi un pays de rivières et les recettes ne manquent pas dans l'art d'accommoder le poisson.

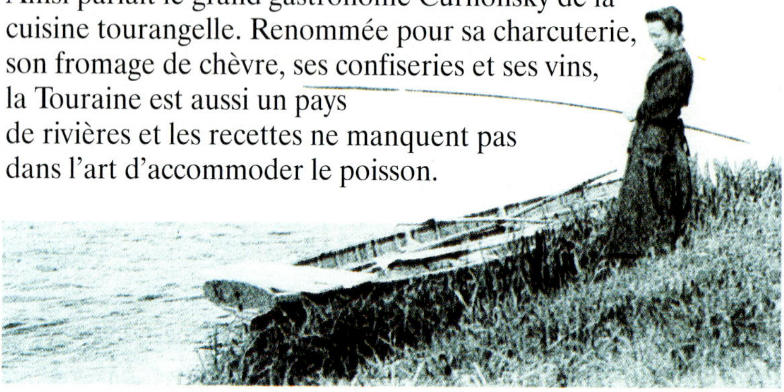

2. Faire cuire à feu doux (15 min), laisser le tout réduire de moitié et passer au chinois.

3. Pocher séparément chaque poisson dans le fumet pendant 8 min. Transvaser les poissons dans un grand plat creux, verser le fumet et laisser refroidir.

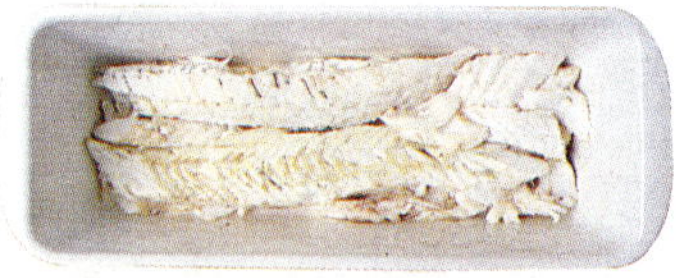

6. Dans le fond de la terrine, mettre les filets de sandre puis les blancs d'œufs.

8. Terminer avec les filets d'anguille. Recouvrir le tout avec les jaunes hachés et les dés de citron.

9. Laisser au réfrigérateur une nuit et servir avec une mayonnaise additionnée de ketchup.

Ingrédients :

Sandre de 1,5 kg	1 ou 2 œufs
Saumon de 1 kg	1 citron
Anguille de 1,5 kg	estragon

Fumet :

Arêtes et têtes de poisson	1 bouquet garni
5 échalotes	2 gros oignons
2 poireaux	1 gros champignon
3 carottes	1/2 l de vin blanc sec
50 g de beurre	Sel
	Poivre

1. Préparation du fumet : mettre dans une cocotte tous les ingrédients coupés en morceaux, ajouter le vin blanc, puis recouvrir d'une grande quantité d'eau.

4. Lever les filets de chaque poisson.

5. Faire durcir les œufs et hacher les jaunes et les blancs séparément. Peler le citron et le couper en petits dés.

7. Disposer ensuite les filets de saumon et l'estragon.

VINAIGRES DE TRADITION ET D'EXCEPTION
«Il faut un grand vin pour faire un grand vinaigre», dit-on à Orléans. Aussi est-ce celui des plus grands vignobles (Chinon, Bourgueil…) qui remplit les fûts de 220 l (*vaisseaux*) pour se transformer pendant 3 semaines, avant de vieillir, 6 mois durant, en foudres de chêne.

COTIGNAC D'ORLÉANS
Spécialité de Saint-Ay, connue depuis le XVe siècle, cette gelée de coings est présentée en boîte traditionnelle de copeau d'épicéa, à l'effigie de la Pucelle. Benoît Gouchault est le dernier fabricant de ce délice sucré à la couleur ambrée.

PRESSE ÉCRITE
La Nouvelle République du Centre-Ouest couvre l'actualité pour tous les départements du Val de Loire, tandis que *Le Magazine de la Touraine* parle de leur passé aux Tourangeaux.

RILLONS ET RILLETTES
Vieilles de 4 siècles, ces spécialités sont à base de dés d'échine et de poitrine de porc mijotés au feu de bois. Les morceaux les plus gros, retirés, donnent les rillons ; les plus fins, écrasés à la fourchette, sont les rillettes.

LIQUEURS D'ANGERS
C'est en 1849 que les frères Cointreau, confiseurs, fondent une société pour la fabrication du célèbre Guignolet à base de fruits d'Anjou. En 1875, Louis, leur digne héritier, crée la liqueur aux écorces d'orange, réputée dans le monde entier.

CHOCOLAT POULAIN
Le fameux chocolat, très apprécié des amateurs, est toujours fabriqué à Blois ● *47* et ▲ *145*.

CHAMPIGNONS DE PARIS
Ils sont cultivés dès 1895 en Val de Loire, surtout dans les galeries calcaires du Saumurois ▲ *292*.

VALLÉE DE VIGNOBLES
La carte des vins ◆ *322*, rayonnante, regroupe environ 60 appellations couvrant 80 000 ha de vignes ■ *30* : vins de pays gouleyants ou nobles grands crus ; blancs fermes, ardents, dépouillés, généreux, à l'arôme de fleur blanche, aux saveurs de pierre à fusil ou rouges bouquetés, charpentés, à la robe de rubis, aux fragrances d'iris, de violette, de miel…

ARCHITECTURE

LA PÉRIODE ROMANE

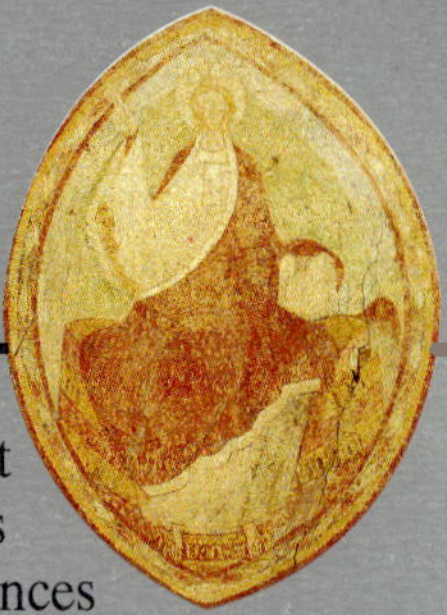

À l'époque romane, le Val de Loire – et plus particulièrement la Touraine – connaît une grande période de construction d'édifices religieux. Les églises sont empreintes d'influences issues du Poitou, de l'Aquitaine, de la Bourgogne ou du Berry : absides à contreforts-colonnes, coupoles au transept, portails sans tympan, sculpture... Les clochers présentent néanmoins une silhouette originale : ils sont prolongés par des flèches dont la base est flanquée de clochetons. La décoration sculptée est presque uniquement réservée aux chapiteaux, modillons des corniches et voussures des portails ; les peintures murales sont en revanche abondantes, notamment dans les cryptes.

LE PORTAIL (église de Chênehutte-les-Tuffeaux ▲ *292*, XIIe siècle) Le décor du portail est souvent le plus précieux de l'église. Les voussures sont composées d'une répétition de claveaux ornés de motifs géométriques ou végétaux. L'absence de tympan est caractéristique du Val de Loire.

LES FRESQUES (ci-dessus, église de Tavant ▲ *251*, deuxième quart du XIIe siècle) Ce Christ en majesté dans une mandorle appartient à l'école dite «aux fonds clairs» caractérisée par un tracé schématique, ferme et vigoureux. Cette peinture orne le cul-de-four du chœur de l'église de Tavant.

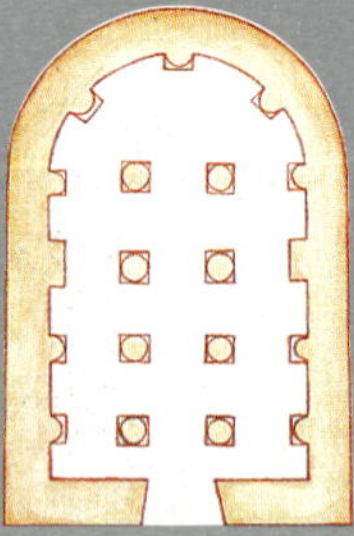

LA CRYPTE (église de Tavant ▲ *251*, fin du XIe siècle) De nombreuses églises se signalent par la présence d'une crypte, richement ornée, dont l'origine est sans doute liée au culte des saints et aux reliques qu'elle devait ou aurait dû abriter. Elle était souvent dotée d'une entrée et d'une sortie distinctes, destinées à réguler le flux des pèlerins.

LE CHEVET (église de Saint-Benoît-sur-Loire ▲ *129*, 1067-1080) Le plan avec déambulatoire à chapelles rayonnantes caractérise les églises bâties dans le but d'accueillir les foules des processions. Il régit la plupart des églises bénédictines. Le plan de l'église de Saint-Benoît-sur-Loire est ambitieux : deux des chapelles forment comme un second transept, plus petit. La structure du chevet est proche de celle de Saint-Étienne de Nevers (Bourgogne) par l'étagement des masses. Primitivement, le chœur était entouré de deux clochers.

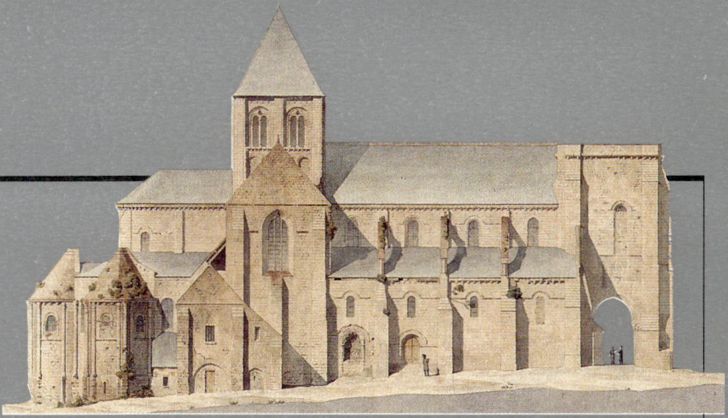

L'ÉLÉVATION ROMANE
(collégiale de Saint-Aignan ▲ *217*, fin XIe siècle)
Le porche ouvre sur une nef de quatre travées avec bas-côtés. Une coupole et un clocher à trois étages surmontent le transept. Le déambulatoire dessert trois absidioles.

L'ÉCOLE D'AQUITAINE
(église abbatiale de Fontevraud ▲ *227*, XIIe siècle)
Caractérisée par une large nef unique coiffée d'une enfilade de coupoles sur pendentifs, l'église de Fontevraud révèle les liens qui unissaient l'Aquitaine et l'Anjou sous les Plantagenêts ● *38*. Le transept et le chœur, antérieurs à la nef, suivent le modèle des églises bénédictines avec déambulatoire et chapelles rayonnantes.

LE CLOCHER
(église de Cunault ▲ *292*, fin du XIe siècle)
Il est le prototype du clocher roman en Val de Loire. Sa partie supérieure est percée de trois étages de baies : le premier est aveugle ; les pilastres et colonnes alternés du dernier créent la diversité. La flèche polygonale, trapue, est encadrée et stabilisée par des clochetons.

L'art gothique, né en France au XIIe siècle, se caractérise par une nouvelle distribution des masses et des espaces. Le vitrail permet des jeux de lumière tandis que le décor devient plus idéalisé. L'Anjou apporte aux édifices la voûte d'ogive bombée et les chevets plats à berceau brisé couvert de nervures multiples. Les piles et les voûtes élancées s'inspirent en revanche du gothique du Nord (Chartres), qui, du XIIIe au XVe siècle, domine définitivement. Jusqu'au XIVe siècle, l'architecture reste assez sobre ; au XVe siècle, la tendresse du tuffeau facilite la naissance du gothique flamboyant.

LA RECHERCHE DE LA VERTICALITÉ
(chapelle Saint-Hubert ▲ *184*, Amboise, 1491-1496)
Le chevet est mis en valeur par un avant-corps bâti sur l'enceinte du château. Le décor rappelle les retables flamands. Le gothique flamboyant du Nord y est aussi représenté par de grandes baies «flammées».

1. Ogive (nervure reliant en diagonale les chapiteaux)
2. Formeret (nervure parallèle à la nef)
3. Doubleau (nervure perpendiculaire à la nef)
4. Quartier brisé
5. Lierne
6. Clef de voûte
7. Chapiteau

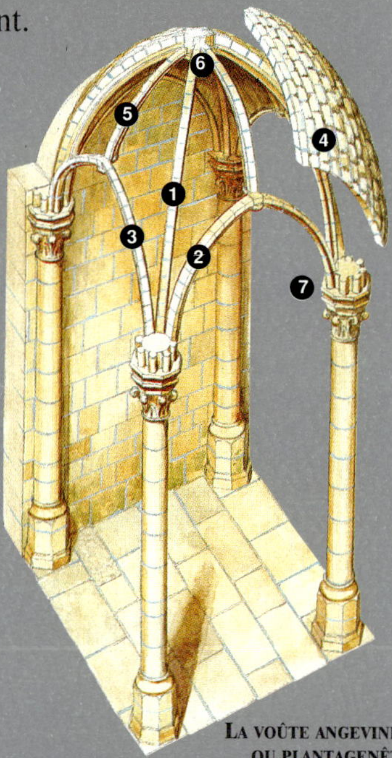

LA VOÛTE ANGEVINE OU PLANTAGENÊT
(église abbatiale Saint-Serge ▲ *307*, Angers)
Elle se caractérise par son voûtement élevé et fortement bombé. Aux ogives (**1**), formerets (**2**) et doubleaux (**3**), traditionnels dans une voûte nervurée, s'ajoute ici, pour pouvoir construire le quartier brisé assisé (**4**), une nervure supplémentaire, le lierne (**5**). De cette multiplication des nervures naît un foisonnement de clefs de voûte.

LES FRESQUES
(chapelle du château de Pimpéan ▲ *293*, XVe siècle)
Les fresques sont concentrées autour des nervures. Les huit registres délimités par les arcs et les liernes de la voûte illustrent des scènes de la vie du Christ ; la clef de voûte porte les armes de la famille.

L'ARC-BOUTANT
(cathédrale Sainte-Croix ▲ *114*, Orléans)
À l'époque gothique, les puissants contreforts sont remplacés par des arcs boutants qui neutralisent ou transmettent à la culée les poussées de la voûte. Les points de poussée sont reliés par deux arcs unis et solidarisés par une arcature. Les pinacles, par leur charge verticale, servent de stabilisateurs.

LE GOTHIQUE FLAMBOYANT
(cathédrale Saint-Gatien ▲ *196*, Tours)
La façade n'est autre qu'un plaquage sur l'ossature, plus ancienne. Le gothique flamboyant y est bien illustré par les trois hauts portails profondément ébrasés. Leur décor, d'une grande finesse, évoque une architecture miniaturisée.

LA FLÈCHE
(cathédrale Sainte-Croix ▲ *114*, Orléans)
La flèche, en forme de pyramide aiguë, constitue le point culminant du clocher. Celle d'Orléans, reconstruite en 1858, est une copie de celle d'Amiens.

Architecture religieuse de la Renaissance au classicisme

Un mélange de styles (chapiteau de la collégiale d'Ussé ▲ *270*)
Sur le chapiteau d'inspiration dorique se greffe, dans une facture Renaissance, un imaginaire encore médiéval.

Les principales créations de la Renaissance et de l'époque classique sont souvent une mise au goût du jour de programmes plus anciens. Les églises du XVIe siècle se parent d'une ornementation d'inspiration italienne : arcs en anse de panier ou en plein cintre, nombreuses niches abritant des statues. Au XVIIe siècle, l'architecture religieuse classique s'efforce à la majesté : superposition des ordres grecs, portes surmontées d'un fronton, dômes et encadrements à voûtes.

Un nouveau registre décoratif (collégiale Saint-Jean-Baptiste, Montrésor ▲ *231*, 1522-1541)
Sur un plan et une élévation gothique vient s'ajouter un nouveau registre décoratif localisé principalement autour des portes, des remplages des fenêtres, des corniches et des moulures. L'ornementation est inspirée du répertoire antique : pilastres cannelés et chapiteaux corinthiens fantaisistes. La façade est similaire à celle de la collégiale du château d'Ussé.

Les encadrements (porte latérale de la collégiale de Montrésor ▲ *231*)
Les encadrements sont les supports privilégiés de l'ornementation.

COMPOSITION TRIOMPHALE
(église conventuelle des Minimes, 3, rue de la Préfecture,Tours, 1627-1635)
Ce portail, qui se présente comme un arc de triomphe antique, signe l'abandon des hautes tours d'encadrement gothiques. Ce choix marque la transition entre la façade dont le portail est essentiellement décoratif et celle tenant entièrement de l'arc de triomphe, comme c'est le cas à Saint-Vincent de Blois.

LE CLASSICISME
(église Notre-Dame-des-Ardillers ▲ *285*, Saumur, XVIIe siècle)
Le plan classique adopte le plan centré surmonté d'une coupole, caractéristique de la Renaissance italienne, auquel on associe l'emploi rigoureux des ordres antiques. Les trois façades sont ornées d'un portique dorique à quatre colonnes, surmonté d'un fronton triangulaire. Le dôme, couvert en ardoise et surmonté d'un lanternon, couronne l'édifice.

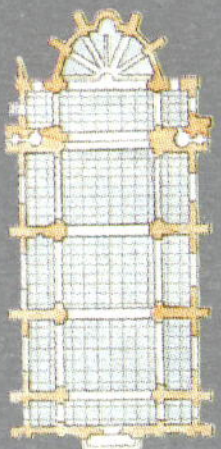

Plan de l'église Saint-Vincent de Blois

LA CONTRE-RÉFORME
(façade de l'église Saint-Vincent, Blois, 1625-1678)
En réaction à la Réforme protestante qui prône l'austérité, la Contre-Réforme cultive au contraire la magnificence qui mènera au baroque. On emprunte à l'Antiquité la majesté des ordres et du plan basilical. Les trois ordres antiques sont ici superposés (dorique, ionique et corinthien). Le vaisseau unique, bordé de quatre petites chapelles, est surmonté d'une coupole.

Châteaux forts et donjons du XIe au XIVe siècle

Les mâchicoulis (ci-dessous, détail de la porte des Cordeliers de Loches ▲ *229*, XVe siècle) Les mâchicoulis remplacent les hourds en bois, situés au niveau du chemin de ronde, d'où s'effectuait le tir vertical jusqu'au XIVe siècle.

À l'époque romane, le donjon rectangulaire ou carré, imitant sans doute les structures en bois antérieures, constitue l'élément fondamental du château fort. Avec le gothique, le donjon perd de son importance et, à partir du XIIIe siècle, disparaît parfois. Après les croisades, les progrès des techniques d'attaque forcent à revoir les dispositifs de défense. D'importantes innovations voient alors le jour : on élève de hautes enceintes de pierres parfaitement appareillées, jalonnées de tours et munies de chemins de ronde, avec hourds ou mâchicoulis et créneaux, protégées en outre par des fossés.

Les châteaux de Chinon ▲ *244* (Xe-XVe siècle)

Un site stratégique
Dominant la Vienne et la route qui la longe, les châteaux de Chinon furent élevés à partir du Xe siècle par le comte de Blois, sur un site stratégique déjà occupé depuis l'Antiquité. L'édifice est spectaculaire par son étendue (700 x 400 m). Il comprend plusieurs châteaux construits du Xe au XIIIe siècle : le fort du Coudray (**A**), le château du Milieu (**B**) et le fort Saint-Georges (**C**).

1. Tour d'Argenton (fin du XVe siècle)
2. Tours de l'enceinte du XIIe siècle
3. Tour des Chiens
4. Tour de l'Échauguette
5. Tour de l'Horloge (fin du XIVe siècle)
6. Tour du Trésor (Henri II d'Angleterre)
7. Grande salle (Charles VII)
8. Logis (Henri II d'Angleterre)
9. Tour de Boissy (Philippe Auguste)
10. Tour du Moulin
11. Tours ajoutées pour Henri II d'Angleterre sur une courtine du XVe siècle
12. Tour du Coudray
13. Prieuré Sainte-Mélaine

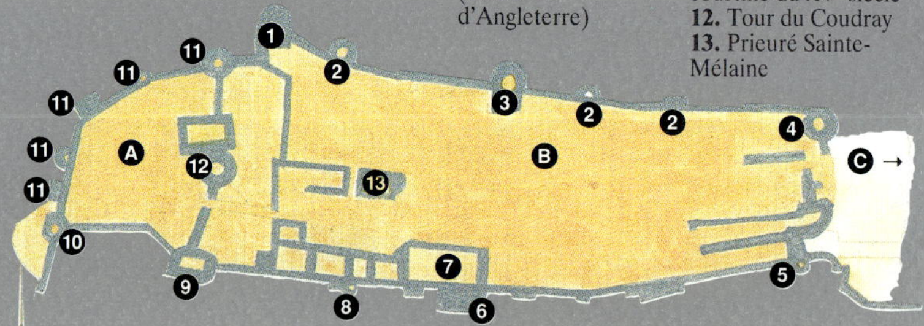

Le donjon
(château de Loches, ▲ *228*, vers 1030)
L'élévation montre une constante dans l'affectation des étages. Le rez-de-chaussée abritait les vivres. Le deuxième et le troisième étage, desservis par des escaliers droits ménagés dans l'épaisseur des murs, abritaient la salle d'hommage, les archives ou le logis seigneurial. Pour des raisons de sécurité, l'accès ne s'effectuait que par le premier étage.

Le plan
(donjon de Beaugency ▲ *139*, XIe siècle)
Archétype du donjon roman de plan rectangulaire, il est sans doute la version pétrifiée du donjon en bois. La circulation s'effectue dans l'épaisseur des murs, épaulés à l'extérieur par des contreforts. Ici, la base était emmottée sur environ 6 m et cernée d'une double enceinte concentrique.

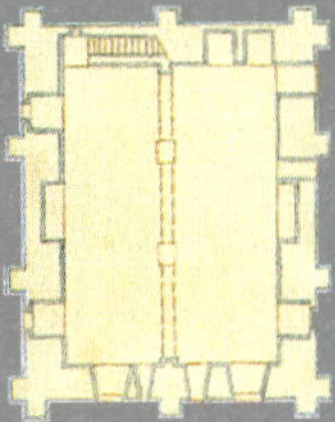

Les fiefs politiques
(château d'Angers ▲ *297*)
Contrairement au donjon, destiné seulement à défendre un site strtatégique, cette forteresse, construite par Saint Louis, constitue une citadelle, commandant tout un fief politique. Elle est protégée par dix-sept grosses tours rondes très en saillie et par d'énormes fossés à sec.

Le château à douves humides
(donjon de Sully-sur-Loire ▲ *132*, 1395-1400)
En l'absence de promontoire ou de position haute, le château fort reprend le principe défensif des fossés artificiels que vient alimenter la Loire.

DE LA FORTERESSE À LA RÉSIDENCE VERS LA PREMIÈRE RENAISSANCE

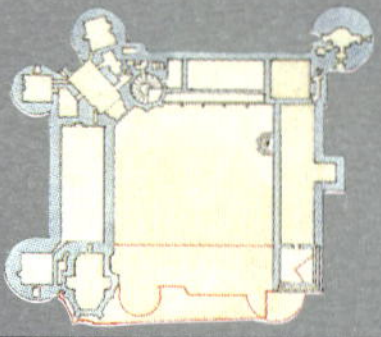

PLAN DU CHÂTEAU DE CHAUMONT-SUR-LOIRE
Le tracé rouge correspond à l'aile nord, détruite au XVIIIe siècle pour ouvrir l'édifice sur la Loire.

La fin de la guerre de Cent Ans (1453) et la faveur que connaît le Val de Loire auprès des rois de France donnent naissance à une conception nouvelle du château. Si, dans la seconde moitié du XVe siècle, les constructions conservent les crénelages et les apparences des anciennes demeures féodales, ce ne sont plus seulement des symboles de force et de pouvoir mais aussi, et surtout, des éléments décoratifs. L'aménagement intérieur s'adapte à un nouvel art de vivre où l'accent est mis sur le confort : les corps de logis s'agrandissent, de larges fenêtres à meneaux apparaissent, les pièces se multiplient. Le château fort devient château de plaisance.

LES DERNIÈRES GRANDES FORTERESSES
(ci-dessus, château de Langeais ▲ *268*, v. 1465)
Un chemin de ronde continu et des murs épais témoignent de l'aspect militaire du château de Langeais. Cependant, les fenêtres à meneaux percées presque aussitôt après sa construction atteste que l'édifice avait d'ores et déjà perdu une partie de sa fonction défensive. Le logis, composé de deux vastes corps avec chambres hautes au-dessus du chemin de ronde des tours, est empreint d'un nouvel esprit tourné vers le confort résidentiel.

LES PRÉMICES D'UNE RENAISSANCE FRANÇAISE
(ci-dessous, château d'Amboise ▲ *184*, v. 1491)
Sur le site de l'ancienne forteresse, Charles VIII édifie de nouveaux bâtiments s'ouvrant sur la Loire et agrémentés de jardins. Ils répondent aux principes de vie résidentielle naissants. Leur plan et leur élévation, cependant, restent attachés au gothique flamboyant, comme l'attestent les hautes lucarnes et les éléments ornementaux.

Une ornementation née de la polychromie (ci-dessus, château de Gien ▲ *133*, 1494-1500) Le parti décoratif n'est pas celui de la sculpture, comme en Italie, mais celui du jeu polychrome de l'appareil en briques losangées formant de grands motifs géométriques. L'édifice conserve les lignes gothiques dans son plan en L et son élévation.

Aménagements au fil des siècles (ci-dessous, château de Chaumont-sur-Loire ▲ *177*, 1465-1510) Ce château fut édifié en deux temps : 1465-1475, pour l'aile ouest ; 1498-1510 pour les ailes sud et est. Le plan féodal primitif est carré avec tours et châtelet. Des modifications postérieures, seul le grand escalier, près du châtelet, atteste l'influence naissante de l'Italie. L'ouverture sur la Loire ne se fera qu'au XVIIIe siècle, afin d'offrir une perspective paysagère, comme à Valençay ▲ *232*.

Entre gothique et Renaissance (aile Louis XII du château de Blois ▲ *149*, 1498-1515) Obéissant encore à la rationalité gothique, l'architecte a rejeté sur le côté la porte d'accès à l'escalier à vis. L'esprit Renaissance se manifeste néanmoins dans l'alignement vertical des baies centrées, que souligne une lucarne avec gâble et pinacles. Seule la galerie est un trait italianisant.

LE MOTIF SCULPTÉ (armes de François Ier, Chambord ▲ *158*)
Les médaillons aux chiffres, emblèmes et devises des souverains envahissent les façades et les voûtes des châteaux Renaissance tant comme symboles du pouvoir que comme motifs ornementaux répétitifs.

Au XVIe siècle, l'aspect militaire disparaît définitivement au profit d'un souci de bien-être. Le château, harmonieux et ouvert sur la nature, quitte les hauteurs et vient s'établir dans la vallée. L'eau devient un élément de composition à part entière. Le toit, très aigu, couvre des combles spacieux éclairés par de hautes lucarnes. Au centre de la façade, l'escalier à rampes droites, voûté en caissons, se substitue à la tourelle d'angle. Sur la vaste cour d'honneur s'ouvre une élégante galerie à l'italienne.

L'ESCALIER
(château de Blois ▲ *150*)
Alors qu'apparaît dans le Val de Loire l'escalier à rampes droites à l'italienne (Azay-le-Rideau), l'escalier à vis, hors œuvre, témoigne d'une tradition française. Mais les architectes innovent en multipliant ses révolutions et en évidant les murs entre les contreforts d'angle. À l'aspect fonctionnel vient se greffer un rôle convivial. Ici, il s'ouvre, à claire-voie, par trois étages de balcons surplombant la cour. Cette formule atteindra son apogée au château de Chambord ▲ *160*.

LA LUCARNE
(château de Chambord ▲ *158*, après 1519)
La France reste attachée aux grandes toitures. La lucarne garde sa structure gothique mais s'enrichit d'un vocabulaire ornemental Renaissance. Agrémenté de motifs géométriques, le marbre toscan utilisé en Italie fait place ici à des feuilles d'ardoises.

Recherche de la symétrie (château de Villesavin ▲ *166*, 1537)
L'incontestable équilibre de la composition, rappelant les villas de campagne italiennes, annonce les châteaux dits classiques. Les bâtiments sont construits de plain-pied entre cour et jardins. Les pavillons carrés, remplaçant les anciennes tours, soulignent la partie noble, sans remettre en cause l'horizontalité. Les hautes lucarnes perpétuent la tradition du Val de Loire.

Une composition ordonnancée (projet pour le château de Chenonceau ▲ *220*, 1556)
Axe de la symétrie accentuant la perspective, le pont-galerie de conception déjà classique devait permettre l'accès à un ensemble de pavillons et jardins construits sur la rive opposée de la Loire.

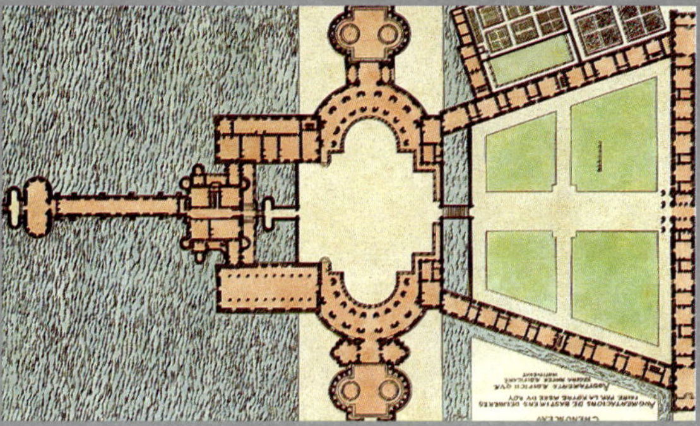

La galerie
(façade des Loges, château de Blois ▲ *150*, 1515-1519)
L'influence italienne s'affirme surtout dans cette partie de l'aile François Ier : les deux étages des loges, aux ouvertures en anses de panier, délimités par une corniche à coquilles et surmontés d'un promenoir, pourraient être inspirés des loges du Vatican de Bramante (XVe siècle). La décoration puise ses motifs dans le répertoire italo-antique.

Architecture résidentielle classique
Le château aux XVIIe et XVIIIe siècles

L'œil-de-bœuf (détail de la façade de Cheverny ▲ *170*)
Les variations ornementales de la lucarne sont renouvelées et enrichies par l'œil-de-bœuf.

Délaissé par la cour, le Val de Loire cesse, au XVIIe siècle, d'être un terrain d'expérimentations architecturales. Néanmoins, les Grands y séjournent volontiers et le dotent de quelques beaux édifices, caractérisés par un équilibre rigoureux des volumes. La mode classique est aux frontons, aux dômes et aux ordres grecs. Le château continue d'être une demeure de plaisance ouverte sur une cour d'honneur et un jardin à la française. Au XVIIIe siècle sont créés des bâtiments secondaires et des parcs répondant à la vision naturaliste chère au siècle des Lumières : orangeries, folies ou fabriques, curiosités d'amateur…

Le style Louis XIII
(ci-dessus, château de Cheverny ▲ *170*, v. 1625-1629)
Le style Louis XIII se caractérise par un plan massé à pavillons juxtaposés. Le château de Cheverny en est l'une des réalisations les plus réussies. Sa façade se décompose en cinq pavillons. Ils s'agencent symétriquement autour du pavillon central qui renferme l'escalier monumental. Chacun est coiffé d'une toiture individuelle qui confère au bâtiment une verticalité très française qu'atténue le parement à bossages horizontal ponctué par des niches.

Le style Louis XV : le modèle versaillais
(château de Valencay ▲ *232*, 1770)
L'aile occidentale, côté parc, a été remaniée et prolongée au XVIIe siècle ; côté cour d'honneur, elle a été dotée au XVIIIe siècle d'une façade classique ornée de pilastres ioniques (ci-dessous). L'entrée s'enrichit de doubles pilastres soutenant un tympan avec des décors rocaille. La toiture à comble brisé, d'un type nouveau dit «à la Mansart», a été percée de lucarnes surmontées de frontons à arc segmentaire et d'œils-de-bœuf alternant avec des pots à feu.

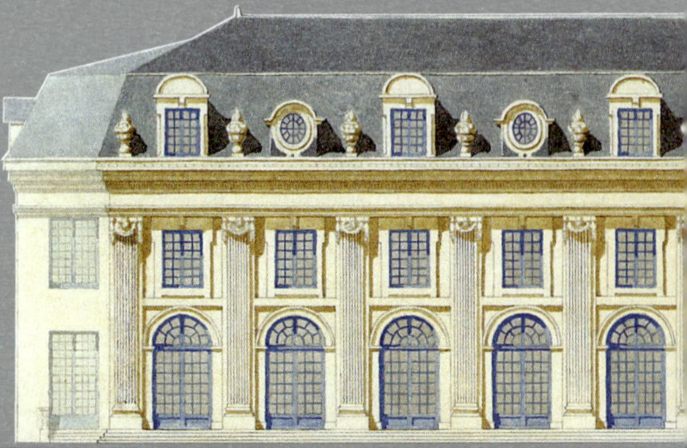

La tradition francaise
(château de Blois ▲ *151*, à partir de 1635)
Fermant la cour, l'aile Gaston d'Orléans fut édifiée selon les plans de Mansart. Il s'agit, en France, de l'un des premiers exemples d'architecture classique appliquée à un château. Pour mettre en valeur la travée centrale et l'entrée principale, l'avant-corps est légèrement surélevé par rapport aux façades et des portiques courbes atténuent la sévérité des contours. Des frontons triangulaires et segmentaires ponctuent les entablements.

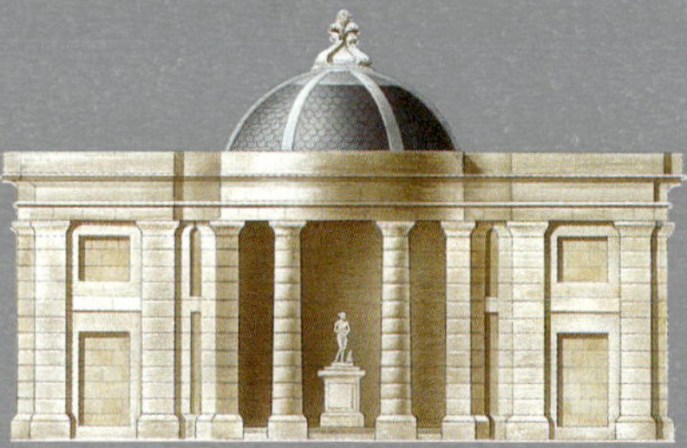

Les fabriques ou folies
Au siècle des Lumières apparaît la mode des fabriques ou folies. Ces petites constructions allégoriques émaillent les parcs des châteaux, dans une vision rousseauiste d'une nature idéale. Au château de Menars ▲ *140*, la rotonde de l'Abondance (ci-dessus), édifiée après 1764 par Soufflot, sert de jonction entre le château et l'orangerie. La pagode du château de Chanteloup ▲ *191* (ci-contre), bâtie de 1773 à 1778, témoigne, comme celle de Kew en Angleterre, de l'engouement pour l'exotisme dès la fin du XVIIIe siècle.

MAISONS À PANS DE BOIS

REGISTRE GOTHIQUE (maison d'Adam ▲ *303*, Angers, v. 1500)
Le bois se prête bien au décor sculpté, religieux ou profane, d'inspiration encore médiévale. Ce couple évoque l'amour courtois.

À la fin du Moyen Âge, le Val de Loire connaît une expansion démographique liée à la fin de la guerre de Cent Ans (1453) et à la présence du roi et de la cour. On assiste alors en ville à un resserrement du parcellaire et à la construction de maisons à pans de bois en encorbellement. Le surplomb de ces dernières augmente l'espace utilisable, protège de la pluie les parties inférieures et évite la concentration des assemblages en un même point. Les rez-de chaussée abritent les échoppes des marchands et artisans ; les étages servent d'habitations.

RECHERCHE DÉCORATIVE (maison rouge ▲ *246*, Chinon, XVe siècle)
La recherche décorative est évidente dans ce pan de bois en grille et à croix de Saint-André où la ferme débordante de la charpente participe autant de la technique constructive que d'un souci esthétique. La charpente ne comporte pas de poutre faîtière.

Le registre de la Renaissance (ci-dessous, maison du 15, rue Saint-Laud, Angers ▲ *306*) Les encorbellements sont délaissés au profit des motifs sculptés ; rinceaux et pilastres agrémentent les façades. La technique de construction, cependant, évolue peu.

La demeure d'un riche bourgeois (maison d'Adam ▲ 303, Angers, v. 1500) Située en angle de rue, elle témoigne de l'aisance de son propriétaire et montre la grande richesse formelle qu'offre le pan de bois, avec ses trois pignons sur rue, sa double façade à six niveaux et à encorbellement, ses cabinets d'angle en surplomb et l'abondance de son décor sculpté.

L'abandon du pan de bois À la fin de la guerre de Cent Ans, le défrichement des forêts fournit le bois nécessaire à la reconstruction. Mais à partir du XVIIe siècle, des édits visant à limiter les risques d'incendie interdisent l'utilisation de ce matériau en façade.

Les matériaux de remplissage Selon les ressources naturelles et la richesse des propriétaires, le hourdis est réalisé au moyen de pisé, de torchis, de tuffeau, de moellons enduits ou de briques qui peuvent être enduites. La disposition des briques (à plat, en épi, sur champ, en feuilles de fougère, etc.) présente un caractère décoratif, marqué parfois d'un bel effet de polychromie. Mais elles ont surtout pour fonction de renforcer les cadres de bois.

La mise en œuvre du pan de bois Dans les maisons des XVe et XVIe siècles, les poteaux, de hauteur d'étage, reposent parfois sur un bahut maçonné (**16**) et présentent des encorbellements (**11**). Entre les poteaux, une grande variété de hourdis, de potelets (**8**) et de décharges (**9**) contribuent à diversifier l'aspect des façades : le pan de bois est en grille, à croix de Saint-André ou à losanges, les hourdis de briques composent des dessins variés.

La maison Rouge ▲ *246* (Chinon, XVe siècle)
1. Poinçon
2. Faux-entrait
3. Aisselier courbe
4. Chevron arbalétrier
5. Blochet
6. Sablière de toit
7. Aisselier
8. Potelet
9. Croix de Saint-André
10. Sablière basse
11. Entretoise
12. Sommier
13. Poteau avec pigeâtre
14. Imposte
15. Traverse
16. Baie
17. Pièce d'appui filante
18. Mur bahut

L'essentage (maison du 26, rue de la Monnaie, Tours, ci-dessus et ci-contre) Les hourdis des façades ouest (exposées aux vents dominants) sont parfois couverts d'un enduit ou d'un essentage d'ardoises afin de les protéger des intempéries.

L'HÔTEL (hôtel Pierre Du Puy ▲ *209*, Tours)
Le plan à un corps de logis avec pignon sur rue avec cour centrale rattache cette demeure à la famille des maisons, mais la présence de deux corps articulés autour d'un escalier et d'une petite galerie l'apparente aux hôtels.

À partir du XVe siècle, la noblesse et la riche bourgeoisie, s'inspirant des résidences royales, se font construire de somptueux hôtels particuliers en pierre. Ces derniers reprennent l'ordonnance caractéristique du château entre cour et jardins, mais doivent s'adapter au manque de place des cités dotées d'une enceinte. Le XVIIe et le XVIIIe siècles voient se développer des programmes urbanistiques. Une architecture très rigoureuse, dite «des ingénieurs», caractérise la première moitié du XVIIIe siècle, alors que la fin du siècle est marquée par un retour à l'ornementalisme.

LE GOTHIQUE FLAMAND
(hôtel Pierre Du Puy ▲ *209*, Tours, v. 1460-1470)
La brique, le pignon à pas de moineau et l'escalier à vis de Saint-Gilles s'inspirent des constructions flamandes et témoignent des relations commerciales que le Val de Loire entretenait avec les Flandres. Les voûtes d'ogives à clefs pendantes du portique, les culots des larmiers des baies et les cordons moulurés en cordelière de l'accolade de la porte forment un décor de style gothique flamboyant.

LE PLAN EN L
(hôtel Pincé ▲ *306*, Angers, 1530-1538)
Le bâtiment se compose de deux logis en équerre reliés par une haute tour qui, selon la tradition médiévale, abrite l'escalier.

LA PREMIÈRE RENAISSANCE
(hôtel Pincé ▲ *306*, Angers)
La façade fournit une illustration de tout le répertoire décoratif de l'époque. La profusion, considérée comme une vertu, est chère à la Renaissance italienne. Effigies animales et humaines, arabesques, feuillages, coquilles, rinceaux, frises et pilastres envahissent les murs. Les tourelles surplombant la rue, supportées par des trompes, soulignent la hardiesse et l'esprit novateur de l'architecte Jean de L'Espine.

La deuxième Renaissance
(hôtel Cabu ▲ *119*, Orléans, milieu du XVIe siècle)
La façade sur cour, attribuée à J.-A. Du Cerceau, présente deux avant-corps latéraux aux ordres superposés. Il s'agit de l'une des premières manifestations du style Henri II à Orléans.

Un programme urbanistique (styles Henri IV et Louis XIII)
(hôtels d'Escures ▲ *123*, Orléans, av. 1614)
Cet ensemble de quatre hôtels identiques est caractéristique de l'urbanisation par union de pavillons de brique à chaînage de pierre, contemporains de ceux de la place des Vosges, à Paris. La structure comprend une cour d'honneur sur rue avec portail, et une cour de communs avec porte cochère sur une rue secondaire. Elle rappelle les compositions de J.-A. Du Cerceau.

Architecture «des ingénieurs»
(évêché de Blois ▲ *154*, après 1700)
Côté cour, l'édifice, marqué par un esprit de rigueur, s'élève sur deux niveaux sobres et élégants. L'avant-corps est surmonté d'un large fronton.

Le maniérisme
(hôtel Lefebvre de Montifray ▲ *214*, Tours, v. 1772)
Au centre de la façade sur cour, un faux avant-corps fait saillir deux doubles pilastres colossaux surmontés d'un tympan. Les baies ornées de cartouches en rocaille et de mascarons, alors très en vogue, marquent un retour à l'ornementation.

La diversité des édifices agricoles selon les «micro-régions» du Val de Loire reflète la variété des ressources géologiques, et des matériaux que les bâtisseurs avaient à disposition. Si le tuffeau, sous toutes ses formes, reste l'élément commun, la brique et la tuile, de Blois à Gien, ainsi que le schiste d'Angers enrichissent les constructions d'une heureuse polychromie.

LE PORTAIL
Aux XVIe et XVIIe siècles, certaines exploitations agricoles sont dotées d'une cour fermée. Un portail d'entrée couvert d'un arc leur confère un caractère domanial. Ce trait est accentué ici par la présence, au-dessus du passage, d'un pigeonnier (ou fuye) polychrome en pans de bois et pierre.

LES HABITATS TROGLODYTIQUES
Qu'il soit de coteau ▲ *286* ou de plaine ▲ *287*, l'habitat troglodytique résulte de l'exploitation des carrières de tuffeau et de falun, qui fournissait un abri à moindres frais.

LES MATÉRIAUX
Le tuffeau et le falun sont les principaux matériaux de construction du Val de Loire, mais le schiste de la région d'Angers et la brique de l'Orléanais et de la Sologne ont donné aux édifices un aspect particulier selon leur cadre géographique. La Loire et ses affluents, ont diffusé ces matériaux et donné libre cours aux jeux polychromes.

Le Blésois (ci-dessus, maison de vigneron)
Comme dans les autres régions du Val de Loire, le bâtiment, tout en longueur, est construit de plain-pied ; ses ouvertures traduisent la fonction des pièces. Les murs en moellons de calcaire sont généralement enduits de mortier. La tuile plate reste le matériau de couverture privilégié.

La Sologne ▲ *174*
Les constructeurs exploitent la tonalité et la disposition de la brique. Cette dernière offre une vaste gamme de coloris selon la nature de la terre qui la compose et sa place dans la chambre de cuisson. Les appareillages jouent sur l'agencement, en alternance ou non, des faces des briques ; le plus commun est l'appareil alterné (chant et boutisse).

La Touraine
Les bâtiments, frustes, traduisent leur fonctionnalité. À gauche, une fenêtre, une porte à linteau plat en pierre et une souche de cheminée signalent le logis. La porte centrale, par ses dimensions, indique la remise et/ou la grange, tandis que la porte à husset de droite ouvre sur l'étable.

Le Chinonais
La prospérité agricole du XIXe siècle rend possible la construction de bâtiments plus soignés, et donc plus onéreux. Les murs, moins épais, sont bâtis en carreaux de pierre de taille. Bandeaux, moulures et pilastres rythment la façade. Un comble vient en surcroît du logis dont la couverture est en ardoises importées d'Anjou par le chemin de fer.

Les premiers moulins à eau s'installèrent très tôt sur le réseau hydrologique. Venus compléter ces installations ou aménagés dans les zones dépourvues d'eau, les moulins à vent font leur apparition au XVe siècle. Le Val de Loire en présente diverses typologies, dont une spécifique : le moulin-cavier. À l'est de Blois, de nombreux vestiges de briqueteries et de tuileries témoignent de ces proto-industries attestées dès le XIIe siècle et généralisées à partir du XVe siècle.

LES MOULINS À EAU À ROUE VERTICALE
Le moulin est dit à «roue de dessus» ou à «roue de dessous» selon l'arrivée de l'eau par le bas ou le haut. Le moulin à «roue de côté» (ci-dessus), avec niveau d'arrivée d'eau sous le niveau du moyeu de la roue, permettait d'exploiter des chutes d'eau de faible hauteur.

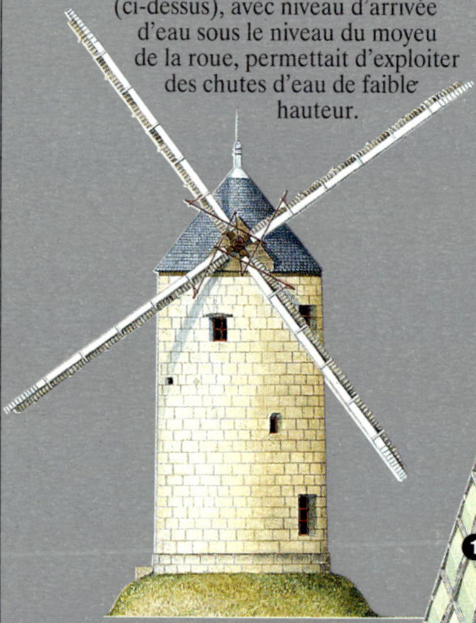

LE MOULIN-PIVOT
Un pied, en maçonnerie ou en bois, forme l'axe de rotation. Sur cet axe s'articule une cage en bois renfermant dans sa partie supérieure l'arbre tournant et les meules et, dans sa partie inferieure, la bluterie. L'axe des meules n'est pas le même que l'axe de rotation.

LE MOULIN-TOUR
Le corps principal de la construction est en maçonnerie de tuffeau. Le couronnement de la tour supporte l'ensemble du mécanisme de transmission, abrité par un toit. L'axe de rotation, identique à celui des meules, permet au meunier d'orienter son moulin en direction du vent grâce à une queue partant de la charpente et descendant, à l'extérieur, jusqu'au sol.

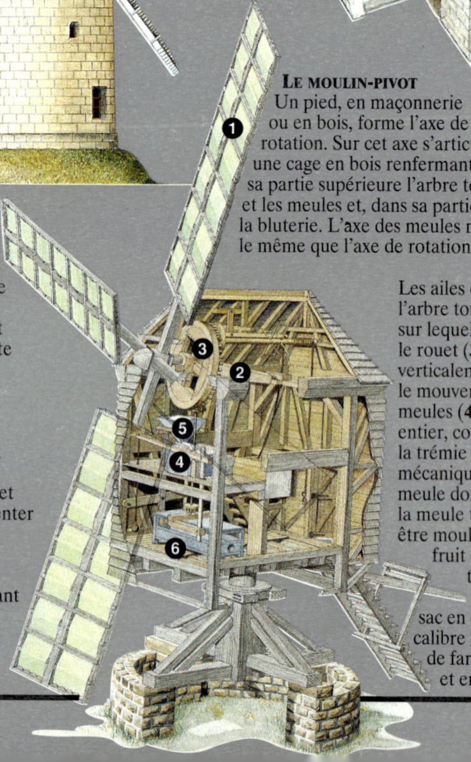

Les ailes (**1**) entraînent l'arbre tournant (**2**) sur lequel est monté le rouet (**3**) qui transmet verticalement le mouvement aux meules (**4**). Le grain entier, contenu dans la trémie (**5**), est versé mécaniquement entre la meule dormante (fixe) et la meule tournante pour être moulu. La boulange, fruit de la mouture, tombe dans le bluteau (**6**), sac en étamine qui calibre la farine en fleur de farine, en gruau et en «son» gras.

Le moulin-cavier
Ce type de moulin, modèle original et unique, est une synthèse entre le moulin-tour et le moulin-pivot ; son origine n'est pas clairement établie. Le cavier (**1**) est la partie maçonnée ou excavée sur laquelle est bâti le pivot ou massereau (**2**). La hucherolle (**3**), qui n'abrite plus que l'arbre tournant, le rouet et la lanterne, repose sur l'axe du massereau, qui diffère de celui des meules. Cette construction présente des avantages certains : elle permet de réduire la masse tournante du moulin-pivot et d'augmenter le volume utile des deux, tout en ramenant au niveau du sol les meules et la bluterie.

Les briqueteries
Elles étaient implantées sur des filons de terre argileuse, à proximité d'une zone boisée qui fournissait le combustible nécessaire à la cuisson. Le cycle de fabrication de la brique s'échelonnait sur une année. La terre et les fagots étaient préparés en automne et en hiver ; le façonnage et le séchage de la brique avaient lieu au printemps et en été. On effectuait en moyenne quatre cuissons au début de l'automne. Chaque fournée comprenait 15 000 briques, chargées dans la fosse, dont la cuisson durait près d'une semaine.

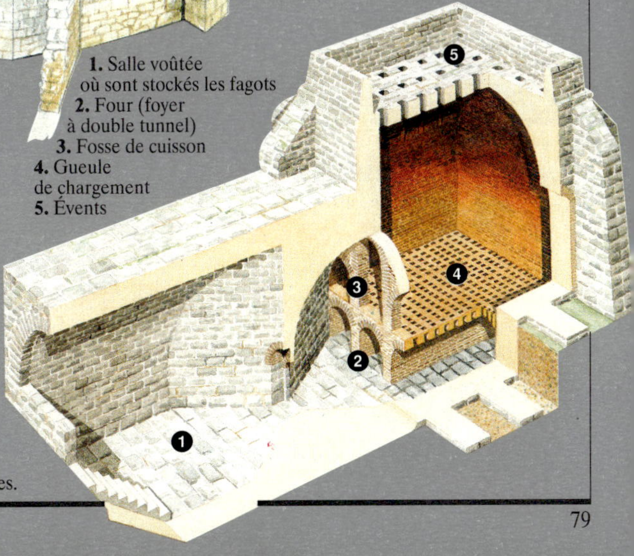

1. Salle voûtée où sont stockés les fagots
2. Four (foyer à double tunnel)
3. Fosse de cuisson
4. Gueule de chargement
5. Évents

La cuisson
Pendant deux jours le four est chauffé doucement et progressivement, puis on allume un grand feu qui est alimenté en permanence durant trois jours. Après trois jours supplémentaires de cuisson à l'étouffée, il faut encore attendre deux à trois jours avant de pouvoir manipuler les briques.

LE PUITS
De forme très variée, les puits sont fréquents sur les plateaux calcaires, où il est nécessaire de creuser en profondeur pour trouver de l'eau. Ce puits est adossé à un coteau troglodytique.

À proximité des fermes ou au cœur des terres cultivées, le paysage est ponctué de constructions rudimentaires destinées à abriter le matériel agricole ou possédant une fonction utilitaire de proximité, comme les puits. La variété des matériaux qui y sont mis en œuvre correspond aux ressources du terroir et a engendré des résultats parfois étonnants, comme les grandes loges végétales qui jouxtent les fermes. Les pigeonniers et les loges de vigne sont en revanche plus traditionnels.

LOGE DE GÂTINE ▲ *216*
Grand abri des zones consacrées à la polyculture, elle servait à protéger le matériel agricole et parfois les récoltes. La même ossature, prennant naissance à même le sol, porte le toit et les murs. Les parois sont formées de longs chevrons triangulés par des faux-entraits qui renforcent la structure. Des liteaux horizontaux permettent de fixer la brande (bruyère).

LE PIGEONNIER (FUYE) ▲ *140*, ▲ *166*
Le pigeonnier, appelé fuye, est généralement de forme circulaire ou polygonale. L'élevage du pigeon, privilège seigneurial, était pratiqué pour la chair de l'animal et pour la colombine (fiente), utilisée comme engrais. Dans la maçonnerie sont ménagés les boulins, cases où nichent les pigeons. Une échelle, reliée par des entretoises à un mât central pivotant, permet d'y accéder.

LA LOGE VITICOLE OU «LUBIT»
Elle servait d'abri au petit matériel et au vigneron qui, parfois, s'y installait quelques jours. Cette modeste construction est cependant souvent munie d'une cheminée et d'un puits, et sa facture en pierre de taille est soignée.

Le Val de Loire
vu
par les peintres

La Loire, sa lumière douce et changeante, les vastes prairies qui s'étendent sur les berges inspireront de nombreux peintres. Édouard Debat-Ponsan (1847-1913) se montre sensible à la blondeur des bancs de sable **(1)**. À la fin du XIXe siècle, la silhouette des peupliers, peints par Bobeau **(2)**, évoque la sérénité des paysages ligériens alors que les grands ciels de Paul Fachet se mêlent aux nuages post impressionnistes **(3)**, tandis qu'aux alentours de 1895, Gabriel-Firmin Rogier, lui, décrit avec une palette claire l'activité des pêcheurs **(4)**.

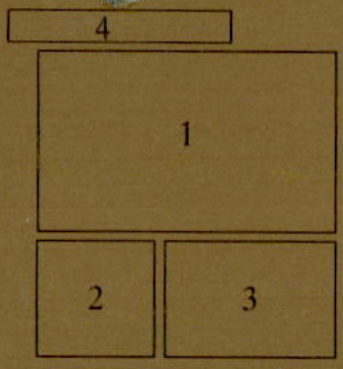

La

«La Loire est une femme. Amoureuse et pâmée ;
Mais prompte à s'échapper en des caprices fous,
Sa perfide langueur dort sur les sables roux
Et baise les contours de sa rive charmée.»
Jules Lemaitre

Olivier Debré (né en 1920) a choisi la voie de l'abstraction pour traduire son émotion face aux paysages de la Loire qui lui sont familiers. À la matité ocre évoquant les bancs de sable **(1)**, il oppose la limpidité du fleuve **(2)** où quelques vigoureux empâtements retiennent le regard. De ses séjours à Huismes, près de Chinon, de 1955 à 1967, Max Ernst (1891-1976) a gardé le souvenir d'une province indolente symbolisée par cette œuvre de 1962 au titre éloquent de *Jardin de la France* **(3)**. La technique du collage rehaussé de peinture a été largement utilisée ici, et l'artiste fait jaillir l'esprit surréaliste de l'association d'éléments incongrus.

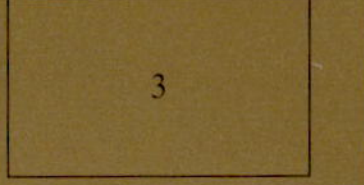

Dupuis 1853

«Le long du coteau courbe et des nobles vallées,
Les châteaux sont semés comme des reposoirs...»
Charles Péguy

Les monuments sont prépondérants dans les œuvres des artistes venus dans le Val, y compris chez des peintres célèbres attachés au paysage, comme William Turner ou Théodore Rousseau. Établi dans les années 1849 à Blois, Étienne Dupuis (1805-1863) y fut professeur et, selon ses propres termes, «peintre en miniature». Son *Château de Chambord* **(1)** fait partie d'une série de cinq tableaux exécutés en 1853, représentant Chambord, Blois, Amboise et Chenonceau.
Autre grand château du Loir et Cher, construit lui aussi en partie par François Ier, Blois a connu une véritable résurrection grâce à la restauration de Félix Duban, entre 1845 et 1870.
Le chantier fascine les architectes européens, notamment l'Anglais John Gregory Crace (1809-1889), qui fit redécouvrir la Renaissance à l'Angleterre.
Sa représentation du château en 1600 **(2, 3, 4)** s'inspire davantage des célèbres dessins gravés de Jacques Androuet Du Cerceau ▲ *118*, conservés à Londres, que du château tel qu'il l'avait découvert lors de son passage à Blois, en 1847.
En revanche, son compatriote William Burges (1827-1881), disciple et ami de Viollet-le-Duc, s'attache aux décors intérieurs **(5)**.

1			
2	3	4	5

Scène biblique dans le Val de Loire

«La Chute de Jéricho»
Cette miniature de Jean Fouquet (v. 1415-v. 1480) tirée des *Antiquités judaïques* (vers 1475), de Flavius Josèphe, illustre le chapitre IV du livre de Josué, racontant la prise de la ville de Jéricho par les Hébreux. Dans la procession, sept prêtres soufflant dans sept cornes de bélier précèdent l'arche de Yahvé. Le son des trompettes provoque la chute immédiate des hauts remparts et livre la cité aux envahisseurs. Jean Fouquet ▲ *231*, natif de Tours, transpose la célèbre scène biblique de la vallée du Jourdain au Val de Loire, reconnaissable à ses maisons Renaissance, à toits de tuile ou d'ardoise, et à la luminosité de son paysage, doucement vallonné. Au premier plan, les principaux acteurs se détachent par des tons vifs et un dessin d'une extrême précision (les ornements de l'arche), sur un paysage rendu infini par des tons amortis et une atmosphère cendrée. La formation et la vie de l'artiste sont mal connues. Adulé de son vivant (il était le peintre officiel de Charles VII et de Louis XI) il fut totalement oublié pour être ensuite reconnu comme le plus grand peintre français du XVe siècle. Sa remise à l'honneur a pour origine la découverte, par Georges Brentano au début du XIXe siècle, de quarante miniatures détachées des *Heures d'Étienne Chevalier*, qui entraîna d'importants travaux d'érudition. Le peintre a sans doute été influencé par l'art des Flandres et sûrement par l'art italien. En effet, le séjour de Fouquet à Rome (il y fit le portrait du pape Eugène IV) à partir de 1444 est attesté. Ses tableaux les plus fameux sont : le portrait de *Charles VII roi de France*, et *La Vierge à l'Enfant entouré d'anges*, qui apparaît sous les traits d'Agnès Sorel, célèbre maîtresse de Charles VII ▲ *227*.

Le Val de Loire vu par les écrivains

«SOUS L'ÉGIDE DES MAÎTRES DE L'OLYMPE»

Ancien inspecteur d'académie et préfet d'Indre-et-Loire, à la Libération, Robert Vivier a consacré un ouvrage, destiné aux élèves des écoles, sur les légendes de Touraine. Dans cet extrait, sorte de récit mythologique de tradition gréco-romaine, c'est la naissance de la Loire qui nous est contée.

❝La Loire était liée par les mystères de sa naissance à sa sœur jumelle la Seine. Elles ne formaient qu'un même grand fleuve qui coulait vers l'Île-de-France, charriant des masses énormes d'alluvions arrachées au Massif-Central et comblant sur son passage tous les grands trous, tous les abîmes comme celui de la Sologne, pour se perdre, en définitive, dans la Manche.
Quoique solidement liées par un câble de chair, les deux sœurs jumelles n'avaient ni les mêmes goûts, ni les mêmes qualités. Autant la Seine était d'un caractère doux, paisible et pensait à cheminer en serpentant tout au long des rives verdoyantes, autant la Loire, capricieuse et impétueuse, voulait dans sa violence tout emporter en se frayant un chemin en droite ligne, sans souci aucun des obstacles qui se présentaient devant elle.
En un mot, les deux sœurs jumelles en étaient arrivées à se haïr. Elles souhaitaient vivement être séparées. Elles portèrent leur différend devant Jupiter qui dépêcha Mercure, médecin des dieux, afin de trouver un remède immédiat.
Très affairé, le messager des dieux et prince des médecins s'entoura d'un conseil de savants chirurgiens-barbiers pour rechercher quelle intervention était nécessaire. L'opération décidée, on fit appel à Tranchecôte, qui se mit en devoir de séparer les deux sœurs «siamoises».
La petite Seine continua désormais son bonhomme de chemin vers la Manche en s'attardant à tous les lacets des sentiers et des chemins.
La Loire, au contraire, à la hauteur d'Orléans, tourna la tête vers la gauche et s'engouffra dans le lit d'un géant qui avait dormi longtemps dans le Blésois et la Touraine et qui, agacé par les crabes, s'était tellement gratté et tant remué qu'il avait creusé dans la masse légère des sables une sorte de gouttière où l'on discerne encore le moulage de son corps.
Les eaux tumultueuses de la Loire se déversèrent dans ce trou que des savants à besicles dénommés géologues qualifient de mer des faluns.
[…] D'autres rivières, ses filleules, demi-déesses, le Cher, l'Indre, la Vienne, lui firent escorte avant de confondre leurs eaux avec les siennes.
Turo, le bon géant, neveu d'Hercule, aida Liger à se frayer passage dans la masse de craie et d'alluvions qui recouvrait la Touraine. Avec une charrue à socs multiples, que Jupiter, chef du Conseil impérial des dieux, lui prêta sur gages, Turo laboura profondément la masse de craie. Toute la terre meuble fut emportée par les courants impétueux du grand fleuve tourbillonnant en tous sens. Ainsi fut façonné ce grand couloir dénommé aujourd'hui Val de Loire.❞

R. VIVIER, J.-M. ROUGÉ, E. MILLET,
CONTES ET LÉGENDES DE TOURAINE, TOURS, ARRAULT, 1945, D. R.

«UN FLEUVE QUI TRAVERSA L'HISTOIRE»

Romancier, essayiste, brillant conférencier et grand voyageur, Maurice Bedel (1853-1954) ● 104 *s'est laissé séduire par la Touraine, «lieu d'apaisement». Après avoir écrit* Molinoff Indre-et-Loire, *roman traitant des mœurs de la haute société tourangelle, il publie, en 1935, un ouvrage très remarqué sur la province qu'il affectionne tant. Dans les pas des Valois, l'auteur nous suggère ici les souvenirs d'une Loire qui fut à la fois témoin et actrice de l'histoire.*

❝Mais, à vos yeux ravis, tout à coup cette Loire avec ses airs de nonchalance et d'inutilité livre le souvenir des plus tourangeaux des Valois : de Charles VIII, venu au jour à Amboise, tué par un linteau de ce même Amboise, de Louis XII, qui fut Lochois de cœur sinon continuement de fait, de François Ier qui doit le plus

«La Loire, embellie par nos princes, était royale avant eux. Ce fut la reine de nos rois.»

René Benjamin

beau de sa gloire à une sorte de paillardise qui a fini, à force de légende, par prendre forme et couleur de Touraine. La Loire des Valois évoque un mélange de fêtes et de massacres, où l'on voit entre une réception d'ambassadeurs flamands et une représentation du «Triomphant Mystère», la cage de Jean Balue et les gibets d'Amboise.

À la vérité, la Loire n'a fait qu'entrevoir beaucoup de splendeur et beaucoup d'horreur, ses flots, selon la saison, emportaient vivement ou reflétaient longuement les images de ces pompes et de ces supplices : et tout allait à l'Océan, pêle-mêle avec les débris de l'Auvergne, du Limousin et du Poitou.

Or, ce n'est pas ici le lieu d'entreprendre le récit en détail de ce passé aux mille formes. Il suffisait qu'on vous le suggérât et que la Loire vous apparût, de votre banc de sable, comme un fleuve qui traversa l'histoire et la fit.❞

Maurice Bedel, *La Touraine, gens et pays de chez nous*, De Gigord, 1935, D. R.

«L'heureuse vie des Valois»

Hippolyte Taine (1828-1893), philosophe, historien et critique littéraire français, prend des notes au jour le jour lors de ses tournées comme examinateur d'admission à l'École militaire de Saint-Cyr, de 1863 à 1865. Ses notes seront publiées telles quelles, après sa mort, en 1897. Lorsqu'il arrive à Tours en 1863, il vient de quitter Rennes et Le Mans. Il est séduit par les paysages de Loire.

❝Mais, depuis Tours surtout, rien de plus riant, qui sente mieux le bien-être et la vie facile. De belles prairies, de riches cultures, des arbres fruitiers, des peupliers en lignes ; çà et là, des maisons tranquilles. Le chanvre, le blé, les fruits abondent ; plus de sarrazin comme en Bretagne. Ce qui achève la douceur et la gaieté du pays, c'est le ciel ; on commence à prévoir le ciel du Midi, velouté, d'un bleu rayonnant tout imprégné de lumière, semblable au plus précieux cristal. Cette belle couleur riante et caressante donne une apparence de bonheur aux arbres, aux longs espaces de champs fructueux ; le paysage entier a l'air d'un jardin, non pas exact, divisé, savamment utilisé comme l'Angletere, mais cultivé un peu à l'aventure, avec des négligences, sans que cet heureux laisser-aller de l'homme diminue la prodigalité du sol. Quelques châteaux blancs, à jolies tourelles, bien posés comme des pigeons dans la verdure, élèvent leurs toits bleus, pointus, et des hauteurs regardent la plaine. On pense à l'heureuse vie des Valois, à Diane de Poitiers, à François Ier, à Rabelais, aux mœurs insouciantes et galantes, aux chasses, aux promenades en bateaux sur les rivières éclatantes et nonchalantes. Que c'est bien ici l'endroit pour les beautés de Jean Goujon, de Germain Pilon, du Primatice, de Rosso, pour les fines têtes voluptueuses, les chignons retroussés et les élégantes jambes qui ont tant de plaisir à glisser hors de leurs jupes !❞

Hippolyte Taine, *Carnets de voyage, Notes sur la province, 1863-1865*, Hachette, 1897

«LA LOIRE EST BELLE...»

«MAIS LE PLUS BEL OBJET, C'EST LA LOIRE SANS DOUTE...»

Jean de La Fontaine (1621-1695), célèbre pour ses Fables, *nous donne un aperçu des pays de Loire dans un récit de voyage, non publié de son vivant, qui a pris la forme de six lettres à son épouse. À la mi-août 1663, il quitte Paris pour accompagner son oncle à Limoges. Le récit n'est pas continu, il mêle prose et vers, descriptions et simples remarques. Son émoi est grand devant la beauté des paysages de Loire, tout le mérite en revient à la «fille d'Amphitrite» !*

La Loire est donc une rivière
Arrosant un pays favorisé des cieux,
Douce, quand il lui plaît, quand il lui plaît, si fière
Qu'à peine arrête-t-on son cours impérieux.
Elle ravagerait mille moissons fertiles,
Engloutirait des bourgs, ferait flotter des villes,
Détruirait tout en une nuit ;
Il ne faudrait qu'une journée
Pour lui voir entraîner le fruit
De tout le labeur d'une année,
Si le long de ses bords n'était une levée
Qu'on entretient soigneusement
Dès lors qu'un endroit se dément,
On le rétablit tout à l'heure,
La moindre brèche n'y demeure
Sans qu'on n'y touche incessamment.
Et pour cet entretènement,
Unique obstacle à tels ravages,
Chacun a son département,
Communautés, bourgs et villages.
Vous croyez bien qu'étant sur ses rivages,
Nos gens et moi nous ne manquâmes pas
De promener à l'entour notre vue :
J'y rencontrai de si charmants appas
Que j'en ai l'âme encore tout émue.
Coteaux riants y sont des deux côtés ;
Coteaux non pas si voisins de la nue

«La douceur, la délicatesse, la majesté tranquille et bienveillante de ces grands paysages de Loire ! »

René Boylesve

Qu'en Limousin, mais coteaux enchantés,
Belles maisons, beaux parcs et bien plantés,
Prés verdoyants dont ce pays abonde,
Vignes et bois, tant de diversités,
Qu'on croit d'abord être en un autre monde.

Mais le plus bel objet, c'est la Loire sans doute
On la voit rarement s'écarter de sa route ;
Elle a peu de replis dans son cours mesuré :
Ce n'est pas un ruisseau qui serpente en un pré,
C'est la fille d'Amphitrite,
C'est elle dont le mérite,
Le nom, la gloire et les bords
Sont dignes de ces provinces
Qu'entre tous leurs plus grands trésors
Ont toujours placées nos princes.
Elle répand son cristal
Avec magnificence ;
Et le jardin de la France
Méritait un tel canal.

Jean de La Fontaine,
Relation d'un voyage de Paris en Limousin, 1663

«La beauté est un secret»

*René Benjamin (1885-1948), auteur de satires des mœurs et des institutions (*Le Palais et ses gens de justice, *1923 ;* Aliborons et Démagogues, *1927) remporte le prix Goncourt en 1915 pour son roman de guerre* Gaspard, *et est élu à l'académie Goncourt en 1938. Fuyant la vie turbulente de Paris, il s'installe à Savonnières, près du château de Villandry (Indre-et-Loire). De ses nombreuses promenades au bord de la Loire sa surprise de lui «découvrir tant de beauté» est toujours la même.*

❝Il n'y a pas d'homme, quel que soit son métier – j'ai le droit de dire cela, je pratique un des plus heureux – qui n'ait un jour, à la campagne, senti le regret de ne pas marcher dans un sillon, en poussant un soc derrière deux bœufs, dans le silence et le soleil. Le voilà le vrai travail, sans lequel sont impossibles tous les autres travaux. Qui de nous n'a connu l'heure candide où il souhaitait le faire ?
Le faire en Touraine c'est une grâce du ciel : on le fait dans une des plus célestes lumières, celle qu'irradie la Loire. Quel miracle, avec une coulée d'eau sur du sable, d'offrir une buée d'or à tout un pays ! Le jour à Florence n'a pas plus de séduction qu'entre Blois et Saumur. Peut-on même, les yeux fermés, dire : «Blois !» sans être ébloui ? Là commence l'enchantement. Là, la route comme le train, venant de Paris, tombe sur la Loire. Mon Dieu, vous pouvez l'avoir vue cent fois, la surprise reste aussi vive de lui découvrir tant de beauté ! Ce n'est pas la lumière triomphante du Midi. Celle de la Loire en son éclat reste douce et fine partout. On pense dans cette lumière aux plus ravissantes femmes de jadis et de nos jours. Les rois y ont pensé les premiers. Ils avaient leurs raisons pour construire des châteaux dans un air qui rendrait divines leurs amours. La Loire embellie par nos princes, était royale avant eux. Ce fut la reine de nos rois. On n'a pas le droit de parler de la Loire comme d'un autre fleuve. Quand les ingénieurs ont eu la prétention d'y toucher, ils s'y sont enlisés. Comment faire sentir à leur orgueil de spécialistes que la Loire n'est pas seulement de l'eau ? La Loire est faite pour le plaisir, celui des sens, celui de l'esprit. Il faut l'admirer, la louer, l'aimer ; il ne faut pas dire qu'on la comprend. La Loire est belle, et la beauté est un secret.

René Benjamin, *L'Homme à la recherche de son âme*,
La Palatine, Genève, 1943

● La Loire
Les faveurs du climat

«La douceur angevine »

Deux expressions ont fait la renommée du climat du Val de Loire, celle du Florentin Francesco Florio avec son «jardin de la France» et celle du poète français Joachim du Bellay avec sa «douceur angevine». Rien ne subsiste du premier mais les Regrets *du second se murmurent toujours dans les écoles françaises et subsistent encore dans toutes les mémoires. Joachim du Bellay (1522-1560) est né près de Liré, en Anjou. Porte-parole des poètes de la Pléiade, il en rédige le manifeste* Défense et illustration de la langue française, en *1549. Secrétaire à Rome (1553) de son cousin le cardinal Jean du Bellay, il revient en France (1557) avec deux recueils de sonnets,* dont Les Regrets, *vers nostalgiques à la gloire de son Anjou natal.*

❝Heureux qui, comme Ulysse, a fait un beau voyage,
Ou comme cestuy là qui conquit la toison,
Et puis est retourné, plein d'usage et raison,
Vivre entre ses parents le reste de son age !
Quand revoiray-je, helas, de mon petit village
Fumer la cheminee : et en quelle saison
Revoiray-je le clos de ma pauvre maison,
Qui m'est une province, et beaucoup davantage ?
Plus me plaist le séjour qu'ont basty mes ayeux,
Que des palais Romains le front audacieux :
Plus que le marbre dur me plaist l'ardoise fine,
Plus mon Loyre Gaulois, que le Tybre latin,
Plus mon petit Lyré, que le mont Palatin,
Et plus que l'air marin la doulceur Angevine. ❞

Joachim du Bellay, *Les Regrets*, in *Poète du xvie Siècle*,
édition Albert-Marie Schmidt, La Pléiade, Gallimard, Paris, 1953

«La douceur qui descend de là sur tout être vivant»

René Bazin (1853-1932) est né à Angers ; il y enseigne le droit en 1875 puis décide de se consacrer entièrement à la littérature. En homme de terroir, il excelle à raconter les liens qui attachent l'homme à la terre. Tout naturellement l'académicien s'est fait le chantre de son pays natal ▲ *303.*

Loire [...] quand vous avez reçu quelques rivières moins belles que vous, plus fortes, qui ont perdu leur nom en vous donnant leurs eaux, vous faites un grand demi-cercle, et vous pointez, tout droit, vers l'Océan. Aux temps anciens, vous avez emporté des barrages de terre et de pierre ! Il vous en a fallu de la place ! Vous étiez plus terrible que vous n'êtes encore, dans les jours de printemps, quand vous couvrez la moitié de l'antique vallée, que vous rompez ou menacez de rompre les levées, et que les riverains épouvantés abandonnent leurs champs, et montent, avec leurs bêtes, au premier étage des maisons qui furent construites en prévision de vos colères. Et ainsi, ayant tracé votre cours, vous avez ouvert au vent de la mer, la plus large tranchée qu'il rit pour s'avancer chez nous.
Tous ceux qui habitent les bords de la Loire peuvent en témoigner, ceux d'Angers et de Tours, ceux de Blois et d'Orléans et de plus haut encore : le vent de la marée est sur nous à toute heure. On le reconnaît à son souffle, à son parfum, à son goût de sel nouveau ; mais surtout à la couleur du ciel, à la douceur qui descend de là sur tout être vivant. Rien n'est mieux établi : le climat de la vallée est dans l'obéissance de la mer [...]❞

René Bazin, *Paysages et pays d'Anjou*,
Calmann-Lévy, Paris, 1926

«LA TERRA MOLLE, LIETA, E DILETTOSA,
SIMILI A SE GLI ABITATOR PRODUCE.»
«CETTE TERRE DE MOLLESSE, DE JOIE ET DE DÉLICES, DONNE
LE JOUR À DES HABITANTS QUI LUI RESSEMBLENT.»

LE TASSE

«LE JARDIN DE LA FRANCE»

Alfred de Vigny (1797-1863) descend par sa mère d'une antique famille piémontaise fixée en Touraine. Ses parents, après bien des vicissitudes, quittent Loches, sa ville natale, en 1799 et ce n'est que beaucoup plus tard qu'il se reconnaît Tourangeau : « On est du pays où l'on est né et où l'on a été remué dans son berceau», écrit-il en 1846, à sa cousine qui vit au manoir de Dolbeau à Semblançay. Toutefois le poète évoque la Touraine dans Cinq-Mars, ou Une conjuration sous Louis XIII, *premier roman historique français, qui remporte un vif succès dès sa publication en 1826.*

❝Connaissez-vous cette contrée que l'on a surnommée le jardin de la France, ce pays où l'on respire un air si pur dans les plaines verdoyantes arrosées par un grand fleuve ? Si vous avez traversé, dans les mois d'été, la belle Touraine, vous aurez longtemps suivi la Loire paisible avec enchantement, vous aurez regretté de ne pouvoir déterminer, entre les deux rives, celle où vous choisirez votre demeure, pour y oublier les hommes auprès d'un être aimé. Lorque l'on accompagne le flot jaune et lent du beau fleuve, on ne cesse de perdre ses regards dans les riants détails de la rive droite. Des vallons peuplés de jolies maisons blanches qu'entourent des bosquets, des coteaux jaunis par les vignes ou blanchis par les fleurs du cerisier, de vieux murs couverts de chèvrefeuilles naissants, des jardins de roses d'où sort tout à coup une tour élancée, tout rappelle la fécondité de la terre ou l'ancienneté de ses monuments […] Si vous gravissez un coteau hérissé de raisins, une petite fumée vous avertit tout à coup qu'une cheminée est à vos pieds ; c'est le rocher même qui est habité, et que des familles de vignerons respirent dans ses profonds souterrains, abritées dans la nuit par la terre nourricière qu'elles cultivent laborieusement le jour.❞

ALFRED DE VIGNY, *CINQ-MARS, OU UNE CONJURATION SOUS LOUIS XIII*, 1826

«Un style grandiose»

Henry James (1843-1916), romancier anglais d'origine américaine, Européen de cœur et de culture, entreprend en 1882 un voyage en France. Il relate ses impressions dans un charmant ouvrage intitulé A little tour in France *dont une dizaine de chapitres est consacrée à la Touraine. Il nous donne une vision réaliste et intemporelle de la Loire, fleuve multiple.*

“La Loire donne un «style» grandiose à un paysage n'ayant comme on dit, aucun trait saillant : elle emporte le regard vers des lointains beaucoup plus poétiques que les verts horizons tourangeaux. C'est un fleuve très capricieux, que l'on voit parfois s'assécher et exhiber le spectacle cru de son lit : défaut majeur, assurément, pour un fleuve censé donner de l'allure aux lieux qu'il arrose. Mais je parle de la Loire telle que l'ai vue la dernière fois : pleine, tranquille et forte, coulant lentement en amples courbes et réfléchissant la moitié de la lumière du ciel. Il ne saurait rien exister de plus beau hormis le spectacle de son cours ainsi qu'il apparaît du haut des remparts et des terrasses d'Amboise. En baissant mes regards vers lui, par une délicieuse matinée dominicale, sous l'éclat atténué d'un soleil d'automne, j'eus l'impression d'y trouver le modèle du fleuve généreux et bienfaisant.”

Henry James, *Voyage en France*, 1900
Traduit par Philippe Blanchard, Robert Laffont, 1987

«Sa perfide langueur dort sur les sables roux»

Jules Lemaitre (1853-1914), critique et écrivain, natif du Loiret, est très attaché au Val de Loire : «La nature a chez nous l'ondoiement et la grâce, quelque chose qui flotte et se renouvelle. Elle caresse et n'éblouit pas. Elle a des coins intimes qui engagent, qui accueillent et qu'on dirait intelligents.» Le poème ci-dessous fait penser au tableau de Max Ernst, Le Jardin de la France ● *85**.*

“La Loire est une femme. Amoureuse et pamée,
Mais prompte à s'échapper en des caprices fous,
Sa perfide langueur dort sur des sables roux
Et baise les contours de sa rive charmée.

La Loire est une reine, et les rois l'ont aimée.
Sur ses cheveux d'azur, ils ont posé, jaloux,
Des châteaux ciselés ainsi que des bijoux,
Et de ces grands joyaux sa couronne est formée.

Vous passez votre vie, ô peupliers tremblants,
À la voir s'égarer en détours nonchalants,
Muette, énigmatique et souple, et lente, et bleue [...]

Jules Lemaitre, *Petites orientales : Au jour le jour*, A. Lemerre, 1883

«Quelle est la couleur de la Loire ?»

Le Tourangeau Henri Guerlin (1867-1923), homme de lettres, a consacré un livre à la Touraine. Le sujet abordé a été maintes fois débattu : quelle est la couleur de la Loire ? Bleue disent Jules Lemaitre et Hyppolyte Taine ● 91 ; blonde disent José Maria de Heredia et René Boylesve ● 102, verte dit Charles Baudelaire. La Loire est changeante, peu importe la rime.

«RIEN QU'À RECEVOIR [...] L'ÉBLOUISSANTE LUMIÈRE DE VOS EAUX VIVANTES, JE ME SENTAIS DÉPAYSÉ. VOUS M'INTIMIDIEZ, COMME UNE GRANDE DAME, HABILLÉE D'OR ET D'ARGENT, NONCHALANTE, ET QUE JE SAVAIS DANGEREUSE.» RENÉ BAZIN

❝Quelle est la couleur de la Loire ? Est-elle bleue, verte ou blonde ? J'ai entendu souvent discuter de cette grave question et soutenir toutes ces opinions. Nous autres qui la connaissons bien, nous savons que la Loire est aussi changeante dans sa couleur que dans ses humeurs ou plutôt elle n'a pas de couleur propre. Elle n'est pas verte comme le Rhin, elle n'est pas d'argent vif comme le Nil, ou d'aigue-marine comme le Rhône. Dans ses parties profondes, elle est couleur du ciel et change avec lui. Là où son flot est parcimonieux, c'est-à-dire presque partout, elle est couleur de sable ; donc elle est blonde. En somme, elle ressemble aux habitants, gens accommodants, qui disent volontiers ce que l'on veut leur faire dire, et qui prennent les couleurs qu'on leur offre.❞

HENRI GUERLIN, *LA TOURAINE, LE BLÉSOIS, LE VENDÔMOIS : CHOIX DE TEXTES PRÉCÉDÉS D'UNE ÉTUDE*, H. LAURENS, 1911

«L'EAU NONCHALANTE, TOUTE RUISSELANTE DE LUMIÈRE»

Dans le train qui l'emporte vers Tours, Hippolyte Taine ● 91 se complaît à regarder les paysages de la vallée qui défilent sous ses yeux : « Seul dans le compartiment ; – trois des plus douces heures que j'aie passées depuis longtemps.»

❝Au sortir de la Bretagne [...] on entre dans le pays de l'abondance et de la volupté pacifique. – La Loire paresseuse suit à droite le chemin de fer, largement épandue, bleue, unie comme un miroir, parsemée de bateaux aux larges voiles carrées que la brise pousse lentement contre le courant. Partout des rondeurs vertes, oseraies, bouleaux, petits bois, et des châteaux blancs sur les hauteurs, des roses et des bouquets de jolis arbustes sur les talus, des îles verdoyantes parmi des bancs de grèves, et l'eau nonchalante, toute ruisselante de lumière, qui embrasse de son azur ces verdures éparses. Elle va doucement, en larges épanchements presque immobiles, et l'esprit va comme elle. – L'air est tiède ; on rêve vaguement à des promenades vénitiennes au son des instruments [...] – Ainsi faisaient les Valois, de château en château, dans des barques chamarrées. – Les verdures et les fonds se brunissent ou s'empourprent d'un ton plus fort à l'approche du soir. Les arbres déjà noircis allongent leur image sombre dans l'eau qu'aucun flot ne ride. Une imperceptible vapeur qui monte, brouille au couchant les tons d'or feuille-morte et d'incarnat noyé.❞

HIPPOLYTE TAINE, *CARNETS DE VOYAGE, NOTES SUR LA PROVINCE, 1863-1865*, HACHETTE, 1897

«Ce sont les fleuves et leurs vallées qui font la Touraine…»

Paul Vitry (1872-1945), archéologue, historien d'art et conservateur des Musées nationaux, publie dans la revue Légion d'honneur Magazine *un très bel article sur la Touraine. Ce Tourangeau d'adoption (il s'est vu confier, en 1910, la mission de réorganiser le musée de Tours), membre de la Société archéologique de Touraine, nous livre une vision classique mais fort attachante de la Touraine et de ses monuments, de la Loire et de ses affluents.*

“[…] la Loire majestueuse d'abord, étalée dans son noble val aux vastes et nobles perspectives, aux lointains bleutés, s'endormant sur ses sables d'or en été, roulant sans colère, entre ses digues ou «levées», sa masse limoneuse en hiver. Le val est limité tantôt par des coteaux lointains et mollement ondulés, tantôt par des falaises plus abruptes, le long desquels se posent ou s'accrochent hameaux, villages, châteaux, depuis Chaumont, jusqu'à Montlouis en passant par Amboise. Les prairies de la «varenne» sont coupées de rangées de peupliers, de chaussées portant les routes qui mènent aux villages de la côte. Une petite rivière sinueuse s'amuse déjà à serpenter longtemps près du lit du fleuve avant de s'y jeter : c'est la Cisse ; plus loin ce sera le Cher, puis l'Indre. […]

Au-delà, le val de Loire se resserre légèrement pour s'élargir à nouveau quand la Vienne, après l'Indre, vient s'y joindre. Vers l'endroit où finit la Touraine, où l'on va entrer en Anjou, s'étend un des plus beaux bassins fluviaux qui se puisse voir, avec ses eaux calmes où se mire la petite ville de Candes dominée par sa vieille église gothique.

Chacune de ces trois rivières dont il faut remonter les vallées a son caractère ; le Cher, régulier, abondant, un peu banal, passe noblement devant Bléré et Montrichard et sous les arches de Chenonceaux ; l'Indre, plus capricieuse, baigne le pied du château d'Azay-le-Rideau, en amont elle traverse le cadre charmant, immortalisé par Balzac dans *Le Lys dans la vallée*, entre Pont-de-Ruan et Saché ; remontons encore et c'est Montbazon avec son donjon, Cormery avec son abbaye, puis les défilés de Courçay, un peu ambitieusement dénommés la «Suisse tourangelle» pour quelques rochers noyés dans de gracieuses verdures ; enfin, après avoir aperçu le délicieux ruisseau de l'Indrois, nous arrivons devant Loches et ses fières murailles. La Vienne, où se reflètent d'abord la citadelle de Chinon et la petite ville allongée à ses pieds, est un fleuve à la fois imposant et gracieux, bien tourangeau encore.”

Paul Vitry, *La Touraine*,
Légion d'honneur Magazine, juillet 1939, d. r.

«À CHAQUE PAS QU'ON FAIT DANS CE PAYS D'ENCHANTEMENTS,
ON DÉCOUVRE UN TABLEAU
DONT LA BORDURE EST UNE RIVIÈRE [...]»

LÉON GOZLAN

«LE LONG DU COTEAU COURBE ET DES NOBLES VALLÉES»

Enfant d'Orléans, Charles Péguy (1873-1914) est mort au front, la veille de la bataille de la Marne. Écrivain de combat, poète et polémiste, il aura été toute sa vie fidèle à une mystique, qu'elle fut socialiste ou chrétienne ; une mystique de l'honneur et de l'innocence. L'action de Jeanne d'Arc ▲ 116 *est en cela pour lui exemplaire. Comme le disait l'écrivain André Suarès : «Il faisait campagne à son exemple, comme elle a guerroyé. Et toujours pour la justice, pour le bien du royaume et pour ses voix.» Dans ce poème d'une belle facture classique le poète vante sa noble terre de Loire et ses vallées puis ses châteaux dont le plus accompli de tous sera celui du souvenir, le souvenir de l'innocente héroïne d'Orléans, chère à son cœur.*

CHÂTEAUX DE LOIRE

Le long du coteau courbe et des nobles vallées
Les châteaux sont semés comme des reposoirs,
Et dans la majesté des matins et des soirs
La Loire et ses vassaux s'en vont par ces alllées.

Cent vingt châteaux lui font une suite courtoise,
Plus nombreux, plus nerveux, plus fins que des palais.
Ils ont nom Valençay, Saint-Aignan et Langeais,
Chenonceaux et Chambord, Azay, le Lude, Amboise.

Et moi j'en connais un dans les châteaux de Loire
Qui s'élève plus haut que le château de Blois,
Plus haut que la terrasse où les derniers Valois
Regardaient le soleil se coucher dans sa gloire.

La moulure est plus fine et l'arceau plus léger,
La dentelle de pierre est plus dure et plus grave.
La décence et l'honneur et la mort qui s'y grave
Ont inscrit leur histoire au cœur de ce verger.

Et c'est le souvenir qu'a laissé sur ces bords
Une enfant qui menait son cheval vers le fleuve.
Son âme était récente et sa cotte était neuve.
Innocente elle allait vers le plus grand des sorts.

Car celle qui venait du pays tourangeau,
C'était la même enfant qui quelques jours plus tard,
Gouvernant d'un seul mot le rustre et le soudard,
Descendait devers Meung ou montait vers Jargeau.

CHARLES PÉGUY, *CHÂTEAUX DE LOIRE* IN *ŒUVRES POÉTIQUES COMPLÈTES*, LA PLÉIADE, GALLIMARD, PARIS, 1957

CHAMBORD, «UN SONGE RÉALISÉ»

Alfred de Vigny ● 95 commence en 1814 une carrière militaire bientôt associée à une carrière littéraire, à laquelle il devra sa renommée. Dans le roman historique Cinq-Mars, *le château de Chambord donne l'occasion d'une rencontre entre Louis XIII et le jeune Cinq-Mars. L'escalier monumental exerce sur l'auteur une réelle fascination, semblable à celle que l'on trouve chez d'autres écrivains.*

❝ À quatre lieues de Blois, à une heure de la Loire, dans une petite vallée fort basse, entre des marais fangeux et un bois de grands chênes, loin de toutes les routes, on rencontre tout à coup un château royal, ou plutôt magique. On dirait que, contraint par quelque lampe merveilleuse, un génie de l'Orient l'a enlevé pendant une des mille nuits, et l'a dérobé aux pays du soleil pour le cacher dans ceux du brouillard avec les amours d'un beau prince. Ce palais est enfoui comme un trésor ; mais à ses dômes bleus, à ses élégants minarets, arrondis sur de larges murs ou élancés dans l'air, à ses longues terrasses qui dominent les bois, à ses flèches légères que le vent balance, à ses croissants entrelacés partout sur les colonnades, on se croirait dans les royaumes de Bagdad ou de Cachemire, si les murs noircis, leur tapis de mousse de lierre, et la couleur pâle et mélancolique du ciel, n'attestaient un pays pluvieux. Ce fut bien un génie qui éleva ces bâtiments ; mais il vint d'Italie, et se nomma Le Primatice ; ce fut bien un beau prince dont les amours s'y cachèrent ; mais il était roi, et se nommait François Ier. Sa salamandre y jette ses flammes partout ; elle étincelle mille fois sous les voûtes, et y multiplie ses flammes comme les étoiles d'un ciel ; elle soutient les chapiteaux avec sa couronne ardente ; elle colore les vitraux de ses feux ; elle serpente avec les escaliers secrets, et partout semble dévorer de ses regards flamboyants les triples croissants d'une Diane mystérieuse, cette Diane de Poitiers, deux fois déesse et deux fois adorée dans ces bois voluptueux. Mais la base de cet étrange monument est comme lui pleine d'élégance et de mystère : c'est un double escalier qui s'élève en deux spirales entrelacées depuis les fondements les plus lointains de l'édifice jusqu'au dessus des plus hauts clochers, et se termine par une lanterne ou cabinet à jour, couronnée d'une fleur de lis colossale, apercue de bien loin ; deux hommes peuvent y monter en même temps sans se voir. Cet escalier lui seul semble un petit temple isolé ; comme nos églises, il est soutenu et protégé par les arcades de ses ailes minces, transparentes, et, pour ainsi dire, brodées à jour. On croirait que la pierre docile s'est ployée sous le doigt de l'architecte ; elle paraît, si l'on peut le dire, pétrie selon les caprices de son imagination. On conçoit à peine comment les plans en furent tracés, et dans quels termes les ordres furent expliqués aux ouvriers ; cela semble une pensée fugitive, une rêverie brillante qui aurait pris tout à coup un corps durable : c'est un songe réalisé.❞

ALFRED DE VIGNY, *CINQ-MARS OU UNE CONJURATION SOUS LOUIS XIII*, 1826

«LES DEGRÉS PRODIGES» DE CHAMBORD

Pascal Quignard, né en 1948, a publié de nombreux ouvrages. Son roman, Les Escaliers de Chambord *se déroule de nos jours, dans un espace complexe, entre Anvers, Paris, Londres, Rome, New York… et Chambord. À travers des souvenirs d'enfance, le narrateur fait revivre la découverte de l'extraordinaire escalier.*

❝ Il n'avait pas gardé la mémoire d'une forêt ni d'une réserve de faucons ni de vautours. Il se remémorait seulement le grand escalier central, blanc, gigantesque s'élevant au centre du donjon. Il courait avec les autres enfants. Ils criaient de joie en montant. Ils avaient fait aussi, hélas, pour préparer cette visite, une dictée interminable sur ces escaliers interminables, où le petit Furfooz, empreint de néerlandais, avait obtenu – ainsi qu'il en allait toujours – une des notes les plus basses. La dictée s'intitulait «Les Degrés prodiges». Il s'appliquait, lèvres pincées, il écrivait le titre de la dictée, les doigts crispés sur le fer du porte-plume, il sentait l'odeur écœurante de craie, de sueur d'enfant, d'encre poisseuse, de miel aussi. La dictée décrivait avec beaucoup de pédantisme et de nombreux termes techniques à l'ortho-

«De loin l'édifice [Chambord] est une arabesque,
il se présente comme une femme
dont le vent aurait soufflé en l'air la chevelure.»

Chateaubriand

graphe impossible les deux montées conçues jadis par Léonard de Vinci autour du vide central, vertigineux – entre les fenêtres découpées où ses condisciples, une petite fille et lui-même se penchaient en criant et se montraient du doigt – et qui superposaient leur révolution de telle sorte qu'on ne cessait de voir l'autre sans le rencontrer jamais. On était pourtant sans cesse face à face, excité, impatient. La petite condisciple de cinq ou six ans et lui-même criaient, hurlaient devant ce miracle : sans cesse on montait seul. Sans cesse on descendait seul. Sans cesse on était abandonné de celui qu'on avait sous les yeux. »

Pascal Quignard,
Les Escaliers de Chambord, Gallimard, Paris, 1989

Le château de Blois

En mai 1847, Gustave Flaubert (1821-1880) et Maxime Du Camp «sortirent de Paris dans le but d'aller respirer à l'aise, au milieu des bruyères et des genêts ou au bord des flots, sur les grandes plages de sable». Leur découverte de la Bretagne commence par un trajet de Paris à Blois, puis ils voient Chambord, Amboise, Chenonceaux, Tours, Chinon, Saumur, avant que d'aborder l'espace breton.

«Du côté du nord, le château de Blois, dressé sur des murs formidables, présente une galerie à double arcade d'un charmant effet ; là était la chambre d'Henri III. À côté se trouve son oratoire, coïncidence qui n'a rien de rare en soi-même, mais qui frappe ici, dans cette âme où la volupté s'aiguisait de religion, où la cruauté se ravivait à la peur. Quand nous eûmes passé sous une voûte tournante et traversé la place, nous entrâmes dans la cour intérieure du château. La cour du château est un carré régulier. Le côté de l'entrée, du temps de Louis XII, n'a qu'un seul étage avec une galerie soutenue par des colonnes courtes, couvertes de losanges, et est orné partout de la cordelière de la reine Anne et des hermines de Bretagne ; le côté gauche (sud), un peu antérieur, n'a pas été terminé, il est plus sobre d'ornementation, plus rude, plus reculé dans son moyen âge. En face, un corps de logis des plus bêtes, construction de Louis XIV, jure d'une manière détestable, avec son classique de collège et son goût sobre qui est le goût du pauvre ; mais auprès d'elle éclate et reluit en grand costume la belle architecture du XVIe siècle, celle de la bonne époque, avant l'envahissement du pilastre attique, avant que la Renaissance n'allât s'aplatir dans le grec abâtardi de Marie de Médicis. Sur ce corps de logis sont accrochés les deux plus délicieux escaliers du monde, bâtis à jour, ciselés d'un ciseau vivace et tout découpés, comme les hautes collerettes des grandes dames qui, il y a trois cents ans, en montaient les marches.»

Gustave Flaubert,
Par les champs et les grèves, 1885

LOCHES, «LA VILLE ENTIÈRE EST UN MONUMENT»

C'est «une des villes les plus curieuses de France ; elle fait vivre mille ans en un jour» (Onésime Reclus). Victor-Eugène Ardouin-Dumazet (1852-1942), journaliste et historien militaire, confirme cette opinion dans son Voyage en France.

❝De toutes les villes assises au bord de l'Indre, Loches est la plus séduisante et majestueuse à la fois. Il est peu de décors citadins comparables à celui de cette ancienne cité, qui paraît si menue près des restes gigantesques de son château. Le site frappe surtout lorsqu'on aborde Loches en venant des campagnes monotones du Berri par les bords de l'Indre. [...] En réalité la ville entière est un monument. Les toits aigus, les fenêtres à meneaux, les pignons de poutrelles, les hautes cheminées des demeures particulières, font partie intégrante du tableau autant que les monuments eux-mêmes. Aucune imagination d'artiste ou de poète n'atteindrait à cette intensité d'effet dans le pittoresque. Tout concourt à la splendeur du tableau : la teinte des édifices, la verdure des jardins et les nuances délicates du ciel de Touraine.❞

VICTOR-EUGÈNE ARDOUIN-DUMAZET, *VOYAGE EN FRANCE : TOURAINE ET ANJOU*, BERGER LEVRAULT, 1910

«TOURS, LA VILLE BIEN BÂTIE»

René Boylesve (1867-1926), pseudonyme de René Tardiveau, quitte la Touraine à dix-huit ans et s'installe à Paris. Il reste en relations suivies avec cette province, très présente dans ses romans. Ce court extrait témoigne de son admiration et de son attachement profond à la ville de Tours.

❝Si l'on me demandait d'attribuer à Tours une épithète qui pût accompagner constamment le nom de cette ville exquise dans quelque composition du genre homérique, je laisserais nettement de côté, pour une fois, rillettes et pruneaux ; je dirais : «Tours la ville bien bâtie.» Peu d'étages, presque point d'ornements, mais un goût sûr, un sens des proportions, une prédilection pour la beauté des ensembles, voilà ce dont une ville française pouvait se contenter il y a moins d'un siècle, et voilà la belle discipline esthétique qui a été observée ici presque jusqu'à nos jours, c'est-à-dire jusqu'au moment où la crédulité au grandiose et au «riche» est venue se substituer à l'antique bon sens qui ne va jamais sans quelque modestie. Ce ne sont pas tant les monuments publics qui me renseignent sur l'état d'esprit des hommes, que leurs demeures privées. Rien ne vaut, pour le vrai curieux des mœurs, la flânerie au ras du sol et la causette dans la rue avec la vieille assise au pas de sa porte ou le propriétaire qui fait sa promenade digestive sous les ormes du Mail. Ah ! que j'aime à leur parler, à ces petites et basses maisons de Tours en pierre tendre, égalisée, et qui sera toujours blanche ! et qu'elles savent me raconter des choses sur l'existence silencieuse et retirée des gens qui les habitent ! Horreur du clinquant et du bruit, attachement aux vieilles habitudes, économie, économie !... Que de conseils affectueux elles m'ont donnés jadis ! [...] avis que je me suis empressé de ne pas suivre.❞

RENÉ BOYLESVE, *LA TOURAINE*, IN *PORTRAIT DE LA FRANCE*, TOME IV, ÉMILE-PAUL FRÈRES, 1926

«MAIS QUAND TU AURAS SALUÉ PARIS,
IL FAUDRA T'EN ÉLOIGNER POUR CHERCHER UNE VILLE
OÙ L'ON PARLE UN FRANÇAIS PLUS CORRECT [...]
CETTE VILLE CE SERA BLOIS OU ORLÉANS.»

JUST ZINZERLIN

L'ACCENT DE BLOIS «SE PLAÎT À LANGUIR UN PEU»

Dans l'œuvre de Maurice Genevoix (1890-1980), couronné en 1925 par le prix Goncourt pour son roman solognot Raboliot, *apparaissent à peu près tous les aspects des pays de la Loire. Ici on découvre la beauté du paysage urbain, associée à la pureté du langage blésois.*

❝Les gens de Blois, qui sont sociables, prétendent volontiers que le plus pur accent de France, c'est celui du français qu'ils parlent. C'est un accent qui chante un peu, qui se plaît à languir un peu, à s'arrondir en aimables méandres, comme la Loire. Loire ou Louère, à la façon blésoise (ou blaisoise), qu'en décident d'autres experts que moi. Pour moi, je tiens que, même s'ils ont tort, les Blaisois doivent avoir raison : à cause des toits étagés de leur ville dans la lumière d'une matinée à gelée blanche ; à cause des minces fumées qui s'en exhalent, toutes droites, dans l'air limpide ; à cause des cloches de Saint-Nicolas, à contre-jour dans la lumière au cœur de leurs clochers carrés ; d'un tilleul au creux d'une courette ; de la Loire qui reflète, devant nous, les maisons du faubourg de Vienne ; de la façon dont tout cela s'unit, s'oppose, s'éteint, chatoie, se tait, murmure, s'étire dans une danse immobile, une cadence naturelle et parfaite sous la coupole d'un ciel pâle et pur, entre le haut lieu où nous sommes et les belles forêts bleuissantes [...].❞

MAURICE GENEVOIX, *IMAGES DU VAL DE LOIRE*,
IMPRIMERIE NATIONALE, PARIS, 1990

«L'ANGEVIN EST UN PASSIONNÉ»

René Bazin ● 94, angevin lui-même, s'interroge dans Paysage et pays d'Anjou *sur l'expression «douceur angevine» : «Oui à la condition de comprendre le mot et de l'appliquer aux choses plutôt qu'aux hommes. La douceur ne va pas sans la force...»*

❝Si l'on pouvait changer quelque chose à ces puissants dictons, qui traversent les siècles, et fondent des préjugés, innocents ou fâcheux, on ferait mieux, au lieu de célébrer la douceur de l'Anjou, de le louer de sa fidélité. La fidélité suppose la passion. Elle en est la preuve ardente, souvent muette. L'Angevin est un passionné, qui ne parle pas toujours de son amour, mais qui sait le défendre. Sa fidélité à sa foi religieuse est un des traits les plus communs de son histoire. Il garde vingt autres traditions moins aisées à reconnaître, et sa politesse en est une. Qui la racontera ? Elle régit la campagne bien plus minutieusement que la ville. Ce laboureur, cet artisan des bourgs descend d'une antique lignée, qui vit la cour du roi de France, et celles de beaucoup de vrais seigneurs. Il a, dans son voisinage, plus de châteaux habités et plus de logis qu'on n'en peut voir ailleurs. [...] Il boit le vin de sa vigne, avec recueillement. Dans la Vallée, où le beau langage fut en honneur, les gens de métier ne l'ont sûrement jamais parlé : ils le comprennent toujours. Quelque chose de raffiné s'est transmis de père en fils. [...] Avec les plus simples on peut causer de tout, pourvu qu'ils soient du terroir, et racinés depuis un peu de temps. Leurs réponses montrent qu'ils sont difficilement étonnés ; leurs yeux, qu'ils ont le goût de l'idée, du mot, de la nouveauté qui vient à eux, et l'attention du sens commun habitué à juger. ❞

RENÉ BAZIN, *PAYSAGES ET PAYS D'ANJOU*,
CALMANN-LÉVY, PARIS, 1926

«Ces vins exquis, frais à la langue et léger à l'esprit»

Les vins de la vallée ont belle réputation et les écrivains n'ont pas manqué de les célébrer. Maurice Bedel ● 90 qui a publié en 1935 un ouvrage sur cette région rappelle la légende, chère aux Tourangeaux, de l'âne de saint Martin broutant les vignes.

❝La vigne est ici chez elle. Elle trouve au pays de Touraine ce qu'elle aime, des pentes de coteaux exposées au soleil, l'abri d'une lisière de pins, un climat sans surprises. L'on conçoit que saint Martin, ce soldat venu de Pannonie, ait au dire des conteurs songé à planter de la vigne en des lieux si favorables quand il prit à Tours la mitre et la crosse. C'est ce qu'on dit et ce qu'on croit ; et l'on ajoute que ce saint – qui l'avait peut-être vu pratiquer dans son pays natal – enseigna la taille aux moines de Marmoutier. La vérité est que saint Martin n'était pas vigneron et que son âne l'était, ainsi que le rapporte le savant Rougé :«Saint Martin avait un âne et deux vignes. L'une d'elle fut broutée par l'âne, l'autre fut laissée naturelle avec toutes ses verges longues. Or, la vigne broutée porta de bons raisins ; l'autre au contraire, n'amena que grapilles. Guidés par l'expérience, les moines suivirent l'exemple de l'âne, ce qui s'entend qu'ils taillèrent désormais les sarments de l'année précédente.» Il faut ajouter qu'à la fête du saint les vignerons, buvant le vin nouveau, disent qu'ils martinent. «Je martine, tu martines, nous martinons…» Voilà un langage où le vin et la religion se mêlent, un vrai langage de coteaux vineux.❞

Maurice Bedel, *La Touraine, Gens et pays de chez nous*, De Gigord, 1935, d. r.

«L'odeur du vin»

Marie-toi ! Marie-toi pas ! entend Panurge dans le son des cloches de Varennes : dilemme difficile pour le compagnon de Pantagruel, héros créé par l'illustre écrivain tourangeau François Rabelais (v. 1494-1553) ! L'ultime oracle consulté est la Dive Bouteille.

La Dive Bouteille

❝Ô Bouteille
Pleine toute
De mystères
D'une oreille
Je t'écoute :
Ne diffères,
Et le mot profères
Auquel pend mon cœur.
En la tant divine liqueur,
Qui est dedans tes flancs reclose,
Bacchus, qui fut d'Inde vainqueur,
Tient toute vérité enclose.
Vin tant divin, loin de toi est forclose
Toute mensonge & toute tromperie.
En joie soit l'âme de Noach close.
Lequel de toi nous fit la temperie.
Sonne le beau mot, je t'en prie,
Qui me doit ôter de misère.
Ainsi ne se perde une goutte
De toi, soit blanche, ou soit vermeille.
Ô Bouteille
Pleine toute
De mystères
D'une oreille
Je t'écoute :
Ne diffères.❞

François Rabelais, *Le Cinquième livre de Pantagruel*, 1564

Itinéraires en Val de Loire

«Le fleuve aux inépuisables vagues de moire, aux grèves blondes, aux lignes

«La Loire basse, déchirée en lambeaux par ses sables et ses îles, ressemblait de loin

souples, tantôt fougueux […] et qui tantôt fait semblant d'être indolent.» *Charles Péguy*

à ces traces argentées que laissent les limaçons dans les allées des jardins.» *René Boylesve*

▲ Château de Chaumont.

▲ Pagode de Chanteloup.

Château d'Azay-le-Rideau. ▼

▲ Château de Fougères-sur-Bièvre.

▲ Château de Cheverny.

Château de Beauregard. ▼

▲ Bords de Loire.

▲ La Loire près du château de Menars.

La Loire en hiver. ▼

ORLÉANS ET SES ENVIRONS

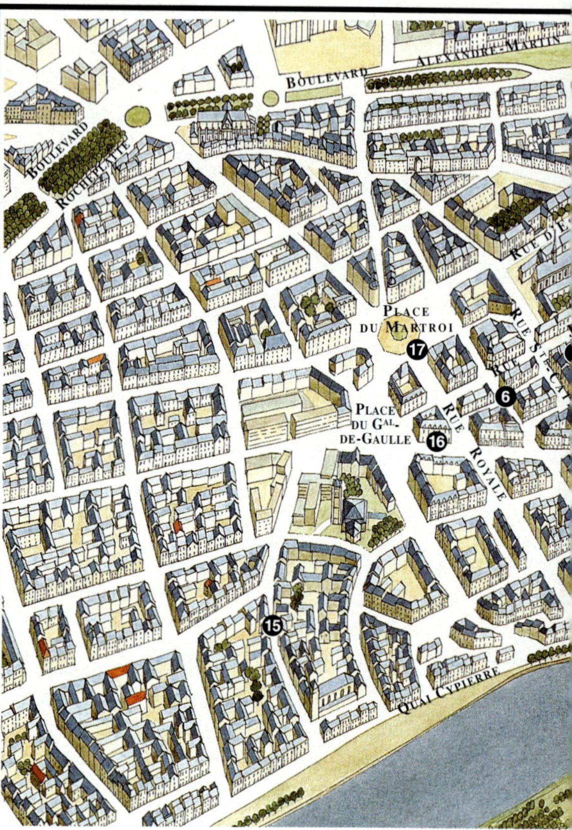

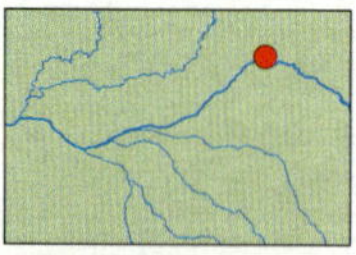

L'ORLÉANAIS
Province aux contours mouvants, s'étendant, du nord au sud, de la Beauce à la Sologne et plus à l'est, du Gâtinais au pays de Gien, l'Orléanais est avant tout une région historique. Au Xe siècle, le comté d'Orléans est rattaché à la couronne par les premiers Capétiens. En 1344, leur successeur, Philippe VI de Valois (ci-dessus), fait de la province un duché, qui sera traditionnellement donné en apanage au second fils du roi de France. Ce Pays plat centré autour du Val de Loire, entre la forêt d'Orléans (env. 35 000 ha) ■ *24* et la giboyeuse Sologne ▲ *174*, se confond presque entièrement à présent avec le département du Loiret ● *12*.

HISTOIRE DE LA VILLE

Située au sommet de la courbure de la Loire, à l'embouchure de deux petits affluents, dont le Loiret, Orléans est l'une des clefs du Val de Loire. La ville a longtemps joué un rôle stratégique, à la fois carrefour routier incontournable et port fluvial important.

ANTIQUITÉ ET MOYEN ÂGE. Au Ier siècle av. J.-C., Orléans (Cenabum) est l'une des principales cités de la puissante tribu gauloise des Carnutes. Romanisée sous le nom d'Aurelianorum, Clovis en prendra possession, en 498, et y réunira le premier concile de France, en 511. Le sacre de Charles le Chauve, en 848, et celui du fils d'Hugues Capet – Robert le Pieux –, en 987, illustrent le nouveau rôle politique et religieux de la ville. Important évêché, Orléans devient aussi une capitale intellectuelle de grand renom grâce à son université, héritière de la tradition scolaire carolingienne instaurée par Théodulfe ● *129*. Les richesses de la région (blé de Beauce, moutons de Sologne, bois de la forêt d'Orléans) favorisent son expansion. La victoire de Jeanne d'Arc, délivrant la ville assiégée, le 8 mai 1429, deviendra le symbole de la lutte contre l'envahisseur ▲ *116*.

DE LA PROSPÉRITÉ AU DÉCLIN. La Renaissance voit, tour à tour, alterner une période de construction et d'embellissement de la ville ● *74* et une période de troubles prolongés, lors

des guerres de Religion. Capitale provinciale florissante aux XVIIe et XVIIIe siècles, Orléans connaît alors l'apogée de son commerce et devient l'une des six villes les plus riches de France. Mais la période révolutionnaire et le centralisme napoléonien portent des coups terribles à cette prospérité. Il faut attendre la IIIe République pour que d'importantes opérations urbaines conduisent à un certain renouveau de la ville. Mais, en juin 1940, le centre de la cité est détruit, environ 17 ha, par les bombardements.

Une agglomération moderne. La ville se reconstruit peu à peu de 1950 à 1970, avec la naissance au sud de la Loire d'une «ville nouvelle», Orléans-La-Source (1959). Aujourd'hui, l'agglomération orléanaise compte environ 250 000 habitants. Ses activités, outre un important secteur horticole et un pôle universitaire dynamique, s'organisent autour de l'agroalimentaire, de la mécanique, de l'électronique et de la pharmacie.

Orléans la discrète
Moins qu'ailleurs dans le Val de Loire il faut ici se fier aux apparences. Si les beautés de la ville se dérobent au premier regard, l'observateur attentif découvrira avec bonheur les nombreux témoignages historiques et artistiques qui jalonnent l'ancienne cité royale.

ÉVÊQUES DE RENOM Anianus, le futur saint Aignan, est considéré comme la première figure héroïque de la ville pour le rôle qu'il joua dans le départ des Huns, en 451.

Lui succéda de 783 à 818, le célèbre Théodulfe ▲ *129*, puis de 818 à 843, Jonas, et enfin Agius, de 843 à 868, qui contribuèrent à l'essor spirituel et intellectuel de la région.

LE PRINCE-POÈTE Succédant à son père, Louis d'Orléans, à la tête du duché, Charles d'Orléans (1394-1465) se distingue à la bataille d'Azincourt, en 1415. Mais capturé par les Anglais, il est incarcéré à Londres de 1415 à 1441. Pour échapper à l'ennui, il se met à la poésie et à la versification. Charles d'Orléans a laissé une centaine de ballades et de complaintes. Tombées dans l'oubli pendant deux siècles elle ont été remises au jour par l'abbé Sallier, en 1734.

LA CATHÉDRALE

Malgré une construction qui va s'éterniser de 1287 à 1829, la cathédrale ne manque ni de grandeur ni d'élégance, avec ses curieuses tours brodées de dentelle de pierre et son immense vaisseau gothique rythmé par des piliers aux lignes pures.

AVATARS D'UNE CATHÉDRALE. Son édification a été marquée par une succession de catastrophes. Le premier édifice (IVe-Ve siècle) sur ce site est ravagé par un incendie en 989.

Le second édifice, de style roman (XIe-XIIe siècle) s'écroule partiellement en 1278. La cathédrale gothique (fin XIIIe siècle, début XVIe siècle) est détruite cette fois, en 1568, par les huguenots. À nouveau reconstruite par le roi Henri IV, à partir de 1599, la flèche du transept, menaçant ruine, sera démolie en 1691. La cathédrale est enfin inaugurée le 8 mai 1829 ; hélas, la voûte du sanctuaire s'effondre en 1904, écrasant l'autel sous des tonnes de pierres.

VISITE DE LA CATHÉDRALE. Les tours (construites entre 1708 et 1829) sont de style néogothique. L'actuelle flèche centrale, néogothique elle aussi, date de 1858. Il subsiste dans la haute nef (1601-1829) quelques travées (troisième et quatrième) datant du XVIe siècle. Elles offrent la particularité de mélanger l'héritage gothique et classique. Les verrières des bas-côtés (1893-1896) célèbrent dix épisodes de la vie de Jeanne d'Arc. De splendides boiseries du XVIIIe siècle et des stalles sculptées décorent le chœur (1702 à 1706). La grande voûte de l'abside s'inspire du modèle de Notre-Dame-de-Cléry ▲ *138*. Des fouilles effectuées en 1937 ont mis au jour les piliers de l'édifice roman, formant aujourd'hui une crypte archéologique.

«BREF, IL NE RESTA RIEN DE CETTE GRANDE ÉGLISE QUE LES ONZE CHAPELLES QUI SONT ALENTOUR DE LA CROUPE, QUELQUES ARCS-BOUTANTS, LES SIX DERNIERS PILIERS QUI SONT DE CHAQUE CÔTÉ DE LA NEF, ET QUELQUES RESTES DES AILES JOIGNANT LES DIX PILIERS»

RÉCIT D'UN JEUNE ORLÉANAIS, EN AVRIL 1567

La tour Sainte-Croix qui se trouve à gauche de l'entrée de la cathédrale est un fragment de l'enceinte gallo-romaine du IVe siècle ; arasée puis enfouie, elle a été retrouvée en 1980.

AUTOUR DE LA CATHÉDRALE

PLACE SAINTE-CROIX. Liée au percement de la rue Jeanne-d'Arc en 1840, la place est définitivement aménagée en 1976. Les bâtiments faisant face à la cathédrale présentent des façades néoclassiques. La cathédrale est encadrée, d'un côté, par le musée des Beaux-Arts, de l'autre, par l'Établissement public de la région Centre-Val de Loire.
MUSÉE DES BEAUX-ARTS ♥. Fondé en 1825, il occupait alors l'hôtel des Créneaux ▲ *119*. Depuis 1986, il est installé dans un nouveau bâtiment contemporain. Les œuvres exposées – peintures, dessins, estampes, sculptures et objets

d'art –, renouvelées grâce à l'exceptionnelle richesse du fonds, proposent une rétrospective assez complète de l'art européen du XVIe au XXe siècle. À voir particulièrement : le cabinet des pastels, la peinture française des XVIIe et XVIIIe siècles (Le Nain, Philippe de Champaigne, La Tour, Watteau, Boucher…) et les écoles étrangères, qui sont également fort bien représentées (Le Corrège, Carrache, Ruysdael, Vélasquez et son célèbre *Apôtre saint Thomas*). Le musée s'enorgueillit de posséder une toile de Gauguin : *La Fête Gloanec* (ci-dessus). Une salle est consacrée au poète Max Jacob ▲ *131*. À signaler, l'important fonds de sculptures des XVIIIe-XXe siècles.
ANCIEN ÉVÊCHÉ. (N° 1, rue Dupanloup.) Hôtel particulier édifié au milieu du XVIIe siècle pour Alphonse Elbène, évêque d'Orléans de 1646 à 1655. Un autre évêque d'Orléans y séjourna, le célèbre Félix Dupanloup (1802-1878), porte-parole du courant libéral au sein de l'Église.
RUE DU BOURDON-BLANC. Au n° 2, le collège Jeanne-d'Arc occupe les bâtiments de l'ancien Grand Séminaire (1705-1720), dont la construction amena la démolition de la collégiale Saint-Avit, sauf la CRYPTE du XIe siècle.
CAMPO SANTO. (Rue Fernand-Rabier.) Sur l'emplacement de l'ancien grand cimetière d'Orléans, utilisé jusqu'en 1786, le bâtiment de la halle aux blés, bâtie en 1824, accueille aujourd'hui, sous ses belles galeries à arcades (XVe siècle), des manifestations diverses, tel le très attendu Festival de jazz.

LE «BASTARD D'ORLÉANS»
Jean, comte de Longueville et de Dunois (1403-1468), est le fils naturel du duc Louis d'Orléans ● *39*, d'où son surnom. Homme de guerre valeureux, il battit les Anglais à Montargis en 1427 et dirigea avec vaillance la défense d'Orléans avant l'arrivée de Jeanne d'Arc, puis à ses côtés ▲ *116*. Par la prise de nombreuses villes, son action en Normandie et en Guyenne (1448-1453), il contribua puissamment à la libération définitive du royaume.

MUSÉE HISTORIQUE D'ORLÉANS ▲ *119*
La Révolution a su inspirer l'imagerie populaire orléanaise. Ci-dessous la *Liberté,* tuant l'hydre de la

tyrannie ; le bonnet phrygien, symbole de liberté des sans culottes, était porté par les esclaves libérés dans l'Antiquité.

Orléans reste marquée par le souvenir de Jeanne d'Arc lorsque le 8 mai 1429, chevauchant à la tête de son armée, elle entra victorieuse dans la ville assiégée par les Anglais depuis le 12 octobre 1428. Cette humble paysanne lorraine (1412-1431) de dix-sept ans, fort pieuse, guidée par son conseil – c'est à dire «ses voix» (celles de saint Michel, sainte Catherine et sainte Marguerite) – réussit le prodige de sauver le royaume de France. Si son martyre à Rouen, deux années plus tard, a éveillé le sentiment national, Orléans, reconnaissante, fête son héroïne depuis le 8 mai 1430. À mi-chemin de la légende, l'épopée johannesque a incarné dans toutes les familles de pensée – de droite comme de gauche, religieuse ou laïque – une «certaine idée de la France».

LE SIÈGE D'ORLÉANS
10 000 Anglais, commandés par le comte de Salisbury, le sire de Talbot, le comte de Suffolk puis Guillaume de Glasdale, décident de s'emparer des passages de la Loire en mettant le siège devant Orléans, en octobre 1428. Par l'installation d'un ensemble de bastilles, la ville est coupée de la rive sud de la Loire. En face, Dunois, le «bâtard d'Orléans» ▲ *115*, La Hire, Xaintrailles, le comte de Clermont, l'amiral Louis de Culant dirigent la défense.

LA «JOURNÉE DES HARENGS»
Une tentative de sortie contre un convoi de ravitaillement ennemi, le 12 février 1429, tourne au désastre pour les assiégés. Cette sinistre «journée des harengs» semble marquer la fin des espérances françaises et de toute velléité de reconquête de la part du dauphin Charles ● *39*, ▲ *245*.

DE CHINON À ORLÉANS
▲ *243, 244, 245*
Le lendemain de la bataille des «harengs», Jeanne quitte Vaucouleurs pour rencontrer le dauphin à Chinon ▲ *244*. Interrogée pendant trois semaines, Jeanne part finalement pour Tours où seront confectionnés son armure ▲ *199* et son étendard. Devenue chef de guerre, Jeanne rejoint alors les défenseurs d'Orléans.

«ELLE ENTRA DANS ORLÉANS, ARMÉE DE TOUTES PIÈCES, MONTÉE SUR UN CHEVAL BLANC. [...] D'AUTRE PART VINRENT LA RECEVOIR LES AUTRES GENS [...] PORTANT GRAND NOMBRE DE TORCHES ET FAISANT TELLE JOIE, COMME S'ILS AVAIENT VU DIEU DESCENDRE PARMI EUX»

LA DÉLIVRANCE D'ORLÉANS
La ville allait succomber à la famine lorsque Jeanne apparaît à la tête des renforts royaux. Le 29 avril 1429, à la tombée de la nuit, elle entre dans Orléans, sans subir d'opposition de la part des Anglais. Elle loge dans la maison de Jacques Boucher ▲ *139*. Le 30 avril, Jeanne envoie des sommations aux Anglais qui lui retournent des injures. Dès le 4 mai, les Français s'emparent de la bastide Saint-Loup. Le 6 mai, les Anglais perdent celle de Saint-Jean-le-Blanc. Dans la foulée, et sous l'impulsion de La Hire et de Jeanne, la bastide du couvent des Augustins tombe également aux mains des troupes royales. Le 7 mai, malgré une blessure par flèche, Jeanne et ses compagnons prennent d'assaut la bastide des Tourelles, qui bloquait le pont de la ville. L'Anglais, Talbot fait lever le siège à ses troupes. Orléans est délivrée.

APRÈS ORLÉANS, LA CAMPAGNE DE LOIRE
Jeanne se repose quelques jours et part à la poursuite des Anglais en retraite, cette campagne de Loire est menée avec le duc d'Alençon ▲ *291*. Ils s'emparent de Jargeau, Meung et Beaugency... Le 18 juin 1429, les troupes ennemies sont mises en déroute à Patay, c'est la revanche d'Azincourt ● *39*.

«LA PUCELLE»
(Bataille de Patay), Frank Craig, 1907.

JACQUES IER ANDROUET DU CERCEAU
(v. 1510-v. 1586)
Né à Paris dans une famille de négociants en vins, ce grand architecte de la Renaissance s'installe à Orléans en 1548. On lui attribue l'hôtel Cabu, l'hôtel Groslot, ainsi que la maison qui porte son nom ▲ *120*. Il est, entre autres, l'auteur du livre *Les Plus Excellents Bâtiments de France*. Il a fondé toute une dynastie d'architectes avec ses trois fils, Jean-Baptiste, Jacques II et Charles.

HÔTEL GROSLOT (ci-dessus). Aujourd'hui il n'abrite plus qu'une partie de l'hôtel de ville. Attribuée à Jacques Ier Androuet Du Cerceau ● *75*, ▲ *120*, cette vaste demeure Renaissance de brique rouge, ornée de losanges contrastés, et rythmée par des pignons successifs, a été construite entre 1549 et 1555 pour Jacques Groslot, bailli d'Orléans, puis restaurée et redécorée après 1850. Sauvegardé, le porche de la chapelle Saint-Jacques, érigée à proximité de la place du Châtelet (fin XVe-début XVIe siècle), a été transféré en 1883 dans le petit jardin de l'hôtel.

RUE JEANNE-D'ARC. Imaginée dès 1767 par Mgr de Jarente, évêque d'Orléans, la rue ne fut réellement percée qu'en 1840 sur les plans de François Pagot. Au n° 24, le centre Jeanne-d'Arc est installé dans l'ancien Collège royal (1847) et sa façade, traitée avec monumentalité, ne nuit pas à l'austère ordonnance de la rue. Cette sobriété stylistique rehausse tout particulièrement l'architecture foisonnante de la cathédrale.

PLACE DU GÉNÉRAL-DE-GAULLE. Elle comporte plusieurs maisons dont les façades du XVIe siècle ont été transférées, ou refaites à l'identique, à la suite des bombardements de la dernière guerre. Les façades des nos 3 et 5 (1539-1545) ont été déplacées depuis la rue Tabour voisine en 1945. Au n° 7, la maison dite de Jeanne d'Arc, datée de 1425, est l'ancienne demeure de Jacques Boucher, trésorier du duc d'Orléans. Jeanne d'Arc y aurait été hébergée du 29 avril au 9 mai 1429. La façade de cette maison à pans de bois ● *72* a été reconstituée à l'identique en 1965.

HÔTEL GROSLOT
Dans la cour d'honneur, l'héroïne d'Orléans a été sculptée par Marie d'Orléans, fille de Louis-Philippe Ier (1773-1850).

LA VIEILLE CITÉ

Comprise entre la cathédrale et la Loire, elle représente le passé le plus lointain d'Orléans, avec ses maisons médiévales et ses hôtels particuliers datant de la Renaissance.

PLACE ABBÉ-DESNOYERS. Plusieurs maisons remarquables occupent deux des côtés de la place, le troisième côté

étant constitué par la rue Sainte-Catherine. La maison de la Pomme (fin du XVIe siècle) offre une belle façade de brique et pierre. Lors de l'alignement de la rue Sainte-Catherine, où elle se trouvait à l'origine au n° 43, elle fut transportée sur la place et reconstruite. La maison du Sancier (1540-1594), déplacée en 1931, provient de la rue du Poirier. Il s'agit d'un cabinet sur passage voûté.

HÔTEL CABU ET MUSÉE ARCHÉOLOGIQUE ET HISTORIQUE DE L'ORLÉANAIS ● *75*. L'hôtel Cabu (ci-contre) dit maison de Diane de Poitiers, date de 1548. Il a été construit, sans doute, par Jacques Androuet Du Cerceau pour Philippe Cabu, avocat au châtelet d'Orléans. La légende y fait séjourner Diane de Poitiers, maîtresse du roi Henri II, en 1549. La façade sur cour présente deux avant-corps latéraux ; celui de gauche abrite un escalier à vis. Le musée a été installé dans l'hôtel en 1862. Sa principale richesse provient du trésor de Neuvy-en-Sullias, entre Jargeau et Sully-sur-Loire, découvert en 1861 et composé de bronzes gaulois et gallo-romains (ci-contre, la *Danseuse*). Le musée expose également des sculptures, des émaux, des ivoires et des tapisseries du Moyen Âge. Une salle réservée aux céramiques, faïences, porcelaines et verreries retrace l'historique de la production de l'Orléanais. Dans une galerie, ne pas manquer les intéressantes collections d'imageries populaires des XVIIe et XIXe siècles. Mode d'expression dont la production s'est développée à Orléans avec une profonde originalité notamment dans le traitement des événements révolutionnaires ▲ *115*. Le dernier étage est consacré à la marine de Loire.

RUE SAINTE-CATHERINE. Elle comprend une belle maison à pans de bois au n° 14. Mais c'est surtout l'HÔTEL DES CRÉNEAUX (1503-1513), mélange de styles Renaissance et gothique flamboyant, qui retient l'attention. Le corps principal du logis donne sur la rue Sainte-Catherine, tandis que l'arrière s'ouvre sur la place de la République. Sous l'hôtel (XVIe siècle), le passage du Saloir permet l'accès de la place à la rue. Hôtel de ville jusqu'en 1790, l'hôtel des Créneaux est, aujourd'hui, l'annexe du Conservatoire de musique. La tour-beffroi, plus ancienne, a été érigée, entre 1445 et 1448, sur des vestiges de l'enceinte gallo-romaine.

HÔTEL CABU
Relevés de la façade donnant sur la rue Charles-Sanglier et détail de la façade sur cour, réalisés par L. Vaudoyer, en 1845.

TRÉSOR DE NEUVY-EN-SULLIAS
Bien enfoui, le trésor de Neuvy a été trouvé par un ouvrier travaillant dans une carrière. Animaux et personnages de bronze forment un ensemble rare de l'art gallo-romain. Leur facture est étonnamment stylisée, exemple ci-contre. L'imposante statue du dieu-cheval, ci-dessus, a conservé sur le socle sa dédicace au dieu Rudiobus.

ÉTIENNE DOLET
Né à Orléans le 3 août 1509, cet humaniste français, étudia d'abord à Paris puis à Padoue et à Venise. Grand querelleur, même avec ses amis, il fut condamné pour ses idées hérétiques.

MAISON DITE DE DU CERCEAU
Comme pour la maison Sancier ▲ *119* on lit au-dessus de la porte *Pax huic domui*, paix dans cette maison.

MAISON DITE DE DU CERCEAU. (N° 6, rue Du-Cerceau.) Elle est considérée comme l'une des plus belles maisons anciennes de la cité et date de la seconde moitié du XVIe siècle (ci-dessous, à gauche). La façade de ce logis Renaissance est ornée sur ses trois niveaux supérieurs de belles fenêtres encadrées de pilastres et surmontées de cartouches .

RUE ÉTIENNE-DOLET. Elle tient son nom d'un Orléanais (1509-1546), imprimeur et libre-penseur de la Renaissance, brûlé à Paris pour hérésie (ci-contre). Au n° 11, la maison dite des Chevaliers du guet, bâtie en 1547 pour la veuve Marie Brochet, offre un décor de briques à losanges vernissées noires – exemple d'emploi assez tardif pour cette époque ● *67*.

RUE DE BOURGOGNE. La rue de Bourgogne, avec ses nombreuses maisons à colombages (n°s 264, 266, 268 et 270), est l'une des plus anciennes artères d'Orléans. Elle débouchait, à proximité de son intersection avec les rues du Bourdon-Blanc et de la Tour-Neuve, sur la porte de Bourgogne, l'entrée est de la ville fortifiée, par où Jeanne d'Arc fit son entrée le 29 avril 1429.

HÔTEL HECTOR-DE-SAUXERRE. (Angle de la rue de la Poterne.) Construit entre 1543 et 1545, il présente au premier étage un curieux cabinet en encorbellement qui servait de salon de lecture à Hector de Sauxerre, Orléanais cultivé vivant sous François Ier.

HÔTEL DE LA PRÉFECTURE (ci-dessous)**.** La préfecture du Loiret s'est installée, en 1800, dans cette ancienne abbaye

bénédictine de Notre-Dame-de-Bonne-Nouvelle, bâtie en 1653 et désaffectée après la Révolution.

Rue Royale et pont «royal» Le pont George-V – neuf arches et 35 m de long – a été édifié au XVIIIe siècle, en même temps que la rue Royale, par les ingénieurs du roi et le contrôleur général Perronet.

Salle des Thèses. (Rue Pothier.) Construite, entre 1411 et 1417, en style gothique, cette ancienne bibliothèque est le seul vestige de l'université médiévale, dissoute en 1793. Celle-ci compta parmi ses étudiants Rabelais, Calvin, Charles Perrault…

Collégiale Saint-Aignan. (Rue Neuve Saint-Aignan.) La crypte est l'unique trace de l'édifice du XIe siècle. De Charles VII à Louis XII, plusieurs rois de France rebâtissent une magnifique collégiale qui sera en partie détruite en 1567 par les protestants. Seuls le transept et le chœur, ainsi que cinq chapelles, résisteront aux déprédations de la Révolution.

Tour Blanche. (Rue Tour-Neuve.) Elle faisait partie du système défensif de la ville gallo-romaine.

Collégiale Saint-Pierre-le-Puellier. (Rue de l'Université-rue Saint-Gilles.) Construite du XIIe au XVIe siècle près d'un couvent de religieuses, d'où son nom (du latin *puella* : fille), la Collégiale devient bien national à la Révolution. Désaffectée en 1958, elle a été restaurée depuis.

Pont George-V. (Quai du Châtelet.) L'actuel pont, construit de 1751 à 1760, remplace l'ouvrage médiéval célèbre pour son rôle dans la délivrance de la ville, en 1429.

Rue Royale. Percée entre 1754 et 1760, la rue remonte jusqu'à la place du Martroi. De ce bel ensemble du XVIIIe siècle, composé de façades à arcades, il n'est demeuré, après 1940, que celle du bâtiment de la Chancellerie d'Orléans. Façades et arcades piétonnières, ci-dessus, ont été relevées assez fidèlement.

Place du Châtelet. Ancienne fortification du Moyen Âge, le châtelet surplombait alors un important marché.

Maison dite de la Coquille. (N° 7, rue de la Pierre-Percée.) Cette demeure du XVIe siècle porte sur sa façade une coquille rappelant l'enseigne d'une maison originelle de 1511.

Chapelle Notre-Dame-des-Miracles. (Rue Saint-Paul.) Construite en 1629, restaurée après

Maison dite de la Coquille (ci-contre, à gauche et détail, ci-dessus) La composition extérieure de cette maison est assez proche de celle dite de Jean Dallibert, située au 6, place du Châtelet.

HÔTEL TOUTIN (1536-1540), côté cour.

1915, la chapelle est le seul vestige, avec la tour-clocher (1620-1627), de l'église Saint-Paul, détruite en juin 1940.

JARDIN JACQUES-BOUCHER ET PAVILLON COLAS-DES-FRANCS. Construit au début du règne de Henri II, cet édifice était un comptoir où l'on rangeait l'argenterie, les écus et les archives ; il a conservé ses précieux décors intérieurs.

ÉGLISE NOTRE-DAME-DE-RECOUVRANCE. (Rue Notre-Dame-de-Recouvrance.) Bâtie de 1513 à 1519, elle sera très endommagée lors des guerres de Religion. Ses voûtes seront refaites au XVIIe siècle et son chœur restauré au XIXe siècle dans le style gothique «troubadour».

HÔTEL TOUTIN. (N° 26, rue Notre-Dame-de Recouvrance.) Édifié ente 1536 et 1540 par Guillaume Toutin, valet de chambre du dauphin Henri, fils de François Ier. Les deux corps du bâtiment, l'un sur rue, l'autre sur cour (ci-dessus), sont reliés par une galerie à étages soutenue par des colonnes à chapiteaux.

HÔTEL EUVERTE-HATTE, CENTRE CHARLES-PÉGUY. (Rue du Tabour.) Construit de 1524 à 1529 par un marchand d'Orléans, Euverte Hatte, l'hôtel est l'un des fleurons de l'architecture François Ier à Orléans. De la cour intérieure on peut admirer une magnifique galerie couverte à deux étages. L'hôtel abrite aujourd'hui le centre Charles-Péguy ; on y trouvera une bibliothèque et des documents se rapportant à la vie et à l'œuvre de l'écrivain.

CHARLES PÉGUY ● *99*
Né à Orléans le 7 janvier 1873, Charles Péguy devient normalien en 1894. Socialiste et ardent défenseur de Dreyfus, il fonde, à Paris, les *Cahiers de la Quinzaine*, dont il va assurer la publication en dépit d'incessantes difficultés matérielles. Revenu au christianisme en 1908, il écrit de grands textes poétiques et mystiques, entre autres *Le Mystère de la charité de Jeanne d'Arc* (1910). Il sera tué en 1914, la veille de la bataille de la Marne.

LA VILLE OPULENTE

Imbriquant souvent des demeures du XVIIe siècle à des constructions plus récentes, ce quartier témoigne de la prospérité de la ville au XVIIIe siècle et dans la première moitié du XIXe siècle, époque de l'expansion commerciale.

PLACE DU MARTROI. Située au cœur de la ville, la place juxtapose aujourd'hui, à travers les immeubles qui la bordent, plusieurs périodes architecturales, du XVIIIe siècle à nos jours. Avec ses cafés, ses brasseries et leurs terrasses, la place (ci-dessus) est l'un des lieux de rencontre favoris des Orléanais.

PORTE BANNIER. Des vestiges de l'enceinte médiévale (XIVe-XVe siècle) ont été retrouvés lors de la construction d'un parking sous la place du Martroi, en 1986.

STATUE DE JEANNE D'ARC. Cette statue équestre en bronze, qui se dresse au cœur de la place, est une œuvre réalisée par le sculpteur Denis Foyatier, en 1855. Les bas-

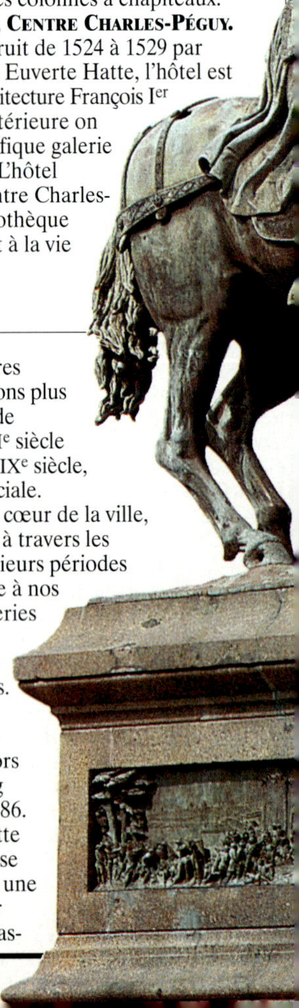

reliefs (1885), situés autour du socle, de Vital-Gabriel Dubray, retracent la vie de l'héroïne d'Orléans.

Chancellerie et Chambre de commerce. La façade de la Chancellerie, de 1754, est la seule partie du bâtiment originel qui a survécu aux destructions de juin 1940. L'édifice servait à abriter les archives du duc d'Orléans. La Chambre de commerce, construite en 1863, dans un style néo-classique forme le pendant architectural de la Chancellerie.

Ancien couvent des Minimes. L'église et le cloître furent achevés en 1621. Les derniers moines durent quitter les lieux sous la Révolution. Depuis 1913, le couvent abrite les Archives départementales.

Pavillons d'Escures ● *75.*
La rue d'Escures est bordée d'hôtels particuliers datant de la Renaissance et du début du XVIIe siècle. À côté de l'immeuble de la Caisse d'Épargne, de style IIIe République, le petit hôtel du XVIe siècle était celui des chevaliers de Saint-Lazare. Aux n°s 2, 4 et 6 de la rue, les pavillons d'Escures forment un ensemble de quatre hôtels particuliers, édifiés au XVIIe siècle pour un illustre Orléanais, Pierre Fougeu d'Escures (1554-1621), maréchal de camp, maire d'Orléans et ami d'Henri IV. Ces édifices de brique et de pierre, séparés par des pavillons avec dôme à l'impériale, rappellent les immeubles de la place des Vosges, à Paris. C'est l'un des rares témoignages de tentative d'urbanisme réalisée au XVIIe siècle.

Église Saint-Pierre-du-Martroi. Édifiée au XVIe siècle, sous le règne de François Ier, c'est le seul édifice religieux d'Orléans construit en briques. Rebâtie après les guerres de Religion, l'église a conservé quelques peintures, dont celles (1738) du retable du maître-autel, dues à Jean Restout (1692-1768).

Des visiteurs de marque
La ville a compté nombre de visiteurs de marque. C'est le cas de l'empereur Charles Quint, le 20 décembre 1539. Accompagné du roi François Ier, il passe en revue 4 000 hommes alignés sur le Martroi puis gagne la place de l'Étape. En 1804, la ville reçoit la visite du prince Louis-Lucien Bonaparte ; en 1815 celle des empereurs de Russie et d'Autriche. En 1870 le roi Louis II de Bavière sera à son tour l'hôte de la cité.

Le vinaigre d'Orléans ● *56*
Le transport sur la Loire faisant tourner nombre de barriques de vin, les Orléanais résolvent ce problème en avantage et, dès 1394, ils fabriquent un vinaigre de qualité. La ville a compté sous Louis XVI 200 maîtres vinaigriers. La maison Desseaux, en 1826, devint le fief du vinaigre d'Orléans. Le célèbre savant Louis Pasteur (1822-1895), gendre d'imprimeurs orléanais, vint souvent dans la «capitale du vinaigre» pour en étudier la fermentation acétique. Aujourd'hui encore, Orléans couvre à elle seule la moitié des besoins en vinaigre du pays.

JEAN ZAY (1904-1944) Né à Orléans, ce brillant avocat sera député radical-socialiste du Loiret, de 1932 à 1940, et contribuera à la

victoire du Front populaire, en 1936. Jeune ministre de l'Éducation nationale et des Beaux-Arts, il ouvre la voie à la démocratisation de la culture et de l'enseignement jusqu'en septembre 1939. À l'Armistice, il s'embarque sur *Le Massilia* afin de poursuivre la guerre. Mais il est arrêté au Maroc par le régime de Vichy. Après un procès inique, il est condamné à la déportation, en 1940. Interné à Riom, il est livré à la Milice qui l'assassine à Cusset (Allier) le 20 juin 1944.

HORTICULTURE ■ *26*
Dans l'Orléanais se concentrent les deux tiers des cultures florales du Val de Loire. Chaque année la région expédie 5 à 6 millions de pieds de rosiers de toutes variétés. L'horticulture s'y est développée dès le XVe siècle. En 1750, plus de 30 000 arbres fruitiers étaient cultivés par les pépiniéristes orléanais. L'essor technique du XIXe siècle a favorisé l'exportation.

ANCIEN HÔTEL POMMERET. Propriété de la famille Pommeret de 1789 à 1978, cette demeure sobre et harmonieuse du XVIIe siècle fut modifiée sous Louis XV, puis sous la Restauration.

RUE DE LA RÉPUBLIQUE. Percée en 1895 pour développer la gare, implantée dès 1843, cette rue semi-piétonne reliant la place du Martroi à la place Albert-Ier est bordée d'immeubles construits entre 1897 et 1904. Au n° 37 se trouve l'hôtel Moderne, construit en 1902 par Émile Dindault dans un style Art nouveau, dû à Louis Duthoit, qui rappelle le célèbre immeuble de Lavirotte, avenue Rapp, à Paris.
RUE ALSACE-LORRAINE. On est frappé par l'harmonie architecturale des maisons bourgeoises datant du XIXe siècle et du début du siècle.
PLACE ALBERT-Ier. Un nouveau centre commercial, accessible par une volée de marches, derrière lequel se trouve la gare SNCF d'Orléans. La promenade s'achèvera sur le mail verdoyant du boulevard Alexandre-Martin, du nom d'un ancien maire d'Orléans.

ORLÉANS-LA SOURCE

Construite en 1959, cette «ville nouvelle», extension d'Orléans au sud de la Loire, est devenue une «banlieue verte». Sur une vaste étendue de 700 ha conquise sur la Sologne, Orléans-La Source abrite désormais l'université de la ville, ainsi qu'un remarquable parc floral. Le campus universitaire, bâti en 1959 sur 180 ha, et ouvert en 1963, compte 10 000 étudiants.
PARC FLORAL. Lors des floralies d'Orléans, en 1967, près de 2 300 000 visiteurs découvrirent la beauté de ce parc floral, aménagé en 1963 sur 35 ha de bois. Aujourd'hui, on peut y admirer quelque 150 000 rosiers, bégonias, dahlias, plantes vivaces, rhododendrons… et iris. Depuis 1994, ont été aménagés des espaces fleuris ou boisés, à l'ambiance pleine de charme et de fantaisie, tels le jardin de la Source, la Gloriette aux papillons et un jardin d'iris.
SOURCES DU LOIRET. Donnant son nom à tout le département, cette résurgence naturelle de la Loire, dont le cours ne dépasse pas 12 km, prend naissance au cœur du parc floral en deux endroits : le Bouillon, sa principale source, et la Grande Source ou Abîme.
CHÂTEAU DE LA SOURCE. Situé aujourd'hui dans le parc floral, et reconstruit en 1622, le château a constitué, en 1962, le premier élément de l'université.

OLIVET (O2)

Ancienne bourgade de pépiniéristes et de

«PAS D'ATTRAITS ÉCLATANTS, PAS DE GRANDEUR DÉCLAMATOIRE. CE N'EST RIEN D'AUTRE QU'UNE VALLÉE [...] OÙ LA LOIRE SERPENTE SOUS LE CIEL. MAIS QUELLE DOUCEUR DANS CETTE LUMIÈRE, QUELLE PURETÉ DANS CES LONGUES LIGNES TRANQUILLES !»

MAURICE GENEVOIX

L'ACADÉMIE DE LA SOURCE
Au XVIIIe siècle, Henry Saint John, lord vicomte de Bolingbroke (1678-1751), ami de Swift et de Voltaire, devint le nouveau locataire du château de la Source. Il en fait un centre littéraire très animé que ses amis appelèrent l'Académie de la Source. En 1722, Voltaire vint y lire quelques alexandrins de sa *Henriade*.

maraîchers, cette banlieue devenue résidentielle a conservé sa vocation horticole. Le sentier des Prés, puis le chemin des Moulins – ceux de Saint-Julien, de Saint-Samson, des Béchets, de la Mothe ou du Bac – offrent le charme d'une promenade verdoyante et bucolique le long du Loiret.

UN CADRE IDÉAL POUR LE CINÉMA
Le château de La Ferté-Saint-Aubin a servi de décor au film de Jean Renoir *La Règle du jeu*, en 1939, dont une scène est illustrée ici.

LA FERTÉ-SAINT-AUBIN (P4)

Porte de la Sologne, la ville est cependant liée à l'agglomération orléanaise, d'abord par sa proximité, et ensuite par l'influence que cette dernière exerce notamment sur les plans économique et culturel.

LE CHÂTEAU. La première forteresse qui gardait le passage du Cosson a été détruite en 1562 et remplacée par un second château, construit entre 1590 et 1620 pour François de Saint-Nectaire : c'est le «petit château», qui subsiste dans la partie gauche du logis actuel. Son fils, Henri II, maréchal de France, charge en 1630 Théodore Lefèvre, architecte du duc d'Orléans, de le réorganiser et de l'agrandir. On lui attribue le «grand logis», le second niveau de terrasse et les deux pavillons, couverts d'un toit à l'impériale, qui encadrent l'entrée. Mettant en perspective le château, les communs de gauche dateraient de cette époque ; ceux de droite, de facture plus récente, auraient été construits , à partir de 1746 pour le comte de Lœwendal (1700-1755), maréchal de France.

Les principaux interprètes en étaient Marcel Dalio, Julien Carette, Jean Renoir et Paulette Dubost.

Le Val d'Orléans

1. Orléans
2. Saint-Jean-de-Braye
3. Chécy
4. Jargeau
5. Châteauneuf-sur-Loire
6. Germigny-des-Prés

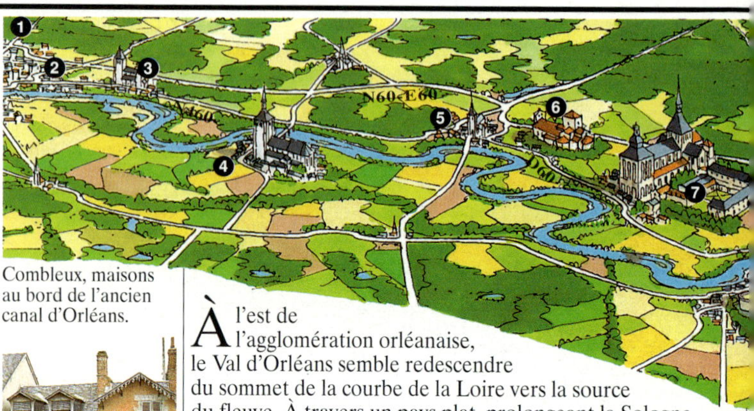

Combleux, maisons au bord de l'ancien canal d'Orléans.

À l'est de l'agglomération orléanaise, le Val d'Orléans semble redescendre du sommet de la courbe de la Loire vers la source du fleuve. À travers un pays plat, prolongeant la Sologne ▲ *174* toute proche, la Loire, autrefois encombrée de gabares ● *46*, est doublée ici par le canal d'Orléans qui reliait jadis Orléans à Montargis et au Loing. Entre Loire et canal, les rives arborées et fleuries invitent à la promenade.

En bordure de la Loire et du canal ♥ (P2)

Saint-Jean-de-Braye. Perchée sur le coteau dominant la Loire, cette bourgade est un important site historique. En effet, le lieu-dit la pointe Saint-Loup servit en 451, de lieu de campement à Attila, et d'emplacement pour l'édification d'une bastille anglaise lors du siège d'Orléans, en 1429 ▲ *116.* De l'ancienne abbaye de Saint-Loup (XIVe siècle), détruite par les Orléanais eux-mêmes en 1429 afin d'empêcher les Anglais de s'y retrancher, il ne reste que la chapelle et quelques bâtiments.

La Fonderie Bollée ♥. C'est l'une des trois dernières fonderies de cloches de France (ci-contre). Un exceptionnel musée campanaire y retrace l'histoire de la fabrication des cloches.

Combleux. Le canal d'Orléans s'arrêtait à l'écluse de Combleux, charmante cité fleurie (vues ci-dessus). En suivant le chemin de halage, de Saint-Jean-de-Braye vers Combleux, à tout moment, la Loire dédie aux promeneurs ses largesses paysagères.

L'enfant du pays
L'écrivain Maurice Genevoix (1890-1980) a habité au n° 2 *bis* de la rue Saint-Nicolas – Saint Patron des Mariniers – à Châteauneuf-sur-Loire. Membre de l'Académie Française depuis 1946, Maurice Genevoix est l'auteur de nombreux livres consacrés à la Sologne et à la Loire, notamment : *Raboliot* (Prix Goncourt 1925), *La Loire*, ou *Le Bestiaire enchanté* (1970) ● *103*.

Saint-Denis-de-l'Hôtel et Jargeau (Q2)

De chaque côté du fleuve ces deux petites «villes sœurs» présentent le même type de clocher carré à leur église. À Saint-Denis-de-l'Hôtel, la Maison Maurice-Genevoix ● *103*, ouverte en 1984, perpétue le souvenir du célèbre auteur de «romans de la nature». Sur la rive gauche du fleuve, c'est Jargeau, la capitale de l'andouille. Sa collégiale, Saint-Vrain (XIe-XIVe siècle), se distingue surtout par une chaire à prêcher en fer forgé de 1755.

Le Val d'Or est une région de vastes plaines parcourue par la Loire, s'étendant à travers les argiles et les sables de Sologne, de Châteauneuf-sur-Loire à Saint-Benoît. C'est ici que le fleuve, jadis lieu d'une intense navigation, commence à étaler son cours.

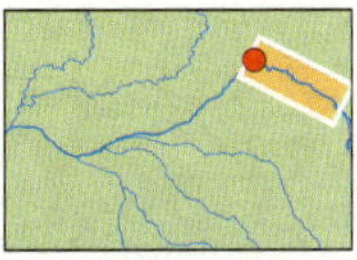

env. 80 km
1 journée 1/2

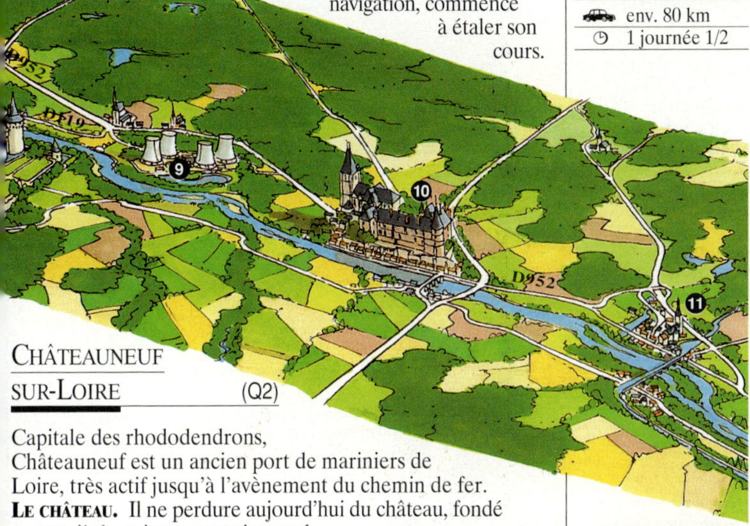

Châteauneuf sur-Loire (Q2)

Capitale des rhododendrons, Châteauneuf est un ancien port de mariniers de Loire, très actif jusqu'à l'avènement du chemin de fer.
Le château. Il ne perdure aujourd'hui du château, fondé au XIe siècle puis reconstruit pour le marquis Louis Phélipeaux de la Vrillière (secrétaire d'État de Louis XIV) au XVIIe siècle, que quelques annexes formant un bel ensemble architectural, dont les anciennes écuries (XVIIe siècle), l'orangerie (XVIIIe siècle), la rotonde octogonale à coupole – où est installé l'hôtel de ville – et les écuries à la Mansart (XVIIe siècle). Le parc-arboretum du château contribue à la réputation de la ville en tant que cité fleurie.

Musée de la Marine de la Loire. Ouvert au public depuis 1962, le musée est aujourd'hui situé dans les anciennes écuries du château. Il présente des collections uniques en France, concernant la navigation en Loire ● 46.
Balade des mariniers ♥. À partir du musée, une agréable promenade dans la vieille ville permet au visiteur de découvrir des vestiges de la vie passée des mariniers. Les quais de la Rampe du Haut-du-quai donnent une idée de l'intense activité qui régnait alors au port. La colonne des Mariniers, érigée en 1847, place du port, rend hommage à la bravoure des mariniers-sauveteurs, lors de la crue de la Loire d'octobre 1846.
Église Saint-Martial. Reconstruite à plusieurs reprises, restaurée après 1940, cette ancienne église du hameau de la Ronce (XIIe siècle) abrite le mausolée de Louis Phélipeaux de la Vrillière, attribué à Dominico Guidi (1628-1701), dans la tradition du Bernin.
Halle Saint-Pierre. Située derrière l'église, cette ancienne gare à bateaux fut installée en 1854, puis transformée en halle à grains.

Pour le souvenir d'un timbre
Jargeau abrite le musée de la Fondation Oscar Roty (1846-1911), du nom du graveur de la *Semeuse*, illustration célèbre de pièces de monnaie et de timbres-poste français du début du XXe siècle.

UNE INFLUENCE ARMÉNIENNE
Les églises étrangères dont l'architecture est la plus proche de celle de l'oratoire de Germigny sont des édifices religieux d'Arménie, comme l'église de Bagaran ou la cathédrale d'Edjmiatsin. Les architectes arméniens, tel Odo, étaient alors considérés comme les meilleurs du monde. Mais Bagaran et Edjmiatsin s'inscrivent dans un cercle.

L'ARC WISIGOTHIQUE
Les arcs de Germigny sont spécifiques. Il ne s'agit ni de l'arc roman – en plein cintre –, ni de l'arc arabe – plus fermé –, mais de l'arc wisigothique espagnol, dit outrepassé, c'est-à-dire légèrement en fer à cheval.

DES FILTRES D'ALBÂTRE
La translucidité de l'albâtre, aux fenêtres étroites de la tour-lanterne, donne une lumière voilée, mettant en valeur la mosaïque carolingienne du fond, œuvre exécutée probablement par un artiste byzantin.

GERMIGNY-DES-PRÉS ♥ (Q3)

Situé dans un minuscule village, sur la rive droite de la Loire, cet oratoire carolingien reçoit chaque année la visite de plus de 100 000 touristes. Son toit de tuiles romanes et son environnement de cyprès donnent à ce site un «air d'Italie».

HISTOIRE DE L'ORATOIRE. Il est construit en 806 pour

Théodulfe, abbé de Fleury – nom originel de l'abbaye de Saint-Benoît-sur-Loire, toute proche – évêque d'Orléans, et *missi dominici* de l'empereur Charlemagne. À l'origine, l'oratoire privé fait partie d'une luxueuse villa de Théodulfe, qui sera dévastée par les Normands. L'arménien Odo, architecte de l'oratoire de Théodulfe, a réalisé probablement celui du palais de Charlemagne à Aix-la-Chapelle. L'édifice de Germigny-des-Prés est restauré, en 1868, par l'architecte Juste Lisch qui le modifie très profondément, tant sur le plan du révêtement que sur celui de la construction. Les deux absidioles de l'abside orientale sont supprimées, l'abside occidentale remplacée par une longue nef, et la tour-lanterne, servant de clocher, diminuée de trois mètres.

EXTÉRIEUR. Dans le jardin d'entrée se trouve le couronnement d'une lanterne des morts du XVIe siècle, avec un coq en fer forgé du XVIIe siècle.

«Moi, Théodulphe,
ai consacré ce temple à la gloire de Dieu.
Vous tous qui venez ici, souvenez-vous de moi.»

Au presbytère, une petite châsse en cuivre émaillé provient des ateliers limousins du XIIe siècle.

Architecture de l'oratoire. L'église primitive, en croix grecque, a été édifiée sur un plan carré se divisant en trois nefs et trois travées. Les absides ouvertes sur le milieu de chacun des côtés formaient une église en quatre-feuilles. L'emplacement de l'ancienne abside occidentale est marqué au sol par de grandes dalles. La porte primitive était à droite de l'abside nord. L'édifice présente également une piscine pédonculée à torsades, remontant à la construction originelle.

La mosaïque. Les transformations du XIXe siècle ont été effectuées dans le but évident de mettre en valeur la superbe mosaïque qui orne la voûte en cul-de-four de l'abside orientale. Cette dernière était à l'origine entourée de deux niches, l'une pour la préparation du pain et du vin, l'autre pour les vases sacrés et les vêtements liturgiques. L'abside orientale joue actuellement le rôle d'une sorte de chœur d'église vers lequel le visiteur est attiré tant par sa luminosité particulière que par l'éclat de la mosaïque, dont les cubes de verre sont les seules touches de couleur dans un édifice aujourd'hui monochrome. D'une remarquable beauté, la mosaïque, datée du IXe siècle, est en France, unique en son genre. Elle est composée de 130 000 petites pièces (tesselles) de verre, bleues, pourpres, blanches, vertes, noires et dorées, représentant l'Arche d'alliance. Sur un fond bleu émaillé doré, où apparaît la main divine, deux grands anges se penchent en un mouvement gracieux. Une pietà en bois du XVIe siècle a été installée sous la mosaïque. Elle est due à un sculpteur de l'école bourguignonne.

Saint-Benoît-sur-Loire ● *58* (R3)

La bourgade de Saint-Benoît-sur-Loire est une ancienne escale des mariniers de la Loire. Le port regroupe au bord du fleuve d'anciennes maisons basses de pêcheurs. Mais Saint-Benoît est d'abord connu par son abbaye romane, qui a donné son nouveau nom à l'ancien village de Fleury, dès le XIe siècle. Ainsi que le décrit l'écrivain Max Jacob, Saint-Benoît est «une plaine à perte de vue, coupée de maisons, de bouquets d'arbres, une plaine à moisson et légumes. Il y a autre chose que la ligne dans la beauté, que la couleur dans le paysage, il y a l'esprit ; il règne partout à Saint-Benoît et la source de cet esprit, c'est la Basilique…».

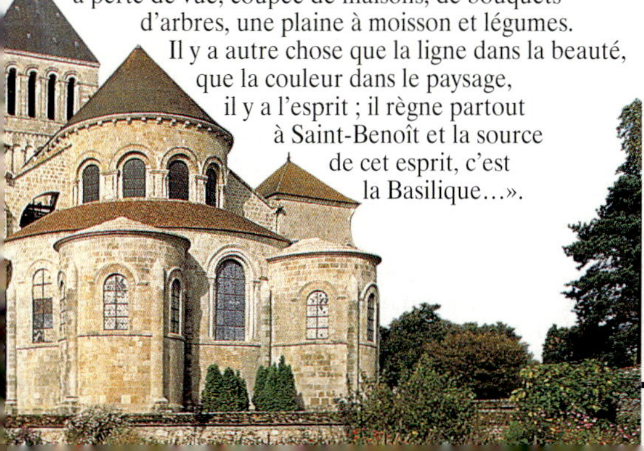

Théodulfe ● *37*
Né vers 760, dans une grande famille wisigothe d'Espagne, Théodulfe fait ses études en Aquitaine et séjourne à l'abbaye de Saint-Benoît-d'Aniane – non loin de Saint-Guilhem-le-Désert (dans l'Hérault). Évêque d'Orléans en 798, et abbé de nombreuses abbayes, sans en être moine, dont celle de Fleury (Saint-Benoît), il devient le plus important des *missi dominici* (inspecteurs royaux en province) de Charlemagne et l'un de ses conseillers. Fin lettré et homme de grande culture, il est le réformateur de l'enseignement et l'un des principaux acteurs de la renaissance carolingienne. En 814, à la mort de Charlemagne, il reste le conseiller de son successeur, Louis le Pieux. Faussement accusé de complot, Théodulfe est emprisonné dans un monastère d'Angers, en 818. Il y restera jusqu'à sa mort, en 821.

Abbaye de Saint-Benoît-sur-Loire
Vue sur le chevet.

ABBAYE DE SAINT-BENOÎT

LA MORT SUBITE
Au IXe siècle, l'abbaye est mise à sac par le viking Rynaldus. Une mort immédiate, infligée par le saint patron, le punit de cet acte. En mémoire, son rictus est sculpté dans le masque humain qui orne le mur ouest du transept.

Tour-porche de l'abbaye de Saint-Benoît et détails de sculptures.

LA VIE DE SAINT BENOÎT
Né vers 480, il meurt en 543 ou 547 au mont Cassin, en Italie. En 578, son monastère est détruit par les Lombards et son tombeau enseveli sous les ruines. Sa vie d'ermite à Subiaco et au mont Cassin est racontée dans le livre second des *Dialogues* par le pape Grégoire le Grand. Les reliques de saint Benoît sont ramenées d'Italie par les moines de Fleury vers 670-672.

HISTOIRE DE L'ABBAYE DE FLEURY. Fondée en 651 par Léodebold, abbé de Saint-Aignan-d'Orléans, l'abbaye est placée sous la règle de saint Benoît. Elle est alors appelée abbaye de Saint-Benoît-de-Fleury. À la fin du VIIe siècle, la communauté monastique dépêche en Italie le moine Aigulf afin qu'il ramène à l'abbaye les reliques de leur saint patron. L'abbaye prend alors le nom de Saint-Benoît-sur-Loire.
APOGÉES. Sous l'abbatiat de Théodulfe ▲ *129*, constructeur de Germigny, l'abbaye connut un grand rayonnement culturel. Du Xe au XIIe siècle, sous l'impulsion d'Odon, abbé de Cluny, d'Abbon, moine de Reims, puis de Gauzlin, futur archevêque de Bourges, la réputation de l'abbaye ne cesse de grandir, attirant pèlerins et étudiants. Le roi de France, Philippe Ier y est inhumé, en 1108.
TEMPS DE LA DÉCADENCE. Elle s'amorce dès le XIIIe siècle, au moment même où s'achève la basilique, consacrée le 26 octobre 1218. À partir de 1486, le principe de la commende – les bénéfices de l'abbaye sont attribués à un laïc choisi par le roi – entraîne de nombreux conflits. C'est au cours de l'un d'eux, en 1527, que François Ier fait décapiter la tour Gauzlin par ses troupes. Après les guerres de Religion qui voient l'abbaye mise à sac par les réformés, Saint-Benoît connaît un nouvel essor spirituel lorsque Richelieu en obtient la commende. Mais la suppression des ordres religieux en 1790 amène la dispersion des moines, puis, deux ans plus tard, la destruction partielle du monastère.
RESTAURATION ET RENAISSANCE. En 1865, quatre moines du monastère de la Pierre-qui-Vire, en Bourgogne, s'installent dans la paroisse, déblaient la crypte, refont le dallage de l'église et la rendent au culte. Mais la communauté monastique ne revient à Saint-Benoît que le 11 octobre 1944. Les moines créent une fondation et entreprennent un long travail de restauration ce qui permet, en 1959, de redonner son rang d'abbaye au monastère. L'abbaye de Fleury comprend actuellement trente-cinq moines auxquels viennent s'ajouter des frères de passage, africains notamment. Les moines tiennent une librairie bénédictine et se réunissent dans l'église pour les offices, magnifiés par les chants grégoriens.

ARCHITECTURE DE SAINT-BENOÎT

Située à l'extrémité de la place du village, l'église abbatiale est le troisième édifice construit sur le même emplacement.
TOUR-PORCHE (détails ci-dessus) ♥. Elle est dite Gauzlin du nom de l'abbé qui l'a édifiée, au XIe siècle. Située en «avant-corps» de l'église, elle constitue le vestige le plus ancien de l'abbaye. Elle repose sur seize piliers, ornés de chapiteaux historiés, d'une grande puissance d'expression. Réminiscence de l'art carolingien et référence à l'antiquité, leur facture rappelle aussi le répertoire décoratif des manuscrits enluminés.
CHŒUR ET TRANSEPT. Leur construction est entreprise entre 1067 et 1107. Le chœur haut et profond est l'une des plus

«SAINT-BENOÎT DE VIEILLE VIGNE,
TA PLAINE CALME ET LA LOIRE BÉNIGNE
ME FERONT OUBLIER
PARIS ET SES ATTRAITS...»

MAX JACOB

belles réalisations de l'art roman. Il constitue le sanctuaire majeur de l'abbaye avec son autel consacré à Notre-Dame. Les colonnes sont montées sur un bahut surmonté de l'arcature aveugle et de hautes fenêtres. L'ensemble est voûté en plein cintre. L'abside en cul-de-four est très surélevée. Surplombant la crypte, elle est encadrée de quatre petites chapelles, deux rayonnantes et deux orientées, ces dernières coiffées d'un minuscule clocher, selon un usage roman. Le maître-autel est entouré d'un pavement mis en valeur par les fouilles (ci-dessous). Installé par l'abbé Gauzlin au début du XIe siècle, il s'agit en fait d'une

mosaïque en *opus sectile*, à savoir constituée d'assez gros fragments de marbre de toutes couleurs formant des figures géométriques. De larges disques inégaux apportent une diversité à l'ensemble.

NEF. Ce grand vaisseau fut la dernière partie de l'église à être construite, sans doute à partir de 1144 jusqu'en 1218. La nef est de style roman de transition, mais paraît gothique au premier abord. Elle comprend sept travées à deux étages et est flanquée de deux bas-côtés encore voûtés d'arêtes. Dans le bas-côté gauche, le portail sculpté, notamment le linteau, figure comme l'un des chefs-d'œuvre de l'art de cette époque. À la croisée de la nef et du transept, un très bel ensemble de stalles du XVe siècle a été conservé, tel le magnifique panneau figurant l'Annonciation.

CRYPTE. On y accède par un escalier situé à l'est des collatéraux du chœur. Dégagée par les fouilles de 1958-1959, la crypte du XIe siècle s'étend sous toute la superficie du petit transept, de l'abside et du déambulatoire. Toute l'architecture converge vers le pilier central, évidé, qui contient les reliques de saint Benoît. Celles-ci sont déposées dans une châsse contemporaine, dessinée par D. de Laborde, moine de Solesmes, autour de laquelle brûlent quinze lampes symbolisant les congrégations de l'ordre bénédictin.

CHAPELLE SAINT-MOMMOLE. La crypte communique au sud avec cette chapelle, antérieure au reste de l'église (Xe siècle), et située sous la sacristie.

MAX JACOB À SAINT-BENOÎT
Juif converti, écrivain fuyant le Montmartre de sa jeunesse tapageuse, le poète Max Jacob (1876-1944) a vécu les vingt dernières années de sa vie à Saint-Benoît. Arrêté en 1944 par la Gestapo, il est «transféré» au camp de Drancy où il meurt quelques mois plus tard. Il est l'auteur, entre autres, de *Saint-Benoît et l'abbaye de Fleury* (1938). La maison où l'écrivain résidait, aujourd'hui office du tourisme, abrite au premier étage une exposition permanente qui lui est consacrée.

LE CONSTRUCTEUR DE VINCENNES
En 1395, l'architecte du roi Charles V, Raymond du Temple, transformateur du château royal de Vincennes, va faire preuve d'innovation et de modernisme à Sully. Alors que Vincennes présente encore des tours d'angle carrées, assez archaïques, l'architecte militaire entreprend de doter Sully de tours rondes. Pour cette réalisation, il fait appel à son maître d'œuvre, le maçon Colin des Chapelles.

L'ART DES COMPAGNONS
Les combles du donjon sont dotés d'une charpente en berceau brisé dont le volume et l'esthétique en font un remarquable chef-d'œuvre. Son exceptionnel état de conservation atteste le brio technique des Compagnons de l'Orléanais.

PONT DE SULLY-SUR-LOIRE
Le pont ci-contre, construit en 1836, a été emporté par la terrible crue de 1856. Sa faiblesse venait des rampes d'accès reliant le tablier suspendu qui barraient une partie du lit du fleuve, déjà bien étroit à cet endroit.

SULLY-SUR-LOIRE (R3)

Forteresse de plaine édifiée sur la rive gauche de la Loire, le château de Sully-sur-Loire a conservé son allure médiévale, au milieu d'un plan d'eau alimenté par la Sange, et séparé de la Loire par un banc de terre et de sable.

HISTOIRE DE LA VILLE. La cité a prospéré dès le Xe siècle, sa position lui permettant de contrôler d'une part le trafic ligérien, d'autre part la route entre le domaine royal et le Massif central. Sully-sur-Loire subit d'importants dommages durant les guerres de Religion, lors du siège de 1563, puis lors d'un soulèvement huguenot en 1621. Sous l'effet des combats pour le contrôle du pont, en juin 1940, puis sous les bombardements de 1944, la ville est détruite à 70 %. À l'exception du château et des édifices religieux, le seul témoignage significatif de l'ancienne cité demeure la maison du XVIe siècle, au n° 8, rue du Grand-Sully.

LE CHÂTEAU. Du château originel, daté de 1102, il n'est demeuré que la répartition des espaces. À partir de 1395, un nouveau château est bâti à la demande de la famille de La Trémoille par l'architecte du château de Vincennes, Raymond du Temple. Mais de nouvelles transformations ont lieu à partir de 1602, à l'initiative du nouveau propriétaire, Maximilien de Béthune, ministre du roi Henri IV et plus connu sous le nom de Sully. En 1611, un an après l'assassinat du roi, il se retire définitivement dans son domaine. Voltaire vint également à Sully à plusieurs reprises, en 1716 puis en 1719, loin de la cour de Philippe d'Orléans, régent de France (1674-1723).

ARCHITECTURE DU CHÂTEAU. Entouré de douves, le château est composé de deux parties, l'une du XIVe siècle, due à Guy VI de la Trémoille, l'autre du XVIe siècle, œuvre de Sully.
LE VIEUX CHÂTEAU OU DONJON (1395-1400). Cet édifice rectangulaire imposant, flanqué de quatre tours circulaires, s'élève face à la Loire dont il est séparé depuis les travaux menés par Sully. Au rez-de-chaussée du bâtiment, la salle des Gardes comporte d'énormes cheminées de pierre. Une partie des concerts du Festival musical annuel de Sully-sur-Loire se déroule dans ce lieu.
LE PETIT-CHÂTEAU. Il comprend le corps de logis, à l'est du château, ajouté au XVIIe siècle par Sully, et les fortifications incluant la tour de Rosny et la grosse tour de Béthune.

Cette dernière, construite par Sully en 1606, est dirigée vers la ville, alors jugée peu sûre par l'ancien ministre.
COLLÉGIALE SAINT-YTHIER. Malgré les dommages de la dernière guerre mondiale, l'architecture et le mobilier de l'église conservent quelques éléments significatifs des XVIe et XVIIe siècles : verrières du chœur et du bas-côté sud ; statues de bois polychromes…

LE DUC DE SULLY
De famille protestante, Maximilien de Béthune, baron de Rosny (1559-1641) attacha dès 11 ans sa carrière à celle du roi Henri de Navarre comme compagnon d'armes. Surintendant des finances en 1598, il devint duc et pair de la terre de Sully, en 1606.

Le Val du Giennois marque traditionnellement l'entrée dans le Val de Loire pour qui suit le cours du fleuve depuis sa source. Gien était d'ailleurs au Moyen Âge le premier pont et le premier château rencontrés sur cette voie royale. Région frontière, le Val du Giennois sépare le Pays Fort et la Sologne sur la rive gauche, de la forêt d'Orléans et du Puisaye sur la rive droite.

GIEN (S4)

C'est de la rive gauche de la Loire que les regards embrassent le mieux la ville de Gien (ci-contre), célèbre pour sa faïence, grâce à un Anglais ▲ *134*.
HISTOIRE DE LA VILLE. Édifiée en bord de fleuve, la ville s'étage jusqu'au château, flanqué de l'église Sainte-Jeanne-d'Arc. L'ancienne cité celtique de Diomagus servait sans doute de lieu d'échanges entre la tribu gauloise des Carnutes et celle des Eduens. Au Moyen Âge, la ville est la capitale d'un comté qu'annexe le roi de France Philippe Auguste, en 1199.

APOCALYPSE À GIEN
En juin 1940, les armées françaises se replient vers la Loire, talonnées par les troupes allemandes. Du 15 au 17 juin, les avions ennemis vont pilonner Gien, où l'exode a concentré les populations civiles, mêlées aux soldats. Les vieux quartiers au pied du château sont bombardés. Le centre-ville n'est que brasier. Le pont sur la Loire saute, l'église est détruite. Seul un orage providentiel épargne, en partie, les toitures du château en flammes.

Ci-dessous, au centre, console-trophée de tir à l'arc (11), décor peint à la main, daté de 1869.

La manufacture de Gien est créée en 1821 par l'Anglais Thomas Hulm, dit Hall. Dès 1834, elle produit une faïence fine, ou «porcelaine opaque», du type de la céramique du Straffordshire, très appréciée en France au XVIIIe siècle. Axée, dans un premier temps, sur la vaisselle d'usage courant, la fabrication s'oriente, à partir de 1855, vers la production de pièces décoratives. De très nombreux artistes contribuent dès lors à l'immense succès public rencontré par la faïencerie à chacune des expositions universelles de la fin du XIXe siècle. L'ancienne fabrique est la plus importante de France et continue aujourd'hui d'innover. Depuis 1970, elle expose les plus belles œuvres dans son propre musée.

11

UN PROCÉDÉ ARTISANAL…
Les faïences sont des terres cuites composées d'argile, de kaolin et de quartz, décorées et couvertes d'émail à base de plomb et d'étain.

À TRAVERS L'HISTOIRE
Cet art apparaît dans le Proche-Orient antique, puis en Espagne. À la fin du Moyen Âge, Malaga et Valence exportent leurs céramiques par navires majorquais vers l'Italie, où elles sont appelées majoliques. Le mot faïence provient de Faenza, grand centre italien de production avec Florence, à la Renaissance. Les premières faïenceries françaises sont créées par des potiers italiens au XVIe siècle, à Lyon et Nevers, sous le règne de François Ier. Au XVIIe siècle, les foyers créateurs sont surtout Rouen, Strasbourg, Marseille et Moustiers, en France, Delft aux Pays-Bas, Hambourg et Hanau en Allemagne, Bristol et Liverpool en Angleterre.

ALLIANCE DE L'ART ET DE LA TECHNIQUE
Gien a fondé sa réussite à la fois sur l'usage de procédés mécaniques modernes et sur le talent et le nombre de ses artistes (200 sur les 1 000 ouvriers en 1878). Elle obtient ainsi une production à la fois abondante et raffinée, de style éclectique.

1

2

3

10

Marques de fabrique
De nombreuses marques ont vu le jour au gré des collections et des directeurs successifs de la manufacture. Certaines signalent les médailles obtenues aux expositions universelles de 1849, 1852, 1860, 1875…

9

8

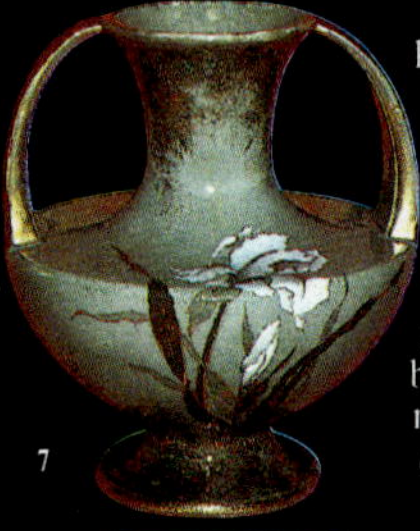

7

Imitation, interprétation et création
Au XIXe siècle, l'essor des arts décoratifs permet à Gien d'asseoir sa renommée sur la reproduction fidèle ou l'interprétation de formes et de décors prestigieux : Rouen, Marseille (**1**), Italie (**2** et **5**), Japon (**3**), bleu de Sèvres, porcelaine d'Angleterre ou de Chine… Gien a aussi fait la preuve de sa propre créativité avec l'Art nouveau (**6** et **7**), les barbotines colorées, de type impressionniste (**8**), l'héraldique (**9** et **10**), ainsi que ses décors aux émaux (**4**) et son bleu profond orné de motifs dorés, dit *bleu de Gien.*

4

5

6

▲ Orléans vers Gien
Le «Val du Giennois»

Anne de Beaujeu
Fille de Louis XI et de Charlotte de Savoie, Anne de France (1461-1522) fut mariée à l'âge de 12 ans à Pierre II de Beaujeu, duc de Bourbon qui lui donne le comté de Gien. Désignée par son père comme régente du royaume lors de la minorité de son frère Charles VIII, elle gouverne avec fermeté et réussit à vaincre une révolte féodale menée par le duc d'Orléans, le futur Louis XII. De 1481 à 1522, Anne de Beaujeu entreprend de nombreux aménagements : elle relève l'enceinte de la ville, restaure le pont, reconstruit l'église collégiale et modifie agréablement le château.

Jeanne d'Arc passera neuf fois à Gien en 1429 lors de son expédition pour délivrer Orléans ▲ *116*. Mais la grande époque de la ville date du temps d'Anne de Beaujeu, fille du roi Louis XI, régente de France et comtesse de Gien, ci-contre. Elle fait notamment remanier et agrandir l'ancien château, et restaurer le pont en pierre, à treize arches, sur la Loire. Durant la Fronde ● *41*, le jeune Louis XIV (1638-1715) viendra se réfugier quelques jours à Gien. Au XVIIIe siècle, la faïencerie donne un regain de prospérité à la ville dont le nom reste lié à cette activité. Détruite en juin 1940, puis à nouveau malmenée en juillet 1944, Gien est reconstruite avec beaucoup de goût après la guerre, ce qui fera dire à l'écrivain Jules Romain qu'elle est le «joyau de la reconstruction française».

Le château. Dominant la ville de toute sa hauteur, sa silhouette rouge et noire provient des briques à décors vernissés, qui forment des losanges, des damiers ou des arêtes de poisson. Cette décoration est rehaussée par les encadrements de pierre claire aux ouvertures. Seule la façade surplombant le fleuve présente avec la tour carrée (XIIe et XIIIe siècle) un vestige de la forteresse féodale. Les autres bâtiments, en équerre, ont été construits par Anne de Beaujeu à la fin du XVe siècle (1484-1500).

Musée de la Chasse. Le château est aménagé en musée international de la Chasse en 1952. Il présente des salles rassemblant des centaines de trophées, des armes, des tableaux et des tapisseries se rapportant à la chasse.

Église Sainte-Jeanne-d'Arc. Dominant la place du château, l'église actuelle a remplacé l'ancienne collégiale Saint-Étienne (XVe siècle) reconstruite par Anne de Beaujeu. Il ne demeure de l'édifice d'origine, pratiquement détruit en 1940, que le gros clocher carré, autour duquel on a reconstruit en briques la nouvelle église.

Ci-dessus, grande salle du musée de la Chasse, avec sa superbe charpente, consacrée aux peintres animaliers, François Desportes (1661-1743) et Jean-Baptiste Oudry (1686-1755).

Le pont. Ce très bel ouvrage fut construit en 1734, en remplacement du pont du XIIIe siècle très endommagé après la crue du 28 mai 1733. Le pont n'a plus que douze arches au lieu des treize que comptait le précédent.

Musée de la Faïencerie. Situé place de la Victoire, il fut créé en 1970 pour le cent cinquantième anniversaire de la manufacture dont il occupe l'un des bâtiments. Il présente une magnifique collection de faïences fines du début du XIXe siècle, ainsi que des pièces monumentales destinées à l'Exposition universelle de Paris de 1900.

Échappée à Briare ♥ (T4)

Située dans un site exceptionnel, à la rencontre de la Loire et de plusieurs canaux, Briare est avant tout une «ville d'eau» comptant deux ports, quatorze ponts et sept écluses.

La maison des Deux-Marines. Un musée conservatoire batelier retrace l'histoire de la marine de Loire et des canaux.

Le pont-canal. Surplombant la Loire, ce pont ne supporte pas une route mais un canal. Il a été construit pour relier le canal Henri IV, ou canal de Briare, et le canal latéral à la Loire. Cet impressionnant ouvrage de pierre et de fer est érigé entre 1890 et 1894, par l'entreprise Daydé et Pillé et avec le concours de celle de Gustave Eiffel pour les fondations. Ce pont métallique, le plus long du monde – 662,69 m dont 600 m au-desssus de la Loire – est inauguré en 1896. Cet ouvrage d'art relie directement le bassin de navigation de la Seine à celui de la Saône. La décoration du pont-canal (ci-contre) rappelle par bien des aspects celle du pont Alexandre III à Paris.

Église Saint-Étienne. Datée de 1895, elle présente sur sa façade et, intérieurement, des émaux de Briare.

Hôtel de ville. Il occupe l'ancien château du XVIIe siècle des «Seigneurs du Canal», bâtisseurs du canal Henri IV, construit sur un très beau site entouré d'eau. Le musée de la Mosaïque et des Émaux fait revivre cent cinquante ans de vie industrielle depuis l'origine de l'entreprise de mosaïque.

Les «Seigneurs du Canal»
Il s'agit de l'association de dix-sept, puis de trente-trois gentilhommes et bourgeois, qui décident en 1638 de reprendre la construction du canal de Briare, dont les travaux avaient été arrêtés après l'assassinat du roi Henri IV, en 1610. L'entreprise est un tel succès – l'ouvrage est inauguré en 1642 – que la Compagnie obtient l'anoblissement de ceux de ses membres qui ne l'étaient pas. Chacun de ces «Seigneurs du Canal» jouira de l'usufruit du château (aujourd'hui l'hôtel de ville) durant une année pleine.

Un éclairage moderne
Dès son origine, le pont-canal est éclairé à l'électricité grâce à deux turbines entraînées par les eaux chutant dans le canal latéral à la Loire, 8 m plus bas. Les pilastres ornés portent les armoiries des villes desservies.

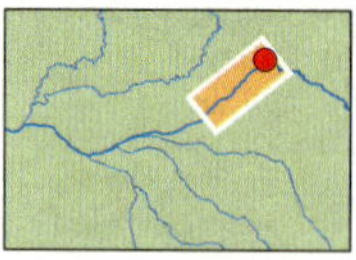

env. 85 km
1 journée

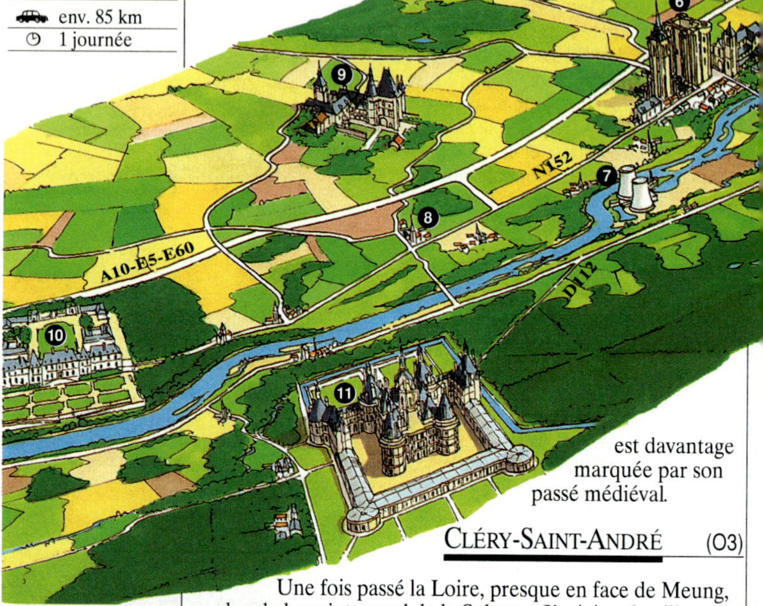

Jalon historique du Val de Loire, à la lisière de l'Orléanais, du Blésois et de la Sologne sauvage ▲ *174*, cette région est davantage marquée par son passé médiéval.

CLÉRY-SAINT-ANDRÉ (O3)

Une fois passé la Loire, presque en face de Meung, on aborde la pointe nord de la Sologne. L'origine du village est d'abord religieuse. La découverte d'une statue de la Vierge en 1280 fonde un pèlerinage qui durera plus de deux siècles. **BASILIQUE NOTRE-DAME DE CLÉRY.** À l'emplacement de l'ancienne église, détruite durant la guerre de Cent Ans, Louis XI, érige un nouvel édifice après s'être voué à la Vierge de Cléry, lors de la bataille de Dieppe contre les Anglais, le 15 août 1443. Il en fait une chapelle royale afin d'y être inhumé ; son tombeau, détruit par les protestants, est relevé sur ordre de Louis XIII. La grande tour carrée, au nord, demeure le seul vestige de l'édifice du XIVe siècle.

JEAN DE MEUNG Jean Chopinel, dit Jean de Meung (vers 1240-1305), clerc originaire du Gâtinais, fut le continuateur du *Roman de la rose*, poème courtois écrit par un autre natif du Loiret, Guillaume de Lorris (vers 1200/1210-v. 1240). Ces vers connurent un grand succès parmi la noblesse durant tout le Moyen Âge. Jean de Meung ajouta, entre 1275 et 1280, une seconde partie, de près de 18 000 vers, aux 4 000 vers originaux.

MEUNG-SUR-LOIRE (N3)

Cette petite ville dominée par son château fut tout à la fois la résidence des évêques d'Orléans, le quartier général des Anglais avant que Jeanne d'Arc ne les chasse ▲ *116*, un des lieux d'emprisonnement du poète François Villon (v. 1431-apr. 1463) et le lieu de vacances du fameux commissaire Maigret, créé par l'écrivain belge Georges Simenon, en 1931. **LE CHÂTEAU.** À sa façade médiévale – construite au XIIe siècle par l'évêque d'Orléans, Manassès de Garlande – s'oppose un corps de logis datant des XVIe et XVIIe siècles. **ÉGLISE SAINT-LYPHARD.** Édifiée au XIIIe siècle sur un plan tréflé, unique dans la région, l'église conserve des vestiges romans ● *58*, sa tour-clocher date du XIe siècle. **LE BOURG.** Depuis la porte fortitifée d'Amont, remaniée au XVIIe siècle, on découvre les rues bordées de logis de pierre, de maisons à pans-de-bois ● *72* et de vieux moulins à roue ● *78*.

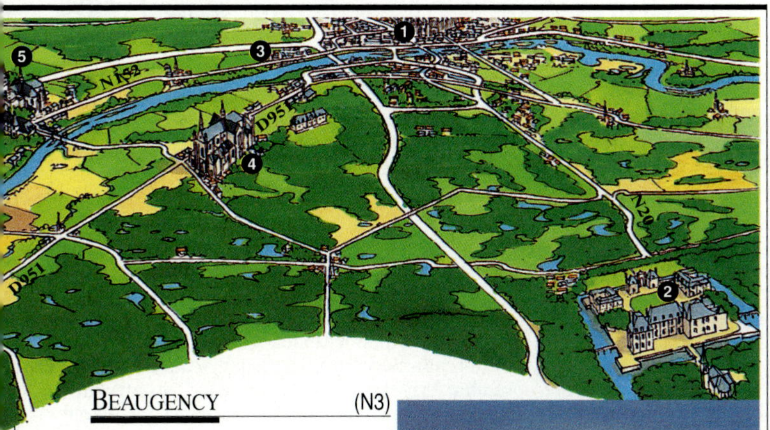

Beaugency (N3)

À la frontière des départements du Loir-et-Cher et du Loiret, Beaugency est typique des villes ligériennes (ci-contre). Un quai bordé de grands platanes, une cascade de vieux toits de tuiles et d'ardoises dominés par les clochers et la masse du donjon ● *43*, composent un tableau très attachant, qui gagne à être découvert depuis la rive gauche.

Le pont. Avec ses arches inégales, c'est le seul pont médiéval subsistant sur la Loire moyenne. Bien que remanié au cours des siècles, il garde plusieurs arches en tiers-point et la grande arche marinière qui permettait le passage des bateaux. Sur le quai, en aval du pont, la tour du Diable, fait partie des anciennes fortifications de l'abbaye Notre-Dame.

Église Notre-Dame. Autrefois abbatiale des chanoines de Saint-Augustin, elle remonte à la fin du XIe siècle et fut un lieu de pèlerinage important durant tout le Moyen Âge. La nef et surtout le chœur présentent une majestueuse élévation romane ● *58*. Détruite par les huguenots en 1567, l'église fut couverte en 1665 d'une voûte en bois qui en fausse un peu les proportions. Entre l'église et la Loire, les bâtiments abbatiaux datent du XVIIe siècle.

Château Dunois. Cette résidence (ci-contre) de la seconde moitié du XVe siècle a été aménagée par le bâtard d'Orléans, comte de Dunois ▲ *115* et compagnon d'armes de Jeanne d'Arc ▲ *116*, puis par ses descendants au XVIe siècle. Il abrite un musée de l'Orléanais (archéologie, art religieux et surtout ethnographie régionale).

Hôtel de ville. Cet élégant édifice de 1526 serait l'œuvre du maître maçon Pierre Biart, constructeur de l'hôtel Hector de Sauxerre ▲ *120*, à Orléans, ce qui expliquerait les analogies entre les deux bâtiments. La salle d'honneur conserve un ensemble de broderies du XVIIe siècle.

Beaugency
Cour intérieure du château Dunois.

Centrale nucléaire de Saint-Laurent-des-Eaux ● *13*
Deuxième site nucléaire implanté en France par Électricité de France, après celui de Chinon (Indre-et-Loire), Saint-Laurent-des-Eaux fut mis en service en 1969. La proximité de la Loire et son débit d'eau – nécessaire à la fabrication d'électricité – décidèrent de son emplacement.

Les amours de Talcy
Au XVIe siècle, la fille de Bernard Salviati et

de Françoise Doulcet, Cassandre, fut le premier amour du poète Ronsard ▲ *258*, qu'il chanta et sublima dans *Les Amours*. Plus tard, le château connut la longue passion déçue d'Agrippa d'Aubigné, poète huguenot ▲ *183*, pour Diane, la nièce catholique de Cassandre.

Talcy (M3)

Charmant village à mi-chemin entre Beaugency et Blois, Talcy est surtout connu pour son château qui se dresse entre Loire et Loir, situé un peu à l'écart, dans la petite Beauce.

Le château des Salviati. Les seigneurs de Talcy existaient déjà au XIIIe siècle, mais le château actuel est l'œuvre du banquier florentin Bernard Salviati, qui en devint propriétaire le 8 novembre 1517. La façade Renaissance, aux attributs plus ornementaux que militaires, présente une grosse tour carrée au-dessus du porche d'entrée, deux hautes tourelles hexagonales couronnées de mâchicoulis et d'un chemin de ronde couvert. Les bâtiments, formant deux ailes en équerre, donnent sur la cour d'honneur agrémentée, au centre, d'un puits à dôme d'ardoises qui ajoute au charme paisible des lieux. Le pigeonnier est l'un des plus remarquables de la région avec ses 1 500 boulins ● *80*.

Le château de Menars ● *71* (M4)

Histoire d'une construction. Une première demeure, dont subsistent le corps central et les deux pavillons, est construite vers 1646 par Guillaume Charron, trésorier général des Guerres de Louis XIII. Mais c'est à la marquise de Pompadour (ci-dessous), maîtresse du roi Louis XV, que l'on doit l'embellissement du château à partir de 1760. Outre les deux ailes et les bâtiments bordant la cour d'honneur, édifiés par Ange-Jacques Gabriel (1698-1782), Madame de Pompadour fait aménager les jardins et décorer somptueusement l'intérieur du logis. Héritier du marquisat en 1764, son frère, le marquis de Marigny, directeur des Bâtiments du roi, fait appel à l'architecte du Panthéon, Germain Soufflot, pour achever l'édifice par un avant-corps bas devant la façade centrale du château. Les jardins en terrasses, surplombant la Loire, sont ornés de statues et de monuments délicats tels la rotonde de l'Abondance ou l'orangerie.

« En quelque temps qu'il fasse, l'on peut des fenêtres du château promener son esprit et ses yeux sur l'eau et dans la campagne dans une grande étendue de pays, où il y a toujours sujet de se divertir. »
Félibien

Mme de Pompadour acquit Menars en 1760, mais elle ne profita guère de son château car elle disparut en 1764.

Blois

▲ BLOIS

1. CHÂTEAU
2. ÉGLISE SAINT-NICOLAS
3. PAVILLON ANNE-DE-BRETAGNE
4. ÉGLISE SAINT-VINCENT
5. HÔTEL D'ALLUYE
6. CATHÉDRALE SAINT-LOUIS
7. JARDIN DE L'ÉVÊCHÉ
8. PLACE LOUIS-XII
9. FAUBOURG DE VIENNE

HÔTEL D'ALLUYE ▼

ÉGLISE SAINT-NICOLAS ▼

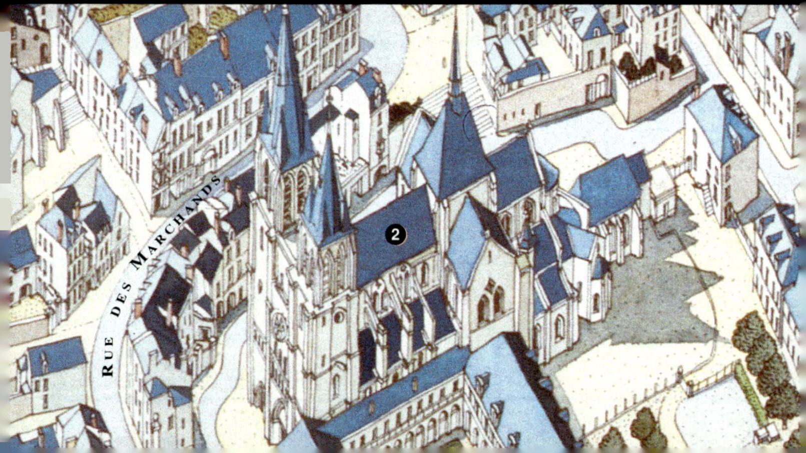

Histoire de la ville

● *103* (M4, 5)

Buste, trouvé à Blois lors de fouilles, daté du Ier siècle.

Naissance d'une ville. Sans nul doute le site a été occupé dès l'époque protohistorique. Attestée par l'archéologie, une bourgade est fondée au Ier siècle entre la Loire et le coteau. Au début du IIIe siècle, c'est une agglomération structurée qui possède des thermes, des égouts et des installations portuaires. Capitale d'un *pagus* mérovingien, ou circonscription, mentionné pour la première fois en 584, la ville ne se développe véritablement qu'avec l'implantation du pouvoir comtal, vers 950. Du Xe au XIIIe siècle, la puissance des comtes de Blois-Champagne rejaillit sur la ville, dont la physionomie se fixe progressivement. Les bourgs primitifs qui s'étaient constitués autour des églises sont réunis et englobés dans une enceinte commune. Un premier pont sur la Loire est édifié dès la fin du XIe siècle. Le château, agrandi et embelli, symbolise la prospérité de la ville comme son importance politique et économique.

Ci-contre, personnages d'un tableau anonyme du XVIe siècle.

Capitale du royaume de France. La ville est vendue à Louis d'Orléans en 1391. Mais c'est avec l'installation du duc Charles d'Orléans, à partir de 1440, qu'elle va connaître un nouveau rayonnement. Cette prospérité amorcée au XVe siècle connaît un spectaculaire développement avec l'avènement de Louis II d'Orléans au trône de France sous le nom de Louis XII. Pour un siècle, Blois devient une résidence royale qui fixe dans la région de nombreux officiers et serviteurs du roi. Marquée par les guerres de Religion et l'épisode de la mise à sac, en 1568, par les huguenots, qui entraînent l'exil d'une partie de la population réformée, Blois reste fidèle aux rois, qui y multiplient leurs séjours jusqu'à la fin du siècle.

Gaston d'Orléans.

Signature de Louis XII.

Un exil provincial. Gaston d'Orléans, frère de Louis XIII, exilé à Blois, maintient dans la ville la présence d'une cour, certes plus modeste que celle des rois, mais suffisante pour entretenir l'illusion d'une capitale. De nombreux couvents, fondés hors les murs, la construction du collège des Jésuites, la restauration des anciennes abbayes, la création de l'hôpital, témoignent de la générosité du prince en même temps que du dynamisme de la Contre-Réforme catholique. Sa mort, en 1660, amorce un assoupissement que ni la création de l'évêché (1698), ni la reconstruction du pont (1724) ne viendront réveiller.

Les temps modernes. La Révolution, tout en portant une atteinte sensible au patrimoine architectural, fait de Blois la préfecture du Loir-et-Cher. La première moitié du XIXe siècle, bien que très morne sur le plan économique, voit la réalisation de la plupart des bâtiments administratifs liés à cette nouvelle fonction. Préfecture, palais de justice, halle aux grains, séminaire et asile départemental sont bâtis entre 1826 et 1850. L'arrivée du chemin de fer en 1846 annonce de nouveaux changements. Le véritable essor de Blois commence sous le second Empire. Sous l'impulsion du maire Eugène Riffault, des percées sont réalisées pour relier la ville basse à la ville haute. L'économie bénéficie de l'énergie de deux industriels entreprenants : Auguste Poulain (1825-1918), qui crée une fabrique de chocolat, et Louis-Edme Rousset, qui mécanise la fabrication des chaussures.

Blois aujourd'hui. Durement éprouvé par les bombardements de juin 1940, le centre est reconstruit dès la fin de la guerre cependant qu'une ville nouvelle se développe sur le plateau. Blois est aujourd'hui une ville moyenne, riche d'un patrimoine architectural désormais restauré. La présence de la Loire, intimement liée au paysage, en fait l'une des plus agréables cités de la région.

Le pont ▲ *155*
L'ouvrage précédent a été emporté en février 1716 par la débâcle de la Loire. Philippe d'Orléans commanda les plans du nouveau pont au célèbre architecte Jacques V Gabriel, qui fut le premier ingénieur des Ponts et Chaussées.

L'horlogerie à Blois
Favorisées par les largesses royales, des industries de luxe, telle l'horlogerie, se développent aux XVIe et XVIIe siècles. En 1640, on compte 46 horlogers à Blois, qui assurent le renom de la ville dans l'Europe entière.

Entre la gare et le château, la première usine de chocolat Poulain ● *56* ouvre ses portes en 1864.

«Mon Dieu qu'il est grand, qu'il est grand ! Il paraît encore plus grand mort que vivant.»
Henri III
(devant le cadavre du duc de Guise)

Fils d'Henri II et de Catherine de Médicis, Henri III est, depuis 1574, à la tête d'une France divisée et meurtrie par les guerres de Religion. Cette période troublée, encore marquée par le massacre des protestants lors du funeste épisode de la Saint-Barthélemy, a révélé le pouvoir d'un homme prêt à tout pour réaffirmer la suprématie catholique en France : le duc de Guise, chef de la Sainte Ligue, créée dès 1576 afin de résister aux conciliations du roi envers les huguenots. La mort, le 10 juin 1584, du duc d'Alençon (frère du roi) fait d'Henri de Navarre l'héritier légitime du trône. Un nouveau conflit éclate : soutenu par une Ligue omniprésente, qui refuse l'éventualité d'un roi non catholique, et face à une autorité monarchique de plus en plus affaiblie, Henri de Guise s'est d'ores et déjà rendu maître de Paris et s'apprête à porter son dernier coup.

Les seconds États généraux d'octobre 1588
Souhaitant rétablir son autorité, Henri III réunit à Blois les seconds États généraux ; mais, conscient de la puissance du duc de Guise, qui est soutenu par la majorité des députés, le roi décide son assassinat, ainsi que celui de son frère, le cardinal de Lorraine.

Le duc de Guise assassiné
Henri III déclarait peu avant le meurtre : «La passion à la fin blessée se tourne en fureur. Qu'ils ne m'y mettent point.» Le chef des ligueurs n'a pas tenu compte de l'avertissement royal : c'est en traversant la chambre du roi, qui l'a convoqué ce matin du 23 décembre 1588, que le duc de Guise s'effondre sous les coups de poignard des «Quarante-Cinq», les célèbres spadassins du roi. Jusqu'ici posté derrière une tenture du cabinet neuf, Henri III constate enfin la mort de son rival.

Face à face. Les deux hommes se retrouvent au château de Blois quelques jours avant le drame, dans un climat d'extrême tension.

HENRI III
La situation intérieure de la France est intenable pour le roi (à gauche). Chassé de Paris par les ligueurs, en mai 1588, il se réfugie au château de Blois.

LE DUC DE GUISE
À la tête de la Ligue, le lieutenant-général du royaume brigue le trône de France et fomente un coup d'État contre le roi.

LES INSIGNES DU POUVOIR
Henri III, soucieux de rétablir l'autorité de la monarchie dans une France ralliée à la Ligue et soutenue par l'Espagne, s'allie à son cousin Henri de Navarre pour entreprendre le siège de Paris (juillet 1589). Le 1er août 1589, le moine ligueur Jacques Clément le poignarde. Le lendemain, le dernier Valois, mortellement blessé, désigne comme futur roi de France Henri de Navarre, chef de la maison de Bourbon et descendant direct de Saint Louis. Une tapisserie (ci-contre), du XVIe-XVIIe siècle, rappelle l'événement : sur son lit de mort, le roi transmet les insignes du pouvoir à son successeur, agenouillé, qui va désormais régner sous le nom de Henri IV.

Escalier François Ier.

HISTOIRE DU CHÂTEAU ● *68, 75, 86*

Peu de monuments sont aussi évocateurs que le château de Blois, tant par son histoire que par son architecture. La première mention d'un *castrum* remonte au VIe siècle.

PROPRIÉTÉ DES COMTES DE BLOIS. À partir du IXe siècle, les comtes de Blois bâtissent une forteresse, sans cesse remaniée au cours des siècles. Les parties les plus anciennes actuellement conservées datent du début du XIIIe siècle. La salle dite des États, la tour du Foix et plusieurs vestiges de remparts témoignent de l'importance du château à cette époque.

SÉJOURS ROYAUX. Lorsqu'en 1498 le duc Louis II devient roi de France, sous le nom de Louis XII, c'est à Blois, son château natal, qu'il fixe la capitale politique du royaume. Dès son avènement, il entreprend de reconstruire entièrement le château en même temps qu'il fait aménager de splendides jardins au nord-ouest. La consécration de la chapelle en 1508 ● *60* voit l'achèvement des travaux. François Ier, son successeur, entreprend la réfection de l'aile nord à partir de 1515. Quatre campagnes de travaux se poursuivent mais la mort de Claude de France, en 1524, interrompt le chantier. Après cette date, François Ier réside peu à Blois. Henri III y convoquera les États généraux de 1576 et 1588. C'est au cours de la seconde session qu'il fera exécuter le duc de Guise ▲ *146*. Délaissé par la cour royale à la fin du siècle, le château sert de lieu d'exil à Marie de Médicis, puis à Gaston d'Orléans. En 1635, ce dernier entame une reconstruction sur les plans de l'architecte François Mansart, mais le projet est abandonné trois ans plus tard. À la mort de Gaston d'Orléans (1660), le château tombe dans l'oubli.

AUTRES TEMPS... Promis à la démolition en 1788, il est sauvé par son affectation à l'armée. Pendant quatre-vingts ans, régiments de cavalerie et du Génie se succèdent, non sans causer d'importants dommages au bâtiment. En 1842, sous l'influence des écrivains

UNE ÉVASION ROCAMBOLESQUE
Marie de Médicis, exilée à Blois, s'évade du château dans la nuit du 21 au 22 février 1619 en se laissant glisser le long d'une corde. Cet événement inspira le peintre Rubens (ci-contre).

Sceau de Louis II.

Chapelle Saint-Calais, au château.

«LAISSEZ-LÀ LE CHÂTEAU,
QUOIQUE SOMBRE ET PUISSANT,
QUOIQU'IL AIT À LA FACE UNE TACHE DE SANG.»
VICTOR HUGO

Cul-de-lampe, sur la façade de l'aile Louis XII.

romantiques, le château est classé monument historique et sa restauration, comme celles d'autres monuments français à cette époque, est confiée à l'architecte Félix Duban, qui s'attache à lui rendre l'aspect qu'il avait à la fin du XVe siècle. Le château abrite aujourd'hui plusieurs musées.

AILE LOUIS XII

● 67

DEPUIS LA PLACE DU CHÂTEAU. À droite, le grand pignon est celui de la salle des États, refait en 1860 suite à la démolition de l'ancienne voûte du château qui permettait d'accéder à l'avant-cour. Le portail principal est surmonté d'une statue équestre de Louis XII, exécutée par Seurre en 1858 et inspirée de l'original, détruit en 1792. Le décor de la niche, encore gothique, s'oppose à l'encadrement du porc-épic, emblème du roi, déjà d'inspiration Renaissance. À gauche du portail, les deux culs-de-lampe encadrant la première fenêtre au rez-de-chaussée représentent une scène galante.

STATUE ÉQUESTRE ORIGINALE DE LOUIS XII
Elle montrait le roi, non pas coiffé d'une couronne comme sur la réplique actuelle, mais d'une toque. Au-dessous, on pouvait lire les vers, en latin, de Faust Andrelini : «Là où Louis est né par la faveur de l'Olympe, là d'une noble main il tient le sceptre royal. Heureux le jour qui brilla annonçant un tel roi ! La Gaule ne fut pas digne d'un plus haut prince.»

CÔTÉ COUR. Elle présente une galerie supportée par des piliers carrés ornés de candélabres. Ce motif, caractéristique de la première Renaissance et inspiré de l'Italie du Nord, se manifeste ici pour la première fois en France. Le décor des fenêtres et des lucarnes, de même que la polychromie brique et pierre, s'inscrivent plutôt dans la tradition franco-flamande du XVe siècle.

CHAPELLE SAINT-CALAIS. L'édifice reconstruit par Louis XII a beaucoup souffert de l'injure du temps. La nef a disparu sous Gaston d'Orléans. Ce qui reste du chœur avait été divisé en trois étages par les militaires. Enfin, le décor intérieur, rétabli par Félix Duban au XIXe siècle, fut ruiné lors des bombardements de la Seconde Guerre mondiale. Actuellement, elle présente un bel ensemble de vitraux (ci-contre), réalisé dans l'atelier du maître verrier Max Ingrand et inauguré en 1957. Ils relatent les principaux épisodes de l'histoire du château. On reconnaît notamment le passage de Jeanne d'Arc en 1429.

TOUR DU FOIX. La terrasse du Foix offre une admirable vue sur la ville, l'église Saint-Nicolas et la vallée de la Loire. La tour est un vestige de la forteresse médiévale. À son sommet, Gaston d'Orléans avait aménagé un observatoire astronomique. Au milieu de la terrasse, la fontaine présente trois panneaux et une vasque de marbre provenant des anciens jardins du château.

FAÏENCE DE BLOIS
On doit la renommée de cet art blésois à Ulysse Besnard (1826-1899), qui créa en 1862 la première faïencerie. Cette tradition se perpétuera jusqu'en 1953, date de la fermeture de la dernière fabrique.

AILE FRANÇOIS Ier

● 68

À peine quinze ans séparent cette aile de la précédente.
L'ESCALIER. « Le célèbre escalier en colimaçon [...] constitue une sorte de cylindre ciselé, percé de larges ouvertures, si bien que l'escalier y est en plein air.» À cette description de Henry James, au XIXe siècle, on peut ajouter que les contreforts sont couverts d'un réseau de fines sculptures : on y retrouve des profils à l'antique, des trophées d'armes ainsi que des motifs de candélabre.
LES APPARTEMENTS. Par le grand escalier, on accède aux appartements royaux du premier étage. L'aspect actuel est dû aux restaurations de Félix Duban ; il s'est appuyé sur quelques rares vestiges archéologiques (traces d'encadrement de portes, vestiges de décor peint) et surtout sur l'interprétation de manuscrits pour tenter de reconstituer l'atmosphère ancienne. Pourtant, le résultat reflète plus l'état d'esprit du XIXe siècle et l'intérêt porté à la Renaissance par les romantiques, que la réalité du XVIe siècle. On admirera particulièrement les décors peints, inspirés vraisemblablement de manuscrits de la fin du XVe siècle, et les carrelages aux allures de majoliques italiennes. Enfin, le décor sculpté des cheminées et des dessus de porte traduit une parfaite assimilation du répertoire ornemental de la Renaissance. La destination précise des pièces au XVIe siècle ne nous est pas connue. On sait seulement que les pièces côté cour avaient un caractère plus public que celles ouvrant sur la façade des Loges, qui constituaient l'appartement des souverains. À la fin du XVIe siècle, le premier étage était occupé par Catherine de Médicis, le second par Henri III. Chaque appartement comporte une antichambre, une garde-robe, une chambre, un oratoire et un cabinet. Ce dernier, servait au travail personnel du roi ou de la reine, mais on y exposait aussi les objets les plus rares, bijoux, médailles ou curiosités exotiques. Les célèbres armoires secrètes de Catherine de Médicis n'eurent pas d'autre usage. C'est au XIXe siècle seulement qu'Alexandre Dumas père, dans son roman *La Reine Margot*, fera de ces armoires des placards à poison, créant du même coup une légende qui a la vie dure.

LA FAÇADE DES LOGES
«Il y a force petites galeries, petites fenêtres, petits balcons, petits ornements sans régularité et sans ordre : cela fait quelque chose de grand, qui plaît assez.» C'est ainsi que La Fontaine décrivait cette façade à propos de laquelle on a pu évoquer aussi le souvenir de certains palais italiens.

«À Blois, nous aurons sous les yeux dans une synthèse saisissante, trois moments de notre architecture.»
Henri Guerlin

Aile Gaston d'Orléans

● 71

Fermant la cour, cette partie du château fut édifiée selon les plans de Mansart. Il s'agit là de l'un des premiers châteaux classiques bâtis en France et si l'on veut bien dépasser le jugement hâtif et injuste de Flaubert qui voyait «un corps de logis des plus bêtes [...] d'une manière détestable avec son classique de collège [...] qui est le goût pauvre», on découvre une œuvre admirablement proportionnée et très justement dessinée. Pour mettre en valeur la travée centrale et l'entrée principale du château, l'architecte a eu recours à plusieurs artifices de construction : l'avant-corps est légèrement plus haut que les façades et des colonnades courbes attirent le regard au centre ; enfin, des frontons triangulaires et arrondis soulignent le portique. À l'intérieur, la cage d'escalier présente une composition d'esprit baroque. La coupole terminale apparaît au travers d'une demi-coupole, à mi-hauteur, qui force la perspective et accentue l'impression de majesté. L'utilisation savante de la lumière, la richesse du décor sculpté dû aux meilleurs artistes du temps (mais resté inachevé), la qualité des assemblages de maçonnerie font de celle-ci l'un des chefs-d'œuvre du baroque français.

La salle des États

C'est ici que s'achève la visite ; il s'agit d'un vestige du château des comtes de Blois. Sa construction est contemporaine de celle de la cathédrale de Chartres. Divisée en deux nefs par une rangée d'élégantes colonnes, elle est l'une des plus anciennes salles seigneuriales de France.

❝L'une des cheminées (aile François Ier) a pour motif principal deux médaillons enfermant une salamandre et une hermine, supportés chacun par quatre petits enfants nus. Des candélabres très ouvragés séparent ces médaillons, que surmonte une frise composée de coquilles alternant avec d'autres *putti* porteurs de guirlandes.❞
Dr Frédéric Lesueur

Bien-nommée
La salle des États doit son nom aux deux sessions des États généraux qui s'y sont tenues sous le règne d'Henri III.

Le porc-épic, emblème royal de Louis XII.

MUSÉE DES BEAUX-ARTS

MADELEINE D'ÉCOSSE
Ce portrait de la fille de François Ier, peint par Corneille de Lyon, se détache sur un fond vert pâle tout à fait caractéristique de ce peintre d'origine hollandaise.

Installé dès l'origine dans le cadre illustre du château, le musée des Beaux-Arts de Blois a toujours un peu souffert de la célébrité du monument qui l'abrite. La restauration du château, en 1845, a apporté à la ville une impulsion artistique qui a déterminé la création et l'évolution du musée des Beaux-Arts.

DE NOMBREUSES ACQUISITIONS. Comme bien des musées de province nés au milieu du XIXe siècle, le musée des Beaux-Arts du château de Blois résulte de la volonté municipale et de la générosité des habitants. Aux achats de la ville s'ajoutent les envois de l'État et les dépôts du Louvre : *François Ier armé par Bayard* (Louis Ducis, 1817) ou *La Rencontre d'Henri III et du duc de Guise* (Charles Comte, 1855). L'importance des Valois dans l'histoire du château de Blois et le célèbre assassinat d'Henri de Guise ▲ *146* ont déterminé l'envoi, depuis le XIXe siècle, de tableaux consacrés à ce thème.

LES ŒUVRES. Daniel Dupuis, Alfred Jean-Baptiste Halou et Henri Varenne, tous trois sculpteurs, sont au cœur d'une importante gypsothèque partiellement présentée. Le musée n'est pas exempt de peintures du XVIe siècle italien. L'entourage de Léonard y figure en bonne place avec le polyptyque de Marco d'Oggiono (détail, ci-dessous) et *La Colombine*, attribuée à Francesco Melzi. La peinture française du XVIe siècle est représentée par des artistes comme Antoine Caron, Jean Cousin ou Corneille de Lyon (œuvre ci-dessus). Parmi les riches collections du XVIIe siècle, on notera *Éliézer et Rebecca*, de Sébastien Bourdon, ou *La Visitation* de Michel Corneille, et pour les écoles étrangères, *La Mort d'Adonis* de Maarten De Vos, *Marché flamand* d'Anton Polcke et *Hercule et Omphale*, attribué à Antonio Zanchi. Pour le XVIIIe siècle, un ensemble exceptionnel de médaillons du sculpteur Nini ▲ *177* et *Psyché recevant les honneurs divins*, de François Boucher, accompagnent de beaux meubles de la collection Korewo. Parmi les œuvres du XIXe siècle on reconnaîtra des peintures de Luminais, Bezard, Cormon, Ingres, Compte-Calix, Chassériau… Outre les montres et céramiques de Blois, le musée possède une importante collection de tapisseries et de ferronneries. La distribution étonnamment moderne du logis de Louis XII, six pièces (recomposées par Duban) et desservies par une des premières galeries en France (avant 1501), est encore très lisible dans la visite. Les salles lapidaires qui viennent d'ouvrir présentent un bel ensemble de sculptures originales des XVe et XVIe siècles, provenant des déposes du château de Blois effectuées depuis le XIXe siècle.

Vierge à l'enfant, détail du polyptyque de Marco d'Oggiono.

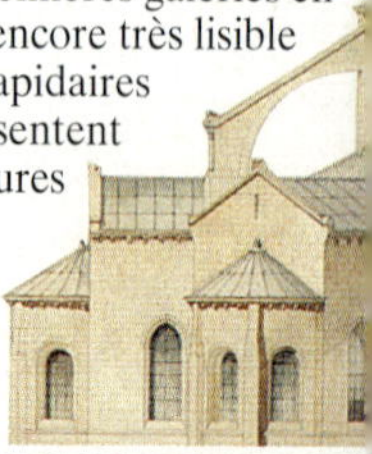

PAVILLON ANNE DE BRETAGNE
Élevé sur une des terrasses des jardins, au temps de Louis XII, c'est la plus ancienne «fabrique» de jardin connue en France. L'orangerie qui la prolonge, à droite, rappelle l'introduction des agrumes en Val de Loire, à la fin du XVe siècle, à la suite des campagnes d'Italie.

AUTOUR DU CHÂTEAU

La place du château est l'ancienne basse-cour de la forteresse médiévale. Autrefois bordée par la collégiale Saint-Sauveur, dans laquelle Jeanne d'Arc ● *116* fit bénir son étendard, elle conserve encore quelques hôtels particuliers du XVIe siècle. La grande maison qui ferme la place à l'est, construite au milieu du XIXe siècle, abrite depuis 1997 la Maison de la magie, lieu d'animation (avec salle de spectacle) et d'exposition où l'on découvre une collection d'objets (automate, pendule mystérieuse…) ayant appartenu à l'illusionniste blésois, Robert-Houdin.

ÉGLISE SAINT-NICOLAS ♥. L'église de l'ancienne abbaye bénédictine, fondée en 924, fut construite en deux campagnes successives. De 1138 à 1186, le chœur, le transept et la première travée de la nef furent édifiés dans un style gothique primitif. La nef et la façade ouest furent bâties au début du XIIIe siècle, sur le modèle de la cathédrale de Chartres. L'intérieur permet de suivre l'évolution du style gothique depuis les chapelles du déambulatoire, encore très marquées par l'esprit roman, jusqu'à la chapelle de la Vierge (milieu du XIVe siècle), témoin du gothique rayonnant. La croisée du transept est couverte d'une coupole sur pendentifs d'une conception assez hardie. Les bâtiments abbatiaux subsistent du côté de la Loire et datent en majeure partie des XVIIe et XVIIIe siècles.

VERS LES JARDINS. La rue des Fossés-du-Château permet d'admirer l'impressionnante façade extérieure de l'aile Gaston d'Orléans. Par le chemin de la contrescarpe, on rejoint le jardin du roi, d'où l'on découvre la façade des Loges. En contrebas des jardins du roi, d'autres espaces ont été créés en 1992. Ils permettent d'évoquer ceux que Louis XII avait fait aménager à cet endroit au début du XVIe siècle.

ROBERT-HOUDIN, LE MAGICIEN BLÉSOIS (1805-1871)
Ce prestidigitateur «mondain» – né Jean-Eugène Robert, rue Porte-Chartraine, ancienne grande rue de la ville,– est connu pour ses automates et pour ses applications de l'électricité à des fins fantastiques. Il organise des spectacles à Paris, au théâtre du Palais-Royal, et fait des tournées dans toute l'Europe. En 1849 il s'installe à Saint-Gervais, près de Blois, et écrira de nombreux ouvrages autobiographiques.

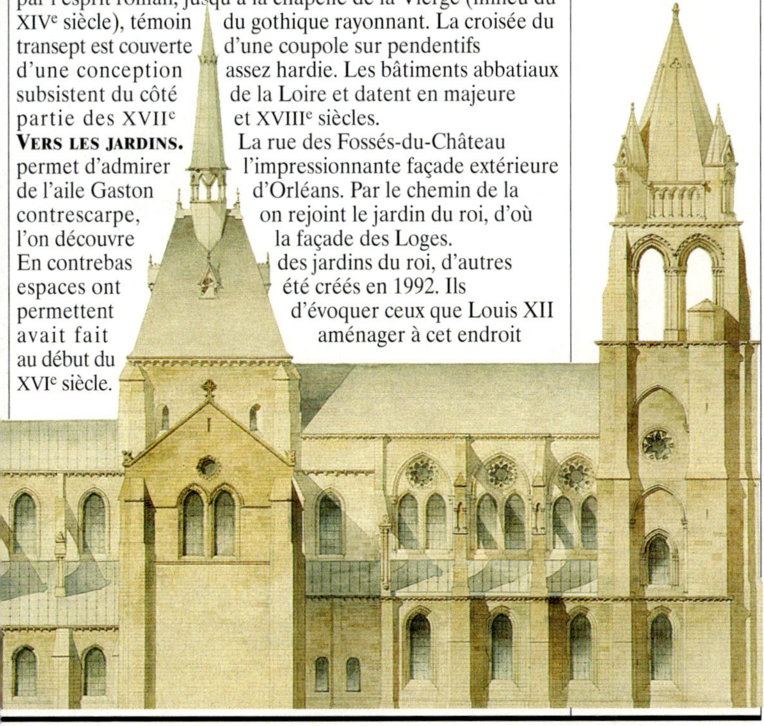

LA VILLE HAUTE

La topographie particulière de la ville, qui s'est développée sur les coteaux, explique la présence de ces charmantes rues en escaliers, étroites et abruptes.

RUE SAINT-HONORÉ. Au n° 8 de la rue, l'hôtel D'ALLUYE ♥ , en haut, à gauche, fut construit pour Florimond Robertet, baron d'Alluye, trésorier, notaire et secrétaire des différents rois Charles VIII, Louis XII et François Ier. Personnage puissant et ouvert aux idées nouvelles, il entreprend la construction de cet hôtel vers 1505 et y reçoit en 1508 une ambassade florentine. La façade sur rue, très restaurée à la fin du XIXe siècle, s'apparente à la façade Louis XII du château. La cour est mieux préservée et offre des dispositions tout à fait nouvelles en France à cette époque : galeries superposées, décor entièrement italianisant, médaillons en terre cuite ornés de profil à l'antique (visible en semaine). En haut de la rue, l'ESCALIER DENIS PAPIN (ci-dessus) rappelle la naissance à Blois, au XVIIe siècle, de l'inventeur de la force motrice de la vapeur. Une large vue s'ouvre sur les toits de la ville basse et sur le château dont on aperçoit les vestiges médiévaux. Par la RUE DU PALAIS (beaux portails du XVIIIe siècle au n° 3 et au n° 5), on rejoint la place Saint-Louis. Au n° 3, la MAISON DES ACROBATES, de la fin du XVe siècle, est ornée de personnages habillés à la mode du temps de Louis XI. La vigueur et l'état de conservation de ces sculptures sont remarquables.

CATHÉDRALE SAINT-LOUIS. Cet édifice complexe est une ancienne collégiale, fondée au Xe siècle sous le vocable de Saint-Solenne ; sa façade et les deux étages supérieurs du clocher (le soubassement date du XIIe siècle) ont été édifiés à partir de 1544 et constituent un des premiers essais d'architecture religieuse classique en France. La nef, détruite par un ouragan en 1678, a été reconstruite en style gothique à la fin du XVIIe siècle. Vers 1860, on complète l'édifice par la chapelle de la Vierge, de style néogothique. L'intérieur, aux belles proportions, conserve, dans la crypte sous le chœur, des vestiges de l'église primitive du Xe siècle. Le buffet d'orgue a été offert par Louis XIV en 1704, au moment de la transformation de l'église en cathédrale.

ANCIEN ÉVÊCHÉ. La mairie de Blois est installée dans l'ancien palais épiscopal, bâti en 1700 sur les plans ● 75 de Jacques V Gabriel (contrôleur des bâtiments du roi à Chambord) pour le premier évêque de Blois,

BLOIS «GLORIEUX EN FONTAINES ET RICHE EN AQUEDUCS»
Dès le XVIe siècle, Blois est alimenté en eau par huit fontaines. Mais au XVIIIe siècle, ce dispositif se révéla bien insuffisant. On décida alors en 1749 de creuser sous la place Louis-XII une vaste citerne, le Gouffre, qui alimentait toute la ville basse et notamment la fontaine Louis-XII, ci-dessous. Les premiers pompages des eaux de la Loire commencèrent en 1852.

«BLOIS TOURNE VERS LE SOLEIL UN VISAGE BRILLANT ET PROPRET ET DONNE CETTE IMPRESSION DE LOISIR HEUREUX SE DÉGAGEANT DE TOUTES LES VILLES BLANCHES QUI SE REFLÈTENT DANS LES EAUX ENSOLEILLÉES.» HENRY JAMES

PONT JACQUES-GABRIEL
Blois possédait déjà un pont au XIe siècle. En 1508, Louis XII donne l'autorisation de bâtir sur le pont «pour le bien, profit et utilité, décoration et embellissement de nostre dite ville et dudit pont». Inauguré en 1724, le pont actuel est l'œuvre de l'architecte Jacques V Gabriel. L'arche centrale est surmontée d'une pyramide ; à la base un cartouche aux armes du roi fut sculpté par Guillaume Coustou, auteur des fameux chevaux de Marly (place de la Concorde à Paris). Le pont subit les désastres des dernières guerres mais les différentes restaurations n'en ont pas affecté le dessin originel.

Mgr de Bertier. Les JARDINS ♥ en terrasses (page de gauche, au centre) dominent la vallée de la Loire et offrent une belle vue sur la ville et le pont en dos d'âne, également bâti par Jacques V Gabriel.

LA PENTE DU COTEAU

Entre la cathédrale et la Loire s'étend un quartier pittoresque étagé sur la pente du coteau. Habité au XVIe siècle par la haute bourgeoisie de Blois et par les dignitaires de la cour, il reste ensuite à l'écart des transformations du centre. Réhabilité entre 1970 et 1980, il donne une bonne idée de l'habitat blésois du XVIe siècle.
PLACE LOUIS-XII ♥. Dominée par les remparts du château, elle accueille le samedi matin un pittoresque marché. De vastes degrés permettent de rejoindre la place du château. La FONTAINE LOUIS-XII (page de gauche) est un monument gothique flamboyant (fin XVe siècle) qui s'appuyait autrefois contre des maisons. En 1451, Antoine Astesan la décrit comme : «Une fontaine de pierre aux eaux argentées et brillantes entièrement belle qui suffit à toute la ville.» En contrebas, près du marché couvert, l'ancien couvent des Jacobins, fondé au XIIIe siècle par le comte de Blois Jean de Chatillon, abrite le musée d'Histoire naturelle (faune locale et exotique) et le musée diocésain d'Art religieux (objets cultuels, statues et ornements liturgiques).

LE FAUBOURG DE VIENNE

Sur la rive gauche de la Loire, Vienne est un très ancien faubourg de Blois. Son existence est attestée par l'archéologie depuis l'époque romaine.
ÉGLISE SAINT-SATURNIN. Cet édifice est le but d'un très ancien pèlerinage en dévotion à Notre-Dame des Aydes, patronne de Blois. De nombreux ex-voto le rappellent, dans le bas-côté nord. L'église fut reconstruite en partie au XVe siècle grâce à Anne de Bretagne ; mais le projet fut interrompu à sa mort, en 1514. Incendiée en 1568 par les protestants, elle est restaurée au XVIIe siècle ; on reconstruit une partie de la nef et on couvre la tour-clocher.
CLOÎTRE SAINT-SATURNIN ♥. Face à l'église, c'est en réalité un cimetière monumental. Édifié en 1516, il est un des rares à subsister en France et abrite à présent un musée lapidaire.

CLOÎTRE SAINT-SATURNIN
Les piliers de la galerie sud, en pierre, sont ornés de chapiteaux à thème funèbre (crânes, ossements, etc.).

11. CHAUMONT-SUR-LOIRE

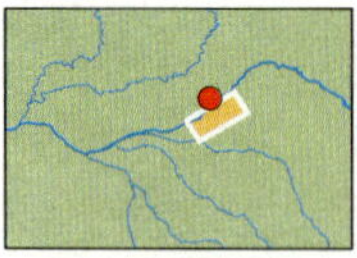

env. 55 km
1 1/2 journée

PIC NOIR
Depuis trente ans, le pic noir, géant de la famille, a pris place dans l'écosystème forestier de Chambord et de toute la Sologne ▲ *174*.

LE DOMAINE DE CHAMBORD (N4)

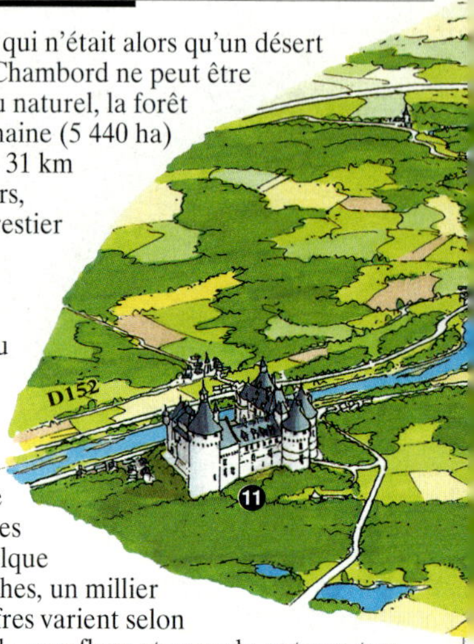

Édifié au cœur de ce qui n'était alors qu'un désert boisé, le château de Chambord ne peut être dissocié de son milieu naturel, la forêt de Boulogne. Le domaine (5 440 ha) est à ce jour, avec ses 31 km ininterrompus de murs, le plus grand parc forestier clos d'Europe.

UNE RÉSERVE POUR LA FAUNE ■ *24*. Si la partie ouverte au public est restreinte – environ 700 ha –, cette réserve nationale (depuis 1947) est un véritable laboratoire d'étude des grands animaux : quelque sept cents cerfs et biches, un millier de sangliers (ces chiffres varient selon les saisons), chevreuils, mouflons et renards, entre autres, y vivent en toute liberté. L'avifaune y est aussi remarquable –100 espèces nicheuses – dont trois espèces d'aigles et six de pics. L'exploitation de la forêt, en grande partie récente (en 1820, elle couvrait seulement la moitié du domaine) a pour but la sauvegarde de ces animaux. La chasse à courre ● *52* est interdite, et les seize battues officielles par an ne sont destinées qu'à réguler les naissances, en complément des reprises d'animaux vivants, par panneautage (capture par filets), destinés au repeuplement d'autres territoires.

L'OUVERTURE DU DOMAINE AU PUBLIC. Toutes surveillées par une maison forestière où trône une tête de cerf, symbole de Chambord, six portes permettent l'accès au domaine. À la hauteur de chacune d'elles, une grille aux barreaux écartés, posée horizontalement sur la route et surplombant un fossé, empêche les grands animaux de sortir de la réserve. Cet ingénieux système est d'origine canadienne. Des observatoires dans la zone ouverte au public permettent de suivre les allées et venues de la faune sauvage. L'époque du brame, de la mi-septembre à la mi-octobre, est un moment privilégié. L'existence de sentiers pédestres et de pistes cavalières permet d'explorer le domaine. On en réalise toute l'utilité grâce aux visites guidées et commentées, organisées par les gardes forestiers, de quelques heures à une journée, selon la demande. Les amateurs de chasse photographique peuvent, sur autorisation, accéder à d'autres zones entre le 1er avril et le 31 juillet.

SAINT-DYÉ, PORT DE CHAMBORD (N4)

La décision de François Ier de construire, au début du XVIe siècle, un château sur le site de Chambord va changer le cours

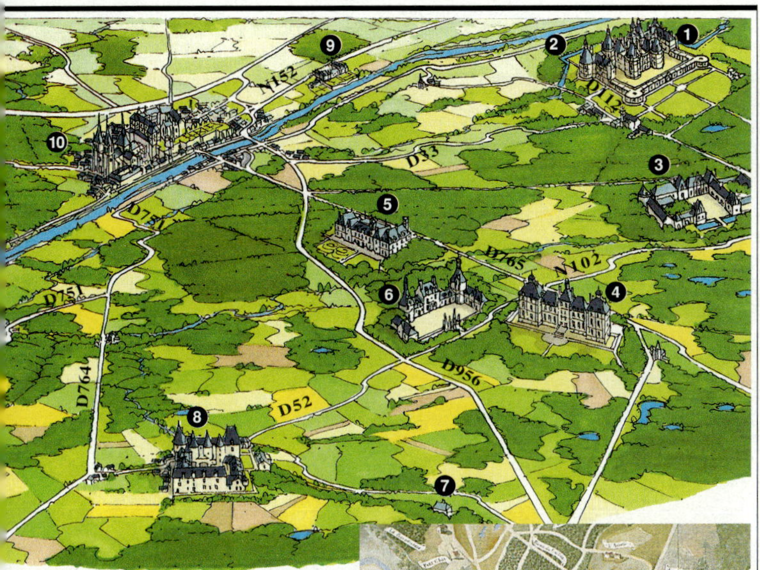

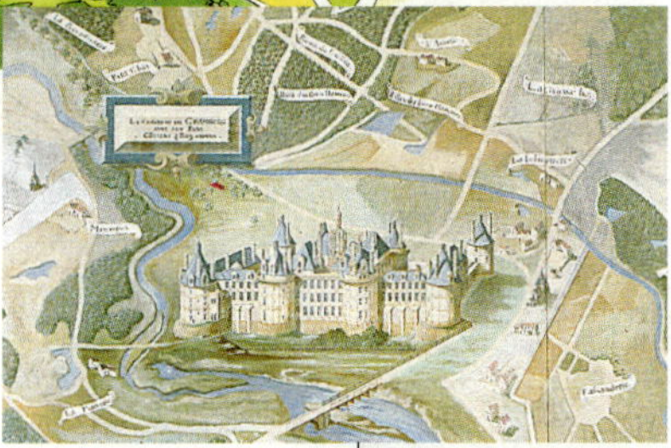

des choses pour la ville de Saint-Dyé. Suite au projet, rapidement abandonné, de détournement d'un bras du fleuve, les architectes choisissent le point le plus proche sur la Loire pour approvisionner le chantier : le port de Dyé. Y débarquent, par chalands entiers, plomb, ardoises de Trélazé ▲ *312*, pierres acheminées depuis Apremont-sur-l'Allier (Cher), ou bien, au prix d'une déviation par Tours, de Bourré dans la vallée du Cher. En ces temps prospères, la ville s'enrichit et se pare de belles maisons ; l'église est reconstruite. À Chambord, le rêve est devenu réalité et Saint-Dyé vit en osmose avec le château, au rythme de ses activités. À partir du XVIIe siècle, le commerce du vin apporte un nouveau souffle : les vignes se multiplient autour du village et c'est par centaines de poinçons (tonneaux) que les mariniers convoient le vin qui sera servi à la table des cabarets parisiens. Un autre fret important est le bois. La batellerie de Loire est en plein essor ● *46* ; un nouveau port est construit pour répondre à ses exigences. Le port actuel date de la seconde moitié du XVIIIe siècle. En 1806, le quai est prolongé vers l'amont. L'ensemble, dégagé en 1984, avec ses trois larges rampes, ses 900 m de quais spacieux, bordés de platanes, accompagne la majesté du fleuve. Les rues, qui descendent vers le port ou longent le coteau, invitent à la flânerie et font découvrir d'anciennes auberges ou logis à tourelles Renaissance qui ont pour nom la Salamandre, la maison du Galet – rendez-vous galant du maréchal de Saxe –, ou la maison de La Prée… Tout autour subsistent les vestiges des murs d'enceinte.

Sur les berges du fleuve
À Saint-Dyé, la tradition locale rapporte que Jeanne d'Arc, en route pour Orléans, passa dans le bourg le 26 avril 1429 ▲ *116*. Après avoir longé la rive droite de la Loire, et être remontée vers l'église pour prier à l'autel de la Vierge, elle continua son trajet vers Saint-Laurent-des-Eaux ▲ *139*.

C'est au XVe siècle que l'ancien rendez-vous de chasse des comtes de Blois, placé au cœur d'une forêt giboyeuse, devient propriété du royaume de France. Bien plus qu'un château, Chambord est un joyau d'architecture né du rêve et de la démesure de François Ier : le souverain rehaussa l'éclat de son règne à la lumière de ce palais. Encore empreint de tradition médiévale française, l'édifice éblouit par le raffinement de son ornementation et par sa symétrie, hérités de la Renaissance italienne. Aujourd'hui, riche de ses 440 pièces, ses 84 escaliers et 365 cheminées, Chambord reste le témoin et la fierté de trois siècles d'histoire royale et princière.

L'ESCALIER. Le château s'organise autour de ce chef-d'œuvre de la Renaissance française. Escalier à double révolution, il permet à deux personnes de monter ou de descendre sans jamais se rencontrer, et fut certainement le théâtre de nombreuses intrigues… À l'audace et l'élégance d'une telle construction s'ajoute la profusion du décor intérieur : chapiteaux, culs-de-lampes, colonnettes sculptées, plafond orné de la salamandre et de l'initiale de François Ier. Il est surmonté, à partir de la terrasse, d'une tour-lanterne elle-même couronnée en son faîte (à 54 m du sol) d'une fleur de lys taillée dans la pierre.

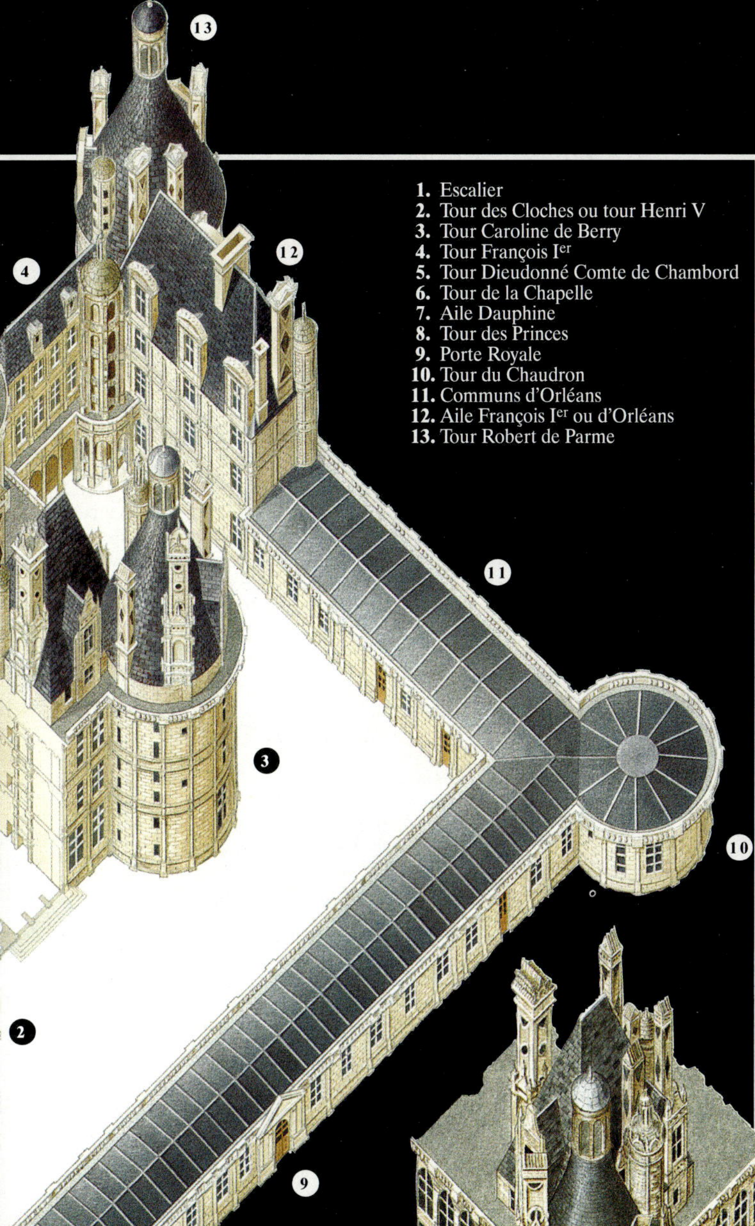

1. Escalier
2. Tour des Cloches ou tour Henri V
3. Tour Caroline de Berry
4. Tour François Ier
5. Tour Dieudonné Comte de Chambord
6. Tour de la Chapelle
7. Aile Dauphine
8. Tour des Princes
9. Porte Royale
10. Tour du Chaudron
11. Communs d'Orléans
12. Aile François Ier ou d'Orléans
13. Tour Robert de Parme

Le donjon

Cet édifice carré obéit à un plan en forme de croix grecque, avec le grand escalier pour axe central. Bien que décorées dans le style Renaissance, les quatre grosses tours d'angle (ci-contre, la tour des Cloches) conservent un aspect médiéval ; la même symétrie est respectée sur la terrasse. Tout autour de la tour-lanterne de l'escalier central s'élèvent les toitures de quatre pavillons dont les combles abritent encore deux étages d'appartements. Toits et cheminées décorées composent un paysage de pierre et d'ardoise. On peut se promener sur la terrasse et profiter de la vue sur la forêt du domaine de Chambord.

HISTOIRE DU CHÂTEAU

● *40, 68,* (N4)

Élévation de la tour-lanterne du grand escalier.

ENTRE LES LIGNES DES TEXTES. Quand, au milieu du XIXe siècle, des historiens français entreprirent d'étudier Chambord, ils constatèrent une perte irrémédiable ; des comptes de la construction ne subsistaient que de rares documents épars. On apprit cependant que la décision de François Ier, d'entreprendre «un bel et somptueux édifice au lieu et place de Chambort, selon l'ordonnance et devis» qu'il en avait fait, remontait au 6 septembre 1519. Des noms apparurent : celui du surintendant désigné, François de Pontbriant ; ceux du maître maçon, Jacques Sourdeau, du trésorier Clotet : autant d'hommes du Val de Loire. Le premier, âgé, allait résigner ses fonctions dès le lendemain ; le second mourut en 1552. La guerre reprenait contre Charles Quint : le chantier de Chambord fut alors interrompu de 1524 à 1526 :

en 1525, ce fut la défaite de Pavie et la captivité du roi à Madrid. À Chambord, il fallut démolir l'ancien château, bâti au XIIe siècle, qui commandait le «gué sur la courbe» du Cosson. Si les historiens du temps de Louis XIV, Jean Bernier et André Félibien des Avaux, ont fait débuter en 1526 l'édification du château, c'est sans doute qu'à cette date elle était à peine amorcée.

«Je ne connais rien à quoi je puisse comparer cette fantaisie de pierre [...] une incroyable quantité de petits dômes, de campaniles, de cheminées de toutes les formes, dont partie sont revêtues de mosaïques en pierres de couleurs variées.»
Prince Pükler-Muskau, *Journal de Voyage.*

La voix des romantiques ● *100*
Chateaubriand, venu saluer Chambord dans sa période d'abandon, n'y vit que «Clorinde appuyée sur des ruines», celles de la monarchie française.

L'implantation rêvée par le roi était le bord même de la rivière, inondé lors des crues.

François Ier, son propre architecte ? En 1526, François Ier, rentrant de sa captivité, s'arrête à Chambord. On le sait peu patient : les responsables en font les frais, sauf Antoine de Troyes, contrôleur depuis la mort de Sourdeau, auquel a succédé comme maître maçon Pierre Trinqueau, en place jusqu'à son décès (1538). Charles, bâtard de Chauvigny, reçoit du roi la surintendance, qu'il exercera jusqu'aux années 1540.

Tous les historiens du XIXe siècle, sans oublier Viollet-le-Duc, tinrent Chambord pour une œuvre toute française, le dernier-né des châteaux forts de plaine, petit frère tardif de Vincennes par la grâce des successeurs des vieux maîtres maçons du Val de Loire, dont ils furent fiers. À Madrid, trompant par la lecture l'ennui d'une longue captivité, François Ier s'était passionné pour un roman de chevalerie espagnol, *Amadis de Gaule*, œuvre du XIVe siècle, reprise par Garcia Rodriguez de Montalvo. Rentré en France, il fit traduire l'ouvrage. Le château de l'Île Ferme, résidence du héros de l'histoire, bâti dans un parc peuplé de mille bêtes étranges, parmi les frondaisons où serpente une rivière, devait devenir la réplique imaginaire d'un Chambord féerique. Si le nom du concepteur de Chambord, de ce plan central où se combinent l'art de bâtir de la France et de l'Italie, n'apparaît pas dans les textes, nombreuses sont les mentions retrouvées du rôle exercé par François Ier : pour le parc clos de murs dont il a décidé d'entourer le château, un premier piquetage a été établi sur le terrain par le roi lui-même pendant l'hiver 1523-1524, alors que les terres sont encore à acquérir sur la rive droite du Cosson ; en janvier 1530, il intervient à nouveau pour le marquage, puis une dernière fois en décembre 1539 ; le terrain ne cesse de s'agrandir.

Un autre projet poursuit François Ier : après son retour de captivité, il installe à Chambord un hydraulicien, Pietro Caccia ; en juillet 1529, il le convoque subitement pour

François Ier grava d'un diamant, sur la vitre de sa chambre : «Souvent femme varie, bien fol est qui s'y fie.»

Les nombreuses cheminées pointant au sommet du château sont tour à tour couronnées et décorées de motifs royaux, surmontées de statues ou ornées de losanges d'ardoise. Leurs silhouettes se détachent sur fond de toitures et de dômes d'escaliers.

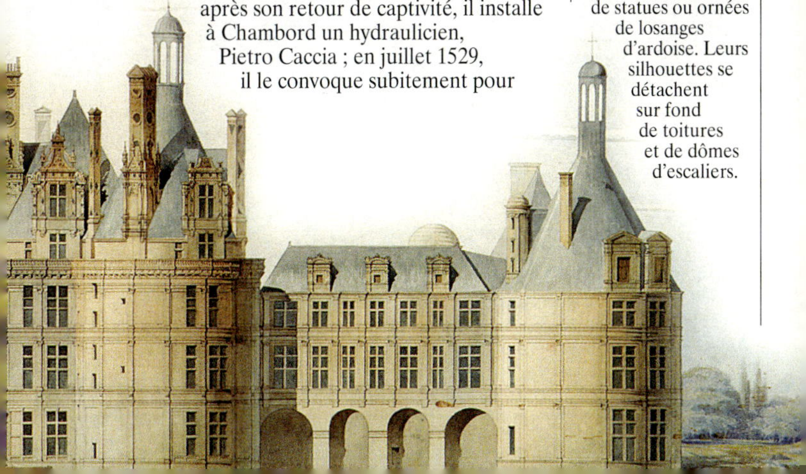

CHARLES QUINT
En décembre 1539, se rendant de Madrid à Bruxelles, l'empereur d'Allemagne est reçu par François Ier à Chambord. Le cortège fut accueilli par des ballets et des jonchées de fleurs, dans un somptueux décor de tapisseries. Seul ouvrage terminé, le «donjon» dressait en plein ciel sa tour-lanterne sommée du lys de France.

La forêt de Chambord se prêtait bien au sport favori des rois : la chasse.

l'interroger sur «la manière qu'il est besoin pour faire passer partie de la rivière de Loire par ledit lieu de Chambort». Mais avec les ans, trop souvent les intentions varient ; Chambord en gardera les traces. L'idée de la dérivation de la Loire ne verra jamais le jour ; les tentatives d'aménagement du seul cours du Cosson ne feront qu'amplifier la zone marécageuse, et le problème ne sera pas réglé avant le milieu du XVIIIe siècle… François Ier aurait-il donc été le propre architecte de Chambord ?

LE SILENCE DU GÉNIE. Durant l'hiver 1516-1517, Léonard de Vinci vieillissant était arrivé au Cloux d'Amboise (le Clos-Lucé) ▲ *185*, aménagé pour lui par le roi : le peintre, ingénieur, hydraulicien, architecte, avait cédé à l'appel insistant de François Ier. Ce dernier avait songé d'abord au Romorantin de son enfance pour y créer un palais. Des traces précises en subsistent dans les carnets de Léonard. Puis, ce projet fut abandonné pour celui, tout différent, de Chambord : un château «de chasse», de plan central divisé en quatre «cantons» d'appartements que complètent ceux des quatre tours d'angle, délimités par des salles

se recoupant en croix au centre de l'édifice. Le roi s'était fait présenter «plusieurs dessins avant que de rien entreprendre». Un modèle en bois de Chambord, déjà très dégradé, a été relevé au XVIIe siècle : il s'agit d'une première esquisse des projets de Léonard, réalisée apparemment par Dominique de Cortone. Celui-ci, venu avec Charles VIII à Amboise, où devait le retrouver

Léonard, exécuta pour François Ier, au début de son règne, toute une série de maquettes d'architecture, entre autres de Chambord. Sans doute l'état de santé de Léonard ne lui permit-il pas de venir visiter le site : il mourut au mois de mai 1519, et c'est en septembre que fut constituée l'équipe opérationnelle. De nombreux déplacements du roi vers Amboise à cette période pourraient correspondre à des rencontres avec Melzi, compagnon de Léonard, et Dominique de Cortone, pour retrouver les indications qu'avait pu laisser le maître ; mais ici se referment les portes de l'oubli…

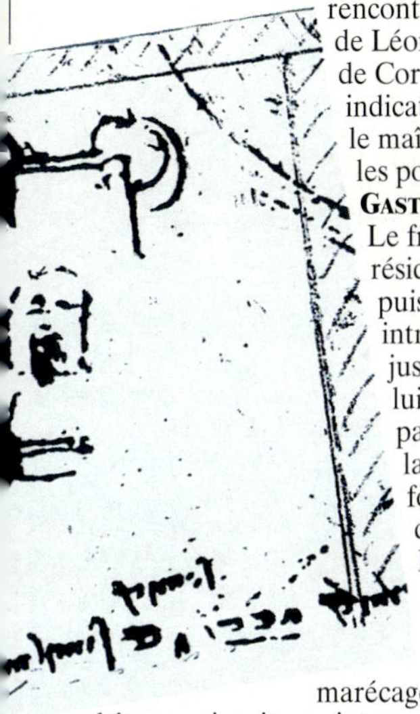

Gaston d'Orléans ▲ *145*. Le frère de Louis XIII, assigné à résidence à Blois (1634-1644), puis définitivement dégagé des intrigues de la cour, de 1652 jusqu'à sa mort, en 1660, était lui aussi hanté par la double passion de l'architecture et de la vénerie ● *52* : il ressentit fortement l'appel de Chambord. L'envahissement des eaux du Cosson formant marécage devant le château exigeait une intervention urgente ; la chute de trois des arcs-boutants de la tour-lanterne nécessitait en priorité la reprise de son ensemble ; les terrasses du donjon fuyaient ; les grandes croisées éclairant les salles en croix étaient à demi ruinées, ainsi que les voûtes sous les terrasses, sans oublier l'état des toitures : tel fut l'objet des devis de 1641-1642 ; les ornements d'architecture des voûtes devaient être rétablis à l'identique. Ce qui ne put être alors achevé, faute d'argent, le sera par Louis XIV.

Louis XIV à Chambord. Séduit à son tour par Chambord, Louis XIV devait y faire plusieurs séjours pour les plaisirs de la chasse et de la vie de cour aux champs : Molière et Lulli y présentèrent au roi les deux comédies-ballets *Monsieur de Pourceaugnac* (1669) et *Le Bourgeois gentilhomme* (1670). Dès 1668, il apparut à Louis XIV que l'appartement de François Ier ne pouvait accueillir un si grand roi ; en condamnant – au prix d'un contresens architectural – le bras nord de la salle en croix du premier étage, qui devint un

Ci-contre, esquisse de la tour-lanterne, exécutée par Léonard de Vinci.

❝Quant à l'amour, il est présent partout, dans le labyrinthe des tourelles et des cheminées, dessinées, dit-on, pour favoriser les amoureuses rencontres,[...] et les promenades entre ciel et terre.❞

Froberville, *Guide du Val de Loire mystérieux*

Louis XIV organisait à Chambord de grandes battues ● *52.*

«LE BOURGEOIS GENTILHOMME» Molière en donna la première représentation à Chambord, en 1670, devant Louis XIV.

vestibule, le canton nord-est fut retenu et aménagé, et la chambre de la tour, contiguë à celle du roi, fut réservée à la reine. Plus tard, l'architecte Jules Hardouin-Mansart allait être chargé d'un programme complet de restauration. Après la construction (1681) d'encombrantes écuries (abattues en 1755) à l'ouest du château, et la poursuite de la restauration intérieure, le Cosson fut canalisé. On engagea alors d'importants travaux de terrassement devant la façade nord, permettant ainsi la création de grands jardins isolés de la rivière canalisée, dont une dérivation alimenterait les douves établies au pied des façades est et nord du château ; une porte royale fut ouverte dans l'axe de l'aile basse du sud, donnant accès à une grande esplanade, flanquée de part et d'autre de vastes communs, écuries et autres services. Le tout fut définitivement interrompu en 1685. Louis XIV ne devait plus revenir à Chambord ; mais, grâce à la réorganisation, par Colbert, du service des Bâtiments du roi, le château allait sortir de son abandon.

Le maréchal de Saxe (1696-1750) Nommé maréchal de France en 1744, Maurice de Saxe s'illustre lors de la bataille de Fontenoy, où il bat les Anglais. En guise de récompense royale, Louis XV lui offre le château de Chambord. Il s'y installe en 1748, et y meurt deux ans plus tard.

XVIIIe et XIXe siècles. Le XVIIIe siècle devait voir l'installation à Chambord, de 1725 à 1733, du beau-père de Louis XV, le roi détrôné de Pologne, Stanislas Leszczynski, qui ne s'y plaisait guère ; puis, de 1745 à sa mort (1750), celle du maréchal Maurice de Saxe, attentif à la poursuite des aménagements des bois et des travaux d'assainissement. Au château même, le roi fit venir de Versailles de grandes boiseries sculptées pour l'ancienne chambre de Louis XIV, devenue celle du maréchal ; de grands poêles de faïence, dont l'un subsiste, vinrent réchauffer les salles en croix. Passé la période révolutionnaire, qui programma le bûchage des symboles de la royauté, envisagea même la destruction de «ce repaire de vautours» et entreprit la mise en vente du mobilier, sans avoir su éviter quelques pillages (arrachage de boiseries d'appartements, de plomberies des toitures, etc.), Napoléon Ier, après avoir assigné Chambord à la 15e cohorte de la Légion d'honneur, en fit don en 1806 au maréchal Berthier, futur prince de Wagram. Après la mort de ce dernier, une souscription nationale devait, en 1821, léguer Chambord au fils du duc de Berry, Henri de Bourbon. La nationalité autrichienne de ses héritiers, les Bourbon-Parme, engendra la mise sous séquestre de Chambord pendant la Première Guerre mondiale. Le domaine fut finalement racheté par l'État en 1930 ; mais château et parc avaient été classés monuments historiques dès 1840.

Henri de Bourbon (1820-1883) (ci-dessous), cinquième du nom, duc de Bordeaux et comte de Chambord, fut le dernier prétendant légitimiste au trône de France.

Chambord à travers les siècles. À la fin du règne de François Ier, Chambord, avec ses massives tours d'angle et ses vis hors-œuvre, relevait déjà d'une conception désuète ; les variations successives autour de l'admirable thème central du donjon n'avaient rien arrangé ; et cependant, «ny gothique, ny moderne», comme le note l'historiographe Félibien des Avaux, au XVIIe siècle, «on peut regarder cette Maison comme une des plus magnifiques que les Roys de France eussent fait bastir jusqu'alors». Le donjon l'affirme toujours, autour des spirales de sa grande vis à claire-voie, l'envol de sa tour-lanterne et les architectures d'accompagnement portées aux quatre cantons des terrasses par Antoine de Troyes : cette mise en pages de la grande lanterne évoque, tel un arbre généalogique, dans le pittoresque assemblage du répertoire tout neuf de la première Renaissance, l'épanouissement des superstructures flamboyantes que le XIVe siècle avait conçues pour les châteaux français du Val de Loire.

«Peau d'Âne» Le film de Jacques Demy fut tourné à Chambord en 1969. L'héroïne en était Catherine Deneuve.

LES MÉDAILLONS DE VILLESAVIN
Sur le mur de la cour d'honneur, des médaillons de terre cuite de Bologne représentent six des douze Césars.

CHÂTEAU DE VILLESAVIN
Constitué d'un seul étage, à la manière des villas italiennes, et coiffé d'un haut toit d'ardoise, le château en forme de fer à cheval fut peu à peu restauré. Les douves ont été dégagées il y a une dizaine d'années, le pont reconstruit en vieilles pierres, et les fenêtres ont progressivement retrouvé leurs meneaux d'origine.

BUSTE DE FRANÇOIS Ier
Le mur qui relie le pavillon gauche du château de Villesavin au corps de logis, placé au fond de la cour d'honneur, fut percé d'une porte surmontée d'un buste de François Ier, daté de la fin du XVIIIe siècle, début du XIXe siècle.

CHÂTEAU DE VILLESAVIN

● *69*, (N5)

LA «CABANE DE CHANTIER» DE CHAMBORD. En 1527, Jean Le Breton, l'un des surintendants chargés de la conduite des travaux de Chambord, décide de se faire construire une demeure, plus modeste, près du chantier royal. Bénéficiant de la présence des sculpteurs florentins qui travaillaient à Chambord, Villesavin reçut une ornementation simple, mais de grande qualité. Les lucarnes furent magnifiquement ciselées et sur certaines d'entre elles sont représentés d'amusants personnages ou les Muses (la musique, la comédie, etc.). Dans la cour d'honneur trône encore une haute vasque en marbre blanc de Carrare, datée du XVIe siècle. La chapelle fut ornée de fresques (1530) qui, à la mort de Le Breton, furent barrées d'une bande noire en signe de deuil. L'intérieur, rustique, abrite d'imposantes cheminées. L'une d'elles, dans une cuisine, est équipée d'un énorme tournebroche. Le château est prolongé par deux cours fermées pleines de charme, ce qui accentue l'atmosphère familiale de Villesavin. Dans l'une d'elles, ombragée d'un tilleul tutélaire, une collection de voitures hippomobiles rassemble de curieux modèles : voiture d'Europe centrale du XVIIIe siècle à huit chevaux, coupé de ville du second Empire superbement capitonné de cuir de Russie, carrioles à ânes pour enfant… Lucarnes somptueusement ouvragées, pilastres ioniques, médaillons sculptés : le décor du château de Villesavin ne peut nier sa parenté avec celui de Chambord, son prestigieux voisin ▲ *158*. L'aspect de cette longue et basse villa de campagne à l'italienne est pourtant unique. Son charme réside autant dans le paysage romantique et un peu mystérieux de la forêt solognote qui l'encercle que dans son architecture de la première Renaissance et son atmosphère qui la distingue de celle d'un «château-musée».

LA RICHESSE GRÂCE À LA «COLOMBINE». Le château possède un colombier, avec une échelle tournante (ci-dessus), en parfait état ● *80*. La fiente des pigeons rapportait de confortables revenus à une époque où les engrais chimiques n'existaient pas. En belle pierre blanche de la région, il est quadrillé de 1 500 cases ou boulins. On mesurait la richesse des seigneurs au nombre des cases, chacune d'elles représentant un arpent ; le propriétaire devait donc posséder 750 ha (sans compter un second colombier dans une ferme, qui représentait 500 ha de plus...). Côté jardin, une large pelouse descend jusqu'à la rivière du Beuvron, non loin de prairies où l'on aperçoit de tranquilles baudets du Poitou, espèce menacée que le propriétaire s'attache à préserver. Au loin, la forêt de Boulogne conduit à Chambord.

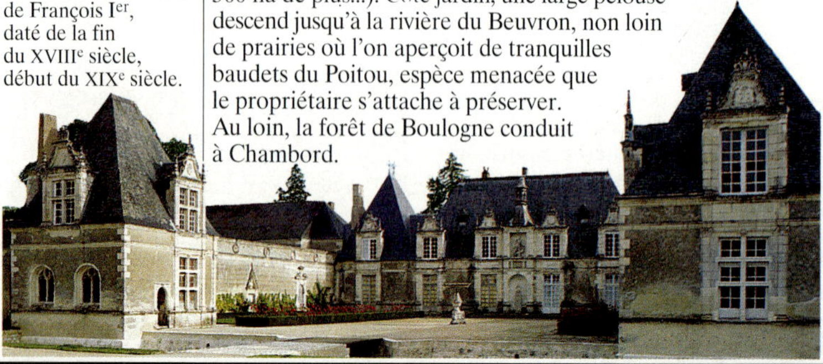

«IL Y A JE NE SÇAY QUOY DE SINGULIER ET DE GRAND DANS CETTE MAISON QUI A OBLIGÉ LES GENS DU PAÎS BLÉSOIS À LA SURNOMMER BEAUREGARD-LE-ROYAL.»

BERNIER

CHÂTEAU DE BEAUREGARD ♥ (M5)

Le Cabinet des grelots de Beauregard.

Dissimulé par les frondaisons de la forêt de Russy, à la lisière de la Sologne viticole, le château de Beauregard a pour parure la paisible vallée du Beuvron. Le spectacle des champs qui l'environnent, vierges d'habitations, est assez rare dans ce Blésois très peuplé.

BEAUREGARD LE BIEN-NOMMÉ. Édifié au milieu du XVIe siècle, puis agrandi au XVIIe siècle, Beauregard ne fut jamais un château d'apparat. L'intention de son propriétaire et maître d'œuvre, Jean Du Thier, secrétaire d'État d'Henri II, n'était pas de rivaliser avec ses voisins, Chaumont ou Chambord. Homme de goût, cet ami de Ronsard ▲ *258* en fit une élégante demeure à l'architecture simple et au décor raffiné. Le nom de l'architecte qui conçut les sobres façades et la galerie à arcades du corps de logis central est inconnu. En revanche, nous savons que Niccolo dell'Abate est l'auteur de la décoration de la chapelle (malheureusement détruite au siècle dernier), et l'ébéniste Scibec de Carpi celui du fameux CABINET DES GRELOTS. Cette petite pièce couverte de boiseries doit son nom aux nombreux grelots qui ornent le plafond à caissons et séparent les panneaux muraux finement sculptés. Les grelots qui figurent sur le blason de Du Thier expliquent le choix de ce thème original. Des tableaux illustrent les différentes activités du seigneur : la musique, la sculpture, l'orfèvrerie, les jeux... Au XVIIe siècle, Beauregard fut cédé aux Ardier, une autre famille de parlementaires. Se retirant dans ces lieux tranquilles après avoir servi trois rois (Henri III, Henri IV et Louis XIII), Paul Ardier conçut ce qui reste l'œuvre majeure du château : une galerie de portraits historiques.

Vue aérienne du château de Beauregard.

UN ENVIRONNEMENT PRIVILÉGIÉ. Bâti sur un coteau boisé baigné par le Beuvron, rivière paresseuse appréciée des pêcheurs, le château de Beauregard est entouré d'un vaste parc aux lignes pures. Les propriétaires actuels, qui occupent une partie de la demeure, ont créé dans l'ancien potager un jardin d'après le dessin de Gilles Clément : une sorte de «chambre de verdure» où iris, lupins, digitales et autres plantes vivaces se mêlent dans une symphonie de couleurs. Chaque année, au printemps, une foire aux plantes se déroule dans le parc, occasion pour les amateurs, écoles et pépiniéristes de se rencontrer. Les communs (XVIIe siècle), reconvertis en salle de réception, accueillent, une fois par an, la «Journée des livres» qui réunit les éditeurs et les libraires de la région.

Parmi les nombreuses collections réunies au château de Beauregard, cette pendule est présentée dans une salle du rez-de-chaussée.

Curiosité majeure du château de Beauregard, la galerie des Illustres est un remarquable exemple d'un genre très en vogue au XVIIe siècle : la galerie de portraits historiques. Conçue à cette époque par le conseiller d'État Paul Ardier, alors propriétaire de la demeure, elle ne contient pas moins de 327 portraits de personnages ayant joué un rôle important à la Cour ou dans la politique française durant trois siècles, de Philippe de Valois jusqu'à Louis XIII. Rois, ministres, courtisans, et même des étrangers dans la mesure où ils influèrent sur le destin du royaume de France, défilent sur trois rangées de hauteur, avec d'amusantes surprises comme la découverte de Catherine de Médicis auprès de François II et Charles IX, durant la minorité duquel elle fut régente, et non auprès de son mari, Henri II, rejoint par sa maîtresse Diane de Poitiers...

BLEU DE DELFT
Le sol de la galerie des Illustres est recouvert d'un carrelage en faïence de Delft ; les motifs représentent une armée en marche en costume d'époque Louis XIII.

ANTOINE DE BOURBON (1518-1562) Roi de Navarre par son union avec Jeanne d'Albret (1548), et père du futur Henri IV, il est mortellement blessé pendant le siège de Rouen où il s'opposait au parti protestant.

FERDINAND DE GONZAGUE (mort en 1557) Issu de la célèbre famille italienne qui régna sur Mantoue de 1328 à 1708.

LA RESTAURATION DES PORTRAITS
Les tableaux sont souvent de provenances, voire d'époques différentes ; les méthodes d'investigation contemporaines, comme les rayons X, révèlent parfois de surprenantes superpositions. Mais chaque tableau, avec ses particularités, doit s'intégrer dans l'ensemble car la conservation des portraits, dont plus d'une centaine ont déjà été restaurés, est avant tout guidée par la volonté de préserver l'unité historique et esthétique de la galerie.

Pierre Ernst comte de Mansfield (1580-1626) Homme de guerre allemand

François Ier de Guise (1520-1563). Chef de guerre catholique, assassiné à Orléans

CHÂTEAU DE CHEVERNY

● 70, (M5)

D'une architecture insolite dans une région blésoise où nombreux sont les châteaux Renaissance, le château de Cheverny fut achevé en 1634, édifié à l'emplacement d'un château du Moyen Âge, dans la stricte ordonnance du style Louis XIII. À l'orée d'une forêt giboyeuse et mélancolique, son imposante façade symétrique surprend par sa blancheur, qui se détache sur les tapis verts du gazon.

UNE HISTOIRE QUI COMMENCE TRAGIQUEMENT. L'imposante masse blanche du château, allégée par un décor de niches, de balustres et de statues, rappelle la grâce féminine de son maître d'œuvre, la seconde femme de Henri Hurault, gouverneur de Blois et fidèle serviteur de Henri IV, et fils du comte Philippe Hurault. La demeure fut édifiée à la suite d'une histoire tragique rapportée au XVIIIᵉ siècle par un propriétaire de Cheverny. Hurault, homme d'un caractère affirmé, cloîtrait sa jeune épouse dans le premier château fortifié. Un jour, pour s'en moquer et faire rire ses courtisans, Henri IV dressa ses deux doigts en cornes derrière la tête de Hurault. Ce dernier surprit le geste dans une glace. Furieux, il sauta sur un cheval et galopa d'une traite jusqu'à Cheverny, où il trouva son épouse dans les bras d'un page. Tuant l'amant d'un coup de dague, il laissa à sa femme infidèle le choix entre le poignard ou le poison. Une heure plus tard, l'infortunée expirait. Henri IV ne goûta guère cette justice expéditive et mit son serviteur en résidence surveillée dans son domaine.

Les sculptures de l'escalier d'honneur, aux motifs fruitiers et végétaux, sont d'une facture excellente. Ci-dessous, détail du plafond de la salle d'armes.

UN NOUVEAU CHÂTEAU. Épousant en secondes noces une femme plus sage et plus docile, Hurault, qui voulait sans doute effacer cet épisode malheureux, entreprit la démolition du premier Cheverny et laissa à sa seconde épouse le soin d'aménager la nouvelle demeure selon le goût de l'époque. L'autorité royale grandissante rendait toute fortification inutile, et la nouvelle comtesse de Cheverny dirigea les travaux en toute liberté. Avec l'architecte-sculpteur Boyer et le célèbre peintre blésois Jean Mosnier, Cheverny reçut une admirable décoration, conservée aujourd'hui pour l'essentiel dans la même disposition qu'au XVIIᵉ siècle. La Grande Mademoiselle, qui en fut l'hôte privilégié, écrivait au XVIIIᵉ siècle : «Rien n'est plus galant, plus commode, plus superbe que l'intérieur.» Le décor finement travaillé

La blanche et imposante façade d'arrivée du château de Cheverny, donnant sur la cour d'honneur.

de l'escalier d'honneur à rampes droites rappelle ceux de Chenonceau ▲ *218* et d'Azay-le-Rideau ▲ *234*. Les appartements ont la particularité de posséder leur mobilier d'origine, chose rare pour les châteaux de la Loire, meublés pour la plupart d'acquisitions de musées et de collections rapportées. À droite de l'escalier s'ouvre la salle à manger, toute tendue de cuir de Cordoue. Restaurée à la fin du siècle dernier, elle a cependant conservé la majeure partie de son décor original auquel participa autrefois le décorateur blésois Jean Mosnier, né en 1600. Il exécuta 15 des 34 panneaux peints qui décorent cette pièce, et qui relatent les aventures rocambolesques de *Don Quichotte de la Manche, l'Ingénieux Hidalgo*, racontées par Cervantes, achevé en 1615. Située au premier étage, la SALLE D'ARMES, avec un plafond à la française ▲ *170*, est couverte de boiseries peintes aux décors colorés et aux motifs variés (putti, sujets mythologiques et symboliques…). La chambre du Roi offre un décor plus luxuriant encore : les tapisseries, exécutées d'après des dessins de Simon Vouet et illustrant l'épopée d'Ulysse, ainsi que les tableaux du plafond à caissons, ou de la monumentale cheminée, datent du XVIIe siècle. En revenant au rez-de-chaussée, on gagnera le GRAND SALON qui renferme, en plus d'un mobilier de grande qualité, un portrait de la comtesse de Cheverny, peint par Nicolas Mignard (1606-1668). Le parfait état de conservation de l'intérieur comme de l'extérieur du château de Cheverny est dû en grande partie au propriétaire du début du siècle, qui l'ouvrit, dès 1922, au public. C'était la première fois qu'une demeure privée pouvait être visitée. Cette initiative, audacieuse pour l'époque et décriée, fut ensuite très imitée.

UNE COPIE DE MOULINSART. En vacances dans la région il y a une quarantaine d'années, Hergé, le créateur de *Tintin*, prit un jour la route de Contres à Cheverny, ancienne allée d'honneur du château. Il découvrit alors le corps de logis central, sans voir les deux pavillons d'angles, cachés par les arbres. Séduit par cette architecture classique, Hergé demanda au propriétaire l'autorisation d'en faire le modèle de Moulinsart, le fameux château du capitaine Haddock (ci-dessous). Il utilisa également le grand escalier – dont l'irascible mais sympathique capitaine «dégringole» si souvent les

UN HÉRITIER COMBLÉ…
Le capitaine Haddock : «Mille sabords !… Tonnerre de Brest ! je ne rêve pas!… C'est bien le château de Moulinsart !… Moulinsart, château de mes ancêtres !… C'est inouï !…»
Tintin : «[…]Eh bien, capitaine, c'est tout simple ! Le château de vos ancêtres est à vendre ?… Il faut le racheter ! »
Le Trésor de Rackham le Rouge

Parmi les nombreux décors sculptés du château de Troussay, on remarquera cette curieuse figure…

Ci-dessus, décors de la chambre du Roi puis l'équipage de Cheverny.

❝ Je répondis à l'invitation d'une petite gardienne bien proprette qui se tenait assise en compagnie de deux enfants et prenait le frais devant la porte de sa loge, et qui me dit de continuer un peu plus loin et de tourner sur ma droite. Je lui obéis à la lettre et le tournant me fit découvrir une maison aussi charmante qu'un vieux manoir de conte de fées. […] Une demeure charmante et légère dominait une pelouse verte, des parterres de fleurs et des bouquets d'arbres. ❞

Henry James
Voyage en France

marches dans *Les Bijoux de la Castafiore* –, ainsi que la salle d'armes du Château dans *Le Secret de «La Licorne»* et *Le Trésor de Rackham le Rouge*).

UNE VÉRITABLE ENTREPRISE. Cheverny est l'un des rares châteaux des bords de Loire à appartenir à la même famille depuis cinq siècles. Conscients de l'importance de ce patrimoine historique, les descendants des Hurault, qui habitent encore aujourd'hui une partie de la demeure, ne cessent de développer de nouvelles activités pour faire connaître Cheverny. Depuis 1995 s'effectue, à 150 m d'altitude, un vol à bord d'un ballon captif, selon les conditions météorologiques. En 1997, la partie forestière du parc est rendue accessible en véhicule électrique.

LA VÉNERIE FAIT LA RÉPUTATION DE CHEVERNY ● *52*. La fameuse meute de chiens (des anglo-poitevins) occupe toujours un chenil qui jouxte la SALLE DES TROPHÉES, où sont rassemblés quelque deux mille bois de cerfs et trophées de chasse de l'équipage de Cheverny. Durant la saison, les chasses à courre se déroulent dans des forêts avoisinantes. Quant à celle de Cheverny, partie intégrante du domaine, son exploitation est suivie d'une façon très professionnelle. Depuis peu, un golf de 18 trous, aménagé au milieu des futaies, des taillis et des étangs jouxte cette forêt.

DE PETITS VINS LÉGERS ■ *30*. Outre le paysage forestier, ce plat pays de la Sologne dite viticole ▲ *174* est parsemé de vignes. Sur les vingt-trois communes entourant Cheverny, les viticulteurs produisent un vin blanc et un vin rouge, VDQS (vins délimités de qualité supérieure). Si les rouges, légers et fruités, sont agréables à boire, les blancs sont très prisés dans la région. Secs et fruités, ils proviennent entre autres du sauvignon, du chardonnay et d'un cépage typique du vignoble, le romorantin.

ÉGLISE SAINT-ÉTIENNE. Située en face de l'entrée du château, cette église du XIIe siècle a l'originalité d'avoir conservé son «caquetoir» : ce beau porche en bois permettait aux fidèles de «caqueter» à la sortie de la messe, à l'abri des intempéries. Il servait aussi de lieu de réunions (publications, dîmes, enchères...). C'est l'un des plus beaux porches de France.

LE CHÂTEAU DE TROUSSAY (M5)

Entre vignes et bois, à 3 km de Cheverny, la gracieuse gentilhommière Renaissance de Troussay se cache au milieu d'arbres centenaires. Ses dimensions réduites et le charme de ses communs laissent assez bien imaginer ce que

« J'EUS UNE VISION RAPIDE ET PARTIELLE DE CHEVERNY, MAIS CE FUT LA RÉVÉLATION FUGITIVE D'UNE PERFECTION. »

HENRY JAMES

pouvaient être les petits domaines de la Sologne d'autrefois.
UN TOUT PETIT CHÂTEAU DE LA LOIRE. Un haut corps de logis central encadré de tours en briques losangées, des vastes communs... Troussay possède une décoration de qualité qui évoque celle des châteaux de la Loire. Le modeste manoir d'origine (du XVe siècle) fut restauré une première fois au XVIe siècle. Au XIXe siècle, l'historien Louis de La Saussaye en hérita de son oncle le chevalier Christophe de Réméon ; il trouva la demeure en très mauvais état, abandonnée depuis la Révolution. Il fit appel à son ami l'architecte Jules de La Morandière et eut alors l'idée, originale pour l'époque, d'ornementer l'édifice à l'extérieur et à l'intérieur d'éléments de décor ancien provenant d'importants monuments de la région, alors en voie de disparition ; ces derniers furent ainsi sauvés de la destruction et replacés dans un cadre approprié. C'est ainsi que le chapiteau de gauche de la porte d'entrée appartenait au château de Bury (Loir et Cher), et le porc-épic de la façade nord, de l'ancien hôtel Hurault de Cheverny, à Blois. De même, la collection de vitraux polychromes (ci-contre) du début du XVIe siècle ornait autrefois l'hôtel Sardini ▲ *141* et l'hôtel de Guise de Blois ▲ *138*, et la PORTE en bois sculpté de L'ORATOIRE – la fierté de Troussay – datant de la même époque, provient du château de Bury. Celle-ci fut d'ailleurs envoyée au Japon en 1972, pour l'exposition «Val de Loire – séjour des Roys». De la décoration du Troussay d'origine subsistent notamment le carrelage Louis XII du rez-de-chaussée et de fines sculptures sur bois des portes et fenêtres. Un joli mobilier d'époque (XVIe -XVIIIe siècle) donne une atmosphère familiale à l'ensemble. Toujours habitée (Troussay n'a changé que deux fois de propriétaire depuis le XVe siècle), la demeure est environnée d'un paysage boisé plein de charme.

RECONSTITUTION DE LA VIE SOLOGNOTE D'AUTREFOIS. Un petit musée solognot ▲ *174* a été tout naturellement aménagé dans les anciennes dépendances, autrefois centre de la vie économique rurale de Troussay. D'anciens objets domestiques et agricoles sont présentés dans des pièces aux belles charpentes. Certaines d'entre elles accueillent régulièrement des expositions et même des réceptions.

CHÂTEAU DE ROUJOUX (M6). À Fresnes, sur la route de Contres, entre Cheverny et Fougères, le «château enchanté» de Roujoux ne peut rivaliser avec ses royaux voisins. Cette jolie demeure Louis XIII est avant tout une halte agréable, avec ses douves remplies d'eau et son parc de loisirs. Dans les pièces, quasi vides de meubles, a été amménagé un musée historique animé. Les nouveaux propriétaires réorganisent les visites et l'accès au château est suspendu momentanément.

CHÂTEAU DE TROUSSAY
Recteur de l'académie de Lyon et membre de l'Institut, Louis de La Saussaye redonna vie à cet ancien manoir.

ÉLÉMENTS DÉCORATIFS DU CHÂTEAU DE TROUSSAY
La porte d'entrée de la demeure est encadrée par deux chapiteaux : celui de gauche provient de l'ancien château de Bury, tout comme la porte de l'oratoire.

La Sologne a longtemps fait figure de pays pauvre : les sols acides, et souvent trop humides, ne sont guère propices à l'agriculture. Au XVIIIe siècle, la généralisation de l'élevage des moutons favorisa l'extension des landes, utilisées comme pâturages, aux dépens des bois et des labours. Le drainage des terres fut négligé, les marécages insalubres se multiplièrent. Le pays ne retrouva quelque prospérité que sous le second Empire. Les travaux d'assainissement, de reboisement et de remise en culture lui donnèrent alors la physionomie que nous lui voyons encore aujourd'hui.

Les limites de la Sologne
Petit pays de l'ancienne France, compris aujourd'hui entre les départements de Loir-et-Cher, du Cher et du Loiret ● *12*, la Sologne réunit les caractéristiques des différentes régions qui la composent. Sologne dite viticole, à l'ouest, des étangs, au centre, et berrichonne, plus à l'est…

Rénovation de la Sologne
Sous le second Empire, Napoléon III fit beaucoup pour la remise en valeur de la Sologne. Les travaux de reboisement, ou l'installation de fermes expérimentales, permirent sa réhabilitation. L'intérêt de l'empereur pour cette région se répercuta jusqu'à Paris et incita de riches industriels à y séjourner.

La forêt
Couvrant la moitié du territoire, la forêt reste l'élément majeur du paysage. Elle se compose de chênes et de bouleaux, ainsi que de nombreux conifères (pins maritime, sylvestre, laricio...).

L'étang et la lande
Anciens marécages apparus à la suite des grands défrichements du Moyen Âge, les étangs ont pour la plupart été aménagés à cette époque, sous l'impulsion des moines. La lande, pour sa part, est une lande à bruyère dite «brémaille», à laquelle se mêlent l'ajonc et le genêt.

Le mouton solognot ● *28*
Sa viande était autrefois très prisée des bouchers parisiens, et faisait l'objet d'une appellation. Aujourd'hui, seuls quelques éleveurs perpétuent cette race du terroir.

Une tradition très ancienne raconte que le seigneur de Fougères avait jadis enfermé sa femme dans une des tours du château, avant de la tuer par jalousie…

CHÂTEAU DE FOUGÈRES-SUR-BIÈVRE
Sa séduction réside dans le pittoresque assemblage, autour de sa cour, de bâtiments, tours et tourelles, logis, courtine, pavillon et galerie, chapelle au disparate «féodal».

DÉCORATION RENAISSANCE DE FOUGÈRES
Le décor sculpté des deux portes en accolade de style Louis XI est de grande qualité : au linteau de la première, saint Michel et trois anges d'une précieuse élégance guident le visiteur par la salle vers la chapelle, tandis que les deux guerriers de la seconde évoquent la défense de la poterne et de l'accès à l'escalier. Tel est le délicat souvenir laissé par Pierre de Refuge à Fougères.

FOUGÈRES-SUR-BIÈVRE (LM 6)

La surprise est grande, en arrivant dans ce petit village, de découvrir une massive forteresse d'aspect médiéval, tout à fait méconnue dans le circuit classique des châteaux de la Loire. Solidement plantée au cœur du bourg, elle évoque le type même du château fort, tel qu'on l'imagine enfant...

UN CHÂTEAU FORT BÂTI À LA RENAISSANCE. Malgré les apparences, Fougères, élevé sur un ancien édifice déjà détruit au XVe siècle, ne date pas de l'époque médiévale. Pierre de Refuge, trésorier de Louis XI et propriétaire des terres, avait obtenu du roi, vers 1475, la permission de «rétablir le château de Fougères en château fort». Il s'agit ainsi du seul château du Val de Loire construit en pleine Renaissance avec donjon, pont-levis, mâchicoulis et meurtrières. Depuis vingt ans déjà, à Blois, les fortifications avaient été remplacées par un décor plus souriant de résidence d'agrément... Au XVIe siècle, les archères de cette petite forteresse furent remplacées par des fenêtres au fronton sculpté, et les douves comblées, adoucissant un peu l'aspect austère des façades. Pendant de longues années, au siècle dernier, la bâtisse fut transformée en filature. Le cours de la Bièvre avait été détourné pour passer sous la chapelle. Fougères accueillit ensuite des familles nécessiteuses, avant d'être acquis par l'État en 1932.

UN TÉMOIN DE L'ART DE BÂTIR LOCAL. De l'extérieur, le château a gardé son apparence de forteresse. Son charme réside surtout dans la cour intérieure, tout en lignes rondes. Une galerie basse, surmontée de fenêtres au décor italianisant, serait, avec son style gothique flamboyant, une copie de la galerie Charles d'Orléans à Blois. L'étagement pittoresque des hauts toits d'ardoises, les proportions intimes de la cour et la sobriété du décor laissent une impression très attachante d'authenticité et de rusticité. Les maîtres d'œuvre de cette architecture et des éléments décoratifs furent recrutés dans la région. Ainsi, Fougères reste-t-il un témoin de la construction locale. Les salles, vides de meubles, sont intéressantes pour leurs vastes proportions et leurs belles charpentes. Longtemps oublié, le château fait l'objet d'une étude pour mieux le faire connaître.

CHAUMONT-SUR-LOIRE ● *67,* (L5)

Le souci de se protéger des malveillantes incursions angevines poussa, dès le Xe siècle, les comtes de Blois à bâtir un château aux marches de leurs domaines, en bordure d'un coteau escarpé qui offre une vue saisissante sur l'ample courbe que décrit ici la Loire.

LE CHÂTEAU DE LA FAMILLE D'AMBOISE. Devenu par alliance la propriété des Amboise, qui le conservèrent durant cinq siècles, le bâtiment subit maintes vicissitudes jusqu'en 1465 où Louis XI le fit raser, pour punir ses propriétaires d'avoir rejoint la Ligue du bien public. Promptement revenus en grâce, Pierre et Charles Ier d'Amboise entreprirent aussitôt la reconstruction mais n'eurent que le temps de relever les ailes nord et ouest. Cette dernière subsiste : c'est un corps de logis accompagné d'une tour d'angle pouvant servir de réduit défensif. L'aile nord abritait une grande salle qui regardait le fleuve. Aux abords du XVe siècle, Charles II, fils du précédent, voulut parfaire l'édifice. Mais, appelé en Italie par les hautes charges que lui avait confiées Louis XII, il délégua la direction des travaux à son oncle, le grand mécène et puissant ministre Georges Ier d'Amboise. On entreprit alors les ailes sud et est, très remaniées hélas et privées maintenant de leurs principaux attraits, deux grandes coursières en surplomb qui longeaient la façade intérieure du nouveau logis en déployant tous les charmes du répertoire décoratif venu d'Italie. La grande corniche de l'aile François Ier, à Blois, fournit un pâle reflet de ces audacieuses réalisations.

LE PRIX D'UNE REVANCHE. En 1560, Catherine de Médicis contraignit Diane de Poitiers, ex-favorite de son époux Henri II, mort un an plus tôt, à lui céder Chenonceau ▲ *218* contre Chaumont, qui ne lui appartenait d'ailleurs même pas encore. Et quelle déconvenue ! Les décès successifs de Georges d'Amboise et de son neveu, en 1510 et 1511, avaient laissé inachevées les parties hautes, qu'il fallut reprendre et compléter ; lourde tâche qu'en dépit de son courage Diane, trop tôt disparue, en 1566, ne put mener à terme.

L'ÉPOQUE DES LE RAY. Après diverses transformations, le château traversa un épisode décisif lorsque Jacques-Donatien Le Ray, connu pour ses trafics divers avec le Nouveau Monde et pour son commerce avec Benjamin Franklin, en devint propriétaire en 1750. Il fit abattre l'aile nord, et avec elle les belles coursières qui la rejoignaient, afin de jouir depuis la cour des vues sur la vallée. Il arasa aussi le grand escalier, en très mauvais état sans doute, pour le conformer à l'élévation de l'aile sud qu'il compléta en la dotant d'un portique et de l'étage qui lui manquait depuis le XVIe siècle. On doit également la voûte de la chapelle à cet homme d'affaires avisé, qui créa à l'emplacement d'anciennes dépendances une petite fabrique de poteries et de verreries. Pour en varier les productions, il fit appel aux talents du médailleur italien Jean-Baptiste Nini (1717-1786). La Révolution menaça le château de Chaumont, mutila quelques blasons du château, puis le calme revint.

DIANE DE POITIERS
Catherine de Médicis prit son temps pour régulariser l'«échange» forcé de Chenonceau contre Chaumont et s'acquitter de ses obligations auprès de la chambre des comptes de Blois, si bien que Diane ne put entrer en possession de sa nouvelle demeure qu'en 1562.

LES DÉCORS DE NINI
Certains médaillons de terre cuite à l'effigie des célébrités du temps sont encore visibles dans le circuit de visite du château de Chaumont ▲ *152*.

AU XIXe SIÈCLE : RESTAURATIONS ET GRANDES FORTUNES. Entamées dès 1833, les restaurations prirent une tournure nouvelle lorsque le vicomte Walsh s'attacha la dévouée collaboration de l'architecte La Morandière. Celui-ci, dans une première phase, close en 1852, redressa le grand escalier et modifia, selon le goût troubadour, l'extrémité de l'aile ouest, à l'entière satisfaction de son client. La commission des Monuments historiques apprécia beaucoup moins ces travaux et Prosper Mérimée, inspecteur du service, dut prescrire en personne le parti à suivre pour la réfection de la façade intérieure de l'aile sud. Celle-ci fut encore remaniée après 1875, année de l'achat du château par Marie-Charlotte Say, héritière d'une prodigieuse fortune sucrière et bientôt épouse du prince Amédée de Broglie. Ils confièrent la destinée de l'édifice à l'un des plus fameux architectes de cette époque,

Paul-Ernest Sanson. C'est lui qui rétablit, dans un style néo-Renaissance très inspiré, l'une des deux coursières du logis oriental ainsi que son chemin de ronde.
Le château devint le théâtre de fêtes grandioses et de réceptions sans nombre auxquelles de hautes personnalités étaient conviées, ce qui occasionnait parfois des surprises : un maharaja fit ainsi don à la princesse d'une éléphante, charmante mais encombrante, qui répondait au doux nom de Miss Peggy. Les krachs financiers balayèrent ces félicités et les restrictions ne surent conjurer la ruine.

DERNIÈRES INITIATIVES. En 1938, alors qu'une partie du mobilier était déjà dispersée, l'État racheta le bâtiment. L'entretien reprit petitement mais, en 1947-1948, les «dérestaurations», envisagées dès 1943, frappèrent plusieurs salles qui se virent privées de tout ou partie de leur décor du siècle précédent au profit d'une «esthétique» de la froideur. L'œuvre de Sanson continue de n'être pas mieux traitée que celle de La Morandière : la destruction en 1991 des aménagements du rez-de-chaussée de l'aile orientale en est la preuve. Initiative intéressante et sans rapport avec la gestion du château, de beaux jardins contemporains, ont ouvert leurs portes en 1992.

Ancien puits, placé dans la cour du château.

❝Construit sur la colline la plus élevée du rivage, il encadre ce large sommet avec ses hautes murailles et ses énormes tours ; de hauts clochers d'ardoise les élèvent aux yeux, et donnent à l'édifice cet air de couvent, cette forme religieuse de tous nos vieux châteaux…❞

Alfred de Vigny, *Cinq-Mars*

L'architecte Sanson, familier des commandes de l'aristocratie et de l'élite politique et financière, fut chargé des transformations du château à la fin du XIXe siècle : installer le confort, revoir tant les aménagements intérieurs que la physionomie du château, créer de somptueuses écuries et agencer les abords, telle fut son œuvre.

AMBOISE

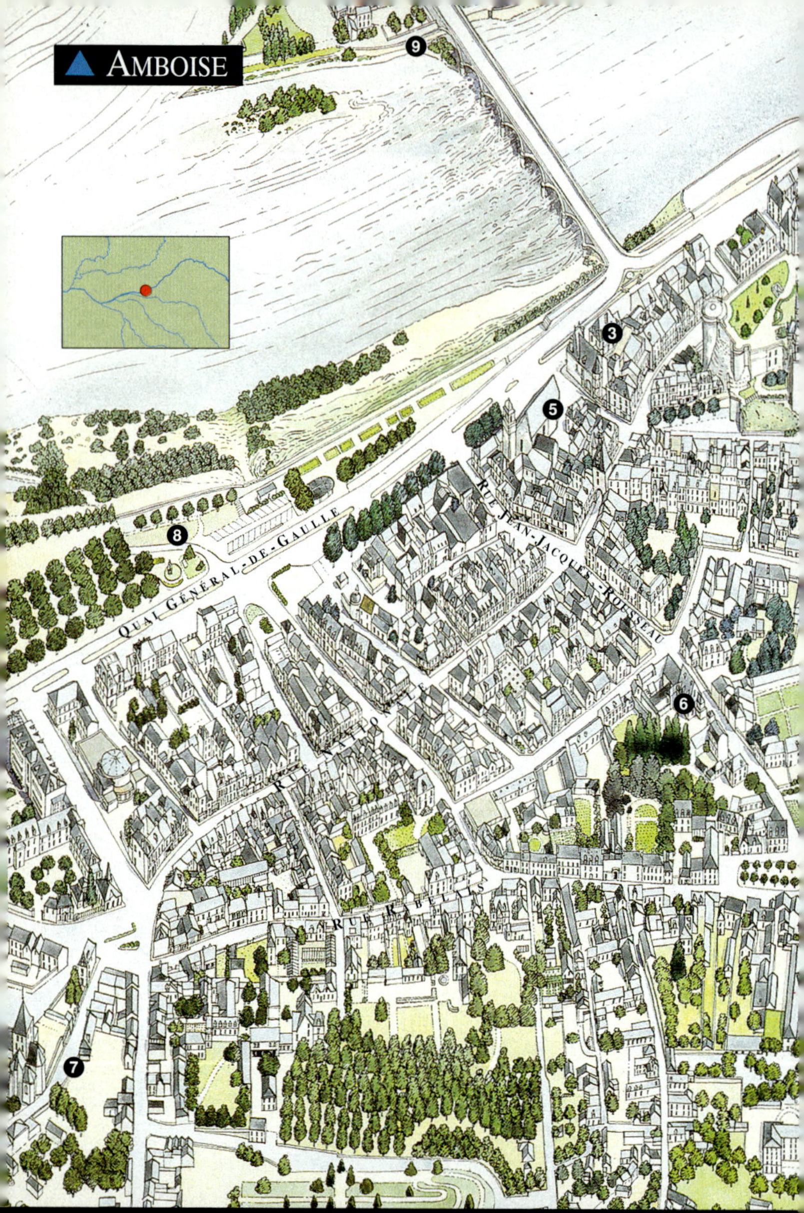

1. Château
2. Le Clos-Lucé
3. Hôtel de ville
4. Greniers de César
5. Église Saint-Florentin
6. Musée de la poste
7. Abbatiale Saint-Denis
8. Fontaine Max-Ernst
9. Île d'Or

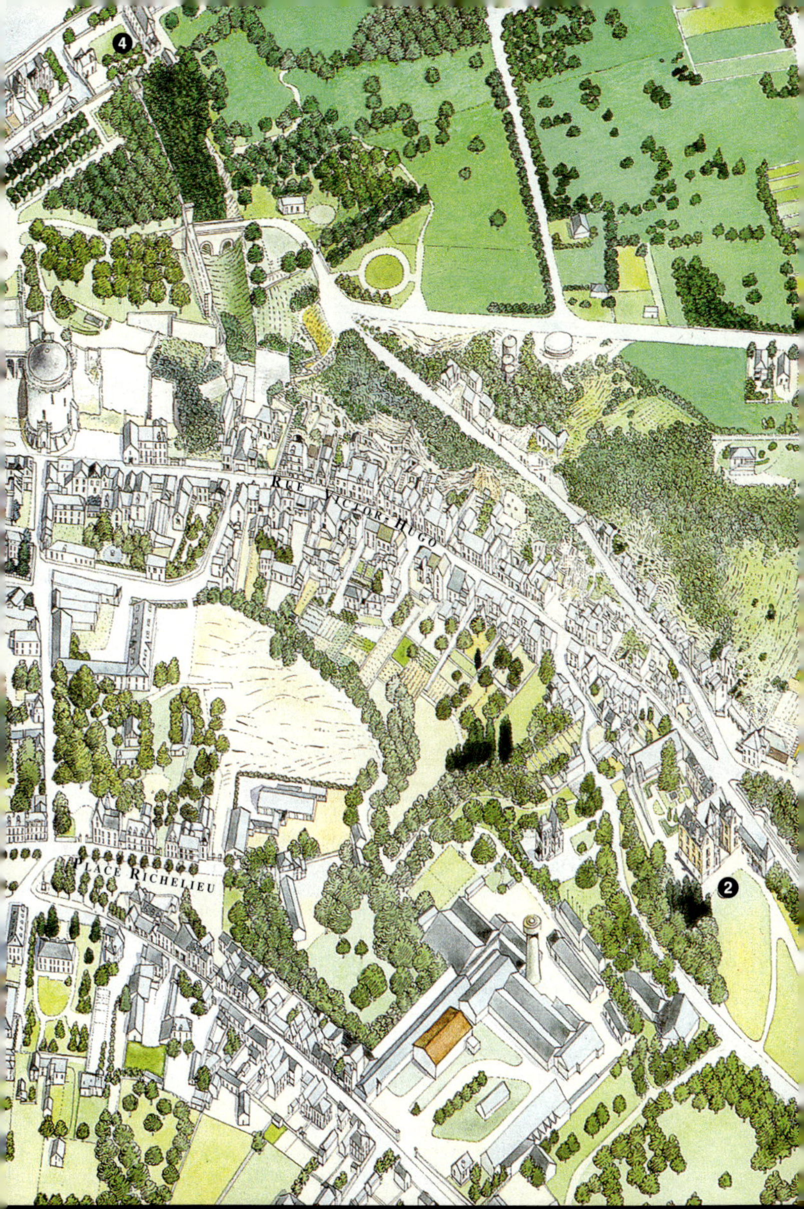
4
RUE VICTOR-HUGO
PLACE RICHELIEU
2

1
RUE VICTOR-HUGO

HISTOIRE DE LA VILLE (K6)

LA MORT DE CHARLES VIII Le roi et son épouse, en cet après-midi du 7 avril 1498, vont assister à une partie de jeu de paume organisée dans un fossé du château. Pour ce faire, ils doivent traverser une galerie dont la porte est basse. Charles VIII se heurte la tête contre son linteau. Dans la soirée, il s'évanouit soudainement et décède quelques heures plus tard, à l'âge de 28 ans, sans laisser d'héritier mâle.

LA SALAMANDRE Elle a été l'emblème de Charles VIII et celui de son cousin Charles d'Angoulême, qui la transmet à son fils, François Ier.

Seules les devises, qui accompagnent généralement les emblèmes, étaient différentes.

UNE OCCUPATION PRÉCOCE. Amboise a vu, au cours des siècles, se succéder plusieurs sites à caractère défensif. L'éperon des Châtelliers, à l'extrême pointe duquel se trouve le château, a été pendant plus de cinq siècles la capitale des Turons. À cet oppidum gaulois a succédé un fortin mérovingien qui pourrait remonter au Bas-Empire (IIIe et IVe siècles). La première mention de l'oppidum *Ambatiacum* apparaît dès le VIe siècle sous la plume de Grégoire de Tours. Cette forteresse aurait été détruite à trois reprises lors des invasions normandes en Touraine, puis relevée par Ingelger, comte d'Anjou. C'est un des sites que se disputent Blésois et Angevins. Foulques Nerra ● *297* y bâtit vers 1030 la collégiale Saint-Florentin, démantelée au XIXe siècle.

UN CHANTIER ROYAL. La guerre de Cent Ans, en contraignant les rois à déserter les rives de la Seine pour celles de la Loire, permet à la cour de France de tenir ses assises à Amboise. Dès 1434, Charles VII confisque la forteresse à Louis d'Amboise, la fait agrandir et, en 1446, accole à la collégiale Saint-Florentin la chapelle Saint-Michel (détruite). Il favorise la ville en la faisant bénéficier d'un octroi de franchises. Louis XI installe sa famille à Amboise : on lui doit la transformation du château et l'ajout d'un corps de bâtiment au sud. Il affectionne particulièrement cet endroit dont il dit : «La seigneurie d'Amboise est grande et belle seigneurie assise en beau et fertile pays.» Charles VIII, né à Amboise en 1470, fait construire les deux énormes tours féodales du château : la tour des Minimes et la tour Hurtault. Il ramène, de ses guerres d'Italie, une vingtaine d'humanistes, artistes et artisans comme Pacello de Mercogliano ▲ *188*, qui ordonne l'agencement des jardins, étagés entre le palais et les fossés.

LA PREMIÈRE RENAISSANCE. À la mort de Charles VIII, Louis XII installe à Amboise sa cousine, Louise de Savoie, accompagnée de ses enfants : François d'Angoulême, qui deviendra François Ier, et sa sœur, la future Marguerite de Navarre, une des femmes les plus savantes de son temps. Les travaux de construction du corps de logis nord et de la tour Hurtault continuent, ainsi que l'agrandissement des jardins. François Ier goûtait tout particulièrement cet endroit où il avait grandi : «Nous avons pris la plupart du temps résidence et nourriture au lieu d'Amboise, en quel lieu nous avons toujours eu singulière amour et affection.» À partir de 1530, à la mort de sa mère, il délaisse peu à peu Amboise pour

«NOUS ET NOS PRÉDÉCESSEURS AVONS PRIS PLAISIR ET RÉCRÉATION AU SOMPTUEUX CHÂTEAU ÉDIFIÉ DANS CETTE VILLE.»

FRANCOIS Ier

Chambord ou Fontainebleau, ses chefs-d'œuvre.

LA CONJURATION D'AMBOISE. Installés au château en 1551, Henri II et Catherine de Médicis tentent de redonner à la Cour tout son éclat, d'en faire le rendez-vous de tous les arts. Sous le court règne de leur fils, le jeune François II (ci-dessous, enfant), Amboise est, en 1560, le théâtre d'événements tragiques. Un gentilhomme protestant, La Renaudie, à la solde du prince de Condé, rassemble des réformés. Ils projettent de demander au roi, qui séjourne à Blois, la libre pratique de leur culte, et probablement de neutraliser le duc de Guise, leur plus farouche adversaire. Le complot est déjoué ; le roi se réfugie à Amboise, où le château est plus aisément défendable, et organise la répression. Les conspirateurs sont tués à mesure qu'ils arrivent, décapités, noyés ou pendus au balcon du château. Ces tragiques journées jettent un voile sur l'éclat d'Amboise.

LE DÉCLIN. Louis XIII convertit le château en prison royale après l'avoir confisqué à son frère, le turbulent Gaston d'Orléans. Louis XIV y enferme un temps le richissime Nicolas Fouquet et le libertin duc de Lauzun. Par la suite, Napoléon Ier donnera le château au sénateur Pierre-Roger Ducos, qui, faute de moyens nécessaires pour en assurer le sauvetage, en fait démolir, entre 1806 et 1810, la majeure partie. En 1821, le futur Louis-Philippe Ier hérite d'Amboise. Il y réalise quelques travaux afin de le transformer en résidence d'été. Le domaine est de nouveau confisqué après la révolution de 1848. Les premières restaurations sérieuses (mais conduites avec quelque liberté) sont engagées à la fin du XIXe siècle par des architectes des Monuments historiques, Victor et Gabriel Ruprich-Robert.

AUJOURD'HUI. Depuis 1974, le château, géré par la Fondation Saint-Louis, présidée par le comte de Paris, reçoit de nombreux touristes. La ville mène une politique de développement en valorisant son patrimoine historique et en accueillant de nouvelles entreprises aux activités diversifiées.

TERRIBLE RÉPRESSION
La violence du châtiment qui s'abat sur les conjurés d'Amboise frappe les esprits. L'écrivain Agrippa d'Aubigné (1552-1630) sera, toute sa vie, marqué par ce souvenir. En effet, se rendant avec son père de sa Saintonge natale à Paris, il arrive à Amboise le lendemain du drame. Son père, saisi d'horreur, lui fait jurer de venger les huguenots massacrés.

ABD EL-KADER (1808-1883)
Cet émir arabe dirige, de 1832 à 1847, la résistance à la conquête de l'Algérie par la France. Après plusieurs défaites, il se rend, en 1847. Il est emprisonné avec sa suite au château d'Amboise, de 1848 à 1852, date à laquelle Napoléon III lui rend la liberté (ci-dessous).

L'ORDRE DE SAINT-MICHEL
Créé par Louis XI, en 1469, dans un climat de tensions entre la France et le duché de Bourgogne, cet ordre de chevalerie symbolise l'attachement des seigneurs à la couronne de France. Lors d'une cérémonie solennelle au château d'Amboise, les grands du royaume prêtent serment de fidélité au roi.

PEU DE BÂTIMENTS ÉPARGNÉS
En comparant le plan (ci-contre) du château d'Amboise par Jacques Androuet Du Cerceau tiré des *Plus Excellents Bastiments de France* (1576-1579) avec la photo ci-dessus, on constate l'ampleur des destructions. Sa superficie actuelle ne correspond qu'à un cinquième de ce qu'elle était au XVIe siècle. Il ne reste que les ailes Charles VIII et François Ier, la chapelle Saint-Hubert et une partie de l'enceinte.

LE CHÂTEAU

C'est de l'île d'Or ▲ *190* que l'on a la meilleure vue sur le château. On y pénètre par une rampe voûtée aménagée au sud-ouest de l'enceinte.
TOUR DES MINIMES. Cette énorme tour circulaire, édifiée à la fin du XVe siècle au nord du château, tient son nom du couvent des Minimes qui se trouvait entre la tour et la Loire. Elle porte, autour d'un noyau central, une rampe pour chevaux et chariots qui s'élève jusqu'aux terrasses.
TOUR HURTAULT. Elle nous est parvenue intacte, sans restauration. Couronnée d'un chemin de ronde et couverte d'une toiture conique, elle possède également une rampe d'accès. Les décors intérieurs manifestent un goût prononcé pour l'italianisme.
AILE CHARLES VIII. Elle comporte, en façade sur la Loire, une grande galerie à sept arcades, sept hautes croisées et un comble dont les lucarnes ont été reconstituées. Le tout repose sur un sous-sol de défenses «améliorées» librement par les architectes du XIXe siècle. Le décor sculpté de la SALLE DES ÉTATS a été totalement reconstitué par les Ruprich-Robert, dans un style gothique où perce la première Renaissance. C'est là que furent jugés les protestants ayant pris part à la conjuration d'Amboise.
AILE LOUIS XII-FRANÇOIS IER. Elle comprend quatre niveaux sur cour et trois sur jardin. Son élégant décor rappelle le style première Renaissance ● *66* du début du règne de François Ier.
CHAPELLE SAINT-HUBERT ● *60*. Elle s'ouvrait primitivement sur les galeries d'un bâtiment aujourd'hui disparu. Sa construction s'échelonne de 1491 à 1496, date du retour d'Italie de Charles VIII. Dressée sur un avant-corps qui fait saillir son chevet, cette chapelle a reçu, sur deux niveaux, un magnifique décor de dentelle de pierre. Le linteau est orné de bas-reliefs représentant la légende de saint Christophe, patron des voyageurs, et de saint Hubert, patron des chasseurs. C'est dans cette chapelle que sont conservés

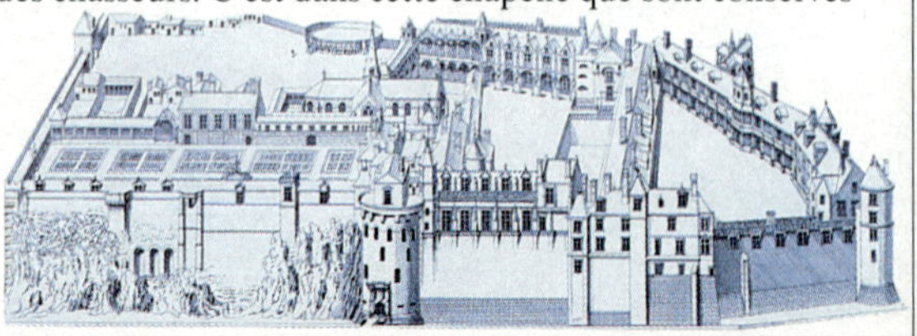

aujourd'hui les ossements de Léonard de Vinci ▲ *186*.
Porte des Lions. Elle se dresse à l'extrémité est des jardins et doit son nom à un ouvrage antérieur surmonté de deux statues de lions, allusion probable à la ménagerie qu'entretenait Charles VIII dans les fossés.

Vue de l'ouest du château.

Le Clos-Lucé

Connue sous le nom de château de Cloux jusqu'au XVIIe siècle, cette demeure a été bâtie en 1477 en brique et pierre. Elle comprend deux corps de logis à angle droit, de part et d'autre d'une tourelle octogonale.
Léonard de Vinci au Clos-Lucé ▲ *186*. Au printemps 1516, le savant italien s'installe au château de Cloux à l'invitation de François Ier. Il y passe les trois dernières années de sa vie. Le roi lui ouvre les plus larges crédits «pour qu'il réalise tout ce que son génie était capable de produire». Bien qu'affaibli, Léonard travaille beaucoup, participe à l'organisation des fêtes de la cour, se livre à des études sur l'hydrographie de la région : liaison des demeures royales par voie d'eau, aménagement du cours de la Loire, assèchement des marais de Sologne. Il réfléchit sur un projet de demeure royale qui doit être construite à Romorantin (Sologne ▲ *174*). On lui prête également la première idée du château de Chambord (Loir-et-Cher). Il meurt au Clos-Lucé le 2 mai 1519, à soixante-sept ans, et est enterré dans la collégiale Saint-Florentin du château. Devenu fabrique de tapis après la Révolution, le manoir est agrandi d'une aile en retour. Il abrite, aujourd'hui, un musée consacré à Léonard de Vinci.
Château-Gaillard. Cette demeure, en contrebas du Clos-Lucé, a été édifiée au XVe siècle pour Pacello de Mercogliano, qui introduisit en France l'art italien des jardins. Charles VIII désirant des fleurs pour les terrasses de son château, des fruits pour sa table, le Napolitain y établit un jardin spécial et des serres pour la culture des plants nécessaires. On assure que c'est ici que les premiers orangers de France ont été plantés.

Musée Léonard-de-Vinci
Le Clos-Lucé est aujourd'hui un musée qui présente les maquettes de quarante machines ▲ *186* imaginées par Léonard et un montage vidéo sur sa vie et son œuvre. Au premier étage, sa chambre a été reconstituée dans son état primitif, avec une belle cheminée à hotte. Les murs de la chapelle, qui était l'oratoire d'Anne de Bretagne, gardent des traces de fresques dues à Léonard ou à l'un de ses élèves.

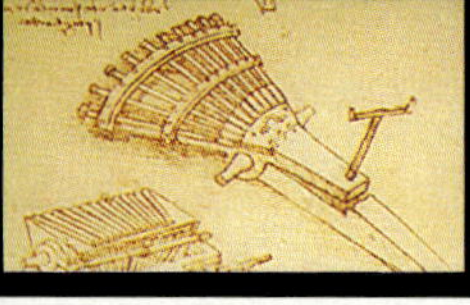

Génie militaire
Léonard de Vinci a réalisé une série de croquis et d'études de machines de guerre : armes à feu à plusieurs canons (ci-contre), bombardes à mitraille, canons à bouches multiples, immenses arbalètes, projectiles…, prélude à la conception et à la réalisation de tout l'arsenal guerrier de notre époque.

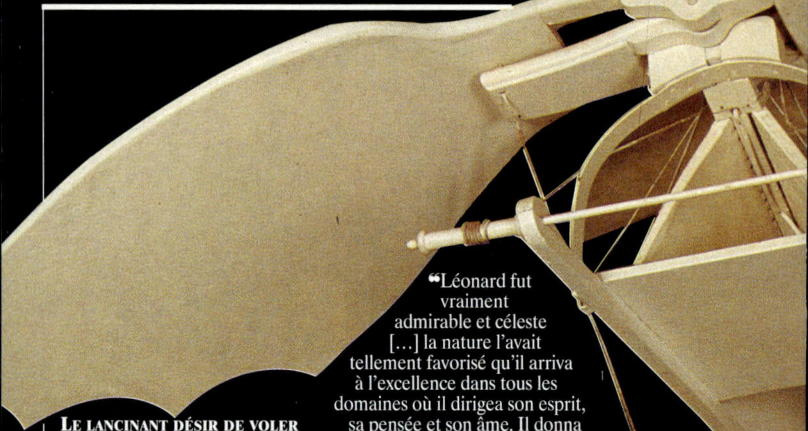

Le lancinant désir de voler
Maquettes réalisées par IBM (avion parachute et vis) d'après les nombreux dessins laissés par Vinci.

« Léonard fut vraiment admirable et céleste […] la nature l'avait tellement favorisé qu'il arriva à l'excellence dans tous les domaines où il dirigea son esprit, sa pensée et son âme. Il donna à tout ce qu'il fit une telle empreinte de sensibilité, vivacité, bonté, joliesse et grâce que personne ne l'égala jamais. »

Giorgio Vasari

La fin d'un génie, «beaucoup admiré et beaucoup blâmé».
Ce qui, dans la personnalité de Vinci, déplaisait aux Romains fascinait François Ier et sa cour. «Vasari lui fait dire, dans cette fameuse scène du glorieux trépas tendrement veillé par le Roi (ci-dessous), sa douleur d'avoir “offensé Dieu et les hommes en ne travaillant pas dans l'art comme il eût fallu”. Quand on cherche un artiste, on trouve un homme de science, un “penseur” ; quand on veut un peintre, on découvre un architecte, un sculpteur, un ingénieur ; et quand on arrive enfin au peintre, on est retenu par les propos et les expériences du théoricien…»

André Chastel

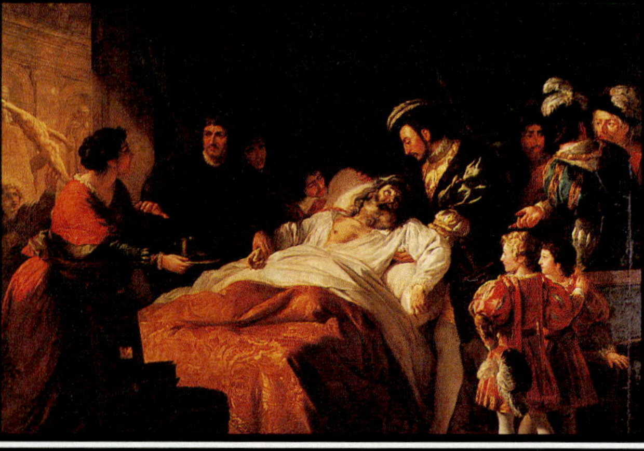

«Léonard de Vinci, miroir profond et sombre,
Où des anges charmants, avec un doux souris
Tout chargé de mystère, apparaissent à l'ombre
Des glaciers et des pins qui ferment leur pays. »
Charles Baudelaire

«Les traits sereins et sévères»
Cette sanguine, unanimement reconnue comme étant de la main du maître, serait un autoportrait. Sur ce dessin, datant de 1512, Vinci avait soixante ans.

Projet de«vis aérienne», ancêtre de l'hélicoptère
«Je pensais qu'il était possible [...] de construire une vis qui s'élèverait en l'air en tournant [...] mais comment faire tenir ce qui servirait de support à cette toupie volante, ainsi que le mécanisme en dessous.»
Ralph Steadman

La Marie Madeleine de l'église Saint-Denis.

Cette vue prise du château illustre le sentiment de Gustave Flaubert : «Le château d'Amboise, domin[e] la ville qui semble jetée à ses pieds comme un tas de petits cailloux au bas d'un rocher [...]».

VERS L'ÉGLISE SAINT-DENIS

TOUR DE L'HORLOGE. L'étroite rue Mably, avec ses vieilles bornes de pierre, conduit jusqu'à la tour de l'Horloge, jadis «porte de l'Amasse», l'une des six ouvertures de l'enceinte médiévale qui protégeait la ville. Le premier portail en bois est démoli sous Louis XI puis remplacé, en 1497, par l'actuel beffroi de pierre. Il comporte deux étages percés de fenêtres à meneaux sur une de ses façades et est couronné d'un lanternon. Dans une niche, sous le porche, se trouvait une Vierge à l'Enfant du XIVe siècle, en terre cuite polychrome, exposée au Musée de l'hôtel de ville (ci-contre, à droite).

LA NOYÉE DE L'ÉGLISE SAINT-DENIS
D'un réalisme saisissant, ce gisant de femme nue et décharnée représenterait, dit-on, Marie Babou, la maîtresse de François Ier qui se noya dans la Loire.

MUSÉE DE LA POSTE. Il est installé dans l'hôtel Joyeuse, qui a été la demeure de l'artiste italien Giocondo, ramené par Charles VIII. L'hôtel et la rue lui doivent leur nom : Giocondo francisé a été transformé en «Joyeuse». Le manoir, accompagné de deux petits pavillons Louis XIII, conserve une belle corniche sculptée du XVe siècle. Le jardin aux trois terrasses, restauré en 1900, reproduit celui qu'aurait imaginé Pacello de Mercogliano ▲ *182*. Au centre, un bassin est destiné à recevoir l'eau d'une vasque conçue selon un modèle italien. Le musée retrace l'histoire de la poste depuis ses origines : maquettes de diligences, malles anciennes, enseignes d'auberges, costumes et équipements de postillon...

MAISON ENCHANTÉE. Elle présente environ deux cents automates réunis en une vingtaine de tableaux : évocations historiques, scènes fantastiques ou sujets humoristiques.

ÉGLISE ABBATIALE SAINT-DENIS ♥. Élevée à partir de 1107, elle remplace, semble-t-il, une église fondée par saint Martin ▲ *206*, sur l'emplacement d'un temple païen. De la construction datent le chœur à chevet polygonal et le transept auxquels ont été ajoutés, trente ans plus tard, la nef et deux collatéraux. Les deux voûtes, entre les travées de la nef, reposent sur des croisées d'ogives ordinaires, tandis que

Lithographie du XIXe siècle exécutée de la grande route Blois-Tours.

d'autres évoquent le style angevin, aux voûtes bombées. On notera, parmi le mobilier, la mise au tombeau du XVIe siècle, sculptée dans le tuffeau (François Ier y figurerait en Christ), et le grand retable du XVIIe siècle représentant la Sainte Famille, attribué au peintre tourangeau Claude Vignon (1593-1674). À droite de ce groupe, dans un enfeu, est conservé un gisant de marbre blanc représentant une femme noyée. Ce chef-d'œuvre de la Renaissance provient de la chapelle des Babou, près de Montlouis.

Chapiteaux de l'église Saint-Denis
Leurs décors sculptés sont particulièrement riches et remarquables : personnages, saint Denis, massacre des Innocents, les péchés capitaux, animaux fantastiques (ci-contre), Ysengrin du *Roman de Renart*…

Sur les quais

Hôtel de ville. Ce logis Renaissance, établi à l'extrémité méridionale du pont, a été construit à la fin du XVe siècle pour Pierre Morin, trésorier de France et maire de Tours. Lorsque Choiseul ▲ *190*, nommé gouverneur de Touraine, achète le domaine d'Amboise, il y établit le siège de la Justice. Vers 1776, alors qu'il menaçait ruine, l'édifice est partiellement reconstruit d'après d'anciens plans. On y remarque encore des sculptures du début du XVIe siècle et, à l'intérieur, des cloisons en briques apparentes et une cheminée du XVIe siècle. Le musée de l'hôtel de ville présente des documents sur l'histoire de la ville et expose des meubles venant de Chanteloup ainsi qu'une série de tableaux dont un d'Emmanuel Lansyer ▲ *229*. De la salle des Mariages, avec sa cheminée monumentale, on découvre une vue magnifique sur la Loire et les coteaux avoisinants.

La Vierge à l'Enfant exposée à l'hôtel de ville.

Église Saint-Florentin. Établie en 1484 contre le mur d'enceinte de la ville, près de l'hôtel de ville, cette église s'est appelée Notre-Dame-de-Grève jusqu'à la destruction de la collégiale Saint-Florentin du château, dont elle prend alors le vocable. Elle présente deux entrées latérales au nord et au sud. Au XVIe siècle, on refait le couronnement de sa tour-clocher ainsi que son ornementation de style Renaissance. Parmi son mobilier intérieur, on remarquera un bénitier décoré de chardons du XVe siècle.

LÉONARD DE VINCI DANS L'ÎLE D'OR
Cette statue en bronze représentant Léonard de Vinci a été exécutée par un artiste anonyme, peu de temps avant la Seconde Guerre mondiale. Dans les années 1970, la ville de Paris en fit don à Amboise, dernière patrie du grand homme.

LE DUC DE CHOISEUL (1719-1785)
Nommé ministre, grâce à l'appui de Madame de Pompadour, favorite de Louis XV, il dirige la politique extérieure de la France, pendant douze ans (1758-1770).

FONTAINE DE MAX ERNST. (Quai du Général-de-Gaulle.) Michel Debré, maire d'Amboise, demande, en 1968, à Max Ernst ● *85* de doter la ville d'une fontaine. Cet artiste (1891-1976), peintre, sculpteur, graveur et écrivain, s'est en effet installé à la fin de sa vie en Touraine, près d'Huismes. Il s'est engagé dans l'aventure surréaliste à Paris, dès 1921. Il multipliera les expériences plastiques et inventera de nouvelles techniques de peinture avec collages, frottages, décalcomanies...

GRENIERS DE CÉSAR ♥. Derrière l'Hôtel Choiseul se trouve une construction insolite : une douzaine de caves creusées

dans la falaise de tuffeau. La première salle est consacrée à des expositions. On peut voir ensuite les gigantesques et mystérieux silos de brique qui ont reçu le nom de «greniers de César». Ces silos rappellent, en effet, les méthodes de conservation des récoltes connues dans la haute Antiquité. Le grain tassé au maximum génère du gaz carbonique qui empêche la fermentation et tue les rongeurs éventuels. L'ampleur de la construction a laissé penser que seuls les Romains auraient été capables de réaliser un tel ouvrage. Mais les récentes études semblent montrer que ces greniers ne doivent rien à César : ils dateraient du XVIe siècle.

MAISON DES PAGES DE CHARLES VII. Située en contrebas du château, cette maison à colombage, de brique et de pierre, possède deux étages et une tourelle d'escalier. Sur sa façade, on peut remarquer des sculptures.

ÎLE D'OR

L'île d'Or, ou île Saint-Jean, divise en deux le lit de la Loire. C'est là que se rencontrèrent, vers 504-505, Clovis et Alaric II ● *37*, pour délimiter leurs territoires. La vue sur la ville et le château est magnifique. L'île est dotée d'équipements divers : aires de loisirs, terrain de pique-nique.

CHAPELLE SAINT-JEAN. Sa construction remonte au XIIe siècle, époque à laquelle elle appartenait à l'ordre de Saint-Jean-de-Jérusalem. De l'extérieur, on remarque une fenêtre romane et le chevet à trois ouvertures inégales. Ses clés de voûte, de style angevin, sont sculptées et peintes.

Sur l'île existait une seconde chapelle : la chapelle Saint-Sauveur, dans laquelle les pauvres atteints de maladies contagieuses étaient internés. Au XVIIIe siècle, les crues de la Loire l'ont entièrement détruite.

«La Fontaine» de Max Ernst
La grenouille et la tortue, héroïnes des *Fables* de Jean de La Fontaine, sont les pièces maîtresses de l'œuvre. *La Fontaine* réalise ainsi une des visions de l'enfance de Max Ernst.

Église Notre-Dame-du-Bout-des-Ponts. (Rive droite.) Elle a été construite sous François Ier, afin de servir de paroisse au faubourg que la «vieille Loyre» séparait de l'église Saint-Denis. Constituée d'une nef unique avec cinq travées à nervures ogivales, elle est flanquée, au sud, d'une tourelle d'escalier carrée. Les vieilles maisons qui l'entourent conservent sur leurs façades d'anciennes sculptures, dont un bas-relief du XVIe siècle montrant un cavalier faisant l'aumône.

La Loire à l'île d'Or.

Pagode de Chanteloup ♥

● *71* (K6)

En 1713, Jean d'Aubiny, maître des Eaux et Forêts d'Amboise, fait construire par Robert de Cotte, beau-frère de Mansart, un château à Chanteloup, domaine situé au sud

d'Amboise. Le duc de Choiseul (à gauche) en devient propriétaire en 1761 et l'ajoute à sa terre d'Amboise. Il agrandit alors le château et l'entoure de jardins à la française, conçus par Le Camus. Il trace, dans les quelque 4 000 ha de forêts qu'il possède, avenues et carrefours et sept larges percées convergeant face au château. Quelques années plus tard, les jardins sont remplacés par un décor à l'anglaise : allées sinueuses, grotte artificielle, rivière à cascades, arbres exotiques, orangers. La célèbre Pagode inspirée du style anglo-chinois couronne l'œuvre de Choiseul et a été «construite par le duc en souvenir de personnes qui le visitèrent dans son exil...» (Arthur Young, *Voyages en France en 1787, 1788 et 1789*). Élevée entre 1773 et 1778 sur des dessins de Le Camus, elle est à rapprocher de celle des jardins de Kew, près de Londres. Elle se reflétait dans un vaste miroir d'eau demi-circulaire de plus de 7 ha, alimenté grâce aux étangs de Jumeaux reliés par un canal de 12 km de long. C'est l'unique vestige du somptueux domaine, théâtre d'une brillante cour où se pressaient

"Les appartements du château sont distribués d'une manière commode et grandiose ; ceux du rez-de-chaussée ont été si bien dorés qu'ils sont plus frais que ceux que l'on fait de nos jours. Ce château de chaque côté est orné de très belles colonnades."
Élisabeth Vigée-Lebrun, *Souvenirs*

Ci-dessous
et ci-contre,
détails
de la Pagode.

Parisiens, Londoniens, Viennois ou Berlinois. Le château a, en effet, été entièrement démantelé entre 1823 et 1825. Haute de 40 m et large de 16 m à la base, la Pagode se compose d'un rez-de-chaussée et de six étages en retrait les uns par rapport aux autres, renfermant chacun un salon octogonal à coupole. L'exotisme est présent dans le motif des balustrades et les réseaux géométriques de certaines fenêtres, même si l'essentiel du décor s'inspire du répertoire Louis XVI.

LA PAGODE, SYMBOLE DE L'ARBITRAIRE ROYAL
Le duc de Choiseul est très populaire au temps de son exil. La Pagode renferme des témoignages de l'amitié dont il est entouré : une dédicace de l'abbé Barthélemy (1716-1795), auteur du *Voyage du jeune Anacharsis en Grèce*

au IVe siècle avant l'ère vulgaire (1788), des inscriptions chinoises signifiant «reconnaissance» et «amitié» (en haut).

AUX ENVIRONS D'AMBOISE

CHARGÉ. Le MUSÉE DE LA BATAILLE DE LOIRE ET DE LA RÉSISTANCE a été inauguré en 1986. Il retrace la bataille de Chargé (17-20 juin 1940).

POCÉ-SUR-CISSE. Cette commune groupée autour de l'église Saint-Adrien, du XVIe siècle (ci-dessous), est riche de nombreux châteaux et manoirs.

LIMERAY. La base du clocher carré est la partie la plus ancienne de l'église Saint-Saturnin (XIe siècle). Deux styles s'y côtoient : l'abside voûtée en cul-de-four est romane et la voûte du chœur, Plantagenêt. La nef, du XVIe siècle, a été récemment prolongée par un curieux narthex : il comporte six colonnettes en marbre provenant d'Amboise et un chapiteau roman de l'abbaye de Moncé. Un abbé du siècle dernier a fait de l'église un véritable musée, rassemblant fragments de colonnes, chapiteaux et une vingtaine de statues des XVe et XVIe siècles. Le PONT du bourg qui enjambe la Cisse possède encore des arches ogivales du XIVe siècle.

CANGEY. Le pignon en petit appareil et la nef de l'ÉGLISE SAINT-MARTIN remontent aux XIe et XIIe siècles. À l'intérieur, on peut voir des chapiteaux historiés et des vitraux réalisés vers 1540.

Tours

1. Cathédrale Saint-Gatien
2. Musée des beaux-arts
3. Château de Tours
4. La passerelle
5. Église Saint-Julien
6. Bibliothèque
7. Pont Wilson
8. Hôtel Gouin
9. Place Plumereau

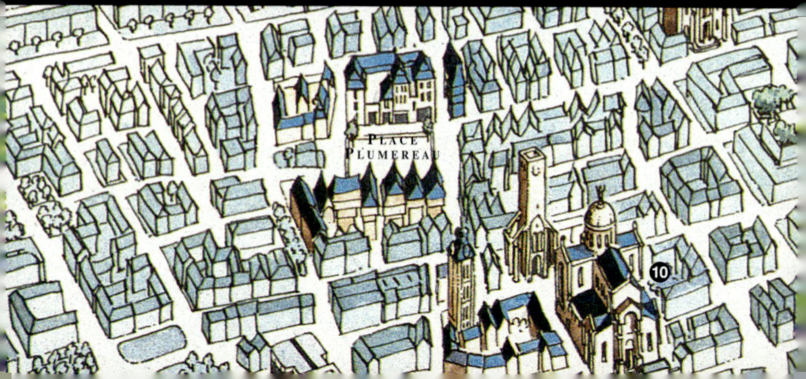

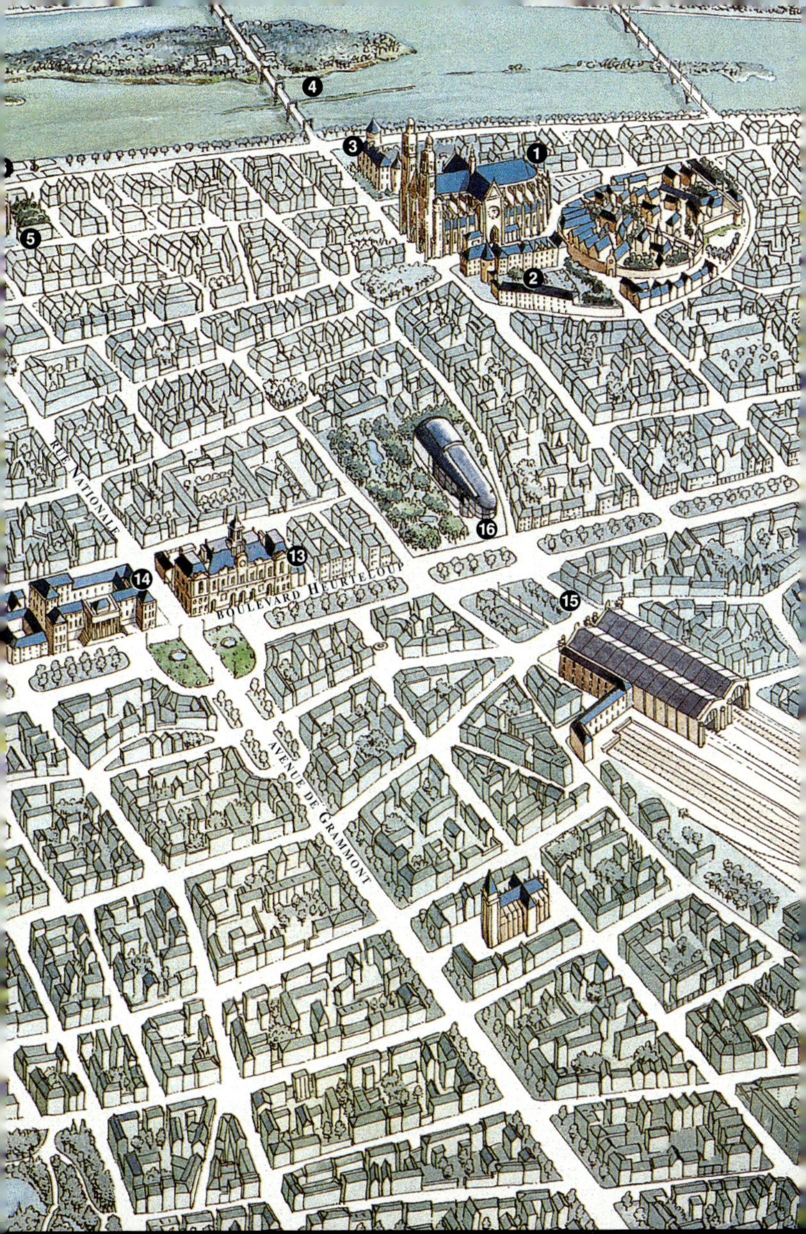

10. Basilique Saint-Martin
11. Les halles
12. Chapelle Saint-Éloi
13. Hôtel de ville
14. Palais de justice
15. Gare
16. Palais des Congrès
17. Jardin des Prébendes d'Oé

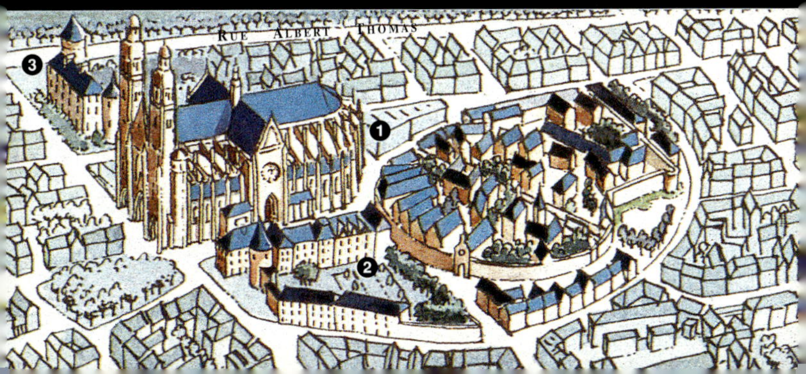

Armes de la ville.

HISTOIRE DE LA VILLE (H6)

LES DÉBUTS. L'ancienne capitale des Turons s'étend, au Ier siècle après J.-C., sur une partie surélevée de la plaine, entre la Loire et le Cher, et prend pour nom *Caesarodunum*.
UNE VILLE DOUBLE. À la fin du IIIe siècle, la ville menacée par les invasions se replie derrière une enceinte protégeant la cité, à l'est, où saint Lidoire construit la première église, sur le site de la future cathédrale Saint-Gatien. À l'ouest, au Ve siècle, saint Perpet édifie sur le tombeau de saint Martin ▲ *206* une basilique. Ainsi est donnée l'impulsion qui pendant un millénaire consacre la bipolarité de la ville. Après les incursions des Vikings, des fortifications s'élèvent à la fin du Xe siècle, englobant la basilique Saint-Martin et créant un nouveau quartier : Châteauneuf. En 1368, un rempart réunit les deux agglomérations entre lesquelles se situe l'abbaye Saint-Julien.
LA VILLE DES ÉVÊQUES. La ville est dominée par la personnalité de ses évêques. Saint Martin (de 371 à 397) fonde à la sortie de la ville le monastère de Marmoutier. Son tombeau devient au Moyen Âge un centre de pèlerinage européen. Grégoire de Tours, au VIe siècle, assied la ville dans son rôle de centre religieux. Enfin Alcuin ▲ *205*, au début du IXe siècle, en fait un foyer intellectuel et artistique.
LA CAPITALE DU ROYAUME. L'installation de la Cour à la fin du XVe siècle compense l'arrêt des grands pèlerinages. Louis XI, installé au Plessis-lès-Tours, introduit dans la ville l'industrie de la soie ▲ *260* ; des hôtels particuliers s'élèvent, surtout à Châteauneuf. Tours décline les siècles suivants au point de ne compter que 21 600 habitants en 1785. Mais le climat tourangeau, les sites du Val de Loire et le nouveau transport ferroviaire attirent les touristes. L'économie en profite ; la ville quadruple presque de 1789 à 1911. Du 25 au 30 décembre 1920 s'y déroule le congrès du parti socialiste SFIO qui marque la scission entre les socialistes dont les majoritaires créent bientôt le parti communiste français. Pendant tout l'été 1944 Tours subit les bombardements. À partir des années 1960, Tours devient une véritable capitale régionale.

GRÉGOIRE DE TOURS Évêque de Tours de 573 à 594, Grégoire de Tours, désireux de célébrer la vertu de saint Martin, publia une *Histoire des Francs* et des *Livres des Miracles*, sans lesquels deux siècles de l'histoire de l'Occident seraient presque totalement inconnus aujourd'hui.

TOMBEAU DES ENFANTS D'ANNE DE BRETAGNE ET DE CHARLES VIII (au centre) Il se trouvait auparavant dans la collégiale Saint-Martin et fut transporté en 1810 dans la cathédrale Saint-Gatien. Les gisants des princes Charles Orland et Charles furent sculptés, dans un style gothique, au début du XVIe siècle par Guillaume Regnault, élève de Michel Colombe. Le tombeau lui-même est attribué à l'Italien Jérôme de Fiesole. Il apportait de son pays l'art de la Renaissance : ainsi des scènes de l'histoire de Samson ou d'Hercule ornent la cuve.

CATHÉDRALE SAINT-GATIEN

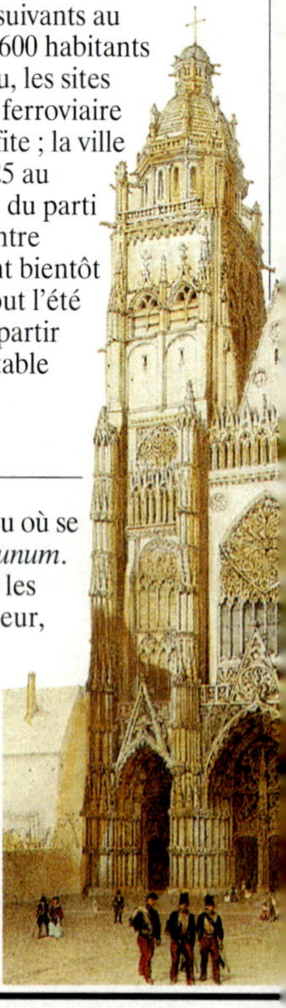

La cathédrale Saint-Gatien marque le lieu où se développa le premier noyau de *Caesarodunum*. Là, sur une légère éminence, s'élevèrent les monuments publics : palais du Gouverneur, arènes, thermes, temples. Aux époques mérovingienne et carolingienne, tandis que le centre de la vie de Tours se déplace vers Châteauneuf, ce quartier, la Cité, reste le siège de la vie administrative et religieuse.
Anciennement placée sous le vocable de Saint-Maurice, elle porte depuis le XIVe siècle le nom de celui qui fut peut-être le premier évêque de Tours. L'édifice initial, élevé au IVe siècle, est

modifié aux XIIe et XIIIe siècles. Le chœur est lui aussi refait au XIIIe siècle, le transept au XIVe, la nef aux XIVe et XVe siècles, la façade au XVe et les tours au XVIe siècle.

LA FAÇADE. C'est un décor gothique flamboyant plaqué, dans sa partie basse, sur la façade de l'ancien édifice du XIIe siècle. Le portail abritait dans ses niches des sculptures de saints. Très dégradées, elles furent en partie restituées au XIXe siècle. La statue en bois, peut-être de saint Gatien, ornant le trumeau du portail central est une copie d'une œuvre du XVe siècle.

LES TOURS. Elles sont couvertes par des coupoles qui figurent parmi les premières de la Renaissance, avec celle de la tour Saint-Antoine de Loches ▲ *229*. La tour nord (gauche), de style gothique flamboyant, possède un escalier à vis logé dans une cage hélicoïdale, qui débouche dans une vaste coupole. C'est un chef-d'œuvre de la fin du Moyen Âge qu'admire le roi Henri IV : «Ses tours sont deux bijoux dans l'écrin même du Jardin de la France.»

LA NEF. D'une hauteur de 29 m sous les voûtes, la nef paraît beaucoup plus haute par son étroitesse et ses colonnettes s'élançant d'un seul jet jusqu'à la retombée des voûtes d'ogives.

LE TRANSEPT. Au début du XIVe siècle, le maître d'œuvre Simon du Mans commence la reconstruction du transept et des deux premières travées de la nef. Le transept nord est bâti sur une crypte, qui ne se visite pas. Peu après son achèvement, il fallut le consolider, ajouter deux arcs-boutants, et étayer sa rose d'une épine de pierre. Véritable prouesse architecturale, elle présente un cercle qui s'inscrit dans un carré dont les quatre écoinçons sont ajourés, alors qu'à Notre-Dame de Paris seulement deux le sont. Le transept sud abrite un orgue en bois sculpté du XVIe siècle.

LE CHŒUR. C'est depuis la place Grégoire-de-Tours qu'on peut admirer ce magnifique chevet gothique (ci-contre), d'un équilibre parfait : cinq chapelles semi-circulaires rayonnant autour du chœur, orné de vitraux du XIIIe siècle.

CLOÎTRE DE LA PSALETTE. Il se compose de trois galeries : celle située à l'ouest et la première travée de la galerie nord, de style flamboyant, datent du XVe siècle ; les deux autres galeries ont été construites au début de la Renaissance. L'angle nord-est du cloître est occupé par un escalier à vis, réplique miniature de l'escalier François Ier du château de Blois.

LA PSALETTE
Le premier étage de la galerie occidentale du cloître était occupé par la Librairie, ancienne bibliothèque du chapitre, une des plus riches de France au Moyen Âge.

DU HAUT DE LA CATHÉDRALE
Lors des visites organisées par les Monuments historiques, il est possible de monter au sommet de la tour sud (droite). C'est ce que fit Arthur Young à la fin du XVIIIe siècle, et qu'il évoque dans son *Voyage en France* : «De la tour de la cathédrale, on a une vue étendue sur le pays environnant ; mais la Loire, pour un fleuve aussi important, que l'on vante comme le plus beau d'Europe, découvre des bancs de sable et des hauts-fonds d'une telle étendue que cela gâche presque sa beauté.»

Abraham Bosse (1602-1676)
Ce dessinateur tourangeau, à la sobriété toute calviniste, grava plus de mille cinq cents planches, constituant un tableau de la société française du XVIIe siècle où mobilier, décors et architecture sont minutieusement représentés.

De Vérone à Tours
Le Christ au jardin des Oliviers (ci-dessous) et *La Résurrection* d'Andrea Mantegna (1431-1506) sont des panneaux provenant du retable de l'église San Zeno de Vérone, rapportés par Bonaparte lors de ses campagnes d'Italie.

Musée des Beaux-Arts

Il est installé dans l'ancien archevêché édifié aux XVIIe et XVIIIe siècles, à cheval sur les fondations de l'enceinte gallo-romaine dont on aperçoit une de ses tours encore bien conservée après avoir franchi le portail édifié pour Louis XIV en 1688 et placé ici en 1775. Les terrasses épousent l'arrondi du mur des anciennes arènes gallo-romaines et ne sont accessibles au public que certains soirs du mois de juillet. C'est dans l'une des pièces du musée que Napoléon, revenant d'Espagne, passa la nuit du 12 au 13 août 1808. En 1870, le musée fut, avec la préfecture, le siège de la Défense nationale réfugiée à Tours.

Château de Tours

La puissante forteresse médiévale édifiée par Philippe le Hardi à la fin du XIIIe siècle était en forme de quadrilatère avec quatre grosses tours aux angles. De ce château ne subsistent que deux tours, dont la plus haute est appelée la tour de Guise. Surélevée au XVe siècle, elle doit son nom au fils du duc de Guise ● *146* qui fut emprisonné ici pendant trois ans et s'en évada le 15 août 1591. Entre les deux tours, le logis de Mars, reconstruit à la fin du XVIIIe siècle, abrite l'Historial de Touraine, un musée retraçant l'histoire de la région à travers des personnages en cire, ainsi qu'un aquarium tropical. À cheval sur la muraille gallo-romaine, le logis du Gouverneur, du XVIe siècle, présente une exposition qui retrace le développement de Tours à travers les fouilles archéologiques. Au château furent célébrés le mariage du futur Charles VII avec Marie d'Anjou en 1413, puis celui du futur Louis XI avec Marguerite d'Écosse en 1436. Le château devint propriété de la ville en 1968.

LA PASSERELLE. (ci-dessus) Construite au XIXe siècle à l'emplacement du premier pont de Tours, elle est appelée le «Pont de Fil» par les Tourangeaux.

ÉGLISE SAINT-JULIEN

L'abbaye fut fondée au VIe siècle par Grégoire de Tours, sur les reliques de saint Julien. Différents édifices se succèdent entre le IXe et le XIe siècle. Au XIIIe siècle, un ouragan abat une partie de l'église. Le clocher-porche est le seul vestige de la basilique romane. L'édifice est rebâti dans le style gothique. Deux petites chapelles sont ajoutées au XVIe siècle, à chaque bout des collatéraux du chœur. Derrière l'orgue subsistent quelques fragments de fresques romanes illustrant l'histoire de Moïse tirée d'un manuscrit italien de la bibliothèque municipale de Tours.
La différence de niveau entre la rue Nationale et l'église s'explique par l'élévation des quais à la fin du XVIIIe siècle, pour se protéger des inondations.
BÂTIMENTS CONVENTUELS. Il ne reste des anciennes constructions que la salle capitulaire du XIIe siècle et, à l'étage, le dortoir des moines. Refait au XVIe siècle, il est occupé aujourd'hui par le musée du Compagnonnage ; en face, le cellier, de la seconde moitié du XIIe siècle, est transformé en musée des Vins. Au milieu du cloître se dressent deux pressoirs : le premier date de l'époque gallo-romaine et le second du XVIe siècle.
MUSÉE DES VINS DE TOURAINE ● *30.* Dans une vaste salle voûtée d'ogives, il rassemble des objets présentant les aspects historiques, sociologiques, œnologiques et artistiques du monde des vins de Touraine.
MUSÉE DU COMPAGNONNAGE ▲ *200.* Ce musée, unique au monde, réunit pour la première fois dans une même exposition l'Association ouvrière des compagnons du devoir, la Fédération compagnonnique des métiers du bâtiment et l'Union compagnonnique des devoirs unis.

RUE COLBERT

Elle forme, avec la rue Albert-Thomas, l'ancien *decumanus* (axe principal E.-O.) de la ville romaine. C'est l'ancienne Grande-Rue. Elle conserve de nombreuses maisons à pans de bois des XVe et XVIe siècles ● *72.*
MAISON DE LA PUCELLE ARMÉE. (No 39.) Cette maison à pans de bois du XVIe siècle était, dit-on, la demeure du brigandinier Colas de Montbazon, qui fabriqua l'armure de Jeanne d'Arc ▲ *116.*
PASSAGE DU CŒUR-NAVRÉ. (No 66.) Les maisons se sont affaissées et ont fermé entièrement le haut de cette ancienne ruelle qui débouche sur la place Foire-le-Roi. L'expression «cœur navré», empruntée au vieux français, a le sens de «cœur blessé» : une enseigne y représentait un cœur percé d'une épée.
PLACE FOIRE-LE-ROI. En 1355, des lettres patentes de Jean le Bon établissent sur la petite place une foire de la Saint-Christophe. Des taxes y sont perçues sur les loyers et sur les marchandises. Elles serviront en partie à financer l'enceinte qui va désormais englober Châteauneuf, la Cité,

ÉGLISE SAINT-JULIEN
Relais de poste à la Révolution, vouée à la ruine, l'église est sauvée par Prosper Mérimée (1803-1870) inspecteur des Monuments historiques et écrivain français (auteur de *Carmen*). Restaurée par Gustave Guérin, l'église est rendue au culte en 1859.

MUSÉE DU COMPAGNONNAGE
Il présente l'histoire, les coutumes et les techniques des compagnons, et expose de nombreux chefs-d'œuvre, outils, tableaux, accessoires et objets divers ▲ *200.*

PLACE FOIRE-LE-ROI
On y représentait les Mystères, genre théâtral du Moyen Âge, qui mettaient en scène des sujets religieux. On raconte que le pilori y aurait été dressé au temps de François Ier et que les faux monnayeurs étaient mis à bouillir dans une grande marmite.

L'émergence historique du compagnonnage se situe au cœur du Moyen Âge, à l'époque des cathédrales et des pèlerinages. Face à l'immobilisme des corporations, les premières associations compagnonniques, connues sous le nom de Devoir, proposèrent à leurs membres de «voyager la France» afin de se parfaire la connaissance et la pratique de leur métier manuel. Depuis, la mission du compagnonnage, accueillir et former des jeunes sur le Tour de France, se perpétue à travers les siècles.

LE CHEF-D'ŒUVRE
Témoignage de l'expérience acquise durant le Tour de France, sa réalisation demeure une étape obligatoire pour obtenir le titre de Compagnon du Tour de France. Présenté devant l'assemblée des Compagnons, il est l'objet d'une critique. Ci-contre, chef-d'œuvre de 1887 du Compagnon Charron Philippe Leroux, dit Tourangeau la Clef des Cœurs.

LES INSIGNES
À la fin du Tour, les Compagnons reçoivent, le jour de leur «réception», les couleurs, différentes selon les corporations, ainsi qu'une canne avec bout ferré ornée de deux glands.

Compagnon Maréchal-Ferrant du Devoir en tenue solennelle au siècle dernier.

Couleurs de dignitaire gavot (montagnard) attribuées, en 1859, à Auguste Gouttes, dit Carcassonne la Palme des Beaux-Arts, Compagnon Menuisier du Devoir de Liberté.

La légende

Elle fait remonter l'origine du compagnonnage à la construction du Temple de Jérusalem (vers 965 avant J.-C.). Le roi Salomon et deux de ses architectes, Maître Jacques et le Père Soubise (ci-dessous), sont considérés comme les trois fondateurs mythiques de l'ordre des Compagnons.

Le compagnonnage à Tours ▲ *199*

À l'époque où le Tour de France s'effectuait à pied, lorsqu'un compagnon quittait une ville pour en rejoindre une autre, sa société organisait une cérémonie particulière, la «conduite» : accompagner le partant jusqu'aux portes de la ville, où chansons, libations et accolades rituelles se déroulent en son honneur.

La mère des Compagnons

Son rôle est essentiel dans l'organisation du compagnonnage. Hier patronne d'une auberge, elle est aujourd'hui responsable d'une maison, ou cayenne, qui abrite les jeunes effectuant leur Tour de France. Elle porte les couleurs de sa corporation qui témoignent de l'importance de sa charge : ci-contre, Mère des Compagnons Menuisiers et Serruriers du Devoir de Liberté.

Pommeau de canne

Véritable carte d'identité où figurent le nom du Compagnon, sa corporation ainsi que la date et le lieu où il a été élevé au rang de Compagnon.

et les faubourgs intermédiaires. Ces lettres patentes sont renouvelées par Louis XI, puis par François Ier en 1547. La place devient ainsi place Foire-le-Roi, lieu d'échanges, de fêtes et d'accueil. Au n° 8, l'hôtel Babou de la Bourdaisière était la demeure de Philibert, seigneur du nom, argentier de François Ier et surintendant des Finances, en 1520. Le roi appréciait les charmes de son épouse, Marie Babou, et celui de leurs quatre filles… On peut admirer les vantaux sculptés (ci-contre) du portail, refaits sous Louis XIV dans le style Renaissance et les balcons en fer forgé du XVIIIe siècle.
PASSAGE DES JACOBINS. Au no 12, une belle maison, dite de Ronsard, est ainsi appelée car la tourelle d'escalier, sur la cour, porte un blason rappelant celui du poète. C'est un hôtel du XVIe siècle dont les fenêtres sont ornées de pilastres.

RUE DE LA SCELLERIE

Quartier des imprimeurs et des libraires durant la Renaissance, il abrite aujourd'hui encore des librairies ainsi que la majeure partie des antiquaires de la ville.
LE THÉÂTRE. (No 34, ci-contre.) Édifié à l'emplacement de l'ancien couvent des Cordeliers, dont une des portes est encore visible rue Voltaire, il est vendu comme bien national à la Révolution et sa chapelle transformée en théâtre en 1796. Ce n'est qu'en 1875 que l'on construit le premier théâtre municipal. Détruit par un incendie le 15 août 1883, à l'exception de la façade, il rouvrira ses portes en 1890.

CAFÉ «LE MOLIÈRE». Situé à côté du théâtre, il possède des plafonds décorés d'huiles sur toile par Grandin en 1882. L'une représente Molière couronné de lauriers.
RUE DU CYGNE. Elle abritait au Moyen Âge la prison de la ville. Son nom vient d'une enseigne sur laquelle se trouvait un cygne blanc surmonté d'une croix. L'enseigne invitait les passants à se signer pour conjurer le mauvais sort qui pouvait les mener un jour dans les prisons de Tours.

RUE JULES-FAVRE

HÔTEL DU COMMERCE. (ci-contre) C'est un superbe exemple de l'architecture du XVIIIe siècle. Il fut édifié à partir de 1757 pour les marchands de Tours. Au milieu du bâtiment, au fond de la cour, s'élance un escalier à double volée avec des rampes en fer forgé. Dans l'aile droite, au rez-de-chaussée, se trouve l'ancienne halle aux draps à deux vaisseaux voûtés.
HÔTEL DE BEAUNE-SEMBLANÇAY. En face de l'hôtel du Commerce, un petit jardin abrite les vestiges d'un hôtel Renaissance, édifié pour Jacques de Beaune Semblançay, dont le destin fut tragique. Banquier de François Ier puis de Louis XII, il fut accusé, à tort, d'être à l'origine d'un énorme déficit ▲ *238*. Il fut pendu au gibet de Montfaucon le 9 août 1527, à l'âge de quatre-vingts ans, et réhabilité peu après.

La rue Nationale au début du siècle.

Rue Nationale

Longue de 700 m, l'ancienne rue Royale est le grand axe nord-sud de la cité. Elle fut percée en 1765 lors des travaux d'agrandissement de la ville. Tours, comme Orléans et Blois, construite le long d'un fleuve, ne pouvait plus continuer à s'étendre dans le sens est-ouest. Le changement d'axe, tranchant dans le tissu médiéval, était donc nécessaire.

Fontaine érigée par les États-Unis en souvenir de la présence américaine à Tours lors de la guerre de 1914-1918.

Place Anatole-France

Anatole France avait sa maison à Saint-Cyr-sur-Loire, au nord de Tours. Les statues de Rabelais et de Descartes, enfants de la Touraine, encadrent l'entrée de la rue Nationale.

Bibliothèque municipale. Elle a été construite de 1954 à 1957 par Pierre Patout, Jean et Charles Dorian. À l'origine, un bâtiment semblable, en pendant, était prévu à gauche du pont. La bibliothèque, au toit de cuivre, renferme une très belle collection de livres anciens.

Pont Wilson

Appelé aussi «pont de pierre» par les Tourangeaux, il mesure 434 m de long sur 14,60 m de large, et repose sur quinze arches en anse de panier de 25 m d'ouverture. Il fut mis au point par Mathieu Bayeux, inspecteur général des Ponts et Chaussées qui conduisit les travaux de 1764 à 1774. Jean de Voglie, célèbre architecte du pont de Saumur, termina l'ouvrage. Le pont, construit sur pilotis, faute de roche dure à cet endroit de la Loire, s'effondra à plusieurs reprises : en 1789, en 1940 et en 1978. En 1983, la deuxième arche, dans la partie non confortée au XIXe siècle, fut reconstruite à l'identique en béton parementé de pierre de taille. Ces travaux permirent de découvrir une bombe de 500 kg, non désamorcée, datant de la Seconde Guerre mondiale.

Les avatars du pont

À peine était-il achevé, en 1789, que quatre arches s'écroulèrent. Le 18 juin 1940, le génie de l'armée française, en retraite, fait sauter une arche du pont. Des pierres, des morceaux de fonte sont projetés dans la ville et endommagent vitres et toitures, en particulier celles de Saint-Julien. Un bloc de 200 kg atterrit même rue Corneille. Enfin, le 9 avril 1978, vers 21 h, c'est la deuxième arche qui, cette fois, s'effondre.

ANCIENNE BASILIQUE SAINT-MARTIN

La tour Charlemagne, côté sud, et la tour de l'Horloge, dont la structure et le décor manifestent l'emprise du gothique à la fin du XIIe siècle.

Dès le Ve siècle, on venait de toute la Gaule prier sur la tombe de saint Martin ▲ *207*. La basilique Saint-Martin (ci-dessus) restera le centre religieux de la France jusqu'à la fin du Moyen Âge. Le sanctuaire, mis à sac par les Normands, eut à souffrir d'incendies successifs.
En 997, la basilique romane est rebâtie. Elle mesure 110 m de long et comprend cinq nefs. Les voûtes sont refaites au XIIe siècle, le chœur, sur le modèle de la cathédrale de Bourges, au XIIIe siècle. En 1479, sur ordre de Louis XI, une grille d'argent est posée autour de la châsse de saint Martin. Pendant la Révolution, la basilique sert d'écurie. Fort dégradée, elle est rasée en 1802 pour ouvrir l'actuelle rue des Halles. Seules sont conservées la tour Charlemagne (tour de transept nord) et la tour de l'Horloge (tour sud de la façade ouest). Pour imaginer l'édifice d'origine, il faut se placer rue des Halles devant la tour Charlemagne.
TOUR CHARLEMAGNE. Elle doit son nom au fait d'être construite sur le tombeau de Luitgarde, troisième femme de Charlemagne, morte à Tours en 800. Seule la façade nord, côté place de Châteauneuf, est intacte. La façade sud a été refaite après qu'elle se fut écroulée en 1928. Restaurée en 1963, elle porte un bas-relief représentant saint Martin partageant son manteau. Cette tour a été construite sur les vestiges de la basilique romane du XIe siècle, dont il subsiste un chapiteau (visible côté rue des Halles), représentant Daniel dans la fosse aux lions. Au cours du XIXe siècle, on installa dans la tour une fonderie de plombs de chasse, puis on la transforma en château d'eau, détruisant ainsi toutes les voûtes du rez-de-chaussée.

Lithographie du XIXe siècle représentant la tour Charlemagne.

Ci-contre, l'ancienne basilique Saint-Martin juste avant sa destruction.

Tour de l'Horloge. Elle date de la fin du XIIe siècle. L'horloge nécessite d'être remontée tous les quinze jours ; entreprise périlleuse, car la tour est devenue un véritable pigeonnier.

Basilique Saint-Martin

Le problème de la restauration du culte de saint Martin, relancé par la découverte de son tombeau en 1860, suscita une violente polémique entre les catholiques, qui souhaitaient reconstruire la basilique sur ses plans primitifs, et la municipalité, qui ne voulait pas voir le quartier bouleversé. Un projet intermédiaire – une petite basilique orientée nord-sud dont le sanctuaire surplomberait le tombeau – fut confié à l'architecte tourangeau Victor Laloux ▲ *214*. La construction s'étala de 1886 à 1902. Si l'extérieur donne une impression d'empilement, l'intérieur surprend par son ampleur. Cela est dû à l'utilisation du plan basilical à trois nefs, séparées par des colonnes monolithiques en granit des Vosges, terminées par des absides semi-circulaires. Les chapiteaux sont d'inspiration byzantine. Les nefs sont couvertes de charpentes. Sous le chœur se trouvent la crypte et le tombeau de saint Martin. C'est une vaste salle à cinq vaisseaux séparés par des colonnes de granit rose. Entre les deux volées de marches se dresse la statue du cardinal Meignan, exécutée par François Sicard en 1900. Les parois de l'abside sont couvertes d'ex-voto, dont certains ont été apportés par des personnages célèbres venus prier saint Martin, comme le maréchal Foch ou encore Ange Joseph Roncalli, futur pape Jean XXIII. Le parvis est de Maurice Boille, sur les indications de Victor Laloux. Le calvaire représentant saint Martin, saint Perpet et saint Grégoire a été réalisé par Henri Varenne.

Cloître Saint-Martin. (N° 5, rue Descartes.) Construit au début du XVIe siècle par Bastien François, il se trouve dans la cour d'un immeuble privé. C'est cependant un merveilleux morceau d'architecture de la première Renaissance à Tours.

Musée Saint-Martin. Il est installé au n° 3 de la rue Rapin dans la chapelle Saint-Jean. Bâtie au XIIIe siècle, cette dernière abrita en plusieurs occasions les reliques de saint Martin. Elle conserve quelques vitraux d'origine, au chevet, remaniés par Lobin en 1888. Les chanoines s'y barricadèrent en 1552 lors du pillage de la basilique par les protestants. Le musée présente des vestiges de l'ancienne basilique ainsi qu'une remarquable maquette de celle-ci.

Alcuin ▲ 196
Au VIIIe siècle, cet écrivain anglais célèbre, abbé de Canterbury, se vit attribuer par Charlemagne, qui l'admirait et avec lequel il avait étudié, l'abbatiale de Saint-Martin. Il ouvrit une école de belles-lettres, de philosophie et de théologie, qui était dotée d'un *scriptorium* réputé. C'est la première école qui aurait existé en France, ce qui lui a valu le nom de «mère de l'Université de Paris».

Cloître Saint-Martin : un décor exceptionnel
Ses voûtes en pendentifs constituent une œuvre originale : les nervures, croisées pour former des caissons carrés, évoquent les créations les plus nouvelles ; le décor sculpté en fait un chef-d'œuvre.

À l'époque où l'Empire romain s'écroule, Martin est l'évangélisateur le plus illustre d'Occident. Né en 316 en Pannonie (actuelle Hongrie), il est enrôlé très jeune dans la garde impériale. Après le célèbre «partage du manteau» et de nombreuses tribulations, il rejoint saint Hilaire, évêque de Poitiers, qui l'ordonne prêtre. Plus tard, il est plébiscité par les Tourangeaux pour devenir leur évêque. Dès sa mort, en 397, un culte officiel s'instaure et Tours devient un important centre de pèlerinage. Ce saint populaire a donné son nom à près de cinq cents villages en France.

SAINT MARTIN, PÈRE DU MONACHISME EN OCCIDENT
Près de Poitiers, à Ligugé, saint Martin fonda le premier monastère de la Gaule. C'est aujourd'hui une abbaye bénédictine.

L'ARBRE DES IDOLES
Martin luttait contre le paganisme. Il décida un jour de faire abattre un pin consacré au diable par des païens. Ces derniers mirent le saint au défi : ils l'attachèrent du côté où l'arbre devait tomber. Mais une sorte d'ouragan entraîna l'arbre du côté opposé. À cette vue, les habitants du village se convertirent. Tout au long de sa vie, saint Martin effectua de nombreux miracles.

MARMOUTIER ● *36*
Vers 371, Martin, élu évêque de Tours, décide de s'installer avec ses disciples à quelques kilomètres de la ville. Ce monastère, qui a survécu sous différentes formes jusqu'à nos jours, était au départ constitué de simples cellules troglodytiques.

«L'ÉTÉ DE LA SAINT-MARTIN»
On attend chaque année le 11 novembre, fête du saint, car, à sa mort, tous les prés des bords de Loire se couvrirent de fleurs.

PARTAGE DU MANTEAU
Cantonné à Amiens avec l'empereur, Martin partagea sa chlamyde avec un pauvre. La nuit suivante, le Christ lui apparut avec cette moitié de manteau offerte. À la suite de cette vision, Martin se fit baptiser et commença sa longue vie d'évangélisateur.

Le peintre tourangeau André Bauchant ▲ *261* représenta saint Martin prêchant dans les forêts de Touraine (ci-dessous).

LA DERNIÈRE BASILIQUE
Sur le tombeau de saint Martin, à Tours, on construisit d'abord une chapelle, puis une collégiale, remaniée de nombreuses fois au cours des siècles. L'actuelle basilique ▲ *205* fut édifiée à la fin du siècle dernier par Victor Laloux.

UN HÔTEL DE STYLE RENAISSANCE
(ci-contre et détail ci-dessous)
Les trois avant-corps de l'hôtel Gouin ont été ajoutés sur la façade du XVᵉ siècle et couverts d'un décor foisonnant inspiré de la Renaissance italienne : pilastres cannelés, frise d'oves, grands rinceaux. Il fut incendié en juin 1940 ; seule la façade principale fut sauvée. Les parties sinistrées ont été reconstruites, comme à l'origine, dans le style de la première Renaissance.

PLACE PLUMEREAU

C'est l'endroit le plus pittoresque et le plus animé de Tours, ancien carroi aux chapeaux. Jusqu'au XIXᵉ siècle, une partie de la place était occupée par des constructions, dont la demeure de Charles Plumereau, conseiller municipal de Tours. Elle est bordée de maisons à pans de bois des XVᵉ et XVIᵉ siècles ● *72*.

AUTOUR DE LA PLACE PLUMEREAU

HÔTEL GOUIN. (25, rue du Commerce.) Cet hôtel du XVᵉ siècle a été remanié au début du XVIᵉ siècle dans le style de la première Renaissance. C'est le premier édifice de ce style de la ville et le plus original. Il porte le nom de la famille Gouin, riches banquiers bretons, qui le racheta au XVIIIᵉ siècle. Il abrite aujourd'hui les collections du MUSÉE ARCHÉOLOGIQUE.
RUE CONSTANTINE. Cette rue limite la partie détruite par la guerre : d'un côté le quartier médiéval, de l'autre les reconstructions des années 1950. C'est ici que les ouvriers en soie ▲ *260*, appelés par Louis XI en 1470, s'installèrent. Au coin de la rue de Maillé se trouve la maison que Balzac aurait choisie pour faire vivre le teinturier en soieries de ses *Contes drôlatiques*.

RUE PAUL-LOUIS-COURIER. Elle abrite au nº 5 l'arrière d'une demeure du XVIIIᵉ siècle, la «CAYENNE DES COMPAGNONS DU DEVOIR» ▲ *200*. Dans cette cour, la lucarne en bois est un chef-d'œuvre de réception d'un maître compagnon charpentier. Au nº 10 se trouve l'HÔTEL BINET,

❝Il y aurait aussi des heures bien plaisantes à passer dans la compagnie des maisons à pignon de la place Plumereau ; chacune de ces bonnes vieilles en sait plus qu'elle n'en peut exprimer : on lui tirerait les vers de son poteau cornier et l'on en apprendrait de belles sur les dames qui logeaient là au temps de Rabelais.❞
Maurice Bedel, *La Touraine*

construit au XVe siècle, au no 15, l'HÔTEL ROBIN-QUANTIN (privé), édifié en 1590 pour Charles Robin et Marie Quantin, son épouse, de riches soyeux. Au no 17, l'HÔTEL DE JUSTE aurait appartenu à la famille des sculpteurs italiens, Antoine et Jean de Juste, auteurs du célèbre tombeau de Louis XII, à la basilique Saint-Denis.

RUE LITTRÉ. Saint-Saturnin, édifiée au XVe siècle, est l'ancienne église des Carmes. Cette dernière fut vendue comme bien national à la Révolution et rachetée par une famille qui lui donna le vocable de Saint-Saturnin (autre église détruite à la Révolution qui se situait rue du Commerce).

PLACE HENRI-DE-SEGOGNE. Lors de la restauration du vieux Tours, on décida d'aérer le tissu urbain médiéval très serré et pour cela d'abattre une partie des maisons. Mais afin que l'on n'oublie pas le passé, certaines cheminées ont été épargnées : elles apparaissent aujourd'hui sur les murs extérieurs des maisons conservées et qui étaient jadis mitoyennes. De petits espaces verts ont été aménagés sur les emplacements dégagés.

RUE DE LA PAIX. Ancienne rue de l'Écorcherie, ainsi nommée en raison de l'abattoir qui se trouvait à l'extrémité nord de la rue. Au no 21, la demeure, au rez-de-chaussée à pans de bois, est une ancienne maison canoniale du XVe siècle. Près de la porte se trouve un puits, pour lequel les usagers devaient payer le ban au seigneur auquel il appartenait. Par cette porte, on pénètre dans la cour appelée «Jardin des Chanoines».

JARDIN DE SAINT-PIERRE-LE-PUELLIER. On y accède par le «Jardin des Chanoines», au n° 21 de la rue de la Paix, ou au n° 17 de la place Plumereau. Il occupe l'emplacement de l'ancienne communauté de filles fondée par Clotilde, femme de Clovis, en 512. L'église Saint-Pierre-le-Puellier, construite au XIIe siècle et agrandie au XVe, fut détruite au XIXe siècle. Il ne reste aujourd'hui qu'une partie transformée au rez-de-chaussée en café et au premier étage en appartement.

RUE BRIÇONNET. Jean Briçonnet fut le premier maire de Tours, à la fin du XVe siècle. Au n° 16 la MAISON DE TRISTAN (ou hôtel Pierre Du Puy ● *74*) doit son nom à Tristan l'Hermite, Grand Chambellan de Louis XI, pour lequel elle aurait été construite. L'hôtel appartenait en 1495 à un riche Tourangeau, Pierre Du Puy. Cet hôtel est le seul bâti en brique et pierre dans Tours, avec le château du Plessis-lès-Tours ▲ *259*. En face, au n° 21, se trouve l'HÔTEL CHOISEUL. Sa construction, au XVIIIe siècle, est attribuée au duc de Choiseul, exilé en Touraine ; il n'a en fait été que locataire. Au n° 31 se trouve une des plus anciennes maisons de Tours. La façade date du XIIIe siècle. Au n° 4, un atelier de sculpture occupe la travée du collatéral de l'église Saint-Pierre-le-Puellier, qui a échappé à la destruction.

L'ESCALIER DE LA MAISON DE TRISTAN
Il faut pénétrer dans la maison et admirer le magnifique escalier hélicoïdal, entièrement voûté, appareillé tout en brique. On l'appelle aussi escalier «à la Rihour», du nom du palais Rihour de Lille, qui en possède un semblable mais plus ancien ; on l'appelle également «vis de Saint-Gilles».

Jardin de Saint-Pierre-le-Puellier. Maison de Tristan.

▲ Place Plumereau

Détail de la maison n° 12.

11 et 12. La maison (n° 12) est recouverte d'ardoises et possède des sculptures en bois, témoins de l'intense activité qui régnait ici au Moyen Âge : pèlerins vêtus de leur robe, munis de leur bâton et de leur bourse, rois et reines venus prier sur la tombe de saint Martin ▲ *206*, changeur royal, etc.

Un centre historique
Ce quartier fut épargné pendant les bombardements de la dernière guerre. Les immeubles, très délabrés, ont été l'objet d'une campagne de restauration qui débuta en 1966. Pour redonner vie à ce quartier, la faculté des lettres a été construite à proximité, les rues sont devenues piétonnières et l'ancien parking de la place est aujourd'hui un lieu de rencontre, bordé de cafés et de restaurants.

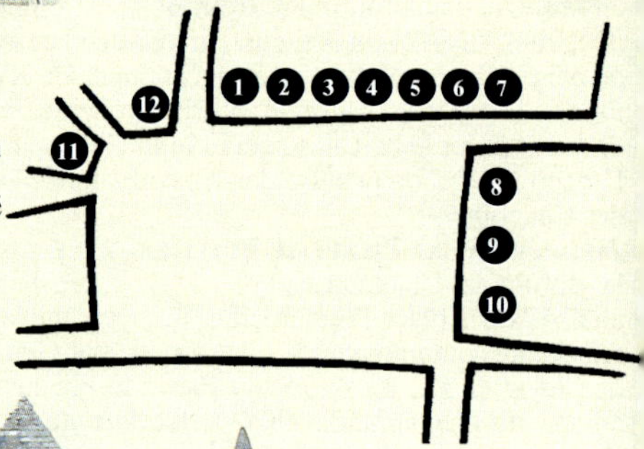

Détail du balcon en fer forgé de la maison n° 10 et détail d'une façade à pans de bois ● *72*.

8 À 10. Dans ce groupe de maisons, à l'ouest de la place, on remarquera la maison n° 10 de style néo-Renaissance. Elle porte la date 1845 au deuxième étage, au-dessus du chapiteau de droite, et possède d'admirables balcons en fer forgé.

La maison n° 9 abrite le café du Vieux Mûrier, l'un des plus typiques du quartier. Juste en face, un mûrier blanc rappelle que Tours dut longtemps sa prospérité à l'industrie de la soie ▲ *260*.

Détails de la maison n° 11.

1 À 7. Ces maisons, des XVe et XVIe siècles (la n° 2 a une façade en pierre du XVIIIe siècle), furent construites sur des parcelles étroites et profondes. Les rez-de-chaussée, en pierre, abritaient des échoppes. À l'arrière, un escalier en vis ● *68*, situé dans une tour, desservait les étages.

Place du Grand-Marché.

Le gemmail
C'est une sorte de vitrail très épais reproduisant, le plus souvent, un tableau contemporain.

Le gemmiste le reconstitue à l'aide d'épais fragments de verre de différentes couleurs, qu'il dispose en plusieurs couches. La composition est ensuite placée dans un four où la chaleur rend l'ensemble solidaire. Le gemmail est éclairé par-derrière pour mettre en valeur toute la richesse de ses couleurs. Le premier gemmiste qui s'installa à Tours fut Roger Malherbe-Navarre, dans les années soixante.

Rue du Poirier. Au n° 2, à l'angle de la rue Briçonnet, se trouverait le plus ancien édifice de Tours. La façade, datée du XIIe siècle, a été restaurée avec le plus grand soin.
Rue du Mûrier. Au n° 7 se trouve l'hôtel Étienne Raimbault, construit en 1825 sur des vestiges de maisons des XIIe et XVe siècles. Il abrite le Musée du Gemmail. C'est un musée original qui possède un atelier de démonstration.
Rue des Cerisiers. Elle porte le nom des Serisiers, une famille de fabricants de soie ▲ *260* qui y demeurait au XVIIIe siècle. Au n° 7, un petit hôtel du XVe siècle était, au siècle dernier, une pension pour demoiselles décrite par Balzac ▲ *240* dans les premières pages du *Père Goriot*.
Rue des Orfèvres. Au n° 4, l'hôtel construit par Pierre Taffu, conseiller de Louis XIV vers 1696, possède à l'étage des têtes de couleur rouge ornant les fenêtres. Un peu plus loin, la rue du Petit-Soleil doit son nom à l'enseigne d'une ancienne hôtellerie.
Rue du Président-Merville. Cette rue est la limite ouest de la zone détruite durant la Seconde Guerre mondiale. Au XVe siècle, elle abritait l'hôtel de ville et le palais de justice. Au n° 3, la maison est occupée par le musée d'Histoire naturelle.

Rue du Change. Son nom rappelle que les moines de Saint-Martin avaient obtenu du roi Clovis, au VIe siècle, le droit de battre monnaie. Les changeurs étaient nombreux dans cette rue. Entre le n° 14 et le n° 16, on aperçoit au fond de la ruelle la façade de l'ancienne église Saint-Denis. Au n° 11, à l'angle de la rue de Châteauneuf, la maison à tourelle en encorbellement fut celle de Jean Briçonnet ▲ *209*.
Place de Châteauneuf. C'était le carroi aux légumes. Au n° 15, l'hôtel de la Croix Blanche, ou des Ducs

de Touraine, date du XVe siècle. Dans sa cour (ancien cimetière paroissial) se trouve l'église Saint-Denis, entrée principale rue du Change (ne se visite pas).

RUE DE CHÂTEAUNEUF. Le n° 17, près de l'hôtel Briçonnet, avec une façade du XIXe siècle en style néo-Renaissance, et le n° 19 cachent l'ancienne église Sainte-Croix. Des vestiges sont visibles depuis le petit square de la rue Royer. La rue du Panier-Fleuri, toute proche, s'appelait au Moyen Âge rue de la Pisserie (vouée à la prostitution).

RUE DE LA RÔTISSERIE. Elle marque la limite nord de l'enceinte de Châteauneuf. Au n° 3, la maison de l'Architecte, du XVe siècle, porte un masque orné d'un nœud papillon, symbolisant l'architecture. Il est dû à Albert Archambault et date de 1972. Le n° 3 *bis* recèle sur la droite un magnifique escalier en bois à balustres, du XVIe siècle. Cet escalier a été déplacé lors des restaurations. Une vigne, plantée il y a quelques années, est au moment des vendanges honorée par les Entonneurs rabelaisiens ▲ *246*. Les raisins sont transformés en confiture.

PLACE DU GRAND-MARCHÉ. Ancien carroi aux herbes, cette place servait également au pilori. Elle présente sur son côté ouest de belles maisons à pans de bois. À l'est, entre le n° 54 et le n° 56, l'ancien hôtel du Trésor de Saint-Martin possède un important portail du XVe siècle.

RUE BRETONNEAU. Jadis dénommée rue de la Boule-Peinte, cette rue aurait été celle des corporations de vernisseurs, encaustiqueurs et finisseurs de meubles.

RUE DE LA SERPE. Au n° 3 se dresse une demeure qui aurait appartenu au XVe siècle à Jean Bourdichon ▲ *227*, peintre et enlumineur de Louis XI, Charles VIII et François Ier. Des moulures soutenues par des culs-de-lampes sculptés de personnages séparent le rez-de-chaussée des étages.

RUE DE LA GROSSE-TOUR. Au n° 22, dans la vitrine de la Fédération compagnonnique des métiers du bâtiment, sont exposés de nombreux chefs-d'œuvre ▲ *200*.

RUE DU PETIT-SAINT-MARTIN. Au n° 22 se trouve la chapelle du Petit-Saint-Martin. Cet édifice aurait remplacé au XIVe siècle un oratoire élevé à l'endroit où le corps de saint Martin, apporté de Candes ▲ *271* par bateau, aurait été déposé. Actuelle École de restauration d'œuvres sculptées de Tours, elle ne se visite pas.

FOIRE À L'AIL ET AU BASILIC
Tous les ans, le jour de la Sainte-Anne, la place de Châteauneuf retrouve son animation d'antan avec cette foire qui s'étend à toutes les rues avoisinantes.

LA LIVRE TOURNOIS
Friandise tourangelle aujourd'hui, à gauche. De 1493 à 1772, on frappait la monnaie à Tours. La livre tournois n'était pas une pièce mais une unité de comptes entre commerçants : elle se divisait en douze sous et le sou en douze deniers. L'ordonnance de 1667 fit de la livre tournois la dernière monnaie en France jusqu'à l'adoption du système monétaire actuel.

VICTOR LALOUX
(1850-1937)
Cet architecte tourangeau est le concepteur de nombreux édifices : l'hôtel de ville, la basilique Saint-Martin ▲ *205* et la gare, à Tours ; la célèbre gare d'Orsay à Paris ; l'hôtel de ville, à Lille.

MARCHÉ AUX FLEURS
Chaque semaine, le mercredi et le samedi toute la journée, le marché aux fleurs du boulevard Béranger offre un merveilleux spectacle de couleurs et d'odeurs. C'est le deuxième marché aux fleurs de France après celui de Nice.

PLACE JEAN-JAURÈS

Dénommée «place des Portes-de-Fer» au XVIIIe siècle, car elle était fermée par des grilles à trois battants, la place constituait l'entrée sud de la ville.

PALAIS DE JUSTICE. (1840 à 1843) Sa prestigieuse colonnade dorique s'inspire du style néo-classique en honneur à cette époque.

HÔTEL DE VILLE. Inauguré en 1904, il fut bâti sur les plans de Victor Laloux (ci-contre). Le balcon est soutenu par quatre atlantes colossaux, œuvre du sculpteur François Sicard (1862-1934). Les dieux-fleuves, étendus de chaque côté de l'horloge, sont d'Antoine Injalbert (1845-1933). Les sculptures des frontons figurent, à gauche, la Force et le Courage auxquels répondent, à droite, l'Éducation et la Vigilance. La façade, comme l'escalier intérieur et tout le décor, est un hymne à la République.

«BRASSERIE DE L'UNIVERS». Elle recèle une verrière multicolore du XIXe siècle, ornée de scènes de fête.

AUTOUR DU BOULEVARD HEURTELOUP

Aménagés à partir de 1843, les boulevards, jadis plantés d'ormes, sont aujourd'hui ombragés de platanes et d'érables.

LA GARE. (1894 à 1898) Construite d'après les dessins de Bonnaudet pour le bâtiment, et de Victor Laloux pour la façade. Ses deux ailes en pierre retiennent une grande armature métallique.

CENTRE DES CONGRÈS VINCI. (vue, en haut, à droite) Situé face à la gare, ce bâtiment moderne est l'œuvre de Jean Nouvel, architecte de l'Institut du monde arabe et de la fondation Cartier, à Paris, ainsi que de l'Opéra de Lyon.

HÔTEL MAME. (Nos 17 et 19, rue Émile-Zola.) Il est appelé aussi hôtel Lefebvre de Montifray ● *75*, du nom de son commanditaire, marchand de Tours, au XVIIIe siècle. La famille Mame ▲ *215* l'habita longtemps. Depuis la rue, on peut admirer la façade et son riche décor XVIIIe siècle.

AUTOUR DU BOULEVARD BÉRANGER

Au siècle dernier, ce boulevard était la promenade préférée des Tourangeaux.

PRIEURÉ SAINT-ÉLOI. (extrémité ouest du boulevard.) Le prieuré abrite aujourd'hui les Archives municipales de Tours. Fondé au Xe siècle sous le nom de l'Orme-Robert,

Tours, Centre des congrès Vinci réalisé par Jean Nouvel.

il fut consacré au XIIe siècle à saint Éloi (conseiller et grand argentier du roi mérovingien, Dagobert), qui aurait exécuté ici même la châsse de saint Martin.

Cité Alfred-Mame. Cette cité ouvrière, édifiée par Alfred Mame dans l'esprit social et paternaliste de la seconde moitié du XIXe siècle, est organisée autour d'une place carrée. Les maisons, aux encadrements de fenêtres et aux angles en brique et pierre (ci-contre), sont solidaires les unes des autres pour former les quatre côtés de la cour. Chacun des bâtiments est composé d'un avant-corps central.

Les jardins publics de Tours

Deux cents jardiniers entretiennent les 335 ha d'espaces verts, y compris les rives du Cher. Les plus prestigieux sont le jardin Botanique et le jardin des Prébendes d'Oé.

Jardin des Prébendes d'Oé. Le quartier des Prébendes était à l'origine couvert de marais. C'était au Moyen Âge le quartier des maraîchers. Ces derniers devaient s'acquitter des prébendes (revenus fixes accordés à un ecclésiastique), pour pouvoir exploiter les terres du prévôt d'Oé, chanoine de Saint-Martin. Ce magnifique parc à l'anglaise, de 4 ha, a été dessiné en 1872 par les frères Buhler, également auteurs du parc du Thabor à Rennes et de celui de la Tête-d'Or à Lyon.

Jardin Botanique. Créé en 1843, c'est le premier parc public de Tours. L'entrée principale se trouve boulevard Tonnelé. À partir de 1838, il est organisé, sur 5 ha, par Jean-Anthyme Margueron, dans l'ancien lit du «Ruau Sainte-Anne» (canal percé par Louis XI et portant le nom de sa fille, Anne de Beaujeu). Une partie est réservée à l'étude des plantes par les étudiants en pharmacie. Une autre est aménagée en arboretum avec environ deux cents arbres de multiples variétés dont un charme pyramidal de presque cent cinquante ans. Le jardin est divisé par une grande allée : d'un côté, les plantes de bruyère et de rocaille, et de l'autre, un jardin retraçant l'évolution des familles végétales. La grande allée mène à une serre chaude d'exposition ouverte au public et à une orangerie.

Alfred Mame
(1811-1893)
Héritant l'imprimerie familiale en 1833,

Alfred Mame va donner à l'entreprise un nouvel essor, notamment dans le domaine de l'édition. L'imprimerie du centre de la ville, qui a brûlé pendant la Seconde Guerre mondiale, fut reconstruite à l'extérieur de Tours. Les éditions Mame, spécialisées dans les ouvrages religieux, les beaux-livres et les albums pour enfants, sont aujourd'hui installées à Paris.

Arboretum du Jardin Botanique
Là se mêle au jardin, un espace animalier avec un parc aux cerfs, une bergerie, une oisellerie, une porcherie, un poulailler, ainsi que des tortues d'eau, des kangourous et aussi des ours.

▲ Tours vers Valençay par Chenonceau

1. Tours 2. Cormery 3. La Loire 4. Pagode de Chanteloup 5. Amboise 6. Chenonceau 7. Loches 8. Beaulieu-lès-Loches 9. Chapelle Saint-Jean-du-Liget

env. 100 km
1 journée

"Le Cher indolent, paresseux même, coulait sans hâte dans son lit spacieux parmi les prairies bordées d'acacias, de saules, de peupliers. Il flânait des sables solognots à l'argile de Valençay jusqu'aux calcaires précédant Montrichard, en attendant de se mettre en habit de cour pour atteindre Chenonceaux."
Robert Sabatier

Château de Montpoupon Un premier château fort occupait ce site de charme dès le XIIIe siècle. Il commandait la voie d'Aquitaine. Après la guerre de Cent Ans, cette forteresse quadrangulaire a été transformée en résidence d'agrément dans le style première Renaissance ● *68*. Elle abrite un musée du Veneur ● *52*.

Entre le Cher et l'Indre

À l'est de Tours, s'ouvre une campagne vallonnée et piquetée de bois, s'insinuant entre les rivières du Cher et de l'Indre, que l'histoire et les demeures anciennes rattachent néanmoins au Val de Loire. Autrefois partagée entre les provinces de Touraine et du Berry, aujourd'hui divisée par les départements de l'Indre-et-Loire et de l'Indre, c'est à la géologie que l'on doit l'unité de cette région, étendue sur des terres argileuses et assez pauvres que l'on nomme ici des «gâtines» ● *12*.

Gâtines, bois et forêts. L'indigence des terrains fait de la région avant tout un pays de forêts : pointe de la forêt d'Amboise au cœur de Chenonceau ; vaste forêt de Loches dès les portes de la vieille cité ; forêt de Brouard dominant Montrésor ▲ *231* ; bois du Biard encerclant Montpoupon (ci-dessous) ; bois de Luçay soulignant Nouans-les-Fontaine ▲ *231* ; forêt de gâtine ● *80*, enfin, autour de Valençay ▲ *232*. Ainsi sans discontinuité passe-t-on de la Champeigne tourangelle à la Champagne berrichonne.

Défense. Mais si la nature a créé les forêts, l'homme a su défricher des clairières, assécher des marécages et bâtir des villes et des forteresses.

Collégiale et château de Saint-Aignan.

Les cités médiévales de Loches ▲ *224* et de Montrésor ▲ *231*, le château de Montpoupon et les imposantes ruines du donjon carré de Montrichard avouent des temps où il fallait d'abord se protéger.

PRIÈRE. Afin de remercier Dieu de sa sauvegarde, l'homme se devait aussi de construire des édifices à sa gloire comme en attestent toujours la Chartreuse du Liget ▲ *230* et la collégiale de Saint-Aignan ● *59*, une des plus belles églises romanes dont la crypte recèle de somptueuses peintures murales (détail, ci-dessous) datées des XIIe, XIVe et XVe siècles.

C'est depuis la chaussée des ponts qu'il faut découvrir la ville de Saint-Aignan (ci-dessus) : la blanche silhouette de la collégiale et la masse du château Renaissance se détachent sur les hauteurs de la rive gauche du Cher. Blotties tout autour, les maisons s'étagent sur le versant de la colline et descendent jusqu'aux rives verdoyantes de la rivière.

DOUCEUR DE VIVRE ET PLAISIRS. Plus tard, vinrent heureusement des époques plus clémentes, où le plaisir devint le maître mot et la beauté, la recherche absolue, dont témoignent les châteaux de Valençay et de Chenonceau. Ce dernier inspira l'écrivain Alfred M'Mahon dans ses *Chroniques de Touraine* : «Comme une nymphe antique, Chenonceaux baigne ses pieds nus dans les eaux transparentes du Cher, et livre aux reflets du couchant son front rêveur [...]».

PARC DE BEAUVAL (à 2 km au sud de Saint-Aignan.) Installé à Beauval depuis 1981, ce parc ornithologique et zoologique regroupe, sur plus de 8 ha, 2 000 oiseaux qui côtoient des singes et des fauves. Parmi eux, les ours du film de Jean-Jacques Annaud, *L'Ours*, et un couple de tigres blancs, uniques en France, tiennent la vedette.

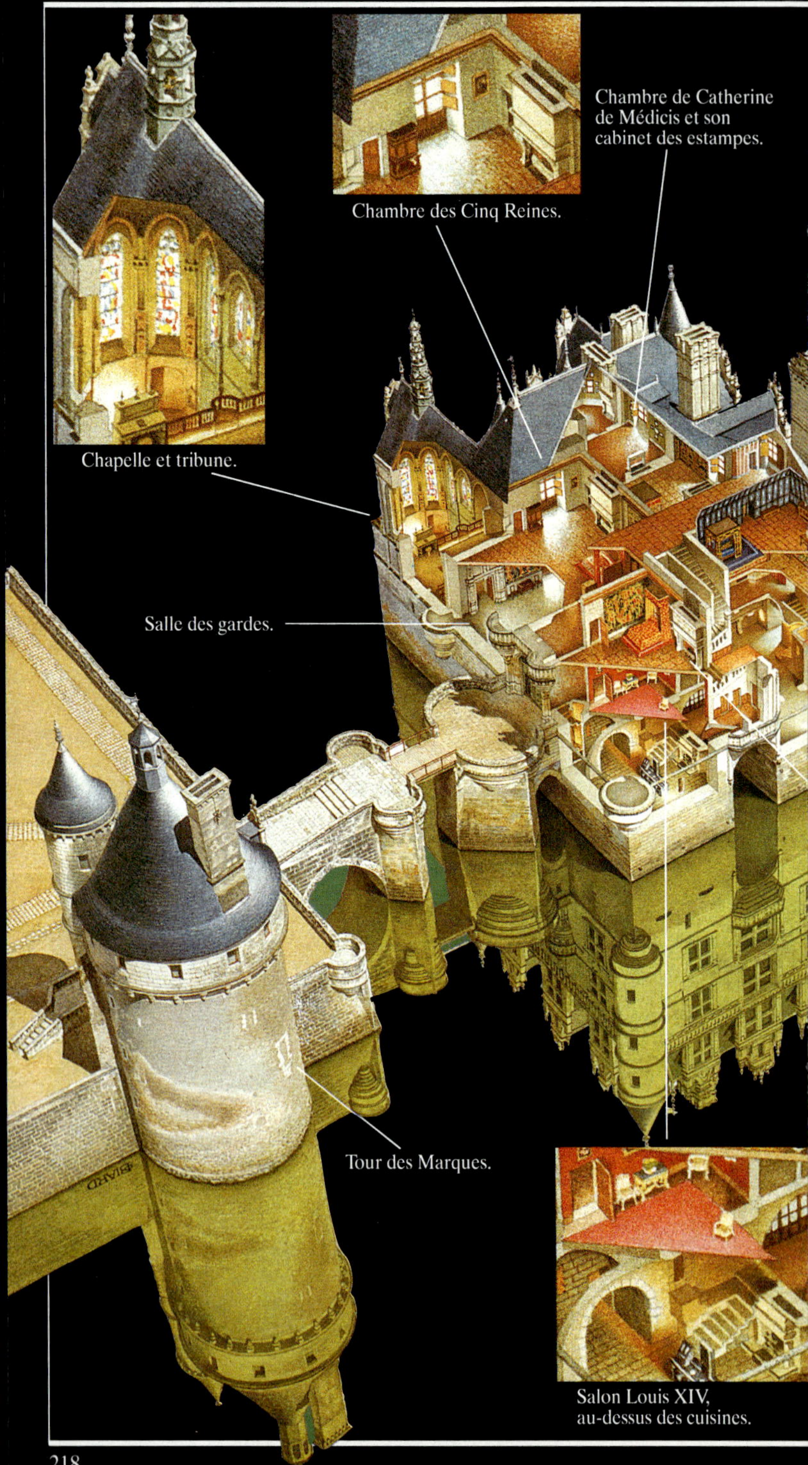
Chambre des Cinq Reines.
Chambre de Catherine de Médicis et son cabinet des estampes.
Chapelle et tribune.
Salle des gardes.
Tour des Marques.
Salon Louis XIV, au-dessus des cuisines.

Chambre de Louise de Lorraine.

Chambre de César de Vendôme.

Accès à la rive gauche.

Galerie.

Chambre de Gabrielle d'Estrées.

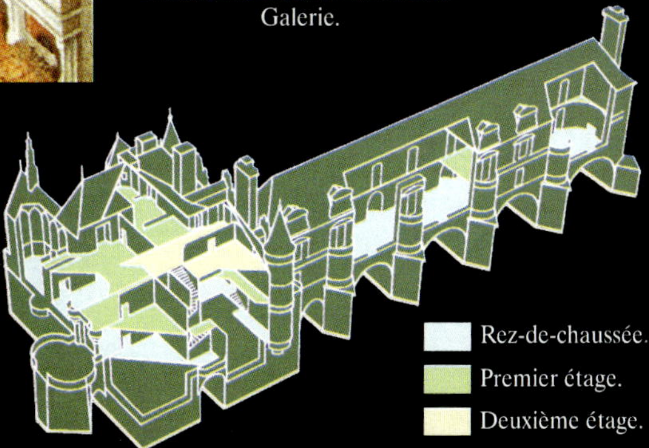

«LE BAIN DE DIANE» (Ci-dessus.)
Cette huile sur bois de François Clouet (v. 1510-1572) célèbre le triomphe de la nouvelle Diane, Marie Stuart, épouse de François II (souvent identifié comme étant le cavalier alors que la femme assise serait la reine Catherine de Médicis).

HISTOIRE DE CHENONCEAU (K7)

Barrière d'élégance édifiée en travers du Cher, le château de Chenonceau est séduisant en tout point.
Le site exceptionnel, la conception originale de château-pont, la richesse de la décoration, en font l'un des bijoux d'architecture de la Renaissance française ▲ *69*.

LE FRUIT D'UNE DETTE. Vers 1230, Chenonceau n'est alors qu'un modeste manoir féodal appartenant à la famille des Marques. Rasé en 1411, le château est reconstruit en 1432 par Jean Marques. Son fils, Pierre, criblé de dettes, est contraint de le vendre au Tourangeau Thomas Bohier, receveur général des Finances de Normandie. Entrant en possession de Chenonceau le 8 février 1513, Thomas Bohier ne conserve du château précédent que le donjon, dit tour des Marques, et les fondations d'un moulin, utilisées pour construire le nouveau logis sur le Cher. En 1515, les travaux commencent. Thomas Bohier parti se battre aux côtés de François Ier, dans le Milanais, c'est sa femme, Catherine Briçonnet, qui surveille le chantier. Plus tard, leur fils devra abandonner, lui aussi ▲ *238*, le château à la Couronne pour régler d'importantes dettes au Trésor et éviter de connaître le même sort que Jacques de Beaune-Semblançay ▲ *209*.

LA PRÉFÉRENCE DE DIANE. Le connétable de Montmorency prend possession du château, au nom du roi, en 1535. Chenonceau est déjà suffisamment magnifique pour être présenté à l'empereur Charles Quint lors de sa visite de 1539. Henri II, dès son avènement, en 1547 ▲ *40*, en fait don à Diane de Poitiers, sa favorite. Très attachée à Chenonceau, Diane décide de construire un pont reliant le château des Bohier à l'autre rive du Cher. La commande est passée à Philibert de L'Orme en 1556 qui, durant trois ans, assure la direction des travaux.

LES FÊTES DE CATHERINE. La mort d'Henri II, en 1559, entraîne la chute de la favorite et Chenonceau passe aux mains de Catherine de Médicis. La reine mère, confrontée à la jeunesse

SIX CHÂTELAINES POUR UN CHÂTEAU
Fait rare dans l'histoire des châteaux de France, Chenonceau fut essentiellement œuvre de femmes. Successivement, Catherine Briçonnet, de 1513 à 1526 ; Diane de Poitiers (ci-contre, à gauche), de 1547 à 1559 ; Catherine de Médicis (ci-contre, en bas), de 1559 à 1589 ; Louise de Lorraine (ci-contre, en haut), de 1589 à 1600 ; madame Dupin (ci-contre, à droite), de 1733 à 1799 ; et madame Pelouze, de 1863 à 1875, furent les artisanes de la construction, conservation ou rénovation de ce chef-d'œuvre de l'art Renaissance.

Vue du château avant le réaménagement de la terrasse de la tour des Marques et des jardins.

du nouveau roi François II, aux intrigues de la Cour et aux premiers affrontements entre catholiques et protestants, fait de Chenonceau un lieu de plaisirs et d'intrigues. Elle y donne de splendides fêtes connues sous le nom de «Triomphes de Chenonceau» et elle use du charme de son «escadron volant», composé de ses dames d'honneur, jeunes femmes de la meilleure aristocratie, très belles et galantes, chargées de séduire les plus hauts seigneurs pour mieux les espionner. Catherine n'en oublie pas pour autant Chenonceau. Elle fait édifier sur le pont de Diane, entre 1570 et 1576, une galerie à double étage, modifier la façade nord du logis et adjoindre à l'est un petit corps entre la chapelle et la librairie, ainsi que des communs dans l'avant-cour, entre 1580 et 1585. Elle avait également envisagé de bâtir, à l'extrémité de la galerie, sur la rive droite du Cher, un nouveau logis qui n'a jamais été exécuté.

La Reine Blanche. En 1589, Catherine de Médicis, avant de mourir, lègue Chenonceau à Louise de Lorraine, femme d'Henri III. Quelques mois après l'assassinat du roi, Louise se retire au château, où elle mène une vie de recluse, toujours vêtue de blanc, symbole du deuil royal. À sa mort, Chenonceau connaît un long siècle d'abandon.

Le temps des beaux esprits. En 1730, le fermier général Claude Dupin acquiert Chenonceau et lui redonne sa splendeur. Sa femme, la fille naturelle du richissime banquier protestant de Louis XIV, Samuel Bernard, y organise de grandes réceptions, invitant les philosophes et hommes d'esprit aux noms familiers : Rousseau, Voltaire, Fontenelle, Buffon, Condillac, Montesquieu, madame du Deffand. Durant la Révolution, le château échappe aux destructions parce qu'il était le seul pont sur le Cher entre Montrichard (Loir-et-Cher) ▲ *217* et Bléré.

La rénovation. Madame Dupin s'éteint à Chenonceau en 1799, à 93 ans. Son héritier est le comte de Villeneuve, l'un de ses neveux. À la mort de celui-ci, en 1863, le château est acheté par madame Pelouze, qui confie sa restauration, d'après les plans de Du Cerceau, à Félix Roguet, le constructeur de l'église Sainte-Clotilde à Paris. L'architecte ouvre son chantier en 1865 ; il durera dix ans. Les principaux travaux sont effectués sur les façades nord et est du logis des Bohier. La presque totalité du décor intérieur est également refaite à cette époque. Le château est, depuis 1913, la propriété de la famille des chocolatiers Menier.

Une orthographe variable. À la Révolution, le nom de Chenonceaux, avec un « x », désignait le village et celui de Chenonceau, sans « x », le château. Aujourd'hui, les deux orthographes sont admises.

Et Jean-Jacques vint au château
Jean-Jacques Rousseau (1712-1778), précepteur du fils de madame Dupin, se rend à Chenonceau. Il y donne la première représentation du *Devin de village*. Dans ses *Confessions*, il écrira : «En 1747, nous allâmes passer l'automne en Touraine, au château de Chenonceau... On s'amusa beaucoup dans ce beau lieu ; on y faisait très bonne chère ; j'y devins gras comme un moine.»

UNE DEVISE PROPHÉTIQUE
(Au centre)
Sur la tour des Marques, on peut lire les initiales TBK : Thomas Bohier et Katherine (Catherine), que l'on retrouve, dans le château, associées à la devise de Thomas Bohier : «S'il vient à point, me souviendra», que l'on peut interpréter ainsi : «Si ce château se termine, on se souviendra de moi.»

❝Je ne sais quoi d'une suavité singulière et d'une aristocratique sérénité transpire au château de Chenonceaux. Placé au fond d'une grande allée d'arbres, à quelque distance du village qui se tient respectueusement à l'écart, bâti sur l'eau, entourée de bois, au milieu d'un vaste parc à belles pelouses, il lève en l'air ses tourelles, ses cheminées carrées.❞

Gustave Flaubert, *Par les champs et par les grèves*

VISITE DU CHÂTEAU

Véritable château sur l'eau, c'est sans conteste depuis les bords verdoyants du Cher qu'il s'offre, majestueux, donnant l'impression d'une demeure onirique. Là, il révèle toute son ampleur ainsi que le contraste de sa longueur et du dénivelé des trois éléments qui le composent : la tour des Marques, le château des Bohier et la galerie.

LA TOUR DES MARQUES. Séparé par un premier pont du château proprement dit, cet ancien donjon a été conservé par les Bohier pour souligner l'ancienneté des lieux. S'il a gardé son aspect médiéval, avec mâchicoulis et chemin de ronde, sa partie est a été agrémentée, au XVIe siècle, d'une tourelle raffinée et de sculptures flamboyantes en tuffeau, annonçant déjà la composition du nouvel édifice.

LE CHÂTEAU DES BOHIER. Il apparaît comme posé sur les arches de l'ancien moulin, au-dessus du Cher, et présente tout le charme de l'architecture Renaissance. Conçu volontairement comme un édifice régulier, il voit les mêmes mesures ou leurs multiples se répéter partout. Ce trait, accentué par les quatre tourelles d'angle, est toutefois rompu du côté est par deux constructions annexes édifiées sur les avant-becs des piles : à droite, la chapelle, et à gauche, la bibliothèque appelée alors librairie.

La tour des Marques et l'intérieur de la chapelle.

LE REZ-DE-CHAUSSÉE. Il s'organise autour d'une galerie au sol couvert de carreaux émaillés, sur laquelle ouvrent de grandes salles comme la chambre de François Ier et la chambre de Louis XIII, dernier roi venu au château. De la salle des Gardes, remaniée au XVIIIe siècle, on pénètre dans la petite chapelle à l'abside triangulaire. Les deux rivales, Diane de Poitiers et Catherine de Médicis, ont laissé leur marque à Chenonceau. Une chambre aux murs recouverts de magnifiques tapisseries des Flandres du XVIe siècle porte le nom de la première ; le cabinet Vert, cabinet de travail de la seconde, la reine mère, est appelé ainsi car elle l'avait entièrement habillé de velours vert. Ne pas manquer la visite des cuisines aménagées à l'intérieur des piles du Cher. Cet emplacement permettait la livraison directe des marchandises apportées par bateau ● *46*.

LE PREMIER ÉTAGE. On y accède par un remarquable escalier, d'inspiration italienne, à rampes droites et clefs sculptées, qui est l'une des innovations les plus marquantes du château. Le vestibule, dit de Catherine Briçonnet, dessert quatre pièces. Du côté ouest se trouvent la chambres supposée de César de Vendôme, fils légitimé d'Henri IV, puis celle de sa mère, la belle Gabrielle d'Estrées.

En face, la chambre de Catherine de Médicis présente un riche décor de peintures datant de la Renaissance italienne. La dernière pièce porte le nom de chambre des Cinq Reines, probablement en souvenir des deux filles et des trois brus de Catherine de Médicis.

LE DEUXIÈME ÉTAGE. Il ne comporte qu'une pièce dans laquelle a été reconstitué le décor sépulcral de la chambre de Louise de Lorraine (attributs funéraires, larmes d'argent… peints sur fond noir).

LA GALERIE. Elle prend appui sur le pont à cinq arches qui enjambe le Cher. Son architecture est déjà classique. Conçue initialement comme une salle des fêtes, elle est longue d'environ 60 m et comporte deux grandes cheminées à ses extrémités. On pourra l'emprunter pour sortir se promener sur la rive gauche de la rivière, d'où la vue sur le château est exceptionnelle. Une promenade en barque, qui permet de passer sous les arcades de la galerie et de rejoindre l'île située au milieu du Cher laissera un souvenir impérissable.

LES JARDINS. Le château est entouré de deux jardins à la française. Le plus vaste est celui de Diane, tandis que le plus petit a été dessiné pour Catherine. Le Jardin vert, plus au nord, est de style anglais. Dans les bois, entre l'entrée et les jardins, on découvre un portique décoré de quatre cariatides. Ajouté sur la façade du château des Bohier par Catherine de Médicis, il en a été retiré et déplacé au XIXe siècle. Dans les communs, les Dômes, un musée de cire retrace les grandes heures de Chenonceau.

LA GALERIE ET LES GUERRES
Une plaque commémorative rappelle qu'au cours de la Première Guerre mondiale, Gaston Menier fit aménager le château en hôpital. Entre 1940 et 1942, nombre de personnes, pour traverser la ligne de démarcation constituée par le Cher, utilisèrent la galerie (ci-dessus) : sa porte sud ouvrait sur la zone libre alors que le château était en zone occupée.

VILLAGE DE CHENONCEAUX
Son église du XIIe siècle a été remaniée au moment où les Bohier ont construit leur château. De cette époque date la maison dite des Pages de François Ier dont on remarquera la tour d'escalier polygonale et les fenêtres à meneaux.

LOCHES

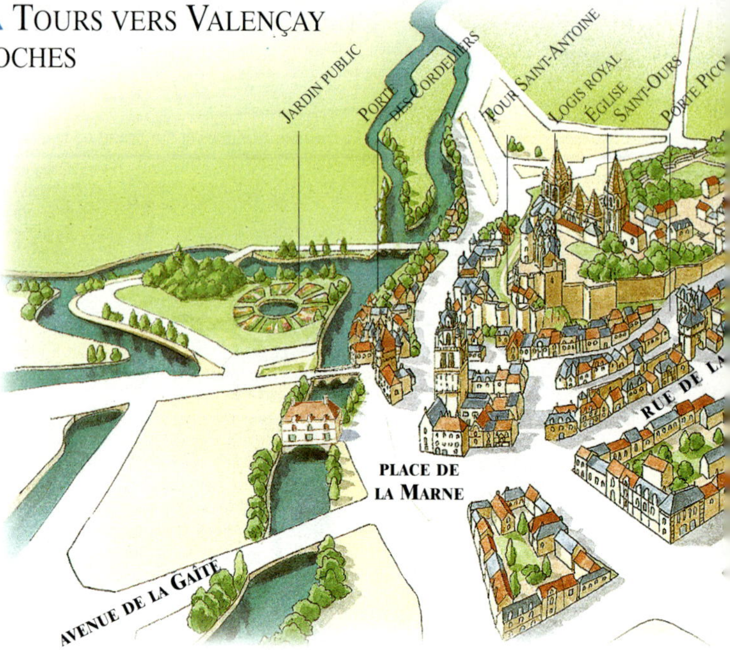

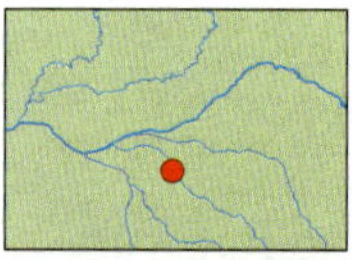

Loches, la tour Saint-Antoine et la porte des Cordeliers.

HISTOIRE DE LA VILLE

● *65* (K8)

À la jonction de deux voies romaines et dominant l'Indre, Loches occupe une place stratégique qui permettait de surveiller tout le pays alentour, de contrôler la circulation des marchandises et des troupes. Avec son donjon, sa collégiale, son logis royal et ses vieilles maisons, la ville est l'un des ensembles les plus complets que nous ait légués le Moyen Âge.

UNE PLACE CONVOITÉE. Au Ve siècle, cet oppidum attire un moine, saint Ours, qui y crée un monastère. Charles le Chauve (823-877) construit un château qu'il donne à l'un de ses vassaux ; ses descendants le transmettent par mariage à Foulques le Roux, comte d'Anjou et grand-père de Foulques Nerra ● *297*. Cette place forte constitue un atout important pour les Angevins dans leur lutte contre la famille de Blois. À la fin du XIe siècle, le formidable donjon est érigé à l'extrémité sud de l'éperon. Les Plantagenêts conservent Loches

“Loches est certainement la ville qui procure les plus grandes sensations à celui qui voyage dans le centre de la France. Elle surplombe la vallée de l'Indre [...] dressant, du sommet de la colline qu'elle occupe jusqu'à sa base, un labyrinthe de terrasses, remparts, tours et flèches.”

Henry James, *Voyage en France*

jusqu'en 1205, date à laquelle Philippe Auguste parvient à s'en emparer et l'offre à l'un de ses officiers.

Propriété de la couronne de France. Saint Louis, conscient de l'intérêt stratégique de l'endroit, rachète Loches en 1249. Pendant six siècles, la forteresse appartiendra aux rois de France. C'est au début de cette période que l'éperon rocheux est ceinturé de murailles et de tours défensives. À partir des séjours de Charles VII et de sa cour, l'agrément l'emporte. Toutefois, le souverain, dont le royaume est menacé par les Anglais, est rassuré par les possibilités de défense de Loches.

Quand le donjon devient prison. La ville est délaissée par Louis XI, chassé par les mauvais souvenirs d'une enfance passée entre ses murs épais.

Des prisonniers «artistes»
Le donjon et ses constructions annexes ont abrité toutes sortes de prisonniers. Ludovic Sforza, duc de Milan (1452-1508), perd le Milanais à l'avènement de Louis XII. Le roi l'enferme à Loches de 1500 jusqu'à sa mort. Pour s'occuper, il décore sa cellule d'étoiles, de couleuvrines et de sentences. Dans un autre cachot, deux détenus ecclésiastiques ont gravé dans la muraille un autel et les quatorze tableaux d'un chemin de Croix.

La ville de Loches, lithographie du XIXe siècle.

RESTAURATIONS FANTAISISTES
Ces élévations de la cité royale et du logis (ci-dessus) ont été effectuées au XIXe siècle à la suite de restaurations. L'escalier monumental, gardé par des chiens de pierre, qui permet d'accéder aux salles du château, est une intervention de cette époque. L'appareillage des tourelles, les échauguettes, le chemin de ronde et autres fantaisies qui ornent le bâtiment sur toutes ses façades, également. Seule la tour d'Agnès Sorel, a conservé sa pureté d'origine.

Il se rapproche de Tours ▲ *196*. Le donjon devient alors prison d'État. Aux hommes d'armes et aux courtisans succèdent les prisonniers, hommes de cour coupables de trahison ou ennemis étrangers. La révocation de l'édit de Nantes ● *36* permet à Louis XIV d'y enfermer les chefs protestants. La Révolution y embastille nobles et bourgeois de la ville et des environs. Jusqu'au début de ce siècle, la forteresse continue à jouer son rôle de prison municipale. Cela lui a permis d'être entretenue.

ÉVOLUTION ET DÉVELOPPEMENT DE LA VILLE. La présence d'une telle forteresse habitée en permanence favorise la naissance d'une véritable petite ville à l'ouest de la cité royale, l'autre côté étant chaque hiver inondé par l'Indre et ses affluents. On construit alors une deuxième enceinte fortifiée, interrompue à chacune de ses extrémités et en son milieu par des poternes massives, hersées et crénelées, qui permettaient de surveiller les entrées. Ce n'est qu'au XIXe siècle que la ville, à l'étroit dans son corset de fortifications, s'étend sur les prairies avoisinantes et y construit son palais de justice.

LA CITÉ ROYALE

LA PORTE ROYALE. On pénètre dans la cité royale par la Porte royale, seul moyen d'accès depuis la disparition du pont-levis, qui franchissait au midi le fossé (actuel boulevard Philippe-Auguste). Cette porte fortifiée, reconstruite au début du XVe siècle, était défendue par deux ponts-levis. Il ne faut pas hésiter à monter au-dessus de la Porte royale (par le musée ▲ *228*), d'où la vue est superbe.

LE LOGIS ROYAL. Ce petit château domine, à l'ouest, une cour et un petit parc et, à l'est, une terrasse dont le parapet plonge à pic sur les bords de l'Indre et les maisons qui s'y groupent. La partie sud du logis royal fut construite à la fin du XIVe siècle et le côté nord un siècle plus tard.

VISITE DU LOGIS. Dans la première salle, le RETRAIT DU ROI, l'endroit où il couchait, on aperçoit la trace d'une cheminée supprimée au XIXe siècle, le passage muré vers la tour et les vestiges d'une tapisserie Renaissance découverte sous les lambris du presbytère tout proche. La GRANDE SALLE était plus haute au début du XVe siècle puisque la charpente était apparente et peinte de couleurs vives. Cette pièce est aussi

LES «FILLETTES» DE LOUIS XI
Pour son ministre, le cardinal Balue (v. 1421-1491), qui l'avait trahi pour Charles le Téméraire, le roi Louis XI invente, dit-on, les «fillettes», ces terribles cages de bois et de fer de la hauteur d'un homme.

appelée salle Jeanne d'Arc en souvenir de la rencontre entre le dauphin et Jeanne après la victoire d'Orléans ▲ *116* ; c'est là que Jeanne le convainquit d'aller à Reims et de se faire sacrer roi. On remarque une suite de tapisseries d'Audenarde (Flandres) et les murs de l'escalier d'origine qui donnait accès aux pièces de service et aux cuisines. Par une porte richement sculptée, on accède à la seconde partie du château, construite par Louis XII. Dans une salle ornée d'une cheminée provenant d'une ferme des environs, on découvre un superbe triptyque de Jean Bourdichon, peintre et miniaturiste tourangeau (v. 1457-1521) ▲ *213*. Cette œuvre appartenait à la chartreuse du Liget ▲ *230*.

AGNÈS SOREL, PREMIÈRE FAVORITE ROYALE OFFICIELLE. Une salle est consacrée à Agnès Sorel. Face à son gisant se trouve un volet du diptyque de Jean Fouquet ● *41, 88,* ▲ *242* la *Vierge au Lait* (l'original se trouve à Anvers), qui présente la Vierge sous les traits d'Agnès Sorel. Ce portrait est important car toutes les représentations de la favorite du roi sont posthumes. Or, Jean Fouquet, peintre officiel de Charles VII, l'a certainement rencontrée. L'iconographie postérieure s'est inspirée de cette œuvre. Agnès Sorel naît en Picardie à une date imprécise, de telle sorte que l'on ne peut savoir si c'est dans la vingtaine ou la trentaine qu'elle meurt, peut-être empoisonnée, le 11 février 1450. Dame de compagnie d'Isabelle de Lorraine (femme de René d'Anjou et belle-sœur du roi) elle rencontre, vers 1444, à Saumur, Charles VII et devient sa maîtresse. Au cours des cinq années qu'elle passe auprès du souverain, elle a trois filles qui seront légitimées et mariées selon leur rang.

COLLÉGIALE SAINT-OURS ▲ *228.* Enthousiaste, André Hallays, voyageur du début du siècle, affirme : «La collégiale de Saint-Ours, voilà la merveille de Loches, et une des merveilles de notre architecture religieuse.» L'église, ancienne collégiale Notre-Dame, est encadrée par deux clochers : l'un du XIe siècle, l'autre, un clocher-porche, construit un siècle plus tard. Après l'effondrement du toit qui reliait les deux tours, vers 1165, sont élevées les deux «dubes», ces pyramides creuses, peut-être inspirées des cuisines de l'abbaye de Fontevraud ▲ *274*. Coniques au départ, elles prirent leur forme octogonale au cours d'une restauration au XIXe siècle. On entre dans la collégiale par un narthex (avant-porche). Ajouté à l'église en même temps que

AGNÈS SOREL
La favorite du roi Charles VII scandalise la cour et le peuple par ses décolletés, ses hennins vertigineux et ses diamants. Son royal amant lui offre le château de Beauté-sur-Marne, la parant ainsi du titre de Dame de Beauté. Elle sut placer auprès du roi des conseillers de valeur tels Jacques Cœur ou Étienne Chevalier, qui, en échange, lui accordèrent leur protection. Les médaillons, représentant le portrait de Charles VII (ci-dessus) et ses armes ▲ *226* proviennent des vitraux du château.

ORATOIRE D'ANNE DE BRETAGNE
Il offre une riche décoration héraldique d'hermines accompagnée de sa devise : «Plutôt la mort que la souillure» et de cordelières rappelant qu'elle faisait partie du tiers-ordre franciscain.

ALFRED DE VIGNY
(1797-1863) ● *95, 100*
Réalisée par le sculpteur tourangeau François Sicard, la statue de l'écrivain sur la place de Verdun, rappelle qu'il naquit à Loches le 27 mars 1797.

les dubes, il a protégé le magnifique portail du début du XIIe siècle qui a gardé toute sa fraîcheur polychrome. Le collatéral méridional date du XIIe siècle et le septentrional, voûté d'ogives, du XVe siècle. De la collégiale, on se rend au donjon par un mail de tilleuls bordé de vieilles maisons.

LE DONJON ET SES FORTIFICATIONS ● *65.* À l'extrémité sud de l'éperon rocheux se dresse l'imposante masse du DONJON, auquel on accède par une barbacane et un pont-levis. Achevé vers 1070 par les comtes d'Anjou, le donjon rectangulaire (25 m sur 15 m) mesure 37 m de haut. La protection du donjon est renforcée d'enceintes successives au cours des siècles. Trois tours à bec complètent la défense méridionale de la place dès le XIIIe siècle. Les progrès de l'architecture militaire permettent la réalisation de trois nouveaux ouvrages à partir du milieu du XVe siècle : la BARBACANE d'entrée ; la TOUR NEUVE, ou tour Ronde, au point de jonction des remparts de la ville et de ceux du donjon ; le terrible MARTELET, une énorme chemise de maçonnerie creusée de souterrains, dans laquelle trois étages de cachots seront aménagés.

UN MUSÉE MÉCONNU. La MAISON LANSYER aménagée dans l'ancienne demeure familiale du peintre, dans un décor de style Napoléon III, présente au public un grand nombre d'œuvres d'Emmanuel Lansyer (1835-1893) ▲ *229*, élève de Gustave Courbet et de Viollet Le Duc. Dans ce cadre, récemment rénové, sont également exposés des gravures de Piranèse, Canaletto, Gustave Doré et des lavis de Victor Hugo. À voir également, une rare collection d'Art japonais.

Détail du portail de l'église Saint-Ours.

PROMENADE DANS LA VILLE

Le centre historique de la ville est, comme la cité royale, entouré de remparts de plus d'un kilomètre de long. En sortant de la forteresse par la Porte royale, au bout du mail de la Poterie, on trouve la maison natale de Louis Delaporte (1842-1925), dans la rue du même nom. Cet explorateur révéla l'importance et l'intérêt des ruines d'Angkor et rassembla des collections d'art indochinois qui formeront la base du musée Guimet, à Paris.

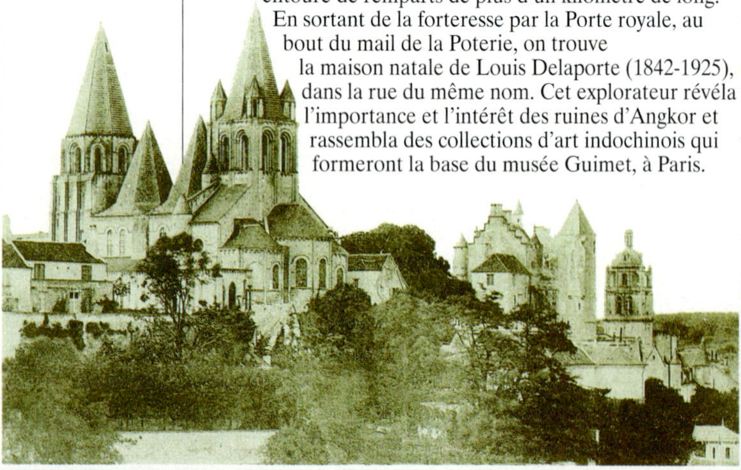

Rue du Château. De la Porte royale, on peut redescendre vers la ville par la rue du Château, en remarquant au n° 19 la MAISON DITE D'AGNÈS SOREL, en raison du buste de femme qui en surmonte l'entrée. Le bas-relief qui orne la façade du n° 10 donne son nom à cet édifice du XVIe siècle : la MAISON DU CENTAURE (en haut). La CHANCELLERIE (n° 8) présente un décor où percent les influences italiennes. Elle porte la date 1551 dans un cartouche, ainsi que le monogramme d'Henri II. Seules les deux inscriptions - *Prudentia nutrisco* (je me nourris de prudence) et *Justicia regno* (je règne par la justice) - justifient cette appellation car, au XVIe siècle, il n'y avait pas de chancellerie à Loches ! Enfin, au n° 1, une maison du XVe siècle, jouxtant une façade néogothique aux lourdes sculptures, a été récemment restaurée.

Les portes de la ville. La PORTE PICOIS (ci-contre), entrée nord-ouest de la ville, interrompt l'enceinte comme la porte des Cordeliers au nord-est et, avant sa démolition, la Poitevine au sud-ouest. Cette porte fortifiée a été construite au XVe siècle avec mâchicoulis et chemin de ronde, sur lequel on remarque la trace des projectiles tirés au cours des guerres de Religion.

Hôtel de ville. Il a été édifié contre la porte Picois en 1535, grâce à une autorisation de François Ier, en 1519. C'est un parfait exemple de l'architecture de la Renaissance.

Autour de la tour Saint-Antoine. Cette tour, construite entre 1529 et 1575, servait à la fois de beffroi et de clocher à une chapelle contiguë. Sur la PLACE DU MARCHÉ-AUX-LÉGUMES, on observe au n° 3 une tourelle de la fin du XVe siècle. Au n° 5 de la rue Saint-Antoine, l'hôtel Nau et ses trois étages de loggias date du milieu du XVIe siècle. Dans la Grand-Rue se trouve la plus ancienne pharmacie de la ville en activité depuis près de trois siècles.

Le long des remparts. Les murs à pic de la collégiale et du château surplombent la pittoresque rue Saint-Ours. On remarquera, aux n°s 13 et 15, les belles façades de la maison de l'Écuyer du Roi, puis, au n° 21, la tourelle Renaissance de la maison de l'Argentier du Roi et, au n° 10, l'entrée de

Bas-relief de la maison du Centaure
Hercule transperce d'une flèche empoisonnée le centaure Nessus, qui enlève Déjanire, sa femme. Provenant, semble-t-il, d'une cheminée du XVIIe siècle, ce décor a été placé au siècle dernier sur la façade.

Bas-relief de l'église Saint-Ours.

Emmanuel Lansyer (1797-1863)
Cette vue de Loches réalisée par le peintre Emmanuel Lansyer illustre parfaitement la phrase d'Onésime Reclus, voyageur du XIXe siècle : «Loches est une des villes les plus curieuses de France ; elle fait vivre mille ans en un jour.» Le peintre a légué à la municipalité sa maison, une partie de son œuvre ainsi que sa collection d'art japonais ; armures et estampes.

ABBAYE DE LA SAINTE-TRINITÉ
L'église abbatiale et son magnifique clocher datent en grande partie du XIe siècle, avec des adjonctions et des embellissements au XVe siècle.

l'ancien prieuré. On peut ensuite emprunter le boulevard Philippe-Auguste, qui suit très exactement le tracé de l'ancien fossé défensif.

BEAULIEU-LÈS-LOCHES (J8)

Sur la route qui mène de la porte des Cordeliers de Loches ▲ *229* à Beaulieu-lès-Loches, on voit à gauche d'abord l'imposant bâtiment de l'hôpital, construit au XVIIe siècle, puis la sous-préfecture, ancien hôtel d'Armaillé, et à droite, le manoir de Sansac, édifié sous le règne de François Ier dont le buste en terre cuite orne l'avant-corps de la façade.
ABBAYE DE LA SAINTE-TRINITÉ ♥. Le vieux bourg de Beaulieu, avec ses maisons des XVe et XVIe siècles, fut construit en bordure de la célèbre abbaye de la Sainte-Trinité, fondée en 1007 par Foulques Nerra ▲ *297*. Son fils, Geoffroy Martel, agrandit l'église au milieu du XIe siècle et y déposa le tombeau de son père. C'est l'un des plus grands édifices de cette époque subsistant en France. Après avoir connu une certaine prospérité, l'abbaye vécut des heures difficiles durant la guerre de Cent Ans ● *38*. Puis elle sera vendue comme bien national durant la Révolution.

CHARTREUSE DU LIGET ♥

Après avoir traversé la forêt de Loches par la route passant devant la pyramide des Chartreux, on accède à la chartreuse du Liget. Les quatre pyramides édifiés dans la forêt, au XVIIIe siècle servaient de repères pour les chasses à courre.
LE MONASTÈRE. Henri II Plantagenêt ● *38* achète, en 1178, un territoire de bois et d'eau vive et le donne aux chartreux pour qu'ils construisent un monastère, sans doute en expiation du crime de Thomas Becket, archevêque de Cantorbéry qui refusait de se soumettre. Vingt ans plus tard, le roi Jean d'Angleterre confirme la donation suivi par Louis IX, en 1234, inaugurant ainsi une tradition de libéralité des rois de France envers ces religieux. Une enfilade de portails et de grilles descendant jusqu'aux bâtiments conventuels accueille le visiteur. Sur le fronton du PORTAIL D'ENTRÉE monumental du XVIIIe siècle sont sculptés deux bas-reliefs représentant l'un, saint Bruno, fondateur de l'ordre des Chartreux en 1084, l'autre, saint Jean Baptiste, patron de ce monastère.
CHAPELLE SAINT-JEAN-BAPTISTE DU LIGET. On accède à cette petite chapelle romane par un chemin forestier qui longe la chartreuse. Elle doit sa renommée aux peintures murales de la fin du XIIe siècle, parmi les plus belles du Moyen Âge.

UNE CHAPELLE RONDE
La chapelle du Liget, a été construite en tuffeau, au milieu du XIIe siècle, la forme circulaire est très rare au Moyen Âge.

MONTRÉSOR ♥ (L8)

Place forte du temps de Foulques Nerra, le fief appartient à Henri II d'Angleterre au XIIe siècle, lorsqu'il est pris d'assaut par Philippe Auguste en 1188. De nombreuses familles illustres lui succèdent, notamment, au XVIe siècle, les Bastarnay qui laissent leur empreinte en fondant la collégiale ● *62*. En 1849, le château est acheté par le comte Branicki, d'origine polonaise. Ses descendants l'habitent encore. Cet ami de Napoléon III fut un des grands financiers de son temps.

LE CHÂTEAU. On y pénètre en franchissant les vestiges d'un bâtiment du XIVe siècle dont l'arcade est défendue par une belle grille de style néogothique. Transformé en une agréable résidence au début du XVIe siècle, sur ordre d'Imbert de Bastarnay (1438-1523), il est entouré d'une double courtine soutenue par de grosses tours rondes du XIIe siècle. À l'intérieur, rien n'a changé depuis le XIXe siècle : velours et passementeries servent d'écrin aux objets d'art polonais, aux meubles Napoléon III et aux tableaux de l'école italienne, de Winterhalter ou d'Élisabeth Vigée-Lebrun.

COLLÉGIALE SAINT-JEAN-BAPTISTE. (1520 et 1541) De plan gothique, elle possède l'un des plus beaux décors Renaissance de Touraine. Dans une chapelle latérale, on peut admirer une Annonciation peinte par Philippe de Champaigne (1602-1674).

NOUANS-LES-FONTAINES (M8)

L'église du village est dédiée à saint Martin. Dans le chœur, la célèbre *Pietà* de Nouans est attribuée à Jean Fouquet. Ce Tourangeau (v. 1420- v. 1480) s'est illustré à la fois comme portraitiste et comme miniaturiste. Il est considéré comme l'un des plus importants primitifs français ● *88*.

LES «CARDEUX» DE MONTRÉSOR
Jusqu'au XIXe siècle, la laine de tous les moutons des environs était cardée à Montrésor ; elle y était également filée et tissée. Dans le bourg, les halles en bois du XVIIe siècle sont appelées les halles des cardeux ou halles aux laines, en souvenir de cet ancien artisanat.

PIETÀ»
Après un séjour prolongé en Italie, Jean Fouquet fut, à la cour de Charles VII puis de Louis XI, le peintre officiel des grands personnages du royaume. Les couleurs sombres, le rendu des drapés, l'expression réservée et grave des visages font de cette peinture sur bois l'un des chefs-d'œuvre de la peinture française.

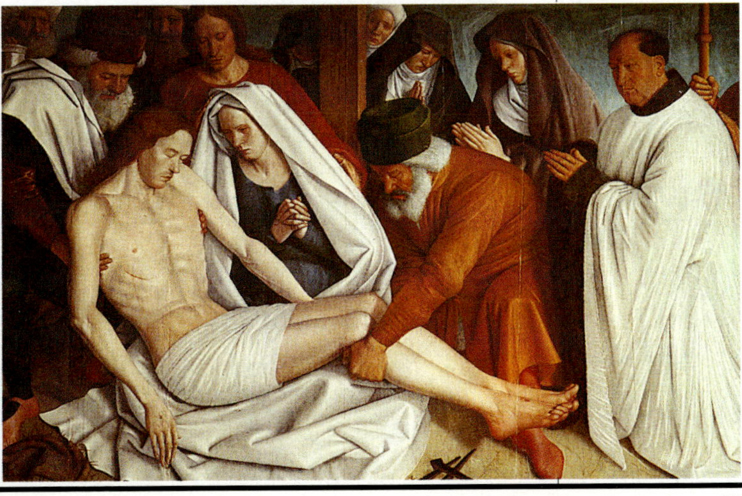

La pyramide de Valençay, fromage de chèvre réputé ● *29* et vin de Valençay.

TALLEYRAND, LE «DIABLE BOITEUX»
Charles Maurice de Talleyrand-Périgord est né à Paris en 1754. Un accident à la suite duquel il devient boiteux lui ferme la carrière des armes et lui vaudra son surnom.

TALLEYRAND, LE DIPLOMATE
Destiné à la prêtrise, il est sacré évêque d'Autun en 1788 puis devient, un an plus tard, député du clergé aux États Généraux. Chef du clergé constitutionnel, il abandonne son évêché d'Autun et se sépare de l'Église après avoir été condamné par le pape. Sa carrière diplomatique s'amorce sous l'Assemblée législative. Mais, accusé d'intriguer à Londres pour le duc d'Orléans, il est contraint d'émigrer à la chute de la royauté, en 1792.

HISTOIRE DE LA VILLE (N8)

De racines berrichonnes, Valençay se rattache cependant d'autant mieux au Val de Loire que son imposant château ressemble à bien des égards à ses prestigieux voisins. Étape importante entre la Touraine et le Berry, la ville, située sur un coteau dominant le Nahon, s'est formée à partir de trois implantations séparées : l'ancienne ville, le Bourg-de-l'Église et le Bas-Bourg. L'histoire de la ville s'est peu à peu confondue avec celle du château, transformé à maintes reprises. S'étendant sur plus de 20 000 ha, Valençay est à la fin du XVIIIe siècle un des plus grands domaines de France. Sous l'Empire, le propriétaire du lieu, Talleyrand, le célèbre ministre de Napoléon Ier, ajoute un lustre certain à cette cité dont le château devient un lieu de réceptions princières et d'intrigues politiques.

HISTOIRE DU CHÂTEAU

Le bâtiment initial de l'actuelle demeure date de la première moitié du XVIe siècle. Les différents ajouts réalisés au fil du temps s'organisent en fonction de l'édifice d'origine dans un subtil mélange de styles, pontuant avec élégance l'ensemble architectural. C'est d'abord l'œuvre, vers 1520, de Louis d'Estampes, gouverneur de Blois, et de Marie Hurault, fille du seigneur de Cheverny ▲ *170*. Leur fils, Jacques d'Estampes de Valençay, marié, en 1540, à la fille d'un riche financier donnera toute son ampleur à la construction. C'est d'ailleurs sous le signe de la finance que se poursuivra longtemps la carrière de Valençay, puisqu'il appartiendra successivement à plusieurs fermiers généraux dont John Law, spéculateur fameux et créateur en France du premier «papier monnaie» lors de la régence du duc d'Orléans. Acquis en 1747 par le fermier général Charles Legendre de Villemorien, le château est transformé et prend sa physionomie actuelle. En 1803, l'illustre demeure est vendu à Charles Maurice de Talleyrand, avec l'appui de Napoléon qui souhaite ainsi éloigner son indocile ministre en lui faisant recevoir des hôtes de marque, voire des «exilés de force» tels les princes d'Espagne, dont le futur roi Ferdinand VII.

Façade ouest de la cour d'honneur de Valençay ● *70*.

À la mort du neveu de Talleyrand, en 1898, la propriété est morcelée.

UNE ARCHITECTURE COMPOSITE

Au XVIIIe siècle Legendre de Villemorien supprime l'aile est et la galerie à arcades de la cour sud, dégageant ainsi une belle perspective paysagère sur la vallée, comme à Chaumont ▲ *177*, ● *67*.

AILE NORD. Elle date du **XVIe** siècle et comprend à l'ouest une tour ronde remontant aux années 1520-1530. D'un volume comparable aux tours de Chambord ▲ *156*, elle est surmontée, d'un dôme à impérial ; mâchicoulis et chemin de ronde ne sont plus que décors ● *68*. Le pavillon d'entrée, au centre, lui est postérieur d'une cinquantaine d'années. Flanqué de ses quatre tourelles et formant un donjon, il s'apparente à Chenonceau ▲ *218*. Richement orné de lucarnes, de pilastres et de cheminées, il est également décoré de mâchicoulis et d'un chemin de ronde, vocabulaire décoratif qui répond à celui de la Vieille Tour. Le corps de logis Renaissance de la cour, beaucoup plus ouvragé, s'enrichit au rez-de-chaussée d'une harmonieuse galerie formée d'arcs en anse de panier (ci-contre).

AILE OUEST. Du côté du parc, l'aile ouest est pour sa moitié nord contemporaine de la Vieille Tour. La moitié sud, élevée au XVIIe siècle – puis remaniée au XVIIIe siècle (toits et lucarnes) dans le même style originel – conserve une ordonnance uniforme qui s'interrompt par une nouvelle tour, symétrique à la première. Par contre, réalisée dans le style classique de l'époque, la façade de la cour d'honneur s'épanouit avec éclat dans une composition grandiose à ordre ionique qui rappelle certains bâtiments de Versailles (en haut).

INTÉRIEUR. Plusieurs salons – dont le Salon Bleu aux belles boiseries Louis XVI – présentent de nombreux objets d'art et un somptueux mobilier Régence, Louis XVI et Empire. Au rez-de-chaussée, une galerie est consacrée à la famille de l'homme politique. Au premier étage, outre la chambre de Talleyrand, plusieurs autres pièces, dont la chambre réservée au roi d'Espagne (ci-dessus), ont accueilli des visiteurs célèbres, telle la femme de lettres Germaine de Staël (1766-1817).

TALLEYRAND, L'INTRIGANT

Après le coup d'État de Bonaparte, en 1799, Talleyrand devient son ministre des Relations extérieures tant sous le Consulat que sous l'Empire. Nommé grand chambellan d'Empire, prince de Bénévent, puis vice-grand électeur, il s'oppose à la politique extérieur de l'Empereur qui le disgracie pour intrigues en 1809. Chef du gouvernement provisoire en 1814, il récupère son poste de ministre des Affaires étrangères sous la première Restauration et négocie le premier traité de Paris (1814). Il réussit par ses manœuvres à diviser les alliés lors du traité de Vienne (1814-1815). Président du Conseil lors de la seconde Restauration (1815), il rejoindra l'opposition libérale. Louis-Philippe le nomme ambassadeur de France à Londres de 1830 à 1834 ; enfin, il s'installe à Valençay où il meurt en 1838.

Azay-le-Rideau

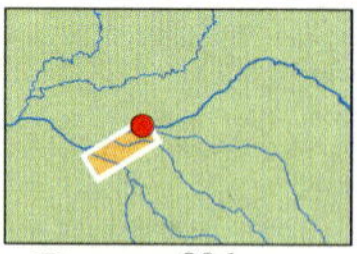

Le château et le village qui l'entoure doivent leur nom à Hugues Ridel, seigneur d'Azay au XIIe siècle. À partir du XVe siècle et pendant plus de deux cents ans, la ville s'appelle Azay-le-Brûlé à cause d'un incendie qui la ravagea. On raconte qu'en 1418, en pleine guerre de Cent Ans ● *38*, le futur Charles VII se fit insulter par la garnison bourguignonne installée dans la forteresse d'Azay : «Voici le demeurant des petits pâtés de Paris.» Ce serait en répression qu'Azay aurait été incendiée, et les soldats massacrés. La population reconstruisit la ville et ses remparts. Quelques vestiges du XVe siècle subsistent : rue de l'Abreuvoir se cache une tour ronde en petit appareil grossier dont le couronnement a été détruit et, rue de la Mairie, une maison montre un premier étage à pans de bois sur un rez-de-chaussée en pierre (ci-dessus).

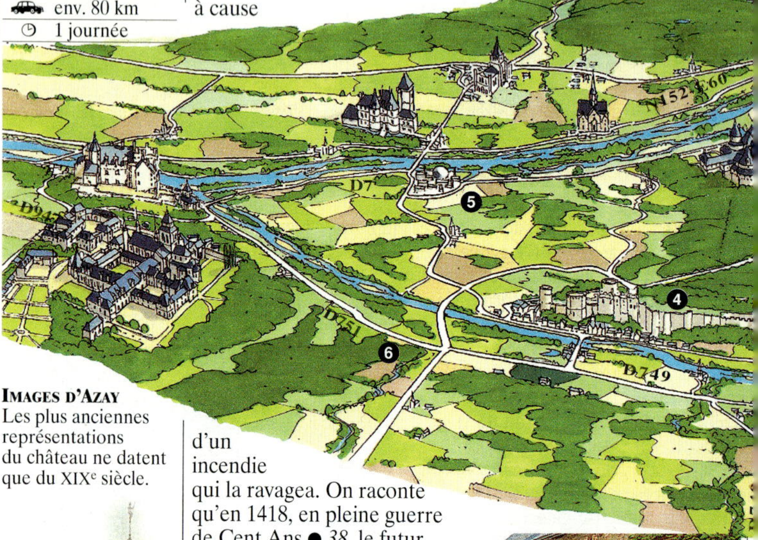

Images d'Azay
Les plus anciennes représentations du château ne datent que du XIXe siècle.

Le château (G7)

C'est sur une petite île de l'Indre que fut édifié, au début du XVIe siècle, à la place d'une maison forte, le château d'Azay-le-Rideau. On accède à ce «diamant, taillé à facettes, serti par l'Indre, monté sur pilotis, masqué de fleurs» (Balzac) par une longue allée

bordée de chênes, qui débouche sur une cour en demi-lune.

Les bâtisseurs. Trésorier de France, Gilles Berthelot achète la seigneurie d'Azay-le-Rideau et les terres qui l'entourent. Il détruit le château féodal à l'exception de la grosse tour (remplacée au XIXe siècle) et d'un corps de logis, à l'est. La construction de son château débute en 1518. Au même moment, Thomas Bohier achève Chenonceau ▲ *218* et François Ier réfléchit aux plans de Chambord. C'est Philippe Lesbahy, épouse de Gilles Berthelot, qui veille à l'avancement des travaux pendant les longs moments où son mari est retenu à Paris par ses fonctions.

La construction du château. Une partie des dépenses et recettes a été consignée, elle livre de précieux renseignements sur le déroulement des travaux du château de Gilles Berthelot. Un grand nombre d'ouvriers – manœuvres, charpentiers, maçons, – travaillent sur le chantier jour et nuit. Ils vident l'eau à l'aide de pompes puis enfoncent les pieux de pilotis avec une grosse barre de fer. Ils taillent et assemblent les pierres extraites des carrières proches du château ; mais on utilise aussi des carrières plus lointaines, celles de Bourré et de Saint-Aignan (Loir-et-Cher), qui produisent un matériau plus dur. Les pierres sont apportées par voie d'eau et par charrette. Ces comptes ne livrent pas avec certitude le nom de l'architecte. Il pourrait s'agir d'Étienne Rousseau, qui semble être le seul maître maçon en relation directe avec Gilles Berthelot. Le 2 février 1518, le chantier reçoit la visite de François Ier. Les bâtiments s'élèvent rapidement, puisqu'en 1524 l'escalier devait être terminé. Il porte, en effet, les emblèmes royaux : la célèbre salamandre de François Ier et l'hermine de Claude de France, son épouse, morte la même année.

Le secret d'Azay
«De temps immémoriaux, le lieu avait toujours été le siège d'une place forte, dressée pour défendre le passage de l'Indre sur le chemin de Tours à Chinon. Au XVIe siècle en rajeunissant la forteresse d'Azay, les rénovateurs ne l'avaient pas oublié. Presque tous les dispositifs guerriers qu'ils avaient prévus existent encore et en témoignent aujourd'hui.»
Jean-Claude Le Guillou

«Un seul désir»
Cette devise, coiffant une hermine est le symbole de Claude de France, épouse de François Ier et fille de Louis XII et d'Anne de Bretagne ● *34*.

Archétype des châteaux de la Loire, Azay-le-Rideau synthétise de manière heureuse les traditions médiévales et les nouveautés du classicisme italien. De 1518 à 1524, les Berthelot, couple de richissimes financiers, érigent un logis sur le site d'une ancienne maison forte. Bâtie sur l'eau, entre deux bras de l'Indre, leur demeure conserve le dispositif traditionnel de l'architecture défensive (tourelles, chemin de ronde, mâchicoulis, créneaux, casemates, douves…) et s'agrémente déjà de délicats décors Renaissance, mode venue d'Italie. Mais la principale innovation d'Azay consiste dans l'audacieuse réalisation de son escalier droit. Quinze générations de propriétaires vont se succéder à Azay, ils adapteront le château des Berthelot et par une ultime retouche au XIXe siècle, lègueront cet harmonieux joyau que nous admirons aujourd'hui ; éclatante incarnation d'une Renaissance idéalisée.

COUPE DE L'ESCALIER ET ÉLÉVATION DU CHÂTEAU
Alors qu'on construit la grande vis de l'aile François-Ier à Blois, l'escalier d'Azay s'inspire du parti italien de l'escalier rampe sur rampe. Il innove par sa forme, mais aussi par son logement dans l'œuvre du corps principal du château et par la cage ajourée de part et d'autre, sur cour et à l'extérieur. Le prototype de ce modèle d'escalier fut construit au château, aujourd'hui détruit, de Bury (Loir et Cher), près de Blois.

L'ESCALIER
Il forme une travée centrale plus large, en léger avant-corps sur la façade nord. Sa structure est visible sur l'élévation : quatre niveaux de baies cintrées et jumelées marquent les demi-étages. Cette partie de l'édifice concentre la plus grande partie du décor sculpté : colonnes engagées pilastres et entablements, complétés de rinceaux, coquilles et médaillons. La structure rompt avec l'alignement des fenêtres et l'horizontalité des bandeaux qui courent autour de la façade.

Lucarne
Le décor, d'inspiration italienne ● *68* (coquilles, candélabres…) se concentre dans les lucarnes. Salamandre et hermine sont des hommages à Francois Ier et à la reine Claude.

Chapiteau de pilastre
Les chapiteaux ioniques s'inspirent de l'antiquité. Ils soutiennent les entablements horizontaux que constituent les bandeaux sur le modèle italien.

Plafond à caissons
L'escalier est couvert par un plafond rampant à caissons (décor de rosaces et de médaillons à l'antique), sur arcs diaphragmes à clefs pendantes.

Le plan
Celui qui était prévu à l'origine pour Azay avait été utilisé pour de nombreux autres châteaux depuis le XVe siècle : trois corps de bâtiments sont fermés par une aile plus basse où s'ouvre le portail. Seules ont été bâties les ailes ouest et nord car un petit corps de logis existait déjà à l'est. La volonté d'innovation est marquée par la place réservée au grand escalier dans le corps principal qui devient alors le pivot central de la symétrie du château.

Façade postérieure
Elle illustre la volonté de symétrie marquée par la travée d'axe de l'escalier. Elle est quadrillée par un double corps de moulures horizontales et par des pilastres qui encadrent les fenêtres, selon un parti ligérien adopté au château de Blois ▲ *150*.

CHACUN SA MARQUE
Armand de Biencourt et son épouse Anne de Montmorency ont ajouté au XIXe siècle sur les vantaux de portes leurs initiales. (Ci-dessous.)

LA DISGRÂCE. Des événements dramatiques viennent interrompre ce formidable projet. En effet, certaines familles tourangelles se sont enrichies dans la finance, en prêtant à la couronne. À la suite des guerres d'Italie, le roi leur doit trop d'argent et les accuse de malversations. En 1527, Jacques de Beaune-Semblançay, surintendant des Finances, est condamné et pendu ▲ *202, 220*. Gilles Berthelot n'est pas épargné : en 1528, ses biens sont confisqués par François Ier au profit d'Antoine Raffin, un compagnon d'armes du roi. Un an plus tard, Gilles Berthelot meurt à Cambrai, où il s'est réfugié. Philippe Lesbahy se bat pendant plusieurs années pour conserver Azay, mais elle le perd définitivement en 1535, date à laquelle Antoine Raffin entre en possession du domaine.

DU XVIe SIÈCLE À NOS JOURS. Le château restera dans la même famille jusqu'à la Révolution. Puis, il est acheté, en 1791, par le marquis de Biencourt, connu pour ses idées révolutionnaires. Ses descendants le conservent jusqu'en 1899 ; l'État le rachètera en 1905.

UN CHEF-D'ŒUVRE DE LA PREMIÈRE RENAISSANCE. Au milieu du XIXe siècle, le marquis de Biencourt donne au château l'aspect homogène qu'il a actuellement : il remplace la grosse tour médiévale par une tour mieux adaptée au style du château et flanque l'angle de la façade principale d'une tourelle identique aux autres, en remplacement d'une petite tourelle de style troubadour probablement ajoutée vers 1800. Malgré ces transformations, le château est une œuvre de la première Renaissance. Son aspect général reste fidèle à la tradition médiévale : toits élevés, hautes cheminées, tourelles d'angle en surplomb, chemin de ronde à mâchicoulis… Mais le site a été choisi pour les agréments du séjour. L'influence de la Renaissance italienne est sensible, notamment dans l'ordonnance des façades : espacement régulier des fenêtres accostées de pilastres, moulures horizontales entre les niveaux, chapiteaux sculptés.

L'ESCALIER ● *68***.** L'entrée principale du château est aussi l'entrée de l'escalier. Droit, rampe sur rampe, il est mis en valeur par sa situation

«ON NE PENSEROIT PAS QUE C'ÉTOIT ANCIENNEMENT UNE PLACE DE QUELQUE CONSÉQUENCE. [AZAY] A CEPENDANT AUTREFOIS SOUTENU PLUSIEURS SIÈGES.»

PIGANIOL DE LA FORCE

au centre de la façade principale et par son magnifique décor de médaillons, frises de rinceaux, coquilles... On remarque, outre le F et la salamandre de François Ier (ci-dessous), le C et l'hermine de Claude de France et les initiales G et P qui font allusion aux bâtisseurs du château (Gilles Berthelot et Philippe Lesbahy).

L'INTÉRIEUR DU CHÂTEAU. De riches tapisseries et des meubles des XVIe-XIXe siècles ornent les appartements réaménagés par les Monuments historiques. La cuisine est couverte d'une belle voûte surbaissée, décorée de culots à la retombée des arcs. Sa grande cheminée, près du puits, porte les armes des Berthelot – l'écu de Philippe Lesbahy, non sculpté, devait être peint. La grande salle, ancienne salle de réception, occupe toute la moitié ouest du corps de logis. Traditionnellement, son plafond est plus haut que dans les autres pièces du château. Le décor de la cheminée ancienne est particulièrement raffiné.

LE PARC. Afin de découvrir les autres façades du château et le chemin de ronde, on peut flâner dans le vaste parc paysager qui a remplacé au XIXe siècle le jardin Renaissance et les prairies bordant l'Indre. À la même époque, la création d'un déversoir a permis de transformer les bras de la rivière en véritable plan d'eau. À l'ouest du château se trouve une petite CHAPELLE gothique, restaurée au XIXe siècle. La perspective sud laisse apparaître le MANOIR DE LA RÉMONNIÈRE (anciennement la Romainière), des XVIe et XVIIe siècles. Cet ancien rendez-vous de chasse, qui dépendait d'Azay, a été bâti sur les murs d'une villa gallo-romaine. À proximité, on a retrouvé de nombreux vestiges antiques, notamment les soubassements d'un temple romain. On peut aujourd'hui profiter de ses chambres d'hôtes ou se promener dans son parc en contemplant le château d'Azay.

LES APPARTEMENTS D'AZAY AU XIXe SIÈCLE
Désireux de faire connaître leur riche patrimoine artistique, Armand de Biencourt et son épouse Anne de Montmorency montraient volontiers leurs appartements aux passionnés d'art et d'histoire. Sous le second Empire leur demeure passait pour être l'un des plus beaux musées de France.

Ci-dessus, façade sud-est du château d'Azay-le-Rideau et, ci-dessous, vue aérienne de la façade ouest avec une partie du village.

LE DÉCOR DE L'ÉGLISE D'AZAY-LE-RIDEAU La rangée inférieure de statues a été en partie détruite par le percement d'une fenêtre à une époque ultérieure (XIIe ou XIIIe siècle).

CHÂTEAU DE SACHÉ Il a été construit au XVIe siècle, sur l'emplacement d'une ancienne forteresse.

ÉGLISE SAINT-SYMPHORIEN

Sa façade historiée, d'un grand intérêt, date de la construction de l'église (XIe siècle). Elle est décorée d'arcs en mitre et de deux rangées de statuettes logées dans des niches en plein cintre. Le vaisseau principal, voûté, fut construit entre 1025 et 1040, tandis que le vaisseau de gauche date du XIIe siècle. La chapelle seigneuriale, également chapelle funéraire, fut construite au XVIIe siècle par Antoinette Raffin, alors dame du château d'Azay. On peut en admirer la façade, et surtout le décor de la porte, depuis le parc du château. Le maître verrier, Max Ingrand (1908-1969) ▲ *149*, a réalisé les quatre vitraux du vaisseau principal : saint Martin, saint Henri, sainte Barbe et sainte Bernadette, et le vitrail de l'Assomption se trouvant dans la chapelle seigneuriale.

AU BORD DE L'INDRE. Depuis la place qui jouxte l'église, on peut accéder aux rives de l'Indre, séparant la ville du château. Le pont offre une belle vue sur le château et sur un ancien moulin. L'île, qui dépendait anciennement du château, est un de ces lieux où l'on peut se rafraîchir, jouer aux boules, ou se laisser bercer par le clapotis de l'eau.

CHAMBRE DE BALZAC Située sous les combles, cette pièce minuscule au plafond bas a conservé son mobilier réduit au strict minimum, afin que rien ne vienne distraire l'attention de l'écrivain. Balzac y travaillait, enfermé des journées entières «comme un moine dans son monastère», éclairé par une lampe à huile, «demandant des idées à la nuit et des mots au silence».

SACHÉ (H7)

L'OMBRE DE BALZAC. Saché est considéré comme le «lieu balzacien» par excellence. Balzac paraît si présent dans cette vallée qu'on oublie qu'il n'y fit que quelques séjours. Mais il venait dans ce petit coin de Touraine pour se protéger des tempêtes du monde et se mettre à l'abri des créanciers.

UN CHÂTEAU ÉCHOUÉ AU MILIEU DU SILENCE. Balzac était hébergé au château de Saché, «mélancolique séjour plein d'harmonies, trop graves pour les gens superficiels, chères aux poètes dont l'âme est endolorie». Le propriétaire d'alors, Monsieur de Margonne, était un vieil ami de la famille Balzac et considérait le romancier comme son propre fils. Ce logis, d'aspect austère, a conservé ces «grands arbres chenus et ce je ne sais quoi mystérieux épandu dans son vallon solitaire» dont parlait l'écrivain.

MUSÉE BALZAC. La porte d'entrée du château aux pilastres décorés de tores conduit à l'escalier droit en haut duquel la statue en bronze de Balzac, du sculpteur tourangeau Sicard (1862-1934) ▲ *214*, accueille les visiteurs. Deux pièces, la salle à manger et le salon, ont été reconstituées dans le style

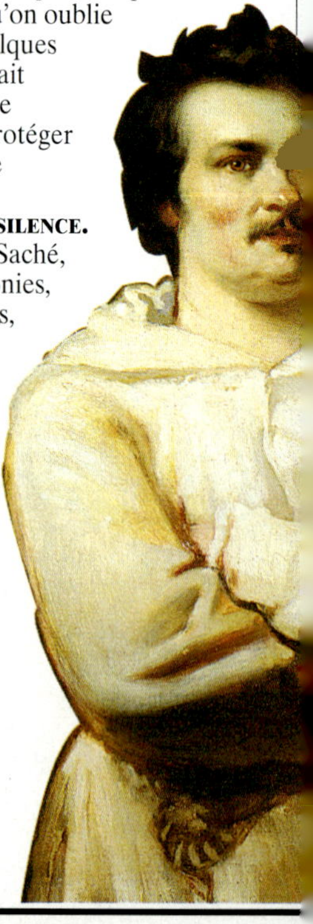

de l'époque. À l'étage supérieur, un musée évoque la vie et l'œuvre de l'écrivain. On y découvre surtout sa chambre. C'est certainement l'endroit de Saché où l'on ressent le plus profondément la présence du grand homme. L'unique fenêtre donne toujours sur un «vallon tranquille et solitaire, un vaste pli de terrain bordé par des chênes deux fois centenaires».

VILLAGE DE SACHÉ
Parmi d'anciennes maisons, on remarque surtout, près de l'église, (ci-contre) une auberge à colombages du XIIe siècle.

ÉGLISE SAINT-MARTIN-DE-VERTOU. L'édifice (ci-contre) se situe au centre du bourg et Balzac y accompagnait parfois ses hôtes. Un porche en charpente précède l'entrée de la nef principale (XIIe et XIIIe siècles). Au nord, une nef secondaire a été ajoutée au XVIe siècle. À gauche du chœur, une plaque relate, en latin, les vertus de la bienheureuse Marguerite de Rouxellé (1608-1628). Son tombeau, dans l'église, devint un lieu de pèlerinage.

LES «STABILES»
Ce terme a été inventé par le sculpteur Jean Arp (1887-1966) pour désigner les sculptures massives de Calder. Réalisées en tôle, elles sont le plus souvent de couleur noire.

UN AUTRE GÉANT DE SACHÉ : CALDER. Un siècle après Balzac, en 1955, le sculpteur et peintre américain Alexandre Calder (1898-1976), facétieux inventeur des *mobiles* et des *stabiles,* s'installe à Saché. On peut voir l'une de ces œuvres – réalisation mixte *mobile-stabile* (ci-contre) – sur la place de l'église de Saché, intrusion insolite de l'art du XXe siècle dans un décor ancien. Ce «costaud à l'âme de rossignol», selon son ami Miró, achète sur la rive droite de l'Indre un vieux logis accolé au rocher et baptisé sans raison «Maison de François Ier». Plus tard, Alexandre Calder se fera construire, sur le coteau, au lieu-dit le Carroi, une maison et un vaste atelier éclairé par d'immenses verrières, qui lui donnent l'allure d'une cathédrale. Il abrite aujourd'hui le Centre national des Arts plastiques, qui accueille de jeunes artistes français et étrangers.

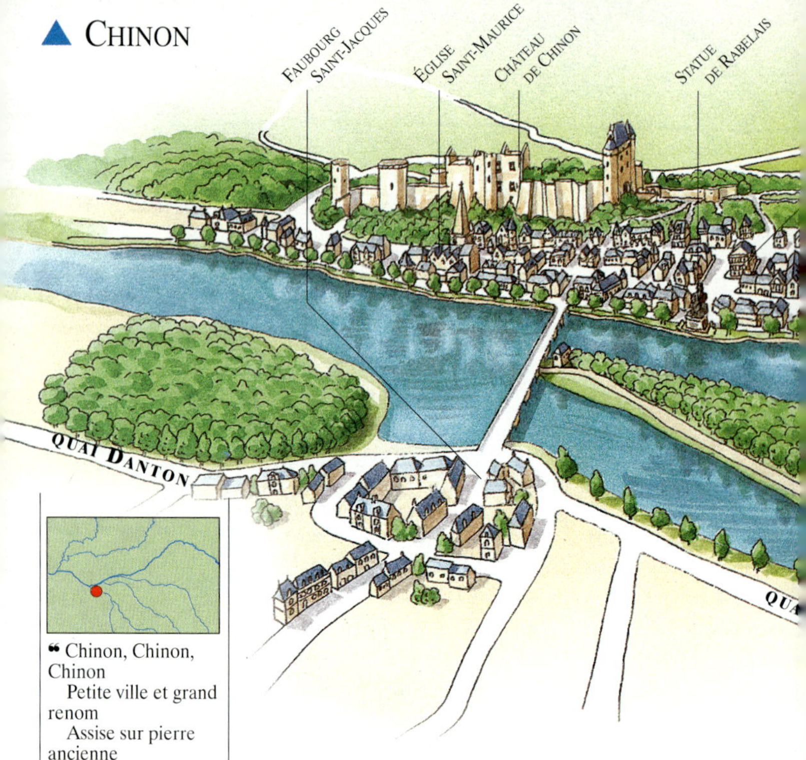

« Chinon, Chinon, Chinon
Petite ville et grand renom
Assise sur pierre ancienne
Au haut le bois, au pied la Vienne »
Rabelais

HISTOIRE DE LA VILLE

● *40* (F8)

LA FONDATION. À l'époque gauloise, *Caino* comprend un oppidum, devenu un *castrum* romain puis l'actuel château. À ses pieds, jusqu'à la Vienne, s'étend le quartier des artisans, mariniers et marchands, aujourd'hui enseveli sous les alluvions. Chinon est alors un grand port fluvial. Au Ve siècle, saint Mexme ▲ *249* crée un monastère. La tradition veut que celui-ci ait sauvé miraculeusement la population réfugiée dans le *castrum* lors d'un siège, en 462.

Au Xe siècle, Chinon appartient aux comtes de Blois, dont Thibault le Tricheur qui rebâtit le château et la collégiale Saint-Mexme.

LES GRANDES HEURES DE CHINON. C'est à partir du XIIe siècle que Chinon, propriété des Plantagenêts ● *38* depuis un siècle, va connaître la prospérité. Henri II Plantagenêt apprécie la beauté du site et sa position au centre de ses possessions françaises. On lui doit de nombreux travaux comme l'agrandissement de la collégiale Saint-Mexme. En 1205, après un an de siège, Jean sans Terre, son fils, doit céder la place à Philippe Auguste qui réunit la Touraine à la France.

DES ÉVÉNEMENTS TRAGIQUES MARQUENT LE XIVe SIÈCLE. En 1314 Philippe le Bel fait enfermer, au château de Chinon, les principaux dignitaires des Templiers, avant de les faire brûler vifs à Paris. En 1321,

CHARLES VII (1403-1461) Portrait par Jean Fouquet ▲ *88* de ce roi que Jeanne d'Arc appela le «Gentil Dauphin» jusqu'à son sacre officiel à Reims en 1429 ▲ *227*.

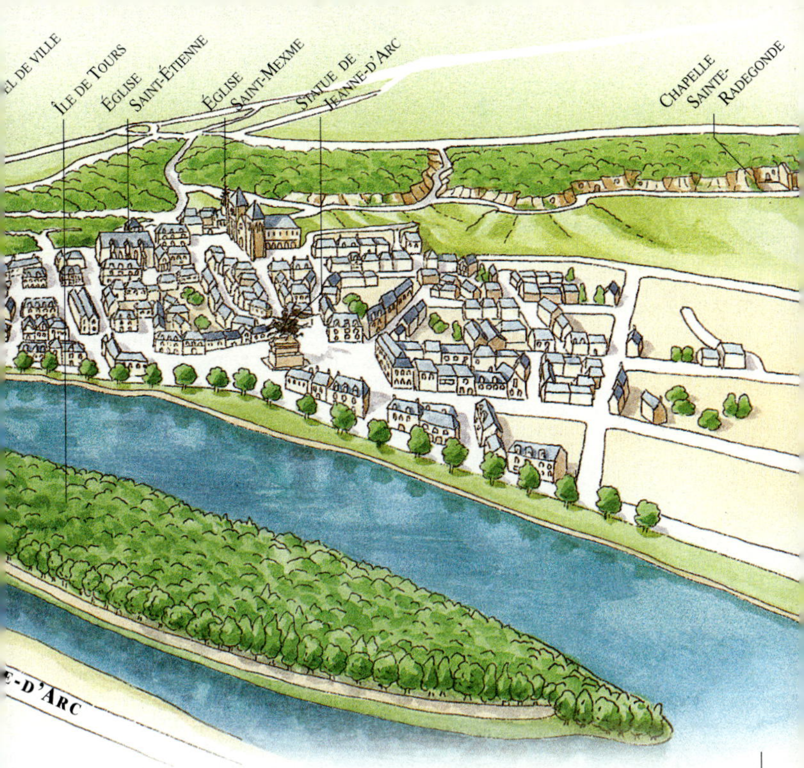

son fils, Philippe V le Long, fait subir le même sort à cent soixante Juifs de la région, accusés d'avoir empoisonné les puits de la ville. Comme pour les Templiers, la véritable raison de ces massacres reste la convoitise de leurs biens.

CHINON, CENTRE DU ROYAUME DE FRANCE. Au XVe siècle, le futur Charles VII, duc de Touraine, trouve refuge derrière les fortes murailles de la ville. C'est ici que Jeanne d'Arc, en 1429, le convainc de secourir Orléans ▲ *116*. Philippe de Commynes, chambellan de Louis XI, devient gouverneur. Il réalise le renforcement des défenses du château et de grands travaux à l'église Saint-Étienne. À la fin du XVe siècle, César Borgia, fils et légat du pape Alexandre VI, rencontre Louis XII à Chinon ; ce dernier veut faire annuler son premier mariage afin d'épouser Anne de Bretagne, veuve de Charles VIII, et rattacher ainsi la Bretagne à la France. En cette fin de XVe siècle, un des plus grands écrivains de la Renaissance, François Rabelais ● *104*, naît non loin de là, à la Devinière ▲ *250*.

JEANNE D'ARC ▲ *116* **ESCORTÉE JUSQU'À CHINON**
Fille de paysans lorrains, elle entend, à 13 ans, des voix qui l'engagent à libérer la France presque entièrement occupée par les Anglais. La jeune fille demande alors au capitaine du roi de la place de Vaucouleurs (Meuse), Robert de Baudricourt,

une escorte pour rejoindre Charles VII en Touraine ▲ *244*. Considérant la situation française comme désespérée, il cède lors de leur seconde entrevue et la salue en ces termes : «Va, va, et advienne que pourra ! ».

Élévations sud (ci-dessus) et nord (en bas) du château de Chinon exécutées, en 1882, par Henri Deverni.

Chinon, délaissé. Au XVIe siècle, les rois abandonnent l'austère château. Puis, il passe aux mains du cardinal de Richelieu, qui obtient de Louis XIII l'autorisation de le raser. La démolition, trop onéreuse, ne se fait pas, mais le temps et le manque d'entretien ont raison d'une grande partie de l'édifice. À la fin du XVIIIe siècle, l'enceinte fortifiée de la ville disparaît. Peu avant la Révolution, une route relie Chinon à Tours en passant par Azay-le-Rideau. Au XIXe siècle, la construction de la gare achève de désenclaver Chinon malgré l'arrêt du transport fluvial. La ville est alors rénovée : construction des quais, élargissement des rues, aménagement de la place Jeanne-d'Arc.

Un château protégé Un profond et large fossé sec, autrefois enjambé par un pont-levis, sépare le château du Milieu et le fort du Coudray. Ce dernier était creusé de souterrains qui renforçaient le système défensif. On raconte que l'un d'eux était relié au manoir Roberdeau, situé au nord du château, aujourd'hui détruit. C'était le logis d'Agnès Sorel ▲ *227*, favorite de Charles VII.

Chinon, aujourd'hui. L'implantation de la centrale nucléaire d'Avoine-Chinon (F7), en 1964, a dynamisé l'économie en créant des emplois. Le vin de Chinon ■ *30* bénéficie d'une appellation d'origine contrôlée depuis 1937, la richesse du vignoble chinonais n'est pas négligeable puisqu'il occupe encore 1 685 ha. De plus, la municipalité développe le tourisme en mettant en valeur son patrimoine historique, et, chaque année, le marché Rabelais, auquel participent deux mille personnes vêtues en costume d'époque, accueille plus de vingt mille visiteurs.

Le château ● *64*

Construit sur un étroit éperon rocheux, le château de Chinon domine la Vienne. Il est entouré d'une enceinte fortifiée dont la partie la plus ancienne date du Xe siècle. Depuis le faubourg Saint-Jacques, de l'autre côté du pont, on peut apprécier l'ampleur de la construction qui se compose, d'est en ouest, de trois ouvrages séparés par de profonds fossés secs : le fort Saint-Georges, le château du Milieu et le fort du Coudray.

Fort Saint-Georges. (Propriété privée.) Construit par Henri II Plantagenêt, il ne reste que quelques vestiges de cet ouvrage qui doit son nom à une chapelle adjacente, dont la crypte seule subsiste.

Château du Milieu. Le pont-levis qui en défendait l'entrée a été remplacé au XVIIIe siècle par un pont dormant. Sur le rempart sud s'appuient la grande salle de Charles VII, dont il ne reste que la cheminée, et les logis royaux construits par Henri II Plantagenêt. C'est ici qu'eut lieu la première rencontre entre Jeanne d'Arc ▲ *116* (statue ci-dessus) et Charles VII ● *39* le 6 mars 1429. La Pucelle avait été précédée par

Élévation nord du château de Chinon.

la rumeur populaire : une jeune fille prétendait qu'elle avait reçu de Dieu l'ordre de se battre et de bouter les Anglais hors de France. Le roi, pour l'éprouver, se déguisa en page et son cousin prit sa place sur le trône. Jeanne d'Arc ne se laissa pas duper et se dirigea directement vers le «Gentil Dauphin». Les contemporains rapportent que le roi sortit de l'entrevue en tête à tête qui suivit, le visage illuminé et convaincu de la mission de Jeanne à qui il fournit une petite armée. Après la victoire d'Orléans, pour qu'il n'y ait plus de doute sur la légitimité de Charles VII, elle le persuadera de se faire sacrer à Reims comme ses ancêtres (17 juillet 1429). Vendue aux Anglais par les Bourguignons, elle sera déclarée hérétique à la suite d'un procès retentissant et brûlée vive à Rouen, le 30 mai 1431. Elle sera réhabilitée en 1450 et canonisée en 1920. Dans les LOGIS ROYAUX sont exposées une maquette du château au

temps de sa splendeur, des tapisseries flamandes et d'Aubusson (XVIe-XVIIe siècle). L'enceinte du XIIe siècle, au nord, est flanquée de trois tours principales. La TOUR D'ARGENTON (XVe siècle), du nom de son constructeur, Philippe de Commynes, seigneur d'Argenton, possède des murs de plus de 5 m d'épaisseur, les trous d'ancrage de fers confirment son rôle de prison. La TOUR DES CHIENS, du XIIIe siècle, est ainsi nommée car elle aurait servi de chenil aux meutes royales. D'une grande qualité architecturale, elle comporte trois étages de salles voûtées d'ogives. La TOUR DE L'ÉCHAUGUETTE, à l'angle nord-est, est en partie ruinée.

FORT DU COUDRAY. Fermé à l'ouest par la plus ancienne courtine du château, datée du Xe siècle, le fort est séparé du château du Milieu par un fossé, creusé au début du XIIIe siècle, de 20 m de large, et qui devait avoir la même profondeur. Il a servi de carrière pour la construction de la TOUR DU COUDRAY, ou DONJON de Philippe Auguste, qui le domine. À côté se trouvait la CHAPELLE SAINT-MARTIN (aujourd'hui disparue) où Jeanne d'Arc venait prier. À l'angle sud-ouest se dresse la magnifique TOUR DE BOISSY construite par Philippe Auguste, qui permet

L'ÉCHO DE CHINON
❝Il existe un écho remarquable contre les murailles septentrionales du château, proche du parking. On lui demande : «Les femmes de Chinon sont-elles fidèles ? » L'écho répond : «... Elles ?» «Oui, les femmes de Chinon.» L'écho répond : «... Non.»❞
Guide du Val de Loire mystérieux

LA TOUR DE L'HORLOGE
Cette tour (ci-contre) de la fin du XIVe siècle sert de porte monumentale au château. Elle abrite un musée retraçant l'épopée de Jeanne d'Arc et conserve une cloche, appelée Marie Javel, datée de 1399.

LE VIN DE CHINON
Il est apprécié pour ses arômes fruités mêlés à des notes terreuses ■ *30*.

LES BONS ENTONNEURS RABELAISIENS Cette confrérie (ci-dessous) perpétue l'«enseignement» de son maître, François Rabelais ● *104* ▲ *250*, tout en célébrant les vertus du vin de Chinon. Elle tient chapitre à la Cave-Peincte cinq fois par an.

Cette cave est appelée ainsi car Rabelais raconte qu'on y voyait des peintures représentant des danses de satyres. Elle a servi, comme les caves Vaslins, situées derrière, de carrière de pierre lors de l'agrandissement du château, au XIVe siècle. Ce sont, depuis le XVe siècle, des caves à vin. Dans *Pantagruel*, Rabelais rappelle ses visites à la Cave-Peincte, où il a bu «maints verres de vin frais» en chantant *Bonum vinum laetificat cor hominum* (Le bon vin réjouit le cœur des hommes). Dans l'impasse parallèle, le musée du Vin et de la Tonnellerie illustre, grâce à des automates grandeur nature, le travail du vigneron.

d'admirer le panorama sur Chinon et sa vallée. Elle servait de lieu de culte avant la construction de la chapelle Saint-Martin, ce qui explique la présence d'une abside. Son couronnement de mâchicoulis date du second Empire. La TOUR DU MOULIN occupe une position de vigie à la pointe du promontoire. Son nom est peut-être dû à la présence de fours près de la porte. La voûte angevine ● *60* du rez-de-chaussée daterait de sa construction par les Plantagenêts.

EN CONTREBAS DU CHÂTEAU

Tout ce quartier, autrefois cœur de la ville fortifiée, a gardé son tissu urbain médiéval. L'artère principale de la vieille cité est la rue Voltaire, redevenue la rue Haute-Saint-Maurice, dont René Boylesve, dans *La Jeune Fille bien élevée*, dit : «Qu'elle est amusante et jolie, la rue Saint-Maurice à Chinon ! [...] Ses plus récentes maisons datent de Louis XIV ; la plupart sont du XVe et XVIe siècle, les unes en bois, à colombage, ornées de sculptures naïves, les autres construites avec la pierre tendre du pays, flanquées de tourelles d'angles que coiffe un éteignoir un peu bosselé, et percées de souriantes fenêtres à meneaux...» (ci-contre).

LE GRAND CARROI. Le Grand Carroi, ou Grand Carrefour, était le centre de la ville au Moyen Âge. C'était le lieu de croisement de la rue Haute-Saint-Maurice et des rues venant de la Vienne et montant au château. Une des plus belles maisons à pans de bois ● *72* de la région, le Grand-Carroi, se trouve à l'angle de la rue Haute-Saint-Maurice et du Grand Carroi.

RUE JEANNE-D'ARC. Elle permet d'accéder au château à pied. Au coin de la rue Haute-Saint-Maurice, accolée à une maison recouverte d'ardoises, se trouve la margelle d'un puits sur lequel, selon la tradition, Jeanne d'Arc aurait posé le pied en arrivant à Chinon et dont l'eau ne tarit plus jamais. Non loin de là, on remarque l'hôtel Torterue de Langardière, construit vers 1760, et ses beaux balcons de fer forgé.

MAISON ROUGE. Aux n°s 38-42 de la rue Haute-Saint-Maurice, la maison Rouge, des XIVe et XVe siècles, en brique et bois, est typique de l'architecture médiévale de la ville ● *72*.

MAISON DES ÉTATS-GÉNÉRAUX. Cette maison en tuffeau doit son nom à la réunion des États généraux convoqués dans la salle du premier étage, en 1428, par Charles VII lors du siège d'Orléans par les Anglais. Richard Cœur de Lion y serait mort le 6 avril 1199 des suites de blessures reçues à Châlus (Haute-Vienne). Les collections des Amis du Vieux Chinon sur la batellerie

“Chinon, comme Loches, est une ville chef-d’œuvre. Ce couronnement de tours, de donjons et de créneaux, cette ville étroite aux toits pointus tassée entre une muraille et une rivière, cette ligne de platanes qui invite à la promenade au bord de l’eau, voilà une composition de parallèles d’une grâce unique. Chinon est un diadème posé au front de la Touraine ; Chinon, par Jeanne d’Arc, a couronné la France ; Chinon auréole notre histoire. Ah ! que belle est donc cette ville de si peu de poids aujourd’hui, lourde hier de tout l’avenir de notre pays ! Belle ? Oui, de la beauté d’un être qui, sa mission accomplie, se retire du mouvement du monde et coule ses jours dans une calme retraite. Non pas qu’elle soit saisie d’engourdissement et qu’elle s’endorme peu à peu au pied de son coteau ; mais elle n’a gardé de sa gloire violente que ses hauts remparts et ces tours inutiles, tandis que la gentillesse de ses mœurs passées nous est encore saisissable dans ce Grand-Carroi aux maisons à pans de bois, en ce carrefour du Puy-des-Bancs, en ces rues de la Lamproie, du Grenier-à-Sel, où l’on imagine sans peine que le jeune Rabelais menait ses hardis plaisirs.”

Maurice Bedel, *La Touraine*

Hôtel des Eaux et Fôrets (ci-dessus) et place du Général-de-Gaulle (ci-dessous).

et les traditions populaires y sont exposées. On y trouve aussi un *Rabelais en pied* peint par Eugène Delacroix et la «chappe de saint Mexme», belle étoffe orientale du XIe siècle.

DES HÔTELS. La rue Haute-Saint-Maurice est bordée d'hôtels des XVe, XVIe, et XVIIe siècles. Ne pas manquer l'HÔTEL DU GOUVERNEUR, au n° 48. C'est dans cette maison des XVe et XVIIe siècles que les gouverneurs de la ville vinrent habiter à partir du moment où l'état de délabrement du château les empêcha d'y vivre. Un admirable escalier en pierre à rampes convergentes occupe entièrement l'aile du fond de la cour. L'HÔTEL DU BAILLAGE (n° 71), actuelle *Hostellerie Gargantua*, où le père de Rabelais, avocat, plaidait, a été construit au XVe siècle. Au n° 82 de la même rue, après l'église Saint-Maurice, l'HÔTEL DES EAUX ET FORÊTS (ci-contre), du XVIe siècle, s'adapte à la topographie de la ville avec un logis en U et une cour surélevée. En face, une ancienne porte de la ville (XVIIe siècle) est plaquée à la façade d'un hôtel des XVe et XVIe siècles qui abritait autrefois le musée de la ville.

ÉGLISE SAINT-MAURICE. Elle a été construite en contrebas de la rue entre le XIIe et le XVIe siècle. Le vaisseau principal de la nef est couvert de voûtes angevines ● *60* du XIIe siècle .

DE L'HÔTEL DE VILLE À SAINT-MEXME

PLACE DU GÉNÉRAL-DE-GAULLE. (Ci-dessous) Elle était autrefois appelée place des Halles car, jusqu'au

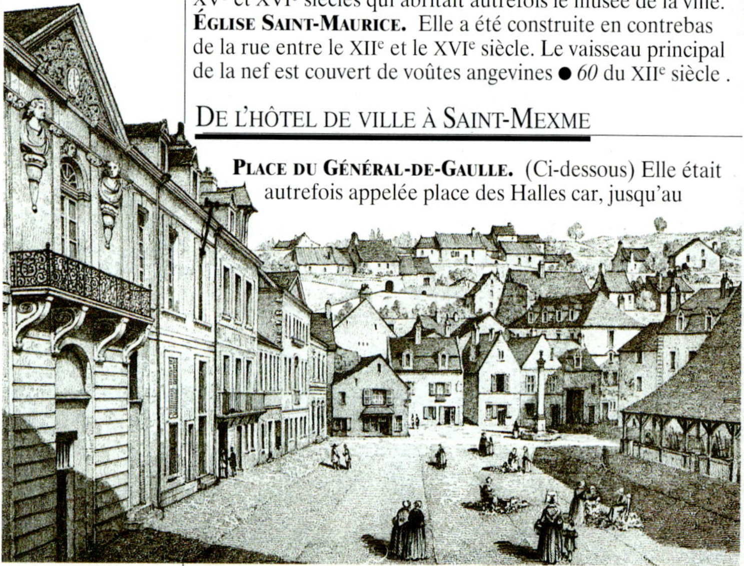

XVIIIe siècle, des halles s'élevaient à l'emplacement de l'actuelle mairie. De là, on aperçoit, sur le quai, la statue de Rabelais exécutée en bronze par Émile Hébert, en 1882, et la rue Rabelais, piétonne et commerçante.

RUE DE LA LAMPROIE. Au n° 15, un hôtel du XVIIIe siècle a remplacé la maison des parents de Rabelais ▲ *250*, de laquelle, dit-on, l'écrivain pêchait en temps de crues ; peut-être des lamproies ?

ÉGLISE SAINT-ÉTIENNE. Même si la tradition veut que ce soit un boucher, un drapier et un boulanger qui la construisirent, l'église Saint-Étienne, commencée au milieu du XVe siècle est achevée grâce à Philippe de Commynes, gouverneur de Chinon de 1477 à 1483 et dont on peut voir le blason sur le portail. On remarquera les trois verrières du chœur, de la fin du XIXe siècle, dues à Léon Lobin, qui relatent la vie de saint Étienne et deux des événements historiques dont Chinon a été le théâtre : la reconnaissance de Charles VII par Jeanne d'Arc et la rencontre entre Jean le Reclus et sainte Radegonde.

CHAPELLE SAINTE-RADEGONDE
Elle s'appelle ainsi en souvenir de Radegonde (ci-contre, à droite), pieuse épouse du violent Clotaire Ier (497-561), assassin de son frère.

«CHINON, VILLE INSIGNE,
VILLE NOBLE, VILLE ANTIQUE
VOYRE PREMIÈRE DU MONDE [...]»

RABELAIS

COLLÉGIALE SAINT-MEXME. (Ci-contre, avant l'effondrement de son clocher, en 1810) Il s'agit d'un des édifices romans ● *58* les plus précieux de Touraine. Les fouilles ont révélé que ce monastère fondé au Ve siècle par saint Mexme et érigé en collégiale vers 950 a connu sept campagnes de construction entre le Ve et le XVe siècle. Désaffectée à la Révolution, elle subit de graves dégâts lorsque son clocher central s'effondre en 1817, emportant le chœur et le transept. Son avant-corps, du début du XIe siècle, présentait un spectaculaire décor de soixante-dix dalles sculptées illustrant des scènes de la vie du Christ et de sa Passion. Avant de pénétrer dans la nef, on remarquera le célèbre bas-relief de la Crucifixion, aujourd'hui endommagé. Une des tours renferme une chapelle entièrement peinte à la fin du XVe siècle, dont subsistent, sur le mur nord, le Jugement dernier et, sur le mur ouest, la Fontaine de Rémission.

COTEAU SAINTE-RADEGONDE

Depuis l'abrupte coteau bordé de caves qui ont jadis servi de demeures et dont certaines sont encore habitées, la vue s'étend sur le quartier moderne de Chinon et sur la Vienne.

CHAPELLE SAINTE-RADEGONDE ♥. (Accès possible en voiture, par la route du Tunnel.) On raconte que sainte Radegonde ▲ *248* (ci-dessus) serait venue demander à l'ermite Jean le Reclus de prier pour ne pas être forcée de retourner à la cour. Son vœu exaucé, elle décide de prendre le voile et fonde un monastère à Poitiers. L'ermite anglais Jean le Reclus s'installe ici au VIe siècle, après avoir prié sur le tombeau de saint Mexme. La grotte qui lui servait d'abri constitue le fond de la chapelle Sainte-Radegonde, édifiée au XIe siècle suivant une orientation nord-sud.
On voit encore le sarcophage du pèlerin, violé à la Révolution. Sur la voûte qui couvre la petite abside semi-circulaire, une peinture murale porte le nom de *Chasse royale* (début XIIIe siècle). Derrière la chapelle se trouve un petit musée d'Arts et Traditions populaires.

«LA CHASSE ROYALE»
Il existe au moins trois interprétations de cette peinture murale du XIIIe siècle (détail, ci-dessous). Il pourrait s'agir de l'illustration d'un roman chevaleresque. Ou peut-être figure-t-elle la légende de saint Gilles : Charlemagne ayant commis un inceste avec sa demi-sœur, personne – de son confesseur au pape – ne voulut l'absoudre jusqu'à cette chasse au cours de laquelle il rencontre saint Gilles. L'ermite l'accable de reproches et lui demande de prier. L'empereur et le saint implorent le pardon de Dieu ; une main apparaît alors, symbole de l'absolution divine.
Mais l'hypothèse la plus fréquemment admise est celle du souvenir d'une chasse durant laquelle Jean sans Terre ● *38*, accompagné par sa mère, Aliénor d'Aquitaine, rencontre Isabelle d'Angoulême, sa future épouse.

RABELAIS VU PAR LES PEINTRES
On ne connaît pas le vrai visage de l'écrivain, tous les portraits sont posthumes (ci-contre, un anonyme du XVIIe siècle). La version, très sage, que Matisse fera pour La Devinière, en 1951, n'en est que plus surprenante. Des deux visages de Rabelais évoqués par La Bruyère, il choisit le plus délicat : «Où il est mauvais, il passe bien loin au-delà du pire, c'est le charme de la canaille ;

où il est bon, il va jusques à l'exquis et à l'excellent, il peut être le mets des plus délicats.»

EN RABELAISIE

François Rabelais (1494-1553) fait partie de ces quatre écrivains avec Pierre de Ronsard ▲ *258*, René Descartes (1596-1650) et Honoré de Balzac ▲ *240* qui sont nés dans le «jardin de la France» et dont les œuvres font apparaître toutes les facettes de l'esprit français. Seul le philosophe René Descartes ne semble pas inspiré par son pays d'origine (le sud de la Touraine, ce dernier étant né à La Haye, aujourd'hui Descartes) ; pourtant, la rigueur de l'expression qui structure ses œuvres philosophiques a sans doute trouvé sa source dans ce pays du bien parler qui a beaucoup inspiré Rabelais (essentiellement le Chinonais).

LA DEVINIÈRE. (Seuilly) La maison natale de l'écrivain est située au cœur de la Rabelaisie – théâtre de la guerre Picrocholine – épisode important de *Gargantua*. Au sortir d'un Moyen Âge où l'on prônait l'ordre d'un monde régi par Dieu, les bouleversements scientifiques, techniques et intellectuels vont faire naître un nouvel idéal de pensée. Cet idéal, accompagné d'une soif de savoir et de progrès, suscitant un enthousiasme débordant, trouve son expression allégorique chez les géants de Rabelais et leur appétit insatiable ● *104*. La demeure date du XVe siècle, c'était probablement une maison de vigneron. À l'intérieur ont été réunis de nombreux documents concernant Rabelais et son œuvre, ainsi qu'un mobilier régional des XVIe et XVIIe siècles. Au sous-sol, les caves troglodytiques se visitent.

CHÂTEAU DU RIVAU. (Lémeré) Rabelais consacre le nom du Rivau dans *Gargantua*, chap. 49 : Grandgousier, le père de Gargantua, après avoir offert un festin magnifique aux capitaines, «vainqueurs gargantuistes» de la guerre Picrocholine, les comble de cadeaux : «Et en plus à chacun d'eux il donna en bail perpétuel (sauf s'ils mouraient sans héritiers) ses châteaux et terres attenantes, à la convenance de chacun : à Ponocrates il donna La Roche-Clermault, […] Le Rivau à Tolmere…» Les trois tours cylindriques, les douves et la façade arrière du corps de logis

sies.

sont des vestiges du château féodal du XIIIe siècle. Pierre de Beauvau, propriétaire au XVe siècle, obtint de Charles VII l'autorisation de le fortifier. Les communs, aujourd'hui séparés du château datent du début du XVIe siècle. Le grand pigeonnier cylindrique comprend plus de deux mille cases. Les jardins ont été recréés dans l'esprit du Moyen Âge à partir de documents recueillis dans les archives du château.

Abbaye Saint-Pierre-de-Seuilly. Cette abbaye bénédictine du XIIe siècle garde le souvenir de Rabelais. C'est là qu'il commença son instruction. Plus tard, il y situera une des scènes de la guerre Picrocholine : «Comment un moine de Seuilly sauva le clos de l'abbaye du sac des ennemis» (*Gargantua*, chap. 27). Frère Jean des Entommeures (Entonneurs), «... bien fendu de gueule, bien avantagé en nez, beau dépêcheur d'heures, beau débrideur de vigiles», livre ici un combat contre les troupes de Picrochole, roi de Lerné. L'abbaye accueille aujourd'hui le Centre permanent d'initiative pour l'environnement.

Château de La Roche-Clermault. (Propriété privée.) Sa construction s'est interrompue brutalement en 1638 laissant en attente l'aile en retour. Il a remplacé une forteresse qui servit de modèle à Rabelais dans *Comment Picrochole prit d'assaut La Roche-Clermault* (Gargantua, chap. 28). Il possède, dit-on, le souterrain le plus important du Chinonais et où subsisteraient des sculptures énigmatiques... La route qui mène à Lerné est bordée d'habitations troglodytiques ● *80*.

AU BORD DE LA VIENNE, TAVANT (G8)

Église Saint-Nicolas ♥ ● *58*. Du début du XIIe siècle, elle présente un chœur surélevé sur une crypte à peine enterrée. Ce sont les remarquables peintures murales de cette crypte qui l'ont rendue célèbre ▲ *252, 254*. Le portail d'entrée sculpté est entouré de deux arcades aveugles. Des chapiteaux sont ornés de motifs qui rappellent que Tavant est situé au bord d'une rivière (sirènes, poissons...). Dans le chœur, une peinture représente le Christ en Majesté entouré des symboles des quatre évangélistes et le cycle de l'enfance du Christ. La cuve baptismale date du XIe siècle.

Le rire énorme et la satire

Rabelais reçoit d'abord un enseignement en latin, il étudie la scolastique puis le grec, avant de se passionner pour la médecine qu'il exerça toute sa vie. Il est le fondateur de la prose en langue française, c'est un façonneur de mots, d'expressions, d'images. Son humanisme ou le gai savoir – la jubilation de la chair et de la chère, le goût du vin, de l'érudition et des mots, l'esprit de tolérance –, s'exprime avec des armes maîtresses : la dérision et la parodie.

Les fouaces

Ces délicieuses galettes, cuites au four ou sous la cendre, puis fourrées de rillettes ou de fromage, furent à l'origine de la guerre Picrocholine, cette lutte féroce qui opposa les héros de Rabelais : Grandgousier, le père de Gargantua, et Picrochole, le roi du village de Lerné (ci-dessous).

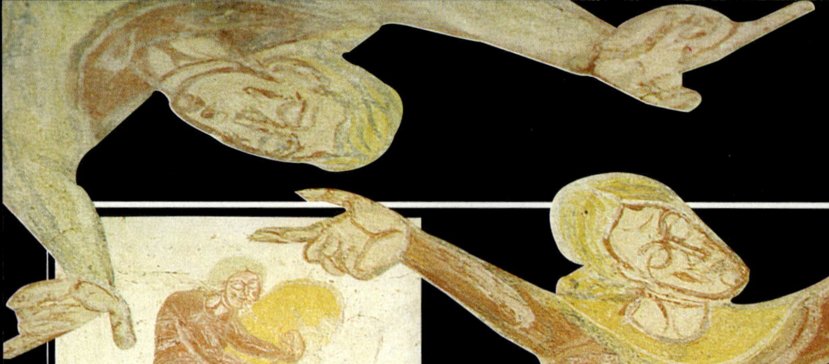

1. Personnage luttant contre un lion. Le roi David ? Samson ?

2. Sainte tenant une tige fleuronnée.

9. Homme aux bras étendus portant une poutre. Il fait face à la figure **12** (un atlante ?).

3. Personnage assis sur un trône : Saül écoutant le roi David (**7**) ?

4. Homme aux bras levés (David dansant ?).

PLAN DE LA CRYPTE

UN DES PLUS BEAUX CYCLES DE PEINTURES ROMANES ● *58*

Leur existence est révélée en 1862 lors du Congrès archéologique de Caen par un mémoire intitulé *Fresques de Touraine*, rédigé par le comte de Galembert. Elles retombent aussitôt dans l'oubli jusqu'à la brève étude de l'Américain Melville Webber parue, dans *Art Studies*, en 1925. Mais ce sont les écrits en 1938 de l'historien d'art Henri Focillon (1881-1943) et les travaux de restauration entrepris entre 1942 et 1945 par une équipe des Beaux-Arts, dirigée par Suzanne Flandrin, qui mettront définitivement en lumière ce trésor de l'art religieux. Pour Focillon, il s'agit d' «un art qui respire la poésie de l'esquisse et l'ardeur du mouvement. Les figures elles-mêmes tressaillent d'une vie intense, accrue par la brièveté de la touche». Le relevé de ces peintures murales est visible au musée des Monuments français à Paris.

5.

6. Deux hommes en marche (représentations de mois ou de saisons ?).

7. Le roi David jouant de la harpe.

8. Ange portant un chandelier comme ci-contre (**5**).

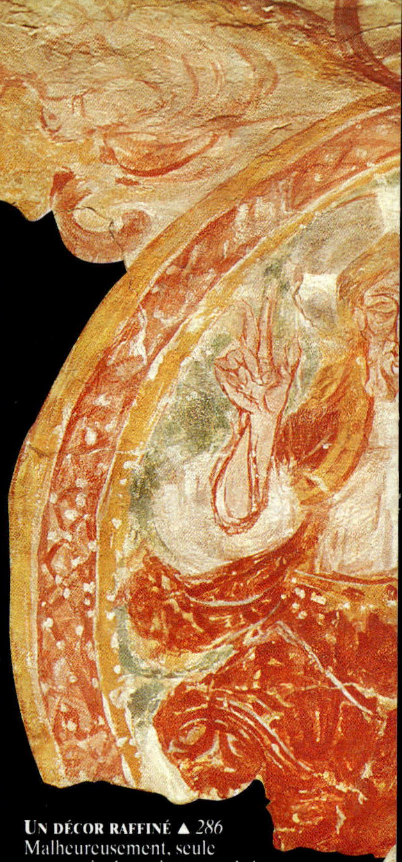

18. Christ en Majesté au fond de la crypte.

10. Personnage en armure luttant contre un monstre. Un combat entre Vertus et Vices ?

11. Adam bêche et Ève file.

UN DÉCOR RAFFINÉ ▲ *286*
Malheureusement, seule une partie des peintures subsiste dans l'étroite crypte. La gamme des couleurs utilise principalement les ocres, une terre verte, le blanc et le noir. On remarquera l'absence de bleu. Cette couleur n'apparaissait qu'à titre exceptionnel chez les peintres de l'Ouest. En effet, elle est obtenue à partir du lapis-lazuli, pierre très coûteuse.

SYMBOLISME. Certaines scènes restent obscures. Par exemple, la psychomachie (thème allégorique du combat des Vertus contre les Vices) serait notable dans deux scènes (**1-10**).

12. Atlante (cf. figure 10).

13. Sagittaire.

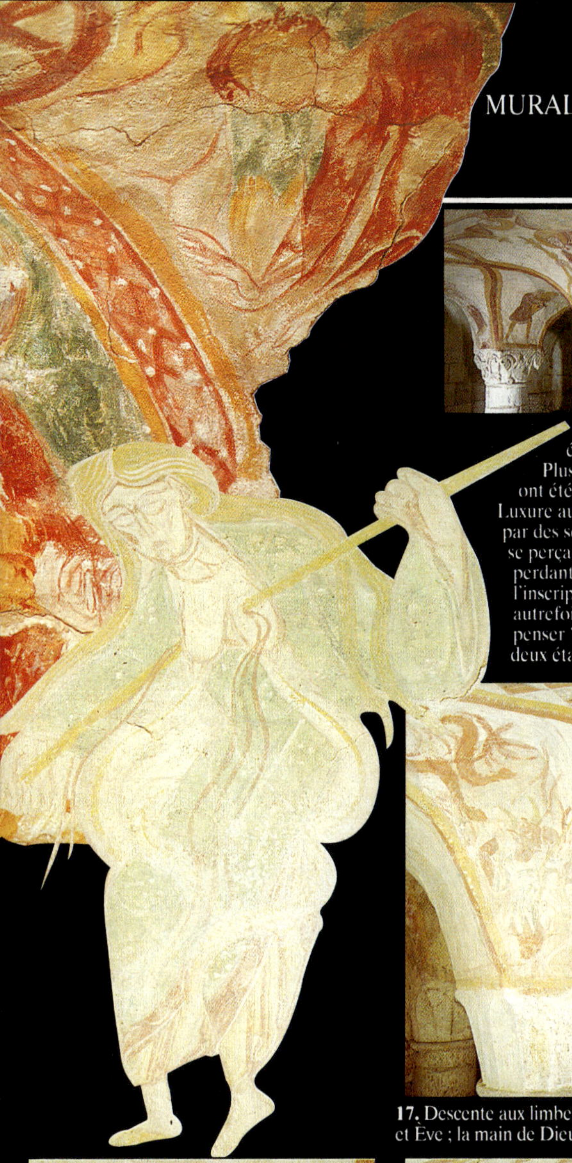

16. Femme échevelée.
Plusieurs interprétations ont été avancées. Serait-ce la Luxure aux seins nus, attaquée par des serpents ? Ou la Colère se perçant la poitrine et perdant son sang, comme l'inscription latine *ira* (colère), autrefois visible, le laisserait penser ? Ou peut-être ces deux états à la fois ?

17. Descente aux limbes : le Christ saisit Adam et Ève ; la main de Dieu écarte le démon.

14. La Vierge, mains écartées, douloureuse.

15. Déposition de Croix.

La technique ancienne de la fresque sera utilisée dans la région à partir du Moyen Âge. Puis, dès 1450, en raison de la multiplication des peintures dites géantes, les caractéristiques du support, la nature des pigments, le dessin préparatoire évoluent.

LA PEINTURE «A FRESCO» OU FRESQUE
La peinture *a fresco* consiste à incorporer des pigments colorés, dilués à l'eau, à un enduit encore humide (*fresco*, frais), ce qui oblige l'artiste à travailler très rapidement, le support séchant en moins d'un jour.

LA PEINTURE «A SECCO» OU PEINTURE MURALE
Pour éliminer cet inconvénient, les peintres adoptent la technique de la *fresco secco*. On peint sur un enduit à la chaux déjà sec, que l'on détrempe et humidifie au fur et à mesure.
La détrempe, utilisée à l'origine par les fresquistes pour retoucher leur composition, devient, dès 1450, la technique dominante en Europe. Si elle laisse plus de liberté au maître d'œuvre, c'est au détriment de la solidité : les peintures *a fresco* se conservent mieux.

LA RESTAURATION
Certaines fresques, découvertes sous des badigeons, seront retouchées à l'aquarelle par les restaurateurs puis protégées à l'aide d'un fixatif réversible.

LE SUPPORT. Sur le mur, on pose une première couche de 10 à 12 mm constituée d'un volume de chaux et de trois volumes de sable grossier. Cette première couche présentera une surface rugueuse pour pouvoir accrocher la deuxième couche, l'*arricciato*, composée d'un mélange plus fin sur une épaisseur de 5 mm. La troisième couche, l'*intonaco* est en plâtre riche en chaux. On exécutera la peinture sur sa surface fraîche.

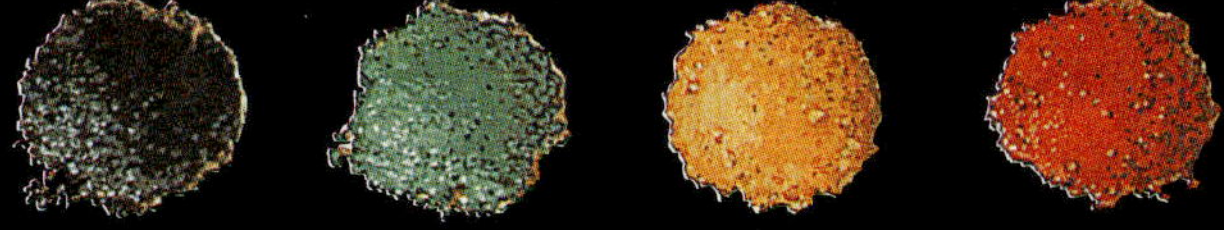

Les pigments. La fresque est réalisée dans un milieu alcalin chimiquement actif, aussi la couleur et la luminosité de la peinture varient-elles en séchant. Les pigments les mieux adaptés sont des colorants d'origine minérale ou organique résistant à la chaux. Un liant (œuf, lait de figuier, lait de chaux…), utilisé pour la détrempe, permet d'exécuter les retouches.

Les pigments
D'origine minérale, ils étaient broyés, dilués à l'eau, puis appliqués avec des pinceaux de soies épais et ronds.

Technique du carton
Le maître d'œuvre exécute sa composition sur un carton qu'il perfore en suivant les lignes du dessin. Puis il l'applique sur le mur et, pour reproduire le motif, le tamponne avec de la poudre de charbon de bois. À partir de 1450, ce procédé remplace progressivement la technique de la *sinopia* (pigment rouge utilisé pour tracer le dessin sur l'*arricciato*).

La finition
La surface peinte est lissée à la truelle, enduite d'une solution à base de cire, puis polie. Elle est parfois vernie et lustrée à la cire.

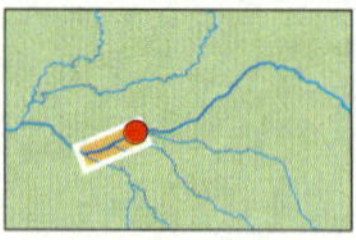

env. 75 km
1 1/2 journée

Prieuré Saint-Cosme ♥ (H6)

Histoire du prieuré. En 1092, la basilique Saint-Martin-de-Tours établit un prieuré pour cinq chanoines, sur une ancienne île de la Loire.

L'emplacement choisi est celui de la chapelle Saint-Cosme, élevée un siècle plus tôt. Une vaste église est alors construite dans le style de l'école romane du Poitou. Puis, durant la première partie du XIIe siècle est édifié le grand réfectoire. Au XVe siècle, le prieuré profite de la proximité de la résidence royale du Plessis-lès-Tours ▲ *259*. Louis XI finance la réfection de l'église et du logis du prieur. Les chanoines réguliers de Saint-Cosme mènent une vie agréable grâce à de confortables rentes jusqu'à la suppression du prieuré en 1742 ; il sera abandonné puis vendu en 1791. Cibles de bombardements en 1944, de nombreux bâtiments ont été détruits.

Ronsard à Saint-Cosme. Ronsard se rend à Saint-Cosme pour la première fois à l'invitation de son frère Charles, à qui Henri II a fait don du prieuré. Le maître de la Pléiade tombe sous le charme du lieu et l'échange avec son frère, en mars 1565, contre un prieuré du diocèse de Rouen. Il sera ainsi prieur de Saint-Cosme jusqu'à sa mort, en 1585. Il aime s'y retirer lorsqu'il n'est pas obligé

Pierre de Ronsard (1524-1585) Gentilhomme vendômois, Ronsard est né au manoir de la Possonnière dans une famille de petite noblesse. À seize ans, atteint de surdité, il renonce à une carrière militaire et reçoit la tonsure. Mais ce religieux, voué au célibat, s'abandonne aux délices de la poésie et ne cessera de chanter l'amour. En 1552, il publie les *Amours de Cassandre* qui lui valent d'être nommé poète du roi (1559). Il est une des figures marquantes des poètes de la Pléiade ● *94*, groupe littéraire qui contribua à l'élaboration d'une littérature nationale et dont le lyrisme, tout comme les arts de la Renaissance, s'appuyait sur les modèles antiques : ode, élégie, épopée, hymne sont autant de genres poétiques qui supplantent les ballades et rondeaux d'antan.

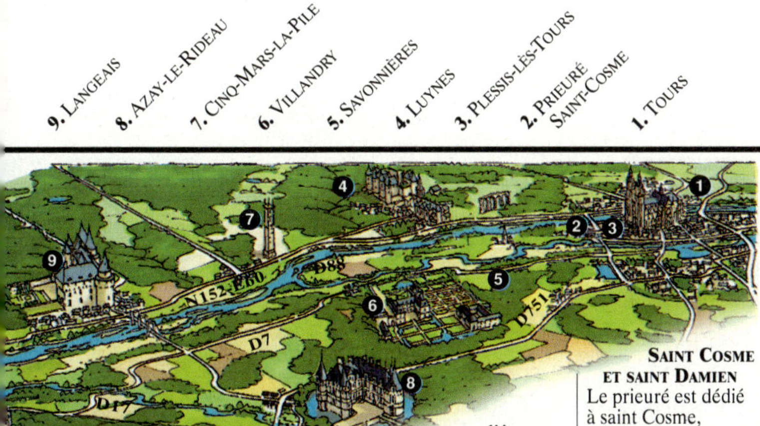

d'être à la cour. Dans sa demeure tourangelle, il reçoit la reine mère Catherine de Médicis. Il y compose quatre chants de *La Franciade* et deux livres de poèmes. Il est enterré dans le chœur de l'église. Son cénotaphe est aujourd'hui au musée de Blois.

Visite. Du prieuré, il reste le beau réfectoire, l'Hôtelier, le Régulier, le logis du prieur et des vestiges de l'église (le déambulatoire et deux absidioles). Au sol, on peut voir les fondations du cloître. Dans la maison du prieur, des reconstitutions évoquent le séjour du poète et la rose cultivée dans les jardins – d'inspiration médiévale et Renaissance – lui rend un délicat hommage.

Château du Plessis-lès-Tours (H6)

Louis XI, le bâtisseur. Le Plessis-lès-Tours est connu des textes depuis le XVe siècle sous le nom de Chastel des Montils ou de Plessis-du-Parc-lez-Tours. C'était alors la propriété de la famille de Maillé ▲ *262*. Après de plaisants séjours, Louis XI achète le château en 1464 et fait édifier un sobre bâtiment en brique et pierre selon le modèle flamand que le roi appréciait. Ce château devient peu à peu son lieu de résidence favori et par là même le centre du royaume de France. Non loin de son château du Plessis, il crée une manufacture de soie et impose cette industrie ▲ *260* à la capitale tourangelle ● *40*.

Une demeure royale. Après la mort de Louis XI, le Plessis n'est pas délaissé par la famille royale qui y fait de nombreux séjours et les travaux se poursuivent pendant près de cent ans. Près du château, il y avait un grand parc : à la fois

Saint Cosme et saint Damien
Le prieuré est dédié à saint Cosme, comme l'était la première chapelle ; il est probable que celle-ci ait abrité des reliques du saint. Saint Cosme et saint Damien étaient des médecins syriens qui furent martyrisés au début du IVe siècle. Leur culte s'est propagé avec succès en Touraine. Dans l'absidiole centrale de l'église Saint-Cosme sont exposées les copies de deux belles statues du XVe siècle, représentant les saints munis des attributs de leur profession. Les originaux se trouvent à l'hôtel Gouin, à Tours ▲ *208*.

Célèbre épitaphe
On peut lire sur la tombe de Ronsard : «Prends garde, ô passant ! Cette terre est sacrée. Ronsard gît ici. Nées avec lui, les Muses sont mortes avec lui et ont été ensevelies dans le même tombeau.»

▲ Louis XI et la soie à Tours

On peut toujours voir cet emblème sur le fronton de la porte de la manufacture Le Manach.

Si, de nos jours, le travail de la soie occupe une quarantaine de personnes, cette industrie de luxe, imposée par Louis XI, faisait vivre à la fin du XVIe siècle, le tiers de la population active de Tours. Longtemps rivale de Lyon par le volume et la qualité de ses productions, la soierie tourangelle est peu à peu tombée dans l'oubli.

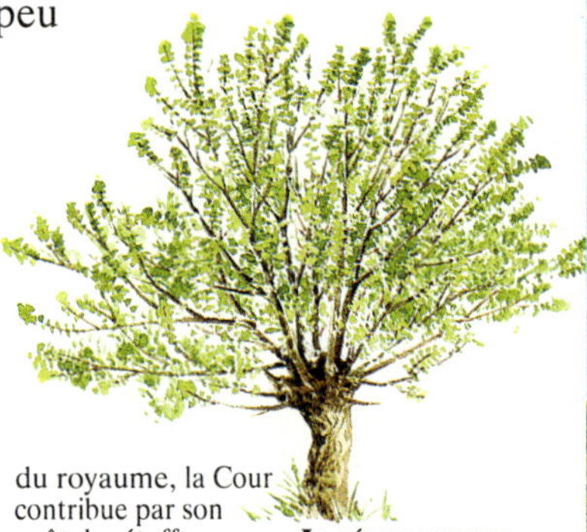

Les premières fabriques
Louis XI décide, en 1470, de créer une manufacture à Tours, proche de son château des Montils-les-Tours ▲ *259* et fait venir des ouvriers de Lyon. La profession s'organise et des corporations aux statuts rigoureux apparaissent. Tours est alors capitale du royaume, la Cour contribue par son goût des étoffes précieuses au succès de la nouvelle industrie.

La sériciculture
L'élevage du ver à soie se déroulait dans les magnaneries, appelées en Touraine les «verreries» ou «verries». Seul le mûrier blanc (ci-dessus) est propice à la croissance de la larve du *Bombyx mori* (papillon nocturne blanc) qui produit le fil de soie.

Le ver à soie
La vie du ver ne dure que six semaines. Pour fabriquer son cocon, il bave un fil de soie continu pouvant atteindre 1500 m. Avant la dernière mue, les cocons sont ramassés et les chrysalides étouffées à la chaleur (seules les nymphes destinées à la reproduction se métamorphoseront en papillons).

Grandeur et déclin
Le travail de la soie fait vivre près de 40 000 personnes – tisseurs, mais aussi teinturiers, passementiers, rubaniers, brodeurs, marchands – dans une ville qui, en 1550, compte 85 000 habitants (autant qu'en 1939). On fabrique du taffetas, du velours, du damas ou encore de luxueux brocarts. La concurrence des manufacturiers protestants chassés par la révocation de l'édit de Nantes, installés en Angleterre et en Hollande, aura raison des fabriques locales : en 1689, seuls 120 métiers seront encore en activité.

«On fait à Tours des pannes si belles, qu'on les envoye en Espagne, en Italie et autres pays étrangers.»

Cardinal de Richelieu

Le renouveau
Au début du XVIIIe siècle, l'activité reprend. L'habileté des dessinateurs est reconnue. Grâce à un arrêt du Conseil d'État de 1787 leurs modèles sont protégés pour quinze ans. Aux expositions universelles de 1867 et 1878, les étoffes de Tours obtiennent les plus hautes récompenses.

Aujourd'hui, seules les maisons Roze et Le Manach assurent encore la renommée de la soierie de Tours.

Louis XI faisant planter des mûriers (A. Bauchant, 1943).

Luynes
Le chef du gouvernement de Louis XIII, Charles d'Albert, d'origine toscane, laissera sa marque au château de Maillé et le rebaptisera Luynes, ainsi que le village.

Une «maison des champs»
C'est ainsi que Louis XI avait voulu son château : de brique et de pierre, à l'image de ces maisons que les nobles et les bourgeois aisés faisaient construire à cette époque sur les bords de la Loire.

Vers la fin de sa vie, obnubilé par les attentats, Louis XI fait clore le château par des remparts de fer : broches acérées, grilles, barreaux… Ces renforts de protection expliquent que les romantiques, à la suite de Walter Scott (1771-1832) dans *Quentin Durward*, ont transformé le Plessis en une véritable forteresse.

garenne et ménagerie, c'était une des attractions favorites du roi et de ses invités.
Le Plessis abandonné par les princes. Au milieu du XVIIIe siècle, le château est converti en maisons particulières et le parc en pépinière de mûriers. Puis, il devient le dépôt des mendiants. Au siècle suivant, les bâtiments sont aménagés en fabrique de plomb de chasse, puis en exploitation agricole et même en institut vaccinogène. Ces transformations expliquent les mutilations subies par le château royal. Dans le parc, on peut encore admirer un mûrier vieux de quatre siècles, vestige de ceux plantés par Henri IV à la suite de Louis XI ▲ *260*.

Luynes (H7)

Le château de Luynes appartenait à la même famille de Maillé ▲ *259* qui vendit le Plessis à Louis XI. Charles d'Albert (1578-1621) seigneur de Luynes, en Provence, le racheta en 1619.
Château de Luynes. Élevée sur un éperon rocheux, l'imposante forteresse domine la Loire. Quadrilatère flanqué de tours circulaires, cette construction du XIIIe siècle, remaniée aux XVe et XVIIe siècles, est isolée du coteau au nord et à l'est par un fossé sec. À l'ouest s'appuie un corps de logis de brique et de pierre qui rappelle Plessis-lès-Tours. La chapelle des Chanoinesses, de style gothique flamboyant, date de 1486. Épargné par les remous de l'histoire et propriété de la même famille depuis plus de trois siècles, le château ouvre enfin ses portes aux visiteurs qui peuvent désormais apprécier la richesse de la décoration intérieure et les jardins. Vivant témoignage d'une rare continuité historique l'ensemble constitue un lieu. Au pied du château, on remarquera plusieurs maisons à pans de bois ● *72* du XVe siècle et à 2 km, au nord-est de Luynes, on apercevra les ruines d'un acqueduc romain.

Savonnières ♥

On peut rejoindre Savonnières, ci-dessous, par la D88, petite route entre Loire et Cher, qui offre un joli point de vue sur l'un des plus pittoresques villages de Touraine.
Les grottes pétrifiantes. Ces caves-gouttières, évoquées pour la première fois par le céramiste Bernard Palissy (v. 1510-1590), en 1547, sont d'anciennes carrières d'où l'on a extrait, au XVIe siècle, la craie blanche, dite pierre de

Bourré, utilisée pour la construction du château de Villandry. L'eau qui suinte dépose jusqu'à un cm de calcite par an sur les parois de ces grottes, ce qui permet de pétrifier divers objets.

VILLANDRY (G6)

LE CHÂTEAU. C'est à Jean Le Breton, secrétaire d'État de François Ier, constructeur de Villesavin ▲ *166*, que l'on doit le château de Villandry. L'édifice est bâti entre 1532 et 1540, sur une plate-forme entourée de douves, reprenant l'ordonnancement typique ● *69* de cette époque dans le Val de Loire : un corps de logis principal au fond de la cour pavée et deux ailes en retour. Ces ailes n'ont pas exactement la même longueur, et leur jonction avec le corps central ne forme pas un véritable angle droit. Ces irrégularités sont dues à la réutilisation de structures préexistantes : les fondations du château dit de Colombier. Un quatrième corps de bâtiment fermant la cour a disparu au XVIIIe siècle. Les façades sont surmontées de fenêtres carrées à meneaux et agrémentées d'un fronton en saillie sur le toit. Des galeries à portiques circulent au rez-de-chaussée, donnant sur la cour centrale. Les façades jouent avec élégance sur un quadrillage de lignes horizontales et de lignes verticales. En 1754, le château est acquis par Michel-Ange de Castellane. Considérant le château Renaissance désuet, il fait d'importants remaniements, donnant aux façades une ordonnance classique. Au début du XXe siècle, le docteur Carvallo restitue à Villandry son aspect du XVIe siècle et reconstitue ses jardins ▲ *264* à la mode Renaissance. Dans l'aile orientale du château, on peut aussi admirer une galerie de peinture de maîtres espagnols ainsi que des sculptures, notamment une vierge à l'enfant du XIe siècle.

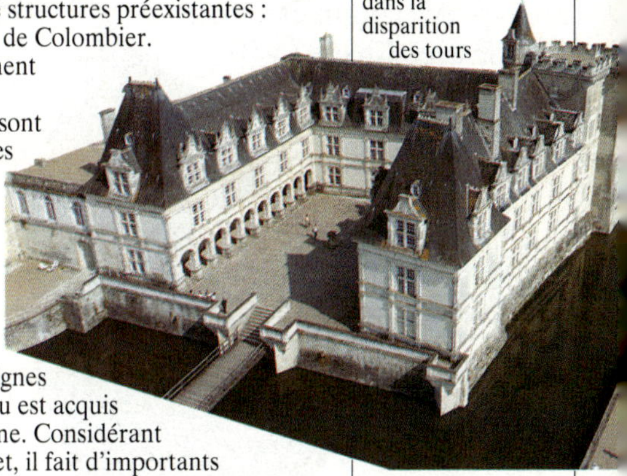

ÉGLISE SAINT-ÉTIENNE. Des jardins, on a une très belle vue sur le chevet de l'église Saint-Étienne qui date des XIe et XIIe siècles. Les contreforts qui l'épaulent et le reste de l'édifice appartiennent au siècle suivant.

DEUX TENDANCES ARCHITECTURALES
À bien des égards, le château de Villandry se situe au carrefour de deux sources d'influence. La première est bien sûr celle des châteaux du Val de Loire construits au cours des deux décennies précédentes. La seconde est la mode qui règne en Île-de-France vers 1530. Elle se manifeste ici, notamment, dans la disparition des tours d'angle au profit de pavillons carrés.

«SAPONARIA»
Savonnières vient de ce nom latin, en ancien français *erbe savoniere*, herbe à savon, utilisée dans les moulins à foulon.

Au début du XXe siècle, Joachim Carvallo se lance dans une vaste entreprise : reconstituer les jardins de Villandry tels qu'ils devaient être à la Renaissance. Dès le XVIe siècle, en France, le jardin relève de deux influences. L'une emprunte aux monastères leur tradition de potager, l'autre, à l'Italie, son goût pour l'ornement (fontaine, treille...). Un des premiers jardins de ce type est planté à Amboise ; il est l'œuvre des jardiniers venus d'Italie avec Charles VIII.

JOACHIM CARVALLO (1869-1936), LE CRÉATEUR DES JARDINS

Né en Espagne, dans une famille modeste, il étudie la médecine à Madrid avant de rejoindre, à Paris, le laboratoire de physiologie du professeur Richet (prix Nobel en 1913). Il y rencontre Ann Coleman, une jeune et riche Américaine qu'il épouse en 1899. En cherchant une maison de campagne, ils découvrent Villandry ▲ *263* et tombent sous son charme. Joachim Carvallo arrête alors la médecine et consacre sa vie à Villandry. Il supprime d'abord les ajouts architecturaux des XVIIIe et XIXe siècles puis se lance dans cette reconstitution, unique en France, des jardins. Aujourd'hui, les descendants de Joachim Carvallo entretiennent et embellissent son œuvre.

SOURCES D'INSPIRATION

Il n'y avait aucun document sur les jardins de Villandry au XVIe siècle. Joachim Carvallo s'est inspiré de deux ouvrages de référence pour l'art de la Renaissance : le *Monasticon Gallicanum*, réalisé en 1694 par la congrégation de Saint-Maur, et *Les Plus Excellents Bastiments de France*, de Jacques Androuet Du Cerceau.

Hymne aux légumes. Nicolas de Bonnecamp, médecin-poète du XVIIe siècle, décrivait ainsi les jardins potagers : «L'asperge et l'artichaut, le piquant céleri,/ La rave, le chou-fleur, l'épicé salsifis,/ La royale laitue et la trop tendre afange,/ Par un hardi mépris aux fleurs donnent le change./ Leur grosseur, leur tendresse et le goût qu'elles ont/ Font connaître aux friands la bonté de leur fond./ Ainsi dans ces jardins l'utile à l'agréable/ Se joint, pour plaire aux yeux et servir à table.»

Les jardins à l'anglaise
L'esprit romantique du XIXe siècle se plaît dans ces jardins aux lignes courbes, aime leur nature sauvage et désordonnée. Il rejette le tracé à la française dont lord Byron dira «une telle symétrie ne convient pas à la solitude». Cette gravure représente le château de Villandry et ses jardins tels que les a découverts Joachim Carvallo au début du siècle.

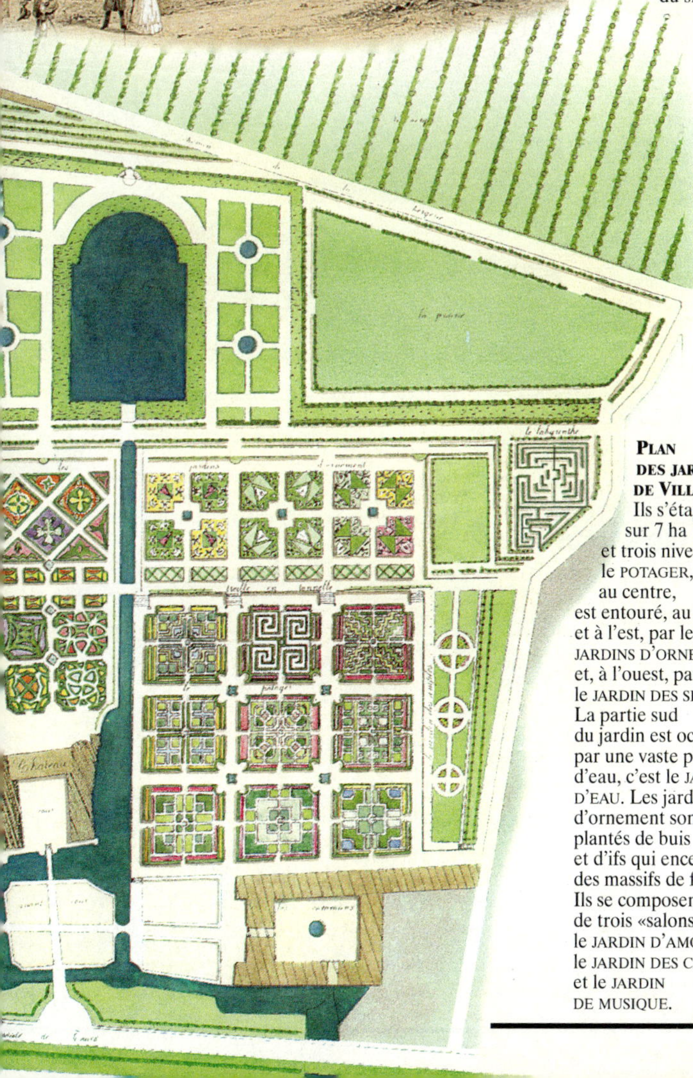

Plan des jardins de Villandry
Ils s'étagent sur 7 ha et trois niveaux : le POTAGER, au centre, est entouré, au sud et à l'est, par les JARDINS D'ORNEMENT et, à l'ouest, par le JARDIN DES SIMPLES. La partie sud du jardin est occupée par une vaste pièce d'eau, c'est le JARDIN D'EAU. Les jardins d'ornement sont plantés de buis et d'ifs qui encerclent des massifs de fleurs. Ils se composent de trois «salons» : le JARDIN D'AMOUR, le JARDIN DES CROIX et le JARDIN DE MUSIQUE.

Ci-dessous, vue sur le potager.

UN TRAVAIL DE TOUS LES INSTANTS Les plans de culture sont élaborés une fois par an aux mois de novembre et de décembre. Ils doivent tenir compte d'impératifs naturels, comme les périodes de floraison et l'alternance des cultures afin que le sol ne s'appauvrisse pas, et de l'esthétique, c'est-à-dire des couleurs de chaque carré où une floraison permanente est très importante. Ce travail nécessite la présence à plein temps de nombreux jardiniers. L'hiver, ils taillent arbres et rosiers.

LE JARDIN D'AMOUR. Les dessins des quatre carrés du jardin symbolisent quatre visages de l'amour.
Les cœurs (à gauche) et les flammes de l'amour : l'amour tendre.
Les glaives et les poignards : l'amour tragique.
Les cornes et les éventails : l'amour adultère.
Les cœurs brisés par la passion : l'amour passionné.

À partir de mars, légumes et fleurs sont plantés et, jusqu'en novembre, ils seront entretenus et renouvelés selon le plan établi.

Ci-contre, un des neuf carrés du potager.

La symbolique de quelques légumes

L'AUBERGINE est liée à une tradition sinistre oscillant entre volupté et poison.
Le CHOU, à cause de ses feuilles serrées, représente le bonheur et la prospérité.
La FÈVE contiendrait l'âme des morts.
Le PIMENT symbolise le feu, un des quatre éléments essentiels de l'organisation du monde.
Le PERSIL est considéré comme une plante magique.

Le jardin des simples
Il réunit une trentaine de variétés de plantes aromatiques ou médicinales.

Le jardin des croix
Les buis dessinent la croix du Languedoc, la croix du Pays basque et la croix de Malte (ci-dessus et ci-dessous). Elles sont entourées de fleurs de différentes couleurs selon les saisons.

Le potager au XVIe siècle
À la Renaissance, l'introduction en Europe de légumes en provenance des Amériques suscite un intérêt nouveau pour le potager. Afin de le surveiller lui-même, le maître décide de rapprocher le jardin potager du château. Il le décore d'éléments architecturaux hérités d'Italie et de fleurs variées.

Le potager de Villandry
Il se compose de neuf carrés de dimensions identiques mais dont les dessins géométriques et les couleurs diffèrent. Pour qu'il soit garni la majeure partie de l'année, il faut 120 000 plants de légumes et 15 000 plants de fleurs !

Le jardin de musique
De petits bassins et des jets d'eau ponctuent son tracé.

Langeais (G7)

Château de Langeais ● *66.*
Louis XI, craignant une attaque du duc de Bretagne, François II ● *34*, demanda à Jean Bourré, en 1462, de bâtir ce château protégeant l'entrée ouest de Tours. Langeais est un bel exemple d'architecture militaire du XVe siècle. Son aspect extérieur est celui d'une forteresse : il est muni d'un pont-levis enjambant les douves, de tours et d'un chemin de ronde continu à mâchicoulis. Pourtant, une fois le pont-levis franchi (sa rampe d'accès a été remplacée, au siècle dernier, par un escalier), on découvre un logis résidentiel dont la façade sur cour est ouverte. Ses trois tourelles d'escalier hors-œuvre et ses hautes lucarnes lui donnent un aspect élancé. L'intérieur mérite une attention particulière. Les salles sont décorées d'un ensemble de tapisseries des XVe et XVIe siècles de grande qualité et abritent un mobilier des XVe, XVIe et XVIIe siècles, ainsi que quelques copies de meubles anciens. On remarquera une châsse (reliquaire) en bois doré à la feuille d'or du XIIIe siècle, sur laquelle s'opposent les vierges folles et les vierges sages. Dans cet environnement, on peut imaginer l'atmosphère qui régnait lorsque fut célébré avec faste en 1491 le mariage de Charles VIII et d'Anne de Bretagne ● *40*. Ne pas hésiter à emprunter le chemin de ronde qui longe toute la façade. De là, la vue s'étend par-dessus les toits jusqu'à la Loire (ci-contre vues de la Loire, près de Langeais).
Le plus vieux donjon en pierre de France. Dans le jardin du château subsistent les faces est et sud d'un donjon construit avant l'an mil par le puissant comte d'Anjou, Foulques Nerra, surnommé le Faucon Noir ● *297.*
La ville. En sortant du château, face au pont-levis, une maison Renaissance, dite de Rabelais, passe pour avoir été habitée par l'écrivain. L'église Saint-Jean-Baptiste, après le petit pont, étonne tant par l'ampleur de son transept que par la juxtaposition de styles si différents. En effet, sa tour-porche carrée épaulée de contreforts date du XIIe siècle tandis que le transept a été ajouté en 1869. Une photographie avant travaux est exposée sous le porche voûté du XVIe siècle. Dans le chœur, une frise de deux lions affrontés séparés par une palmette serait d'époque carolingienne.

Anne de Bretagne et Charles VIII
Dans le conflit qui opposait Capétiens et Plantagenêts la couronne de Bretagne fut un enjeu majeur. Mais si le mariage d'Anne de Bretagne (1477-1514) avec Charles VIII (1470-1498) puis avec Louis XII (1462-1515) apportait le duché de Bretagne à la couronne de France, les États de Vannes ne consacrèrent l'union qu'en 1532.

La faïence de Langeais
Elle doit sa célébrité à Charles de Boissimont (1817-1879). Sa fabrique produira des modèles de forme originale, caractérisés par l'utilisation du platine (moins cher que l'or ou l'argent), et fort réputés en Europe.

Rigny-Ussé (F7)

Château d'Ussé, du Moyen Âge à la Renaissance.
C'est Guildin de Saumur, le rival de Foulques Nerra, qui le premier s'établit en cet endroit et y construit une place forte d'où il peut commander la vallée de la Loire. Un souterrain-refuge, accessible de l'intérieur du château, évoque cette époque troublée. Au milieu du XVe siècle, Antoine de Bueil, époux de Jeanne, la fille légitimée d'Agnès Sorel ▲ *227* et de Charles VII, décide de construire un château dans le goût de l'époque. La cour intérieure, accessible par un pont-levis, sera cernée d'un quadrilatère de bâtiments et de courtines. À pic sur l'Indre, il est protégé, du côté de la forêt, par un profond fossé

Le pont de Langeais (1950)
Reconstruit quatre fois, ce pont conserve un rôle majeur car c'est le seul endroit où l'on peut traverser la Loire sur les 45 km qui séparent Tours ▲ *193* de Bourgueuil.

Lucarne du château d'Ussé.

CHÂTEAU D'USSÉ
Des jardins en terrasses, une orangerie récemment restaurée, un mobilier accumulé par les propriétaires depuis le XVIIe siècle, des scènes évoquant l'histoire de *La Belle au bois dormant* font du château d'Ussé un lieu de rêve, ce qu'Alexis de Tocqueville appelait «un témoignage de l'Ancienne France».

RIVALITÉS DE CLOCHERS
Saint Martin meurt à Candes et ses reliques sont l'objet d'une rivalité entre Poitevins et Tourangeaux. Les premiers les volent, mais les seconds, profitant de la nuit, reprennent le corps et l'emmènent jusqu'à Tours en remontant la Loire sur une barque. Une procession solennelle a alors lieu à Tours, où le saint sera enseveli.

et défendu, à l'ouest, par un donjon du haut duquel on peut surveiller le coteau. Un siècle plus tard, on abat la muraille qui fait face à la vallée et l'on orne portes, fenêtres et lucarnes dans l'esprit de la Renaissance italienne. Une admirable chapelle posée à flanc de coteau témoigne de l'importance des propriétaires d'Ussé qui l'érigent en collégiale.

DE L'ÉPOQUE CLASSIQUE À NOS JOURS. Au XVIIe siècle, à l'occasion du mariage d'une fille du maréchal de Vauban, on transforme le glacis sur lequel repose le château en une suite de terrasses, de rampes et de degrés garnis de fleurs et d'orangers. Quant au donjon, il est à demi masqué par une aile à l'italienne dans laquelle des pièces plus confortables sont installées. Au XIXe siècle, la duchesse de Duras achète le domaine avec tout son mobilier ; elle y reçoit Chateaubriand qui rédige là une partie de ses *Mémoires d'outre-tombe*. Elle le transmet à sa fille, qui embellit la cour intérieure d'une façade dans le style troubadour et plaque sur la façade ouest une galerie garnie de vitraux qui fait communiquer le fond du château avec l'aile Vauban, en évitant les pièces de réception. Le château passe alors au ministre de Louis XVIII, le duc de Blacas ; ses descendants en sont encore propriétaires.

CANDES-SAINT-MARTIN (E7)

Situé à mi-chemin entre Chinon et Saumur, l'un des plus beaux villages de France tient son nom du gaulois *condate* (confluence). C'est en effet ici que la Vienne se jette dans la Loire.

QUAND CANDES-SAINT-MARTIN NE S'APPELAIT QUE CANDES. L'histoire de Candes débute avec l'occupation des Romains, qui l'entourent de fortifications. À la fin du siècle dernier ont été mises au jour les fondations du temple païen détruit par saint Martin lorsqu'il vient à Candes vers 387 pour baptiser les habitants et y fonder la quatrième ou cinquième paroisse de France. Il retourne à Candes en 397 pour apaiser les différends qui s'étaient élevés entre les moines. Sa tâche terminée, le saint évêque, épuisé, meurt. Candes devint aussitôt le centre d'un pèlerinage important et une étape sur la route de Saint-Jacques-de-Compostelle. Plusieurs rois de France y séjourneront : Charles le Chauve, Philippe Auguste, Charles VII, Louis XI et Charles VIII.

Le portail de la collégiale Saint-Martin
De nombreuses statues décapitées, taillées dans la pierre, occupent les niches qui entourent la porte. À leur pied, on peut admirer des têtes couronnées, puis des entrelacs de feuillage, de dragons, de sirènes.

Collégiale Saint-Martin. Au début du XIIe siècle, la maison où saint Martin mourut menaçait de s'écrouler. Les chanoines firent alors construire, autour de cette maison, une église à la gloire du saint ; c'est l'actuelle chapelle Saint-Martin, à gauche du maître-autel de la collégiale. Cette dernière fut bâtie par la suite, en cinquante ans, de 1175 à 1225, d'où son unité de style. En raison des guerres successives, l'église fut fortifiée pour assurer sa défense et accueillir la population en cas d'invasion : on trouve un puits à l'intérieur et des fours à pain dans les combles. Le porche d'entrée, au sud, mérite que l'on s'y arrête car il est unique. Au centre, une légère colonne monolithe reçoit la retombée des voûtes dont les nervures rappellent les branches d'un palmier. Elle donne l'impression de supporter tout le poids de la construction. Au-dessus du porche, la chapelle Saint-Michel possède une fenêtre qui donne directement sur les voûtes de la collégiale. La façade ouest est dominée par une croix en pierre située à la jonction de deux escaliers qui desservent le haut des deux autres tours carrées de fortification. Le grand portail à l'ouest est surmonté de treize niches vides qui ont peut-être abrité le Christ et les douze apôtres. La façade nord de la collégiale est remarquable par l'alliance des styles religieux et militaire et ses deux tours à créneaux et à mâchicoulis.

L'intérieur de la collégiale. Lorsque le visiteur entre dans l'église, il est surpris et admiratif devant ce grand vaisseau aux voûtes élancées et pures du gothique Plantagenêt ● *60*. Le chœur et l'abside aux voûtes arrondies datent de la fin de l'âge roman. Les trois nefs, de même hauteur, sont voûtées sur croisées d'ogives. Les nervures retombent sur les culs-de-lampe décorés. Ces sculptures sont de factures très diverses et on peut même s'étonner de trouver des blocs de pierre brute dans l'église et sur ses façades. Sans doute la rigueur du budget obligea-t-elle à employer des artistes de talents différents, et on ne put terminer la décoration prévue.

Le village. Au Moyen Âge, les défenses romaines de la ville ont été renforcées par de solides murailles doublées de fossés extérieurs. Candes était sous suzeraineté des archevêques de Tours qui possédaient le château, une de leurs résidences d'été. Le premier château, ruiné pendant la guerre de Cent Ans, fut reconstruit en 1485. En 1682, l'évêque, le trouvant

La mort de saint Martin
Ce détail de vitrail, qui représente le moment où le saint est enseveli, provient du chœur de la cathédrale Saint-Gatien de Tours ▲ *196*. Datée vers 1300, la verrière mesure 7 m de hauteur et 1,60 m de largeur. Elle relate la dernière partie de la vie de saint Martin ▲ *206*.

Décor intérieur de la collégiale
Les culs-de-lampe de la nef sont

sculptés de plantes et de personnages. Certaines statues figurant des apôtres, saint Martin, des prophètes et des rois de l'Ancien Testament, ont conservé leur polychromie.

Ci-dessous, le cloître du Grand-Moutier de Fontevraud.

Plan de l'abbaye de Fontevraud.

inconfortable, fit bâtir une autre DEMEURE près de la tour de l'Enfant, du XVe siècle, qui faisait partie des remparts. En face de l'église, une MAISON-DIEU accueillait malades et pèlerins pauvres. Au hasard des ruelles pittoresques du village, on découvre de vieilles et belles demeures.

ROBERT D'ARBRISSEL À FONTEVRAUD
(Ci-contre.)
Il fonde en 1101 cinq prieurés et répartit ainsi ses fidèles : les religieuses contemplatives au PRIEURÉ SAINTE-MARIE

ou GRAND-MOUTIER ; les pécheresses repenties au PRIEURÉ DE LA MADELEINE ; les hommes au PRIEURÉ SAINT-JEAN-DE-L'HABIT ; les soignantes des lépreux au PRIEURÉ SAINT-LAZARE ; les malades et les infirmes au PRIEURÉ SAINT-BENOÎT, qui deviendra par la suite infirmerie.

ABBAYE ROYALE DE FONTEVRAUD (E8)

L'abbaye royale de Fontevraud, élevée au XIIe siècle, est le plus grand ensemble monastique de l'Occident chrétien : bâtie selon le plan bénédictin, elle s'étend sur 14 ha. Sa construction commence en 1101 et ne s'arrêtera qu'en 1789. L'abbaye est donc marquée par la diversité des styles architecturaux. Les bâtiments sont le reflet des goûts, des inspirations artistiques et des techniques de l'époque où ils furent conçus.

LA FONDATION. En cette fin troublée du XIe siècle, la réforme dite grégorienne met très lentement de l'ordre dans la vie du clergé, en condamnant la vente de bénéfices ecclésiastiques, la vente d'indulgences et la vie maritale des clercs séculiers. Robert d'Arbrissel (v. 1047-1117), un prêtre breton, essaie de promouvoir cette réforme, mais en vain. Il choisit alors de vivre en ermite. Rapidement entouré de disciples, il fonde une première abbaye à la limite de la Bretagne, la Normandie et l'Anjou. Puis, nommé prédicateur apostolique par le pape Urbain II, il laisse sa communauté et commence sa prédication itinérante. Bientôt suivi d'une nombreuse troupe d'hommes et de femmes de toutes conditions, il se fixe en un lieu situé près d'une source, au milieu d'une forêt, non loin de la Loire, à la limite de trois évêchés : l'Anjou, la Touraine et le Poitou. Ce sera Fontevraud. Il décide que l'ordre fontevriste, s'appuyant sur la règle bénédictine, sera double et, fait exceptionnel, dirigé par une femme. Il n'y aura jamais d'entorse à cette règle et Fontevraud, de sa fondation jusqu'à la Révolution, comptera trente-six abbesses (dont la moitié était de sang royal).

LES CUISINES
Elles ont été restaurées au début du siècle par l'architecte Magne, qui a rendu sa forme et son aspect au toit des absidioles mais a rajouté les lanternons.

JUSQU'À LA RÉVOLUTION.
Dès la fondation, les dons affluent. L'abbaye crée de nombreux prieurés et l'ordre, à son apogée, est représenté partout en France (cent vingt-trois fondations), en Espagne

et en Angleterre. Fontevraud s'épanouit sous la protection des Plantagenêts, qui en font leur nécropole royale. Leur déclin en affecte la prospérité, qui ne reviendra qu'à la période classique, grâce à la puissance des abbesses de la maison de Bourbon. Gabrielle de Rochechouart (ci-contre, à gauche), trente-deuxième abbesse (1670-1704), sœur de madame de Montespan, favorite de Louis XIV, est une érudite et, sous sa férule, Fontevraud devient un centre culturel où l'on parle de littérature et de philosophie. Le roi Louis XV n'hésite pas à confier l'éducation de ses quatre dernières filles à l'abbesse Louise Françoise de Rochechouart, à qui il délivre un brevet de duchesse. À la Révolution, les religieux sont chassés de leur couvent. Tout le mobilier est vendu comme bien national et deux prieurés sont livrés comme carrières de pierre à la pioche des démolisseurs.

La période carcérale. En 1804, Napoléon Ier transforme l'abbaye en pénitencier de femmes, d'hommes et d'enfants, capable de recevoir sept cents personnes (elle en abritera jusqu'à mille huit cents). Sous la Restauration, elle devient prison centrale pour dix-neuf départements. Les bâtiments sont cloisonnés, détruits ou séparés. Les prisonniers

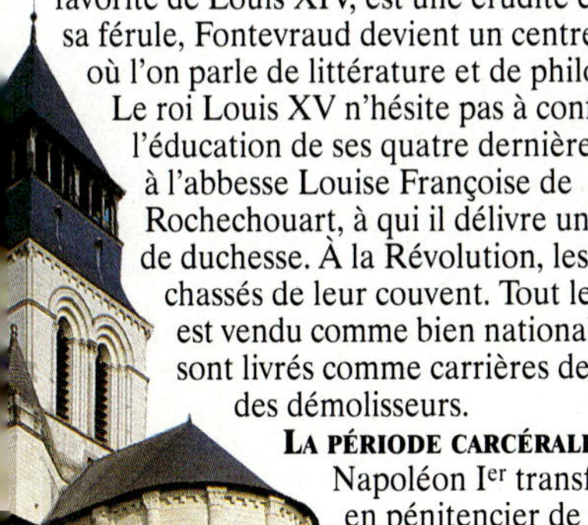

HOTO RACONTE LA TRIPLE ÉVASION DE FONTEVRAULT

Détresse
«De toutes les Centrales de France, Fontevrault est la plus troublante. C'est celle qui m'a donné la plus forte impression de détresse et de désolation.» Ainsi l'écrivain Jean Genet (1910-1986) évoque-t-il l'ancienne abbaye au début de son roman *Miracle de la rose (1946)*. S'il n'y a jamais été enfermé, il connaît les bagnes pour y avoir, adolescent, passé trois terribles années. Il a souvent rendu visite à un ami détenu à Fontevraud.

travaillent plus de douze heures par jour dans divers ateliers ou manufactures. Durant la Seconde Guerre mondiale, la prison reçoit des résistants, puis, en 1945, des collaborateurs.

UNE DIVERSITÉ ARCHITECTURALE. Érigée au XIIe siècle, l'ÉGLISE ABBATIALE, lieu principal du culte, surprend par ses dimensions (90 m sur 16 m), la pureté ligérienne de son chœur et le roman à coupoles byzantines de sa nef. Les CUISINES romanes forment le bâtiment le plus célèbre de Fontevraud, en raison de leur architecture. Cet édifice rond, de 30 m de haut, aux huit absidioles-foyers, est entièrement en pierre, y compris sa toiture au décor en écailles de poisson. Son aspect rare en France a posé le problème de son utilisation. Était-ce le refuge du brigand Evraud, converti, selon la légende, par Robert d'Arbrissel ? ou bien une chapelle funéraire ? Mais il semble que ces cuisines aient bien servi à la préparation des repas des trois mille personnes vivant à l'abbaye, ou tout au moins pour la salaison des aliments. La CHAPELLE SAINT-BENOÎT renferme des voûtes de style Plantagenêt, ainsi que la chapelle du PRIEURÉ SAINT-LAZARE. Les CLOÎTRES et les autres bâtiments furent reconstruits ou agrandis au cours des XVIe, XVIIe et XVIIIe siècles, comme le cloître du GRAND-MOUTIER.

AUJOURD'HUI. En 1963, l'abbaye est confiée au ministère de la Culture. Mais un des prieurés abritera encore, jusqu'en 1985, une trentaine de détenus employés à faire disparaître les traces les plus flagrantes de l'époque carcérale. Depuis 1975, Fontevraud est l'un des plus grands chantiers de restauration de France. Il ne faut pas manquer de se promener dans le village où la charmante église Saint-Michel, au riche décor intérieur, est prolongée par une agréable allée de tilleuls le long de laquelle s'élève la chapelle funéraire Sainte-Catherine.

Admirable escalier à vis du XVIIe siècle, situé au prieuré Saint-Lazare.

LA SALLE CAPITULAIRE
C'est là qu'un chapitre de religieuses prenait les décisions relatives à la vie de l'abbaye. Construite entre 1543 et 1562, elle ouvre sur le grand cloître par un portail richement ouvragé. Ses murs sont recouverts de scènes tirées de l'Évangile, peintes par l'Angevin Thomas Pot vers 1560 (ci-dessus). En les examinant, on remarque que certains personnages semblent inachevés. En effet, une tradition voulait que chaque nouvelle abbesse à la tête de Fontevraud soit représentée dans la salle capitulaire. Ainsi certains personnages étaient-ils effacés pour laisser de la place !

Une nécropole royale

Dans l'église abbatiale se trouvent les gisants polychromes de Henri II Plantagenêt (ci-contre), fondateur de la dynastie angevine des rois d'Angleterre ● *35*, de sa femme, Aliénor d'Aquitaine (en bas), de leur fils Richard Cœur de Lion (en haut) et d'Isabelle d'Angoulême (ci-contre), l'épouse de leur autre fils, Jean sans Terre. L'histoire des comtes d'Anjou est étroitement liée à celle de Fontevraud. En effet, le grand-père d'Henri II ne cesse de soutenir Robert d'Arbrissel. Sa fille, Mathilde d'Anjou, devient la deuxième abbesse de Fontevraud. Avant d'aller ceindre la couronne anglaise en 1154, Henri II se recueille auprès de sa tante. À partir de 1170, Aliénor verse des dons considérables à Fontevraud. En délicatesse avec son mari, elle cherche à soulever les seigneurs de l'ouest de la France et ne veut pas s'aliéner la puissante abbaye. Elle s'y retire, en 1194, âgée de plus de 70 ans, tout en continuant à soutenir ses fils en lutte contre Philippe Auguste.

ALEXANDRE DUMAS CONTE L'HISTOIRE
Charles de Chambes, comte de Montsoreau, épouse en 1576 Françoise de Maridor. Courtisée par Louis de Bussy d'Amboise, gouverneur de l'Anjou, ce dernier se vante de sa bonne fortune.

Informé de l'intrigue par le roi Henri III, le mari – se sentant humilié – fait tuer Bussy, le 18 août 1579 au manoir de la Coutancière, situé de l'autre côté de la Loire. Toutefois le couple, réconcilié, vivra durant quarante ans et aura neuf enfants. Alexandre Dumas (1802-1870), célèbre auteur des *Trois Mousquetaires* et qui aimait s'approprier l'histoire, racontera en la réinterprétant à sa guise cette tragédie dans son roman intitulé *La Dame de Montsoreau*, qui fut publié en 1845.

MONTSOREAU (E7)

Planté au pied d'une falaise de tuffeau, étiré le long du fleuve, le château de Montsoreau est la première sentinelle au sud de l'Anjou ● *12*. Verrou militaire au Moyen Âge, face à la Touraine et au Poitou, la forteresse surplombe un paysage plein de grandeur et de calme, dont la Loire, épanouie des eaux de la Vienne, est le principal ornement. Le vieux bourg étagé sur le coteau, est si contigu au village de Candes ▲ *270* qu'à la suite de Rabelais on énonce encore : «Entre Candes et Montsoreau ne paît ni vache, ni veau.»

LE CHÂTEAU. Dès le XIe siècle, un château commande la voie de passage entre Saumur et Chinon, à la fois point de péage et de garde. La ville fortifiée est alors composée du port de Rest-sous-Montsoreau, le long du fleuve, et du bourg de Montsoreau, sur le coteau. Le château actuel est édifié en trois campagnes, entre 1445 et la fin du XVe siècle, par Jean II de Chambes, conseiller du roi Charles VII. Montsoreau est marqué par la première évolution de la forteresse féodale vers la demeure de plaisance Renaissance ● *68*, ce qui donne à son architecture cette apparence contrastée. Surplombant le fleuve, deux tours austères étalent leur caractère militaire, avec créneaux, archères et mâchicoulis. Le corps de logis, construit entre les deux tours à partir de 1510, offre le charme d'une Renaissance débutante avec ses fenêtres à meneaux et deux petites ailes en retour. L'aile de droite comporte un escalier d'honneur, ajouté entre 1520 et 1530.

LA VIEILLE VILLE. En montant vers la vieille ville à travers des rues bordées de maisons des XVe, XVIe et XVIIe siècles (ruelle des Trois-pigeons, place des Diligences, passage du Marquis-de-Geoffre, Haute-Rue, chemin du Coteau), on découvre un beau panorama sur la cour du château et sur le confluent de la Loire et de la Vienne. Redescendre par la rue Françoise de Maridor, jusqu'aux quais de la Loire où se déroule tous les deuxièmes dimanches de chaque mois un important marché aux puces.

SAUMUR

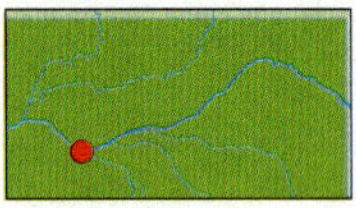

LE TUFFEAU, LE CHEVAL ET LE VIN
Tels sont les trois symboles de Saumur. Le tuffeau ▲ *286* qui entre dans la composition

des nombreuses demeures médiévales et Renaissance, donne une lumière particulière à la ville. Le cheval fait de Saumur la capitale de l'équitation ▲ *282*. Le vin ● *30* – issu des vignes étagées sur les coteaux surplombant la Loire et vinifié puis vieilli dans les galeries de tuffeau de la falaise ▲ *286* – participe allègrement à la réputation gastronomique de la région ● *54*.

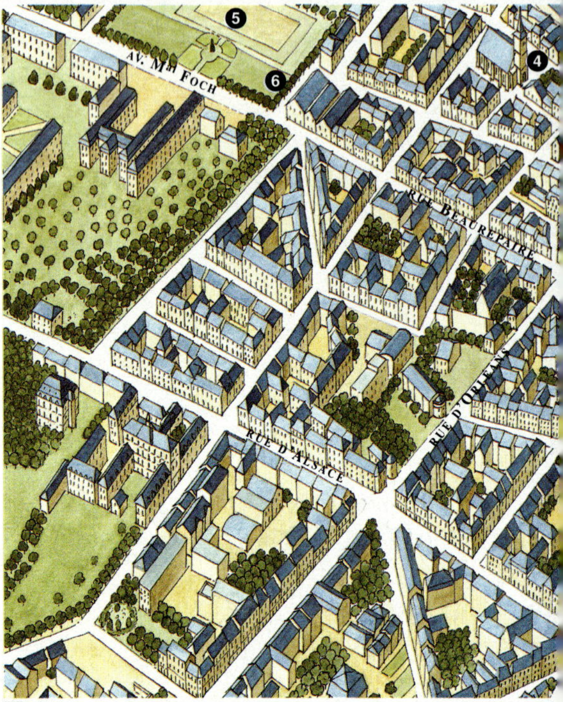

HISTOIRE DE LA VILLE (D7)

La vieille province d'Anjou ● *12*, recouvrant aujourd'hui pour l'essentiel le département du Maine-et-Loire, s'ouvre à l'est par la belle ville de Saumur. Cette dernière, postée au sud de la Loire, au confluent du Thouet, est elle-même la capitale d'une région verdoyante et contrastée qui se dénomme le Saumurois. Le site de Saumur, ancienne villa carolingienne, fortifié par Thibault, comte de Blois, au Xe siècle, a été conquis par Foulques Nerra ▲ *297*, comte d'Anjou, en 1026. Ses héritiers, les Plantagenêts, dans leur lutte contre la France capétienne ● *38*, perdent la province et Philippe Auguste l'annexa à la couronne de France.

UN PROTESTANTISME ÉCLAIRÉ. Place de sûreté des huguenots en 1589, la ville est profondément transformée par son gouverneur, Duplessis-Mornay (1549-1623) ▲ *281*. L'Université protestante, qu'il fonde alors, fait comparer la ville à un

3. Église Saint-Pierre

2. Château (musée)

1. Île d'Offard

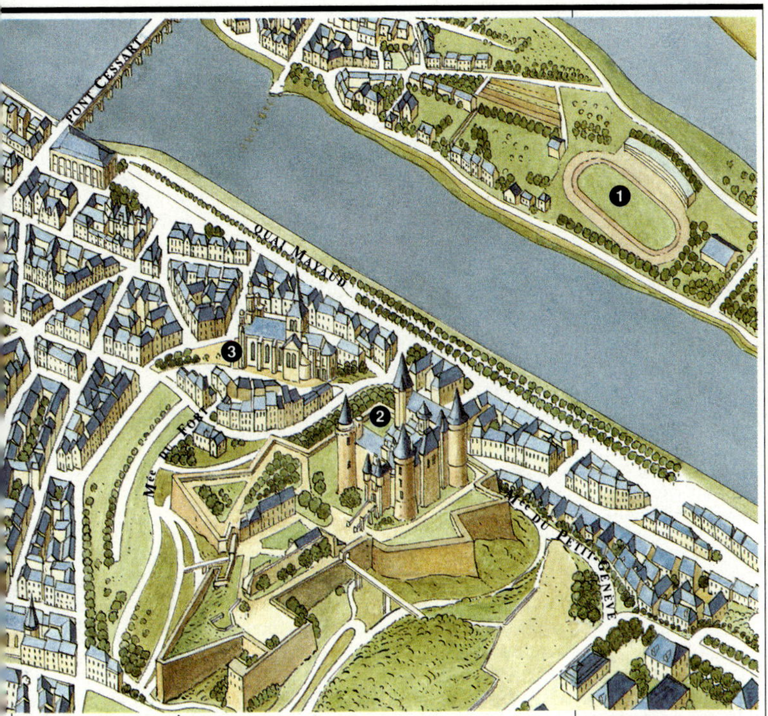

Genève français. À l'heure protestante, et pendant un siècle, Saumur connaît un rayonnement intellectuel et religieux dans toute l'Europe réformée et atteint une prospérité jamais égalée, après la révocation de l'édit de Nantes et l'émigration de sa bourgeoisie protestante ● *41*. En réaction, les catholiques ont organisé d'importants pèlerinages à la Vierge ▲ *285*, faisant fleurir le commerce des patenôtriers (fabricants de chapelets) et de la bijouterie religieuse.

La ville du cheval. L'installation de l'École de cavalerie au milieu du XVIIIe siècle donne un second souffle à la ville de Saumur qui devient l'incontestable capitale fançaise de l'équitation, à la réputation internationale grâce au Cadre Noir ▲ *282*, prestigieux corps de dresseurs, d'instructeurs et d'écuyers, dépositaire de la tradition de l'école française d'équitation.

Saumur aujourd'hui. L'activité économique de la ville se caractérise essentiellement par un important secteur agro-alimentaire (champignons, vins mousseux, conserveries de légumes) et surtout par un tourisme en pleine expansion.

Héroisme des «cadets» de Saumur
En juin 1940, l'Allemagne envahit la France. Les officiers et les 800 élèves de l'École de cavalerie, peu nombreux et mal équipés, se postent le long de la Loire ● *43*, entre Gennes et Montsoreau, pour empêcher le passage du fleuve par les troupes ennemies. Du 19 au 21 juin 1940, ils vont opposer une résistance héroïque contre un adversaire plus nombreux et appuyé par l'aviation. Le général Weygand, commandant en chef des armées françaises, fera citer L'École de cavalerie de Saumur à l'ordre de l'Armée, précisant qu'elle a inscrit «dans les fastes de la cavalerie une page digne entre toutes de son glorieux passé».

LE «BON ROI RENÉ»
Fils de Yolande d'Aragon et de Louis II d'Anjou, le roi René (1409-1480) devient successivement duc de Bar, duc de Lorraine, roi de Sicile et de Jérusalem, comte de Provence et duc d'Anjou. Marié à Jeanne de Laval, il fut un souverain cultivé, auteur de romans de chevalerie qu'il enluminait lui-même – dont le *Livre du cœur d'amour épris* (1457) – et disciple du poète Charles d'Orléans (1394-1465) ▲ *114*. Il fut en même temps un bâtisseur prodigue dont témoignent nombre d'édifices angevins ▲ *298* ou provencaux, tels les châteaux de Saumur et de Tarascon.

HISTOIRE DU CHÂTEAU

De quelque côté que l'on aborde Saumur, c'est le château, dressé sur une colline de tuffeau, que l'on aperçoit d'abord. La forteresse, devenue française est reconstruite par Saint Louis ▲ *296*, à partir de 1227. Entre 1367 et 1376, Louis Ier d'Anjou, frère du roi Charles V, transforme le château. De nouvelles tours polygonales s'élèvent sur la base des vieilles tours rondes, tandis que sont édifiés le châtelet et un vaste logis de plaisance. Le roi René d'Anjou rénove la tour est, dite tour de la Chapelle, et améliore le confort du château. Au XVIe siècle, le gouverneur Duplessis-Mornay ▲ *281* confie à l'ingénieur italien Bartolomeo le soin de fortifier le château. Il dresse une enceinte en étoile, préfigurant celles de Vauban, avec courtines et bastions. De Louis XIV à Napoléon Ier, le château sert de prison, puis de dépôt militaire. Très dégradé, la ville le rachète à l'État en 1906 et le restaure progressivement.

VISITE DU CHÂTEAU

Malgré ses fortifications puissantes, le château de Saumur appartient à la grande lignée des châteaux du Val de Loire. Le châtelet (XIVe siècle), caractérisé par deux échauguettes d'angle et une bretèche, permet de pénétrer dans la grande cour où se dresse l'escalier d'honneur (XIVe siècle) au décor flamboyant. La terrasse-belvédère offre une magnifique vue sur la Loire et la ville.

MUSÉE DES ARTS DÉCORATIFS. Aménagé au premier étage du château, le musée, l'un des plus beaux de province, présente des pièces rarissimes léguées en 1919 par le comte Charles Lair, un riche érudit saumurois. On y remarque des émaux de Limoges du XIIIe siècle, une importante collection de faïences françaises des XVIe et XVIIIe siècles, des tapisseries et des sculptures sur bois (ci-contre).

MUSÉE DU CHEVAL. Installé dans les combles du château, aux splendides charpentes en carène de navire, il retrace l'histoire de l'équitation et du harnachement à travers le monde, de l'Antiquité à nos jours.

VISITE DE LA VILLE

Il est possible d'aborder le château par deux chemins distincts dans la vieille ville : LA MONTÉE DU PETIT GENÈVE, qui longe l'ancien cimetière protestant et permet d'accéder au panorama, et la MONTÉE DU FORT, rue pentue, bordée de maisons à pans de bois ● *72*, qui conduit directement à l'entrée du château, depuis la PLACE SAINT-PIERRE.

ÉGLISE SAINT-PIERRE. De construction composite, elle possède un chœur et un transept de la fin du XIIe siècle, une nef du XIIIe siècle et une façade de style jésuite ● *63*. À l'intérieur, de belles

«NOUS AVONS APERÇU LE DONJON ET LES MAISONS BLANCHES DE SAUMUR, QUI DE LOIN FONT UN ASSEZ BEL EFFET. [...] CETTE VILLE A QUELQUE CHOSE DE GRANDIOSE ; ELLE COURONNE UNE JOLIE COLLINE»

STENDHAL

tapisseries du XVIe siècle représentent les vies de saint Pierre et de saint Florent, saints vénérés en Anjou. À noter les étonnantes stalles qui épousent les ondulations de l'abside.

QUAI MAYAUD. L'importance du commerce fluvial du XVIIe au XIXe siècle amena la construction de nombreux hôtels particuliers le long de la loire.

HÔTEL DE VILLE. Il regroupe, place de la République, des bâtiments des XVIe et XIXe siècles.

LE QUARTIER ÉQUESTRE ET MILITAIRE

C'est le site des écoles militaires issues de la vocation équestre de la ville, ainsi que de nombreux manèges servant toujours de dépendances à l'École nationale de cavalerie ou aménagés aujourd'hui pour d'autres utilisations.

MANÈGE DES ÉCUYERS. Construit en 1863 sur l'actuelle place Charles-de-Foucault, il servit de cadre aux premières reprises du célèbre corps de cavaliers de Saumur : le Cadre Noir. À droite de la place se trouvent les anciennes écuries du XIXe siècle.

PLACE DU CHARDONNET. Longtemps terrain d'exercices de cette véritable cité équestre qui l'entoure, la place accueille en 1828, le premier Carrousel du Cadre Noirdonné en l'honneur de la duchesse de Berry en visite à Saumur. Depuis, la tradition du carrousel s'est perpétuée. Il est présenté chaque année, à la fin juillet, place du Chardonnet, par les élèves de l'École d'application de l'arme blindée et de la cavalerie, ainsi que par ceux du Cadre Noir ▲ *282*.

ÉCOLE D'APPLICATION DE L'ARME BLINDÉE ET DE LA CAVALERIE : L'ancienne École nationale de cavalerie se trouve devant la place du Chardonnet, le long de l'avenue du Maréchal-Foch. Le bâtiment, de style classique, fut construit entre 1767 et 1769. De 1825 à 1969, elle est le siège le plus prestigieux de l'école française d'équitation, avec la présence en son sein du célèbre Cadre Noir. En 1945, elle prend son nom actuel d'École d'application de l'arme blindée et de la cavalerie.

LE «CHÂTEAU D'AMOUR» DU ROI RENÉ
Le château de Saumur est si réputé au milieu du Moyen Âge qu'il est représenté dans le manuscrit enluminé des *Très Riches Heures du duc de Berry*, conservé au château de Chantilly (illustration du mois de septembre, mois des vendanges) ▲ *277*.

UNE GRANDE FIGURE PROTESTANTE
Appelé le «pape des huguenots», Philippe de Mornay (1549-1623), seigneur du Plessis-Marly, plus connu sous le nom de Duplessis-Mornay, fut juriste et diplomate au service du parti huguenot, avant de diriger les finances du roi de Navarre, le futur Henri IV.

Partisan d'une politique modérée, il réussit, en 1589, à réconcilier son maître avec le roi Henri III. Devenu gouverneur de Saumur, il fortifie le château et les faubourgs de la ville et crée une Université protestante. Avec Hubert Languet, il est l'auteur du *Vindiciae contra tyrannos* (1579), l'un des traités politiques les plus importants des guerres de Religion, visant à limiter le pouvoir royal.

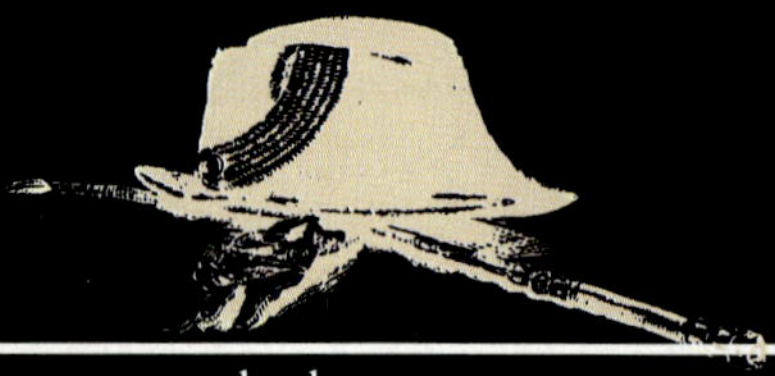

Le Cadre Noir de Saumur est un corps de dresseurs et de formateurs qui assurent la conservation de la tradition de l'équitation académique «à la française» dont l'origine remonte au XVIe siècle, lorsque le gouverneur Duplessis-Mornay fonda l'Université protestante, avec une académie d'équitation. En 1763, le roi Louis XV confie au duc de Choiseul la réorganisation totale de la cavalerie française ; la «plus belle école du monde» fut alors construite sur le Chardonnet pour accueillir les officiers des régiments de cavalerie. Elle fonctionnera jusqu'en 1788 et ne sera véritablement rétablie qu'en 1824. Au premier carrousel de 1828, les cadres présentèrent les reprises de sauteurs et d'instructeurs. Le Cadre Noir était né, il formait le corps des instructeurs d'équitation de l'École de cavalerie. En 1972, l'École nationale d'équitation se constitue autour du Cadre noir, qui privilégie l'étude et l'enseignement de la haute école. Le Cadre Noir se compose aujourd'hui de civils et de militaires.

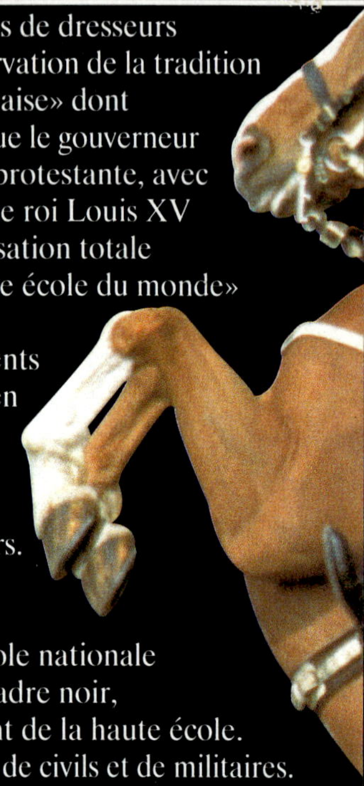

DES ÉCUYERS CÉLÈBRES
L'équitation académique a eu ses célébrités. Il y eut Pluvinel (1550-1620), sous Louis XIII, et La Guérinière (1688-1751), sous Louis XV, puis, lors de la création du Manège académique, Monsieur Cordier, premier écuyer en chef du Cadre Noir et, plus tard, le général L'Hotte (ci-contre), qui enrichit la tradition française en lui donnant un style qui fait son originalité. Une hiérarchie précise indique le degré de maîtrise de l'art équestre : élève-écuyer, sous-écuyer, écuyer, écuyer de première classe et écuyer en chef.

LA REPRISE DES ÉCUYERS
C'est une présentation collective de figures de dressage, pratiquées dans les compétitions de haut niveau. Cette équitation académique se propose de rendre au cheval monté la grâce des attitudes et des mouvements qu'il a naturellement en liberté, ci-contre, le «passage».

«Cadre Noir» et «Cadre Bleu»
C'est seulement sous le règne de Louis-Philippe Ier que la tenue noire des écuyers a été adoptée, pour les différencier des autres militaires de l'École de cavalerie, qui portaient un uniforme bleu. L'appellation Cadre Noir n'a été officialisée qu'en 1986.

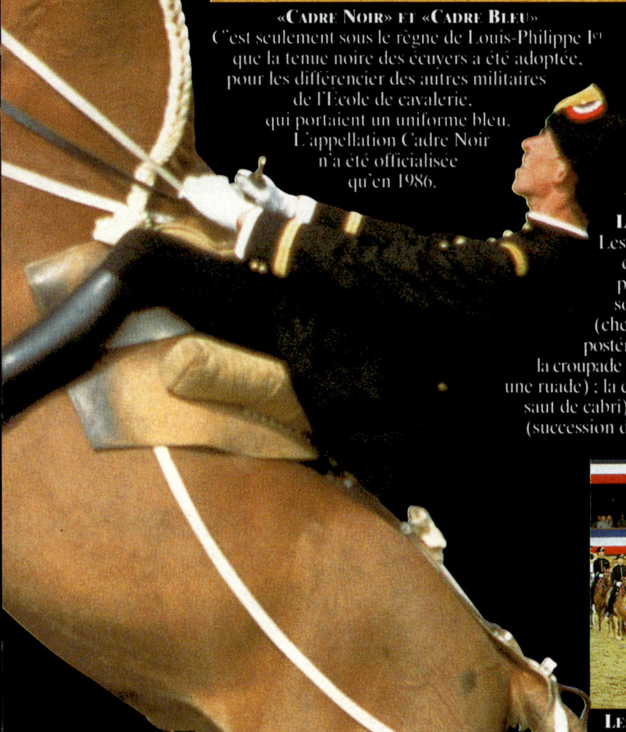

Les sauts d'école
Les principaux sauts d'école pratiqués par le Cadre Noir sont : la courbette (cheval dressé sur ses postérieurs, ci-contre) ; la croupade (cheval effectuant une ruade) ; la cabriole (sorte de saut de cabri) ; le terre à terre (succession de petits sauts)…

Les présentations du Cadre Noir
Données dans le grand manège de l'École nationale d'Équitation, les présentations publiques offrent l'occasion d'apprécier tous les aspects de l'équitation académique. Le Cadre Noir se déplace en France (ci-dessus, à Versailles) et à l'étranger pour perpétuer ses missions de formation et de dressage. Il exprime ainsi ses conceptions équestres au-delà des frontières et contribue au rayonnement de l'équitation française.

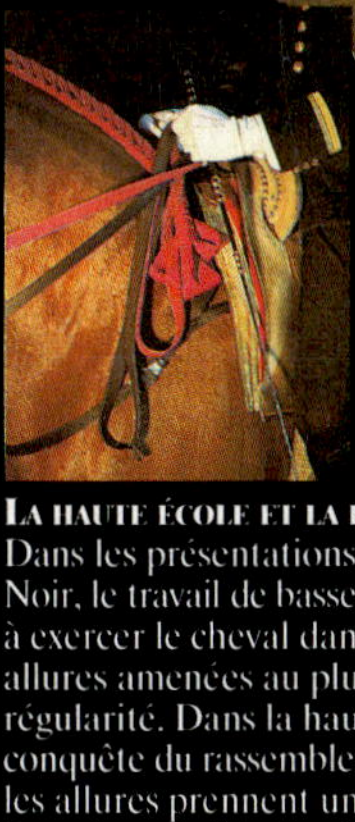

La haute école et la basse école
Dans les présentations du Cadre Noir, le travail de basse école, consiste à exercer le cheval dans toutes les allures amenées au plus haut degré de régularité. Dans la haute école, par la conquête du rassembler et de l'impulsion, les allures prennent une forme stylisée. La valeur de l'équitation académique ou artistique réside moins dans l'aspect spectaculaire des mouvements que dans la parfaite légèreté de l'exécution. «Impulsion, grâce et légèreté sont les marques de l'équitation française.»

MUSÉE DE LA CAVALERIE
Le musée a été créé au sein de l'École d'application en 1936, à partir de la collection Barbet de Vaux, consacrée aux objets et aux armes du XIXe siècle. La galerie des Ancêtres retrace l'évolution des uniformes, des armes et des tactiques jusqu'à 1914. La salle Bleu Horizon est consacrée à la Première Guerre mondiale.

LA NAISSANCE DE COCO CHANEL
Après sa naissance dans un train, Gabrielle Bonheur (1883-1971) est conduite, aussitôt l'arrivée en gare de Saumur, au 27 de la rue Saint-Jean, où elle grandira. «Montée à Paris», elle ouvre un atelier de haute couture et crée une ligne moderne de vêtements féminins qui la rendra célèbre dans le monde entier sous le nom de Coco Chanel.

ÉCOLE NATIONALE D'ÉQUITATION : En 1969, Elle s'est installée sur le site de Saumur-Terrefort, à 5 km de la ville, avec une extension à l'hippodrome de Verrie. L'école a pour vocation le dressage ainsi que la formation, à l'échelon national, de cadres de l'équitation française. Le Cadre Noir ▲ *282* constitue désormais le corps enseignant de l'École ; il accueille de nos jours deux femmes dans ses rangs (ci-contre, l'une d'elles).

L'ÎLE D'OFFARD

À partir de la place de Bilange, qui héberge un marché depuis neuf siècles, on franchit le pont Cessart (ci-dessus), achevé en 1768, pour gagner l'île d'Offard.
MAISON DE LA REINE DE SICILE. Le plus remarquable édifice de cet îlot sur la Loire est cette élégante demeure en tuffeau de la rue Montcel. Percée de fenêtres à meneaux et encadrée de deux tourelles d'escalier, elle fut construite dans la première moitié du XVe siècle. Elle tient son nom de Yolande d'Aragon, reine de Sicile et mère du roi René ▲ *280*, qui y serait morte, sans doute en 1442.

NOTRE-DAME DE NANTILLY ♥

Située au sud de la ville, il s'agit de la plus ancienne des quatre églises de la ville. Édifiée au début du XIIe siècle par les moines de Saint-Florent, l'église, d'origine romane, vit son transept reconstruit au XIVe siècle. Un siècle plus tard, Louis XI fit doubler la nef par un vaste bas-côté de style gothique flamboyant. Le sanctuaire est restauré à partir de 1851 par l'architecte Joly-Leterme, disciple de Viollet-le-Duc. L'édifice se caractérise par une façade-mur romane, d'influence aquitaine, présentant quatre hauts contreforts surmontés d'une corniche à modillons et d'un jeu d'arcatures aveugles.

INTÉRIEUR. L'absidiole méridionale, qui date du XIIe siècle, renferme une Vierge à l'enfant de la même époque représentant Notre-Dame de Nantilly, statue polychrome vénérée pour ses vertus miraculeuses. Les spectaculaires voûtements de la NEF ROMANE, de 12 m de large, la facture très évoluée des CHAPITEAUX HISTORIÉS accentuent l'architecture novatrice de cet édifice, œuvre à part dans l'art roman angevin ● *58*. L'église possède également une remarquable collection de TAPISSERIES des XVI-XVIIe siècles.

«C'est un des coins de la France
où la France
est le plus la France.»

George Clemenceau

Le CDEB/Musée des Blindés
Le Centre de documentation sur les engins blindés (CDEB) et le musée des Blindés ont été officiellement créés en 1982.
Le musée présente, halls Général-Estienne et Général-Patton, et hall Rommel, la plus grande collection au monde d'engins blindés, de véhicules et de pièces d'artillerie, issus des conflits du XXe siècle.
Le CDEB est à la fois un centre de documentation, un centre d'instruction et un centre technique pour les ingénieurs, techniciens et spécialistes militaires et civils.

Notre-Dame des Ardilliers ♥

Situé à l'est de Saumur, ce monument impressionnant se repère par la rotonde monumentale couronnée d'un dôme, semblable à celle de Notre-Dame des Invalides, à Paris. Une première chapelle, de style gothique flamboyant, fut édifiée entre 1534 et 1553, à l'emplacement où un paysan avait trouvé une statue de la Vierge, en 1454. Centre de l'un des

plus importants pèlerinages de France au XVIIe siècle, Notre-Dame des Ardilliers, complétée par deux chapelles latérales de style classique ● *63*, fut consacrée chapelle royale en 1614, et confiée aux oratoriens. Flambeau du catholicisme face à une ville dévolue au protestantisme, la construction de la rotonde centrale, servant de vestibule au sanctuaire, fut érigée de 1655 à 1693 par les architectes Biardeau et Gondoin. Son achèvement coïncida avec la victoire de l'Église catholique sur la religion réformée.

Château de Boumois
Détails de l'appareillage en tuffeau.

Château de Boumois (D7)

Situé au nord de Saumur, sur la rive droite de la Loire, il a été construit au début du XVIe siècle. Avec ses deux tours à mâchicoulis, ce château de tuffeau a conservé une apparence de forteresse de plaine. Cependant, la façade intérieure cache un logis seigneurial élégant dont la structure gothique présente une décoration Renaissance. L'escalier qui y conduit présente une remarquable serrure en fer forgé aux armes de René de Thory, premier maître des lieux.

23. BAUGÉ 22. MONTGEOFFROY 21. TRÉLAZÉ 20. LE PLESSIS-BOURRÉ 19. LE PLESSIS-MACÉ 18. SERRANT 17. ANGERS 16. LES PONTS-DE-CÉ 15. BRISSAC-QUINCÉ 14. PIMPÉAN

TUFFEAU ET FALUN
Le tuffeau ● *76* est une roche calcaire issue de l'étage turonien du Crétacé inférieur (ère secondaire). De couleur blanc crayeux, il peut avoir jusqu'à 50 m d'épaisseur dans le Saumurois ▲ *278*. Facile à travailler, le tuffeau a tendance à se désagréger sous l'action dissolvante des eaux de pluie. Les faluns sont des dépôts coquilliers, formés à l'ère tertiaire. La couche la plus épaisse (à Doué-la-Fontaine) atteint 23 m.

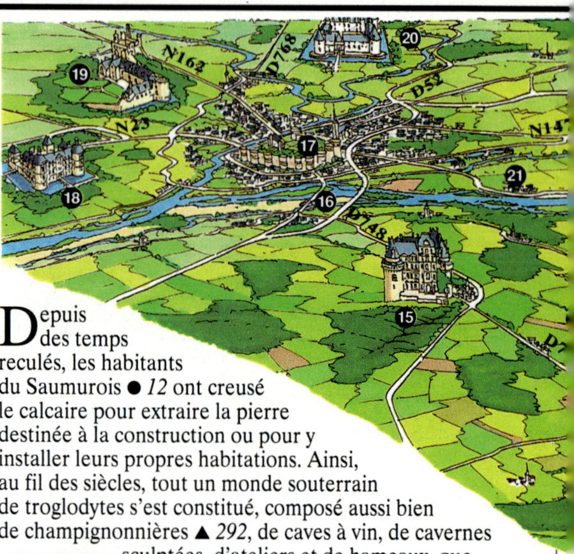

Depuis des temps reculés, les habitants du Saumurois ● *12* ont creusé le calcaire pour extraire la pierre destinée à la construction ou pour y installer leurs propres habitations. Ainsi, au fil des siècles, tout un monde souterrain de troglodytes s'est constitué, composé aussi bien de champignonnières ▲ *292*, de caves à vin, de cavernes sculptées, d'ateliers et de hameaux, que de chapelles ou de manoirs. Le Saumurois offre un exemple unique de cohabitation entre deux types d'habitat troglodytique : les troglodytes de coteau et les troglodytes de plaine.

L'extraction du falun, dit en cathédrale, s'effectuait à partir du sol, verticalement, et non en souterrain comme pour le tuffeau. Par les parois de la fosse ainsi obtenue, on construisait le logis.

LES TROGLODYTES DE COTEAU (E7)

De part et d'autre de Saumur (D7), entre Montsoreau et Gennes, les troglodytes de coteau sont creusés à même la falaise dans le tuffeau turonien. Il s'agit là du fameux tuffeau d'où est tirée la belle pierre de taille blanche ou blonde qui pare si élégamment les châteaux et les demeures du Val de Loire. Le troglodyte de coteau (troglodyte horizontal) est constitué essentiellement de caves et de dépendances (propriétés d'artisans, de vignerons ou de champignonnistes), ainsi que d'anciennes carrières.

LE VAL-HULIN (E7). L'un des plus beaux exemples du type troglodyte de coteau se trouve au Val-Hulin (ci-dessus), près de Turquant, entre Montsoreau et Saumur. Ce petit hameau semi-troglodytique est couronné par un remarquable moulin-cavier restauré ● *79*.

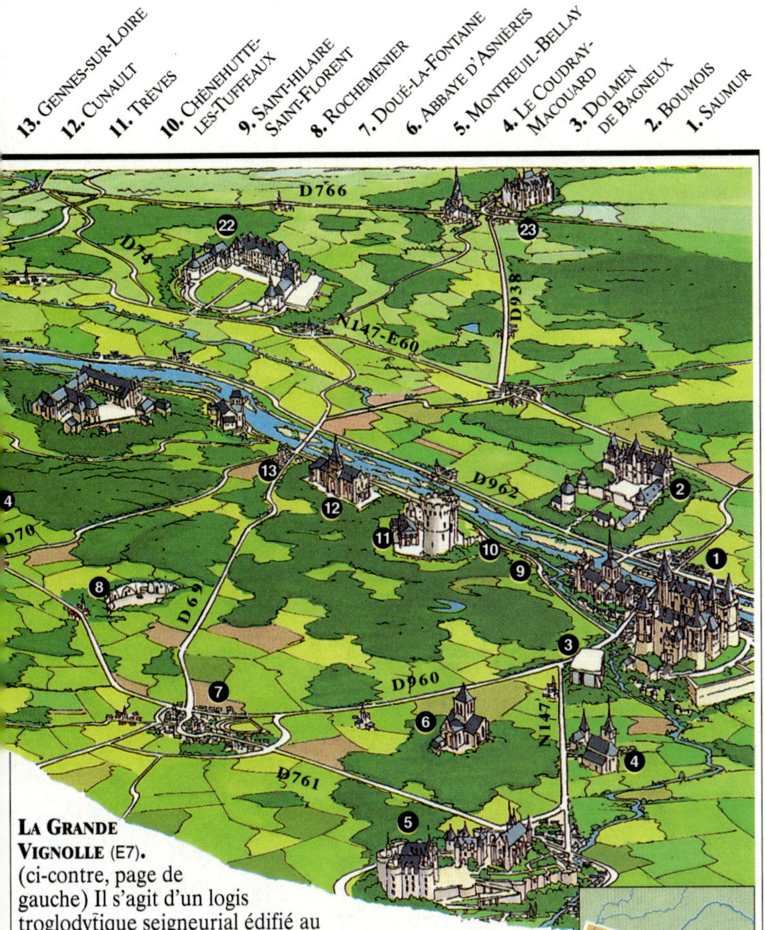

La Grande Vignolle (E7).
(ci-contre, page de gauche) Il s'agit d'un logis troglodytique seigneurial édifié au XVe siècle par Jean de Vignolle, président de la chambre des comptes d'Anjou et homme lige du roi René. Remanié au XVIe siècle puis au XIXe siècle, ce petit manoir aurait abrité Marguerite d'Anjou (1429-1482), fille du roi René, à ses derniers instants. Ce site, tout à fait exceptionnel, est considéré comme l'un des fleurons des sites troglodytiques de toute l'Europe.

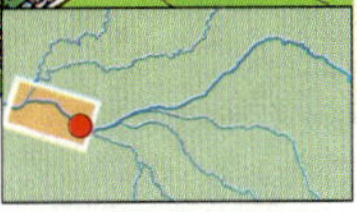

env. 130 km
2 journées

Les troglodytes de plaine (C7, D7)

Étendus sur 400 km^2 au sud de Saumur, principalement autour de Doué-la-Fontaine, ces troglodytes se présentent sous la forme de fosses creusées dans les dépôts de falun du tertiaire. Cette roche calcaire, composée de débris organiques, fait souvent apparaître de nombreux fossiles (ci-contre, dent fossile de *carcarodon*, imposant requin de la mer des faluns). Durant plusieurs siècles, le troglodyte de plaine (troglodyte vertical) a représenté l'habitat principal des paysans – il suffisait de creuser pour avoir sa maison –, induisant un mode de vie très particulier. Il y a encore cent ans, seulement quelques maisons par village affleuraient à la surface. Aujourd'hui considérés comme partie intégrante du patrimoine régional, ces troglodytes de plaine connaissent une véritable renaissance et offrent au public plusieurs sites insolites et grandioses.

Ferme troglodyte à Marson ▲ *289*
La fosse obtenue par l'extraction verticale ▲ *288* servait de cour à la ferme. Depuis les parois, le paysan creusait des pièces selon ses besoins. En surface, le falun était recouvert de terre et servait de potager ou de jardin à la ferme souterraine.

TROGLODYTES DE PLAINE

MUSÉE PAYSAN DE ROCHEMENIER Installé dans deux anciennes fermes souterraines, le musée comprend habitations, étables, celliers, fours, remises, avec les objets usuels et les décorations de l'époque (fin XIXe début XXe).

ROU MARSON ▲ *287*. Ce site romantique et verdoyant fait partie d'un ensemble de trois communes : Rou, Riou et Marson. Au pied de roches troglodytiques, se dresse le château de Marson, de style Renaissance, bien que construit en 1850. La petite route qui mène aux villages de Riou et des Ulmes est bordée de «caves demeurantes», c'est-à-dire habitées.
LA FOSSE. Il s'agit d'un hameau troglodytique de plaine, très caractéristique et remontant au XVIIe siècle. Composé entièrement de caves demeurantes et de leurs dépendances, le site est très impressionnant. La ferme souterraine s'organise autour d'une cour, la *carrée*. La rampe descendant à l'habitation s'appelle *courdouère*.

CAVE AUX SARCOPHAGES DE DOUÉ-LA-FONTAINE Creusée dans le falun, cette ancienne cave mérovingienne a livré les secrets de la fabrication des sarcophages monolithes, de l'extraction des blocs à la finition.

Ci-dessous, l'univers étrange de la rue troglodyte des Perrières.

Dans le toit, le plus souvent occupé par le verger et le potager, des trous, appelés *jittes,* permettent de faire descendre les récoltes.
DÉNEZÉ-SOUS-DOUÉ. Lieu étrange et fascinant, cette caverne sculptée (XVIe siècle) présente pas moins de quatre cents personnages en ronde bosse, de facture naïve. Des centaines d'autres ont été détruits. Ces sculptures figureraient des rites initiatiques et des pamphlets «politiques» de tailleurs de pierre, contre l'édit royal de Villers-Cotterêts (1539), qui interdisait certaines confréries artisanales. Près de Dénezé se trouvent les hameaux troglodytiques des Mousseaux et de Saugré.
ROCHEMENIER. Établi dès le Xe siècle sur un dépôt de falun, ce village troglodyte était composé d'environ 250 caves, représentant les dépendances de 40 fermes. Deux à trois fois plus étendu sous terre qu'en surface, le village est aujourd'hui complètement abandonné.

DOUÉ-LA-FONTAINE (C7, C8)

Entièrement bâtie sur un banc de faluns, la ville a été occupée dès les temps préhistoriques. Le site abritera successivement une tribu gauloise, l'une des quatre résidences d'hiver du roi Louis le Pieux, en 796, puis un château, à la fin du Xe siècle, bâti par Foulques Nerra, le fameux comte d'Anjou ● *297*. Modernisée à partir de 1765 par Joseph-François Foulon (1715-1789), futur contrôleur général des Finances, la ville

Musée des Commerces anciens à Doué-la-Fontaine
Il témoigne d'un siècle de commerce (1850 à 1950), du colportage au boutiquier.

connaît un nouvel essor avec le développement de la culture de la rose. Aujourd'hui, la «Cité des Roses» produit chaque année plus de huit millions de pieds en culture.
Roseraie du parc Foulon. Parc municipal où s'épanouissent généreusement plus de 5 000 rosiers, dont 400 variétés différentes offrant un vivant panel multicolore et odoriférant de la production locale.
Arènes de Douces. En réalité ce sont des gradins creusés au XVᵉ siècle dans une ancienne carrière. Rabelais évoquerait-il ce lieu dans son *Pantagruel* lorsqu'il parle des «jeux de Doué»?
Rue des Perrières. (page de gauche, en bas) Elle est bordée de troglodytes creusés dans les anciennes carrières de falun ; matériaux aux tons de miel, pénombre et puits de lumière mettent en relief une architecture très créative.
La Sablière. Galerie d'extraction de faluns, dotée d'une très belle voûte et aménagée en distillerie artisanale d'eau de rose.
Maison carolingienne. Il s'agit du vestige du plus ancien donjon rectangulaire en France, datant de la fin du Xᵉ siècle. Découvert par hasard en 1966, il constituerait un élément d'une résidence de Robert Iᵉʳ, comte d'Anjou.
Moulin de la Fourchette. Appelé aussi «Moulin Cartier», il est le dernier moulin construit en Anjou, l'un des rares moulins-tours ▲ *294*, ● *78*.

Avec le pays de Montreuil-Bellay, au sud-est de Saumur, on entre à nouveau dans un pays de coteaux, de forêts et de vignes. Les gros bourgs sont souvent perchés sur des collines, constituant depuis l'aube du Moyen Âge des lieux de défense pour protéger cette frontière poitevine de l'Anjou.

Bagneux (A0)

Cette banlieue de Saumur abrite plusieurs vestiges de l'époque néolithique. Le Grand Dolmen de Bagneux est composé de quinze dalles de grès, c'est l'un des plus grands d'Europe et le plus important de France. Exemple caractéristique des dolmens angevins, avec celui de la Bajoulière (C6), sa chambre atteint 90 m^2, et dessine une allée de 23 m de longueur sur 7,50 m de largeur et 3,25 m de hauteur. Le petit dolmen (7 m) est visible près du cimetière.

Le Coudray-Macouard (D7)

Ce pittoresque village perché sur un mamelon offre le charme de ses ruelles tortueuses, bordées de demeures édifiées entre le XVᵉ et le XVIIIᵉ siècle.
Église. C'est l'ancienne chapelle du château du XIIᵉ siècle, (aujourd'hui détruit), refaite au XVIIIᵉ siècle. Le retable du maître-autel, dédié à l'Assomption de la Vierge, date de cette époque.
Magnanerie. Impasse Bel-Air, un ensemble troglodyte consacré à la sériciculture ▲ *260* présente la magnanerie – local où était élevé le magnan (nom du ver à soie dans le sud de la France) – ainsi qu'une exposition relative au tissage de la soie.

Parc zoologique des Minières
Installé dans une ancienne carrière de pierres coquillières, il abrite 500 animaux qui évoluent dans un environnement des plus naturels. Les nombreuses naissances qui y ont lieu sont la preuve de sa réussite certaine. Le zoo a recueilli des espèces rares comme la panthère des neiges, le tigre de Sumatra, le panda roux, le loup à crinière…

Dolmens angevins
Érigés entre 4000 et 2000 av. J.-C., les dolmens d'Anjou sont répartis en majorité autour de Saumur et de Baugé. Beaucoup sont encore intacts ou presque complets. La plupart des dolmens angevins se caractérisent par un portique étroit et bas s'ouvrant sur une vaste chambre rectangulaire ● *36*. Ci-dessous, le dolmen de la Madeleine, près de Gennes ▲ *293*.

UNE RELIQUE DE JÉRUSALEM EN ANJOU
La sainte ceinture de la Vierge, en lin et soie orientale, aurait été rapportée d'une croisade par Guillaume IX d'Aquitaine, en don du patriarche de Jérusalem. Les deux cristaux de roche ont été offerts par Anne d'Autriche qui, pour la naissance de Louis XIV, porta la ceinture. Les plaques en or, de 1537, sont de Mathieu Dupond, orfèvre saumurois.

ABBAYE D'ASNIÈRES (D8)

Il ne demeure de l'imposant prieuré bénédictin, fondé en 1114 par Bernard Thiron, disciple de Robert d'Arbrissel ● *272*, que des ruines grandioses. Les seigneurs de Montreuil en ont fait une abbaye prospère et leur lieu de sépulture. L'abbaye, saccagée par les huguenots en 1500, est supprimée, faute de moines, en 1746. La tour carrée de la croisée, restaurée au XVIIe siècle, date du XIIIe siècle. Le colombier du XVIIe siècle, remis en état récemment, est doté d'une charpente à sept côtés, unique en Anjou.

LE PUY-NOTRE-DAME (D8)

Le bourg est perché sur une butte de tuffeau haute de 103 m et couverte de vignes : la montagne de Marie. Au Moyen Âge, il fut l'objet d'un important pèlerinage lié à une relique de la Vierge, une ceinture originaire de Jérusalem. Cette relique (ci-dessous) fut l'objet d'une profonde dévotion de la part de Louis XI.

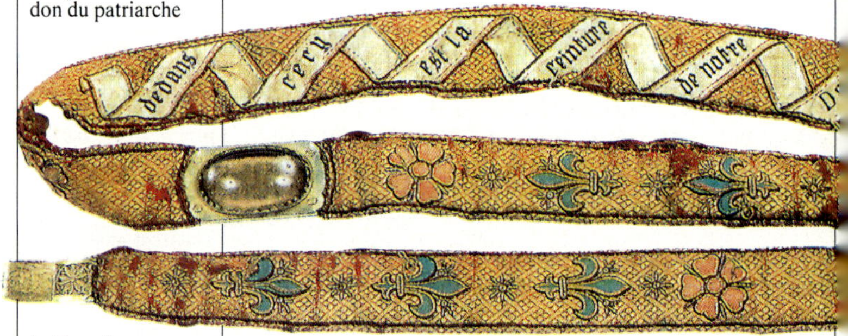

COLLÉGIALE NOTRE-DAME. (XIIe-XIIIe siècle) La nef, de plan poitevin, est à six travées et bas-côtés ● *59*, tandis que les voûtes bombées sont de style gothique angevin ● *60*. Dans le chœur, des stalles en chêne, sculptées de personnages datent du XVIe siècle. Le trésor de la collégiale expose la vénérée ceinture de la Vierge.

MONTREUIL-BELLAY, LA VILLE CLOSE ♥ (D8)

Superbe ensemble médiéval posé sur un éperon escarpé, au bord du Thouet, affluent de la Loire. C'est la seule des trente-deux villes closes d'Anjou à avoir conservé ses remparts et ses quatre portes monumentales.
Il est préférable d'aborder la cité par la porte du Moulin (XVIe siècle), juste après le pont sur la rivière. Le bourg fortifié dresse alors sa silhouette blanchâtre à travers les arbres et l'on a un très beau point de vue sur le moulin à eau (brûlé en 1896 et reconstruit dans le style Renaissance).
HISTOIRE. Montreuil-Bellay fut longtemps une baronnie indépendante avant que le rattachement du Saumurois à l'Anjou, par Foulques Nerra ● *297*, en 1026, ne la transforme en ville frontière. L'enceinte primitive du XIIIe siècle encadre la porte Saint-Jean, au sud, pointée vers le Poitou. Au nord la porte Nouvelle regarde vers l'Anjou. La porte du Boëlle, sur le Thouet, à l'ouest, contrôlait la navigation et les péages.

MONTREUIL-BELLAY
La tour Saint-Jean (XVe siècle) s'orne d'un appareil à bossage, très prisé à cette époque.

LE CHÂTEAU. La physionomie actuelle du château est due aux transformations de la famille d'Harcourt. Il comprend trois parties : le CHÂTEAU-VIEUX (XVe siècle), qui est précédé d'un ouvrage défensif, une barbacane ronde du XIIIe siècle ; le LOGIS DES CHANOINES DE LA COLLÉGIALE (fin XVe siècle) et le CHÂTEAU-NEUF construit entre le XVe et le XVIe siècle, puis restauré à la fin du XIXe siècle. Son oratoire flamboyant est orné de magnifiques peintures murales. La collégiale Notre-Dame (1472 et 1484, restaurée en 1865), à l'origine chapelle castrale, devint église paroissiale en 1810.

LA VILLE. Elle offre une promenade agréable au milieu des nombreux logis et hôtels particuliers bâtis entre le XVe et le XVIIIe siècle. Du boulevard de l'Ardenne, on a un panorama magnifique sur la vallée.

En allant vers Angers, tout en longeant la Loire, la région parsemée d'îles verdoyantes, concentre d'importants vestiges préhistoriques et antiques, témoins d'une occupation humaine ancestrale. Au sud du fleuve, les bourgs, longtemps installés sur les coteaux, se sont peu à peu déployés vers la rive.

SAINT-HILAIRE-SAINT-FLORENT (D7)

Associée à la ville de Saumur, cette agglomération, composée de l'ancien bourg de Saint-Hilaire-les-Grottes et du quartier autour de l'abbaye de Saint-Florent, s'étend le long de la rive gauche du Thouet sur un coteau percé de nombreuses caves à vins ● *30* et de champignonnières ● *26*. On y retrouve aussi les dolmens de Saint-Hilaire et du Bois-de-Feu ▲ *289*.

ABBAYE DE SAINT-FLORENT. Célèbre et puissante abbaye bénédictine du XIe au XVIe siècle, son déclin s'accentuera avec la Révolution et elle sera détruite à partir de 1805. Seules subsistent les bases du chœur de l'église abbatiale située au-dessus d'une étonnante crypte (XI-XIIe siècle) à chapiteaux romans. Le narthex (fin du XIIe siècle) est un exemple parfait de gothique angevin ● *60*.

ÉGLISE SAINT-BARTHÉLEMY. Elle se compose de deux nefs de style gothique angevin (fin XIIe et XIVe siècle). Sur le mur nord de l'église, une plaque rappelle la venue de Jeanne d'Arc à Saint-Florent, en 1429.

JEANNE D'ARC À SAINT-FLORENT
Le 17 mars 1429, Jeanne d'Arc vint à l'abbaye de Saint-Florent où séjournaient Marie de Bretagne, mère du duc d'Alençon, et Jeanne d'Orléans, la femme de celui-ci. Jeanne d'Arc espérait convaincre le duc, prisonnier sur parole des Anglais, après une captivité de trois ans, de reprendre les armes à ses côtés. Son ambassade réussit pleinement. Le duc vendit ses biens pour payer sa rançon et prit de nouveau les armes ▲ *116*.

TROIS LIEUX POUR UNE ABBAYE
C'est d'abord au Montglonne, près de Saint-Florent-le-Vieil, à l'est d'Ancenis, que les moines créent une première abbaye, autour des reliques de saint Florent. Chassés par les invasions normandes au IXe siècle, ils se replient alors à Saumur. Mais lorsque le comte d'Anjou, Foulques Nerra, prend la ville en 1026, les moines doivent à nouveau transférer leur monastère près du Thouet. Dès lors, dans un lieu appelé Saint-Florent-le-Jeune, la grande abbaye prospère en paix.

Château de Pimpéan.

LE CHAMPIGNON DE PARIS ● *26*
Si le champignon dit de Paris est réputé, son appellation semble bien impropre puisque les trois quarts de sa production nationale proviennent généralement des champignonnières du Saumurois, installées dans des galeries de tuffeau comme celles du Saut-aux-Loups près de Montsoreau. La culture du champignon est apparue dans la région à la fin

du XIXe siècle. Ces petits végétaux ne sont plus cultivés comme autrefois sur des «meules» à fumier, dont la fermentation était contrôlée, mais dans des caisses, sur du compost. De nouvelles variétés plus sauvages, tel le pleurote du peuplier, sont aujourd'hui exploitées par les champignonnistes du Saumurois.

CAVES TROGLODYTES. On y trouve l'intéressant musée du Champignon qui présente également une collection de fossiles et d'ammonites. Les gourmands peuvent déguster sur place, des champignons et des vins de Saumur pétillants, fabriqués selon la méthode traditionnelle, introduite dès 1811 par le fils d'un banquier d'Anvers, Jean Ackerman (1788-1866).

CHÊNEHUTTE-LES-TUFFEAUX (D7)

Les communes de Chênehutte-les-Tuffeaux et Trèves-Cunault, qui ont fusionné en 1974, constituent un exceptionnel ensemble de sites et de monuments.
LE PLATEAU. Il est habité dès les périodes du bronze et du fer. Un oppidum gaulois puis un retranchement romain y sont installés. Des investigations archéologiques ont révélé l'existence d'une stucture urbaine assimilée à la cité gallo-romaine de Robrica, figurant sur la plus ancienne carte de la Gaulle (Table de de Peutinger). Une villa carolingienne et enfin le prieuré de Saint-Florent occupent à leur tour le plateau.
LE BOURG. Au pied du plateau, le bourg abrite l'église Notre-Dame (XIIe siècle), avec son portail roman ● *58* orné de rinceaux et d'acanthes, et son clocher à baies géminées.

TRÈVES (D7)

Faisant face à une grande île de la Loire, le bourg, en pleine verdure, est dominé par un donjon du XVe siècle, de 30 m de hauteur et magnifiquement fleuri d'ifs. C'est le seul vestige de la forteresse (rasée en 1747) de Robert le Maczon ou le Maçon, baron de Trèves, chancelier de Charles VII et compagnon de Jeanne d'Arc.
ÉGLISE SAINT-AUBIN. Ce ravissant édifice du XIIe siècle est prolongé par un clocher du XIIIe siècle, et une flèche du XVe siècle. Dans la nef on peut admirer une cuve baptismale du XIIe siècle, avec quatre masques primitifs du XIe siècle.
LE BOURG. Plusieurs maisons des XVe et XVIe siècles le composent ; le logis de la Cour-Condé (début XVIIe siècle) possède une échauguette carrée d'angle.

CUNAULT ● *59* (D6)

Fuyant les invasions normandes au IXe siècle, les moines de l'île de Noirmoutier fondent Notre-Dame de Cunault. Une nouvelle église monastique est construite du XIe siècle au XIIIe siècle. C'est l'un des édifices romans les plus beaux de l'Anjou(223 chapiteaux), célèbre pour le massif carré de son clocher (XIe siècle). Sa façade d'entrée ouest est de type poitevin avec un portail à cinq archivoltes (XIIIe siècle).

Élévation de Notre-Dame-de Cunault, bel exemple d'art roman.

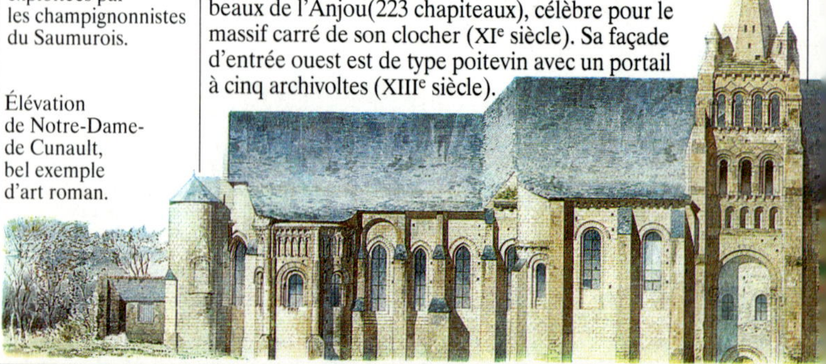

Intérieur. L'église possède trois nefs de hauteur égale. Le chœur est entouré d'un déambulatoire dont les chapelles abritent une pietà en pierre polychrome du XVe siècle, ainsi que la châsse de saint Maxenceul (XIIIe siècle), en noyer peint et sculpté. En face de l'église, le logis du prieur Pierre Cottereau date de François Ier.

Gennes ♥ (D6)

Le site est occupé dès le néolithique, comme en témoignent les dolmens de type angevin de la Madeleine ▲ *289*, de la Forêt, de la cour d'Avort et de la Pagerie. Non loin se dressent les menhirs du Bois-Gilbert et du Bouchet. De l'époque romaine subsistent les structures d'une salle de thermes gallo-romains, alimentée par un aqueduc toujours visible, et les ruines d'un amphithéâtre du IIe siècle av. J.-C.
Église Saint-Eusèbe. Elle a conservé une entrée du Xe siècle. Son clocher, détruit de nombreuses fois, fut reconstitué après la Seconde Guerre mondiale selon le modèle de celui édifié au XIIe siècle. À côté des ruines de la nef se trouve le mémorial aux cadets de Saumur, rappelant les combats de juin 1940 ▲ *279*. Le beau logis du Mardron est une demeure du XVe siècle.
Église Saint-Vétérin. Construite du XIIe au XIIIe siècle, elle contient des éléments de l'époque carolingienne et quelques tombes mérovingiennes.
Moulin à eau de Sarré. (XVIe siècle) Un des rares moulins de la région à utiliser encore sa roue à eau.

Hélice terrestre de l'Orbière
En aval de la Loire, on découvre près de Saint-Georges-des-Sept-Voies (C6) une sculpture monumentale en deux parties : l'une creusée dans la roche, l'autre modelée à ciel ouvert. Cet ensemble troglodytique était le lieu de création artistique du sculpteur Jacques Warminski. Ses œuvres y sont aujourd'hui exposées.

Après Gennes, on entre de plain-pied dans le pays de l'Aubance. Passant des lumineux calcaires du Saumurois aux sombres schistes angevins, le chemin suit les méandres de la rivière Aubance, au milieu d'un paysage composé peu à peu de vignes et de bocages, avant de s'ouvrir enfin, au sud de la capitale angevine, sur les vignobles réputés des coteaux du Layon.

Château de Pimpéan (C6)

Dominant la commune de Grézillé, le château à quatre tours d'angle carrées se dresse sur une colline, dans un paysage vallonné où voisinent forêts et vignes. Édifié au XVe siècle par Bernard de Beauvau, sénéchal d'Anjou et ami du roi René ▲ *280*, le château est remanié au XVIIe siècle. Depuis plusieurs années, il est l'objet d'une importante restauration de la part de ses actuels propriétaires.

Chapelle ♥. Elle s'élève dans la cour intérieure du château. Le bâtiment, daté du XVe siècle, est en parfait état de conservation et possède des peintures murales, parmi les plus belles de l'Anjou. Citons, notamment, la fresque des Anges tenant les instruments de la Passion, que l'on doit au talent de Coppin Delft, artiste de l'école flamande.

Pimpéan, festival musique et vin
Dans le cadre magique de la chapelle du château, au milieu des vignes, se tient, chaque année – tous les ans au mois d'août – le Festival d'art lyrique de Pimpéan. En fin d'après-midi est donné un récital, ponctué de dégustation de fouaces ▲ *251* et de vins du domaine de Pimpéan.

MOULINS D'ANJOU ● *78*
L'Anjou aurait compté jusqu'à 2 000 moulins au XVIIe siècle. Parmi ceux à vent, on distingue les moulins-tours avec une tour de pierre à plusieurs étages, coiffée d'un toit pivotant destiné à orienter les ailes ; les moulins-caviers, comme ci-dessous, le moulin du Pavé, comprenant une tour conique de pierre sur laquelle une cabine de bois pivote pour que les ailes prennent le vent ; par contre, les moulins-turquois se différencient par une tour de pierre cylindrique et non conique.

"Quant aux Ponts-de-Cé, ce n'est plus l'antique série de ponts d'autrefois, qui, depuis le temps de César probablement, assurait la traversée des bras de l'immense Loire par cent neuf arches de toute forme, de toute largeur et de tout âge, bien des fois abattues et emportées par le fleuve précipitant rageusement aux grandes crues ses eaux sur l'obstacle [...]. Ces vieux Ponts-de-Cé, cent fois reconstruits et raccommodés, ont disparu et ont été remplacés de nos jours par un grand pont moderne..."
Albert Robida

BRISSAC-QUINCÉ (B6)

C'est l'un des plus beaux et des plus surprenants châteaux d'Anjou. Sur les bases d'une batisse construite par Foulques Nerra, Pierre de Brezé, conseiller des rois Charles VII et Louis XI, édifie, au XVe siècle, un château féodal que rachète le duc de Brissac, René de Cossé, en 1502. Son petit-fils, Charles II, maréchal de France et gouverneur de Paris, fait élever un logis élégant en 1600. Sa mort, en 1621, va interrompre les travaux. Le logis n'est pas encore terminé quand le château féodal est en partie démoli, ce qui fait dire à l'actuel et treizième duc de Brissac qu'il s'agit d'un «château neuf à demi construit dans un château vieux à demi détruit». De fait, le corps de logis, du XVIIe siècle, se trouve ainsi flanqué de deux tours médiévales du XVe siècle.
INTÉRIEUR. Deux cent trois pièces, dont l'immense salle des Gardes, la galerie des Portraits, la salle des Chasses et la chambre du roi Louis XIII, sont richement décorées, en particulier par de splendides tapisseries flamandes du XVIe siècle. Le bel escalier Louis XIII mène aux cinq niveaux d'étages composant le pavillon.
CHAPELLE. Datée du XVe siècle, elle renferme une stèle funéraire sculptée par David d'Angers ▲ *304*.

LES PONTS-DE-CÉ (B6)

Site stratégique d'importance historique, il permet de gagner Angers en traversant trois bras de la Loire, le canal de l'Authion et la rivière du Louet. La cité s'étend sur trois îles dont l'une porte un donjon pentagonal, seul vestige du château reconstruit au XIIIe siècle.
LE DONJON. Couronné de mâchicoulis, il s'appuie sur un curieux éperon qui accentue encore sa silhouette massive. Au sein du château se trouve un musée des Coiffes d'Anjou.
ÉGLISE SAINT-AUBIN. Édifiée en 1003, agrandie à plusieurs reprises, elle présente une belle nef romane.
ÉGLISE SAINT-MAURILLE. Bâtie en 1840, elle abrite de belles stalles sculptées du XVIe siècle, dont une avec sainte Babille à la bouche fermée par un cadenas.

ANGERS ET SES ENVIRONS

▲ ANGERS

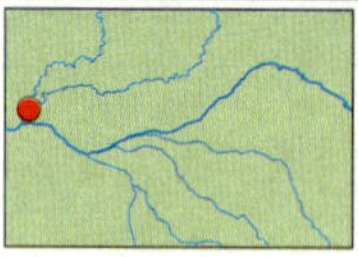

1. CHÂTEAU
2. RUE DONADIEU-DE-PUYCHARIC
3. RUE SAINT-AIGNAN
4. MONTÉE SAINT-MAURICE
5. CATHÉDRALE SAINT-MAURICE
6. MAISON D'ADAM
7. GALERIE DAVID-D'ANGERS
8. LOGIS BARRAULT
9. ABBAYE SAINT-AUBIN
10. ÉGLISE NOTRE-DAME
11. HÔTEL PINCÉ
12. LA DOUTRE :
- HÔPITAL SAINT-JEAN
- MUSÉE JEAN-LURÇAT
- ABBAYE DE RONCERAY
- ÉGLISE DE LA TRINITÉ

HISTOIRE DE LA VILLE (B5, B6)

Dressée sur les rives de la Maine, petit affluent de la Loire, l'ancienne place forte des ducs d'Anjou, caractérisée par son imposant château, est devenue un haut lieu de la tapisserie.

INGELGÉRIENS ET PLANTAGENÊTS. Ancien site des Celtes Andécaves, Angers devient la capitale du comté d'Anjou, créé à la fin du IXe siècle. Après la période des invasions, la ville s'affirme avec la dynastie des Ingelgériens dont le plus célèbre représentant en sera le terrible conquérant Foulques Nerra ▲ *297*. Ses successeurs, les Plantagenêts, en font la clef de voûte de leur nouvel empire anglo-angevin (Normandie, Aquitaine, Touraine et Angleterre) acquis par conquêtes et alliances matrimoniales ● *37*.

CAPÉTIENS. Après cinquante ans de lutte, Angers tombe dans la mouvance capétienne et Louis IX (1214-1270), le futur Saint Louis, fortifie la ville. Élevé au titre de duché, en 1360, l'Anjou sera annexé par Louis XI au profit de la couronne de France au dernier représentant de la maison d'Anjou, le bon roi René ▲ *280*, qui aura fait d'Angers une cité des plus florissantes.

«ATHÈNES DE L'OUEST». À la Renaissance, la ville connaît un nouvel essor, culturel, intellectuel (développement d'universités et de collèges) et architectural (construction de nombreux hôtels particuliers ▲ *304, 306*). Elle y gagne le surnom d'Athènes de l'Ouest.

DU DÉCLIN AU RENOUVEAU. Au développement des XVIIe et XVIIIe siècles, centré sur la fabrication des toiles de voile et des cordages, succède bientôt une longue période de déclin.

PRINCES APANAGISTES
En 1246, Charles Ier, frère cadet de Saint Louis (ci-dessous), reçoit le comté d'Anjou en apanage.

Ses descendants règneront sur Naples, la Sicile, la Hongrie et la Pologne.

LES ANDÉCAVES
Les Gaulois occupant le site d'Angers étaient appelés Andes par Jules César, Andécaves par Pline, Tacite et Ptolémée ; nom qui signifierait «très harmonieux». Lors de la conquête de la Gaule, le chef des Andécaves, Dumnac, s'illustra par sa résistance aux Romains mais il fut finalement écrasé en 51 av. J.-C.

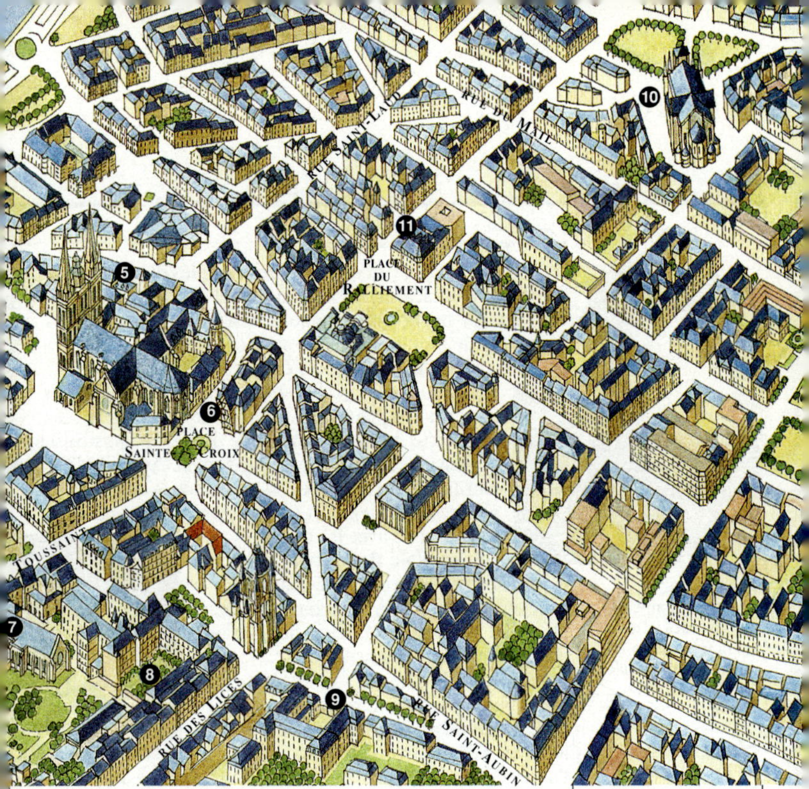

Depuis les années 1960, Angers rattrape son retard économique avec l'implantation d'industries de pointe. L'agglomération actuelle compte plus de 200 000 habitants et affirme sa dimension internationale, notamment dans les domaines de l'informatique (Bull, Thomson, Packard-Bell), du développement des BIOTECHNOLOGIES VÉGÉTALES (l'Institut national de recherches agronomiques) et de l'HORTICULTURE (Centre national de l'industrie horticole).

LE CHÂTEAU

Ses hautes tours sombres donnent une physionomie imposante à la forteresse et la puissance de son architecture militaire et médiévale ● *64* contraste avec les délicates broderies des jardins à la française ▲ *264* qui la bordent.

CENTRE INTERNATIONAL DE LA TAPISSERIE. Depuis 1951, le musée expose de façon permanente une incomparable collection de tapisseries, allant du XIVe au XVIe siècle, dont la plus célèbre, la tenture de l'Apocalypse.

LE «FAUCON NOIR» D'ANJOU (v. 972-1040)
En 987, Foulques III, dit Nerra, hérite du faible comté d'Anjou. Féroce combattant,

il agrandit rapidement son territoire aux dépens des féodaux voisins, tel le puissant comte de Blois. Il érige des forteresses (Loches ▲ *224*, Langeais ▲ *268*…), fortifie Saumur et Angers, édifie de nombreux châteaux (Montreuil-Bellay ▲ *290*, Baugé ▲ *312…)* et, pour obtenir le pardon de ses exactions, fonde des abbayes, comme celle de Beaulieu-lès-Loches, où se trouve son tombeau ▲ *230*. Ses successeurs achèveront la formation du «Grand Anjou» ● *37*.

HISTOIRE DU CHÂTEAU

Du VIe au IXe siècle, la demeure des évêques d'Angers occupe l'emplacement actuel du château. Au XIe siècle, Foulques Nerra ▲ *297* fait construire une forteresse dont il ne reste qu'un pan de mur de la grande salle comtale.

CAPÉTIENS. Saint Louis édifie, entre 1230 et 1240, sur le site de l'ancien château comtal, l'une des plus importantes places fortes de l'époque. Au début du XVe siècle, Louis II et Yolande d'Aragon construisent la nouvelle chapelle et le Logis royal. Après 1443, leur fils, le roi René ▲ *280* (ci-dessous), embellit encore la résidence et ferme notamment la cour seigneuriale avec le châtelet.

GUERRES DE RELIGION. Sous la pression des ligueurs angevins ● *40*, soucieux de réduire la puissance royale, Henri III autorise, en 1585, la démolition du château. Mais le gouverneur, Donadieu de Puycharic, saisira cette occasion pour améliorer le système défensif en faisant araser les tours au niveau des courtines, facilitant ainsi l'accès de l'artillerie sur tout le pourtour du château.

ANCIEN RÉGIME. Le bâtiment devient forteresse d'État au XVIIe siècle. En 1793, alors qu'Angers se déclare ville républicaine, le château joue encore une fois son rôle militaire en stoppant l'avance de l'armée vendéenne.

AUJOURD'HUI. Très endommagé par les bombardements de 1944, le château est remis à l'administration des Beaux-Arts en 1951, puis restauré. Il constitue un haut lieu historique et artistique.

LA VISITE DU CHÂTEAU

Le château se dresse sur un éperon de grès et de granit, au-dessus de douves profondes mais sèches. Il se présente sous la forme d'un pentagone irrégulier, flanqué de dix-sept tours cylindriques atteignant près de 40 m de hauteur, pour un diamètre de 18 m. Elles étaient autrefois plus hautes d'un ou deux étages et comportaient des toits en poivrière. La maçonnerie des tours est composée de schiste sombre ceinturé de lits de grès clair. Des archères du XIIIe siècle et de grosses bouches à feu, ajoutées trois siècles plus tard, protègent la forteresse. Deux ouvertures perçaient jadis l'enceinte : la Porte de ville, au nord (l'accès actuel), et la Porte des champs, au sud.

VESTIGES DU CHÂTEAU COMTAL. Dans le mur de la salle comtale (XIe siècle), la grande porte, à moulures cylindriques et ruban plissé, a été aménagée au XIIe siècle. Les hautes fenêtres à meneaux datent du XIVe ou XVe siècle.

Échauguette en cul-de-lampe de l'une des deux tours formant la Porte de ville (XIIIe siècle).

PIERRE DONADIEU DE PUYCHARIC
Nommé gouverneur d'Angers en 1585, il modernise le système défensif du château.

Il réussit à éviter sa destruction, ordonnée par le roi Henri III, en se contentant de découronner les tours, dans l'attente d'un ordre contraire. La statue funéraire, qui le représente ci-dessus en prière, se trouve à l'intérieur de la grande chapelle Saint-Jean-Baptiste, attenante au Logis royal. Elle est l'œuvre de l'un des plus grands sculpteurs français de la cour de Louis XIII, Jacques Sarrazin, à qui l'on doit aussi le tombeau du cardinal de Bérulle au Louvre.

«ANGERS SOMMEILLE, AVEC SES BEAUX ARBRES,
SON CHÂTEAU AUX TOURS RONDES COMME DES TUYAUX,
SES SOUVENIRS DU ROI, SES PROMENADES BRODÉES
DE MOSAÏQUES FLORALES…» PAUL NIZAN

CHAPELLE SAINTE-GENEVIÈVE-SAINT-LAUD (XIIe siècle). Elle est en partie encastrée, au nord, dans une enceinte gallo-romaine. Son abside est visible depuis la galerie de l'Apocalypse.

LOGIS ROYAL ET GRANDE CHAPELLE (XVe siècle). Tous deux sont dus à Louis II. Le premier, doté par le roi René, en 1453, d'une galerie ornée de multiples fenêtres, préfigure déjà les galeries des châteaux de la Renaissance ● *68*. La chapelle, qui communique avec le logis, possède un bel oratoire à triple arcature d'où les seigneurs pouvaient suivre l'office.

CHÂTELET. Ancien portail principal, il fut bâti vers 1450 par le roi René ▲ *280*. Ses tourelles en poivrière lui confèrent une silhouette altière et médiévale.

LOGIS DU GOUVERNEUR. Adossé au mur est de l'enceinte, à demi enfoui dans les jardins intérieurs, il offre le charme d'une demeure du XVIIIe siècle, édifiée à partir d'une construction du XVe siècle.

FOSSÉS. Ils ne furent jamais remplis d'eau, compte tenu de leur niveau élevé par rapport à la Maine. Aujourd'hui, ils servent de réserve aux biches qui y ont été introduites (ci-contre).

GALERIE DE L'APOCALYPSE. Elle se situe le long de l'enceinte sud, près des vestiges de la chapelle Saint-Laud, et abrite la très célèbre tenture qui lui a donné son nom ▲ *300*.

ARCHITECTURES COMTALES ET ROYALES
Ci-contre, détails de la puissante enceinte polychrome de Saint Louis. On distingue, à gauche, l'enfilade du Logis royal, de la chapelle et du châtelet (détail, au-dessous).

"Surprise […] un peu féerique, de voir brouter un troupeau de biches ocellées…"
J. Gracq

LA GALERIE DE L'APOCALYPSE
En 1950, l'architecte Bernard Vitry construit une galerie (ci-dessous) aux dimensions exceptionnelles donnant à la tapisserie de l'Apocalypse ▲ *300* un cadre digne de sa monumentalité. L'espace, totalement réaménagé, offre de bonnes conditions de lisibilité et de conservation pour la tenture.

Pour chacune des six séries de tableaux, un grand personnage introduit le récit qui se déroule devant lui en images.

En 1373, le duc d'Anjou Louis Ier reçoit de son frère, le roi Charles V, un manuscrit des visions de saint Jean : L'Apocalypse (du grec *apokalupsis*, révélation). À partir de ce texte symbolique, illustré par de riches enluminures, il commande au meilleur peintre de la cour royale Jehan de Bondolf, dit Hennequin de Bruges, les dessins d'une tapisserie monumentale ; elle se composera de 84 tableaux. Par extraordinaire, 76 d'entre eux ont pu être préservés. Restaurés ils sont présentés dans une galerie spéciale au château d'Angers.

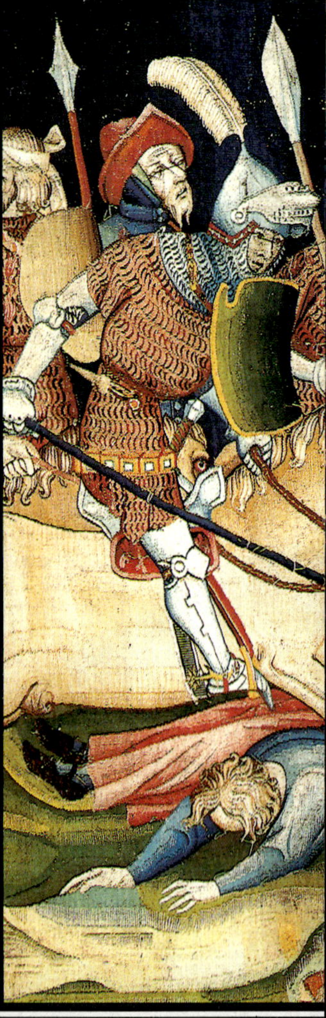

AU COMMENCEMENT ÉTAIT… «L'APOCALYPSE»
Ce texte hermétique du Nouveau Testament évoque les fléaux qui menacent les nouveaux chrétiens. Mais c'est aussi la prophétie du triomphe du «Verbe de Dieu» contre «l'ange de l'Abîme», l'annonce de «la chute de la Babylone terrestre» (ci-dessus), symbole des sociétés impies.

«JE VIS DESCENDRE DU CIEL LA JÉRUSALEM NOUVELLE»
Saint Jean, témoin omniprésent dans presque chaque scène de la tapisserie, semble ici ébloui par la vision de «la cité des élus et de Dieu» descendue du ciel, ultime symbole de la révélation, présage de bonheur.

«UNE APOKALYPSE EN FRANÇOIS,
TOUTE FIGURÉE ET YSTORIÉE... LE ROY (L')A BAILLÉE
À MONS. D'ANJOU POUR FAIRE SON BEAU TAPIS»

INVENTAIRE DE LA LIBRAIRIE DU ROI

UN SAUVETAGE INESPÉRÉ
Tissé à Paris par Nicolas Bataille et Robert Poisson avec les meilleures techniques de haute lisse et de fixation des pigments, l'ouvrage est mis au rebut à la Révolution et découpé en morceaux. En 1848, le chanoine Joubert, gardien du trésor de la cathédrale d'Angers, les rachète pour trois cents francs. Il entreprend une minutieuse restauration qui durera 14 ans. La tenture exposée depuis 1983 fait 107 m de longueur sur 4,5 m de hauteur.

UN BESTIAIRE ET UN DÉCOR FABULEUX
Aux fonds unis et aux paysages sobres des premières scènes succède une végétation luxuriante où apparaissent d'extraordinaires monstres. Les frises de nuées festonnées délimitent le royaume des cieux.

LES MYRIADES DE CAVALIERS
La sixième trompette de l'Apocalypse annonce les cavaliers de l'Enfer, tentation guerrière de l'humanité. Le fond bleu uni donne du relief aux mouvements, aux expressions et rehausse les couleurs des costumes.

L'ENVERS VAUT L'ENDROIT
En 1981, le retrait de la doublure, lors d'un dépoussiérage, révèle les images inversées du recto, mais éclatantes de couleurs. Des clichés de l'envers (ici, toutes les vues, sauf la frise) rendent compte de l'aspect et des couleurs d'origine.

Cathédrale
Saint-Maurice.

«LA CATHO»
En 1875, les facultés catholiques de l'Ouest, destinées à former une «élite chrétienne dans les différentes carrières de la société», sont fondées par Mgr Freppel (1820-1906), évêque d'Angers. Cette importante université, dite «la Catho», s'imposera par son originalité – sa faculté de théologie en particulier, l'une des plus célèbres de France.

La cathédrale possède, en plus de son remarquable trésor (ci-contre, un bras-reliquaire du XVe siècle), un buffet d'orgue de style rocaille (ci-dessus) et des peintures murales (XIVe et XVe siècles) relatant la vie de saint Maurille (ci-dessous).

LA VIEILLE CITÉ

● 72, 74

Elle correspond au quartier qui s'étend à l'emplacement de l'ancienne cité, comprise entre la cathédrale et le château. Cet entrelacs de ruelles bordées de maisons à pans de bois, d'établissements religieux et d'hôtels particuliers est encore riche de quelques beaux exemples de l'architecture de la fin du Moyen Âge.

PROMENADE DU BOUT-DU-MONDE. À la sortie du château, cette vaste esplanade aménagée au XIXe siècle conduit vers la cité et offre un panorama sur la Maine et le quartier de la Doutre, situé sur l'autre rive.

LOGIS DE L'ESTAIGNIER. Rue Saint-Aignan, parmi les maisons médiévales (nos 15 et 17), se dresse, au-dessus des pavés, un logis à tourelle bâti en 1448 et aujourd'hui musée de l'Étain. Il est également appelé «maison du Croissant», en souvenir de l'ordre des chevaliers du même nom créé par le roi René.

RUE DONADIEU-DE-PUYCHARIC. Elle témoigne des charmes discrets de la cité, avec de remarquables hôtels particuliers comme l'hôtel Saint-Martial (XVIIe siècle) – ancien logis canonial – ou le très bel hôtel de Coulanges (XVIe siècle), enserrant un jardin agrémenté d'un puits à l'antique et ceinturé d'une galerie-promenoir.

MONTÉE SAINT-MAURICE. Depuis la rive de la Maine, cette volée de marches aux vieux pavés grimpe vers la cathédrale, que l'on découvre peu à peu en contre-plongée.

CATHÉDRALE SAINT-MAURICE. L'édifice actuel fut érigé dès le début du XIIe siècle, sous l'autorité de l'évêque Ulger de Douai, puis sous l'impulsion de ses successeurs, Normand de Doué et Guillaume de Beaumont.

EXTÉRIEUR. Les deux tours du XIIe siècle ont été remaniées au XVe siècle et surmontées au XIXe siècle de flèches de pierre encadrant le pavillon de l'horloge, du XVIe siècle. La façade-mur d'influence aquitaine, élevée vers 1180, est composite. Le portail (1170-1180), à quatre voussures historiées, est surmonté d'une galerie, ayant remplacé en 1537 l'ancien pignon, où figurent huit hautes statues de soldats, parmi lesquelles saint Maurice.

INTÉRIEUR. La partie la plus ancienne de la cathédrale est la nef unique, érigée de 1148 à 1153, avec les premières voûtes d'ogive dites angevines ● *60*. Elle accueille, outre le chœur, terminé en 1274, un nombre considérable de précieux vitraux des XIIe et XIIIe siècles qui créent une luminosité toute particulière. Les grandes rosaces de lumière du transept (le *Jugement dernier,* ci-dessus) sont dues à André Robin, maître verrier de la cathédrale de 1435 à 1465. Le maître-autel à baldaquin, en marbre rouge, inspiré de celui réalisé par Le Bernin à Saint-Pierre de Rome,

«IL N'Y A GUÈRE DE VILLE
OÙ L'ON ÉPROUVE UNE FAMILIARITÉ
PLUS PUISSANTE AVEC LE PASSÉ.»
HERVÉ BAZIN

RENÉ BAZIN ▲ *103*
Né à Angers en 1853, René Bazin fréquente l'Université catholique dès sa création. En 1875, il en est le premier docteur en droit. Catholique et nationaliste, il devient, en 1884, journaliste et romancier. Auteur de vingt romans d'inspiration terrienne et chrétienne (*Stephanette*, *La terre qui meurt*, *Le blé qui lève*), il multiplie aussi les chroniques de voyages (*Les croquis italiens*) et les essais (*Pie X*, *Charles de Foucault*). Académicien en 1904, il publie en 1926 *Paysages et pays d'Anjou*, quelques années avant sa mort, survenue en 1932 à Paris.

fut édifié en 1757-1759 par Antoine-Denis Gervais, architecte du roi. Le trésor de la cathédrale est le plus riche des églises d'Anjou. Il comprend notamment le réceptacle en argent ayant contenu le cœur de Marguerite d'Anjou-Sicile et plusieurs reliquaires d'argent, d'or et de pierreries ▲ *302*.

RUE DE L'OISELLERIE. (N°s 5, 7, 9.) Trois maisons marchandes, dont la plus ancienne remonte au XVIe siècle, dressent leurs pignons à encorbellement, aux pans de bois losangés.

ANCIEN ÉVÊCHÉ. (N° 2, rue de l'Oisellerie.) Achevé sous l'épiscopat d'Ulger, il fut restauré au XIXe siècle. Il se compose de deux corps de logis formant un tau. La salle basse, du XIIe siècle, servait de lieu d'accueil aux vassaux de l'évêque.

HÔTEL DE LA GODELINE. (N° 73, rue Plantagenêt.) Cette belle demeure abrita l'hôtel de ville de 1484 à 1529. Restaurée en 1641, elle accueille aujourd'hui la Maison des vins et le siège du Conseil interprofessionnel des vins d'Anjou et de Saumur.

PLACE SAINTE-CROIX. Centre de l'activité commerciale au Moyen Âge, elle était l'un des lieux les plus animés de la cité. Plusieurs habitations, dont la plus spectaculaire est sans doute la maison d'Adam, témoignent encore de cette période de prospérité.

HÔTEL DE THÉVALLE. Ce bel édifice de la fin du XVIe siècle à pavillons carrés, surmonté de grandes lucarnes et hautes fenêtres à meneaux, fut la propriété de la puissante famille Thévalle, originaire du Maine.

MAISON D'ADAM ● *73*. Édifiée au début du XVIe siècle à l'angle de deux voies principales, elle est considérée comme la plus belle des maisons anciennes d'Angers. Ses façades à pans de bois losangés (ci-contre) s'élèvent sur cinq étages à encorbellement, dans une profusion de décor flamboyant et de figures sculptées dans le bois (ci-dessus). Les statues d'Adam et Ève encadraient, jusqu'au XIXe siècle, l'Arbre de Vie situé sous la remarquable échauguette d'angle. La maison tient son nom de ces statues ou du nom de son propriétaire, Michel Adam, échevin de la ville, qui en devint propriétaire en 1714.

DAVID D'ANGERS
Fils d'un sculpteur ornemaniste, Pierre-Jean David (1788-1856) est d'abord élève d'une école d'art installée dans le logis Barrault. Puis il est admis aux Beaux-Arts de Paris. Surnommé David d'Angers, il obtient le grand prix de Rome, en 1811, avec un bas-relief, *La Mort d'Épaminondas*. Statuaire de renom dès 1816, il est l'ami intime de Victor Hugo qui célèbre ses «colosses radieux». Auteur du fronton du Panthéon de Paris, ses œuvres les plus connues sont Bonchamp (1824), Bernardin de Saint-Pierre (1851), le général Drouot (1853).

Le masque de femme du Moyen Âge , en cuivre doré, ci-contre, est l'une des pièces rares du musée installé dans le logis Barrault (ci-dessous).

RUE SAINT-AUBIN. (N° 12.) On y découvre la façade de l'hôtel du Cheval-Blanc, ancien hôtel particulier du XVIIIe siècle ayant conservé un bel escalier sur cour en bois, dont l'ensemble des marches et balustres datent de la même époque.

ANCIENNE ABBAYE SAINT-AUBIN. (rue des Lices-rue Saint-Aubin.) L'abbaye aurait été fondée vers 535 par saint Germain,

évêque de Paris. De nouveaux bâtiments furent construits au XVIIIe siècle. C'est là que siègent aujourd'hui le Conseil général et la préfecture. De l'ancienne abbaye, en grande partie détruite lors du percement de la rue Saint-Martin, ne demeurent que quelques vestiges : le cloître (XIIe siècle) et ses arcades romanes (ci-dessus), la salle capitulaire (XIIe et XVIIe siècle) et la sacristie (XVIIe siècle). À l'extérieur, la grille monumentale, datée du XVIIIe siècle, est l'ancienne grille du chœur de l'abbatiale de Fontevraud.

TOUR SAINT-AUBIN. (Rue des Lices.) Il s'agit du beffroi de l'ancienne abbaye Saint-Aubin (XIIe siècle). La tour carrée (54 m) se termine par un étage octogonal flanqué de quatre clochetons.

ANCIENNE COLLÉGIALE SAINT-MARTIN. (Rue Saint-Martin.) C'est la plus vieille église d'Angers. Un oratoire mérovingien a d'abord été fondé par Saint Loup, évêque d'Angers, au VIIe siècle. L'édifice fut ensuite restauré par le comte Foulques Nerra en 1012. Le transept est d'époque carolingienne, les colonnes datent du XIe siècle.

LOGIS BARRAULT ET MUSÉE DES BEAUX-ARTS. (Rue du Musée.) C'est sans doute le plus impressionnant des hôtels particuliers d'Angers. Les deux corps de logis en équerre, au revêtement en tuffeau et au décor flamboyant, sont ornés d'une tour d'escalier carrée à encorbellement. Cet ancien hôtel particulier d'Olivier Barrault, trésorier de Bretagne et maire d'Angers, fut édifié en 1487. Remanié au XVIIe siècle, il a été transformé en prison pour prêtres durant la Révolution puis converti en musée en 1801. Le musée des Beaux-Arts est principalement consacré à la peinture. Il abrite des toiles exceptionnelles

Les tristes amours de Paolo Malatesta et Francesca da Rimini, dans l'*Enfer* de Dante, sont illustrées par Ingres sur cette toile conservée au musée des Beaux-Arts.

de peintres français du XVIIe siècle (Philippe de Champaigne, Pierre Mignard), du XVIIIe siècle, (Watteau, Chardin, Fragonard, Boucher, Lancret, Greuze…). La sculpture y est également bien représentée, avec quelques œuvres de Houdon, Falconet, Lemoyne et Carpeaux. Au premier étage se trouve une belle collection de meubles et de sculptures régionales, du Moyen Âge et de la Renaissance, tel ce masque de femme (à gauche), un des rares exemples encore existants de l'un des chefs-d'œuvre de l'orfèvrerie médiévale française.

RUE TOUSSAINT. On y découvre les importants vestiges de l'ancien rempart du IIIe siècle, provenant de la cité antique.

GALERIE DAVID-D'ANGERS. (N° 33 *bis*, rue Toussaint.) La galerie est installée dans l'ancienne église abbatiale Toussaint, édifiée au XIIIe siècle, dont subsistent la nef unique et deux chapelles latérales. Le chœur rectangulaire fut ajouté au début du XVIIIe siècle. L'église, ruinée depuis 1810, a été restaurée en 1984 par Pierre Brunet, architecte en chef des Monuments historiques, qui l'a coiffée d'une splendide couverture en verre. Les œuvres du célèbre sculpteur David d'Angers (1788-1856) y ont été installées par la Ville, qui lui rend ainsi la place et l'hommage qui lui reviennent. La galerie fut inaugurée officiellement en 1984 par le président François Mitterrand (1916-1996).

HÔTEL DU ROI-DE-POLOGNE (fin XVIe siècle). Au débouché du pont de la Basse-Chaîne, isolée, près du château, cette élégante demeure est l'une des plus populaires d'Angers. Son appellation se rapporte sans doute au duc d'Anjou, éphémère roi de Pologne, en 1573, avant de se faire sacrer roi de France sous le nom de Henri III.

HERVÉ BAZIN
Petit-neveu de René Bazin, Jean-Pierre-Hervé Bazin voit le jour rue Du-Bellay à Angers, en 1911. Romancier, président de l'Académie Goncourt, il situe en Anjou, en Segréen notamment, une partie de ses récits. Son œuvre romanesque – *Vipère au poing* (1948), *La Tête contre les murs* (1949), *La Mort du petit cheval* (1950), *Qui j'ose aimer* (1956), *Au nom du fils* (1960), *Madame Ex* (1975) – est bâtie autour du thème de l'oppression familiale et sociale.

La lumière naturelle, descend de la verrière et joue avec le modelé des splendides corps de plâtre, sculptés par David d'Angers.

UNE VILLE CULTURELLE
Outre ses six importants musées, et son théâtre à la programmation de qualité, Angers possède un Centre national de danse contemporaine ainsi qu'une école d'enluminure, unique en France. Chaque année, la période estivale est animée par le Festival d'Anjou, que dirige depuis 1985 le comédien et directeur de théâtre Jean-Claude Brialy.

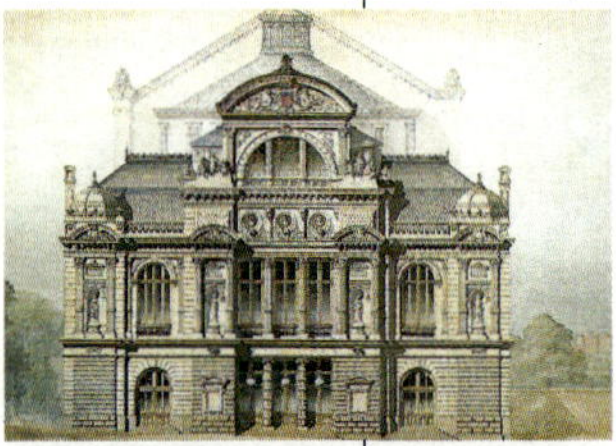

THÉÂTRE MUNICIPAL
Ci-dessus, la salle du théâtre et élévation aquarellée (1870) de sa façade, réalisée par l'architecte A. J. Magne. De 1880 à 1889, ce dernier a restauré l'hôtel Pincé, représenté ci-dessous, en 1876, par une autre de ses aquarelles.

LA VILLE COMMERÇANTE

Elle s'est développée à l'est et au nord de l'ancienne cité, au XVIIe et surtout au XVIIIe siècle, parsemant les rues et les places de nombreux édifices, notamment de luxueux hôtels particuliers. L'ère industrielle ajouta au XIXe siècle son lot de demeures néo-classiques et d'édifices publics caractéristiques.
PLACE DU RALLIEMENT. C'est le nouveau centre social d'Angers depuis la IIIe République. Elle occupe l'emplacement d'un ancien cimetière chrétien bâti au IIIe siècle. La place a pris son nom actuel à la Révolution, les volontaires angevins s'y rassemblant avant leur départ pour l'armée. La salle de spectacle du théâtre municipal, reconstruit entre 1869 et 1871 à la suite d'un incendie, est couronnée d'une grande composition offerte par le peintre angevin Jules-Ernest Lenepveu (1819-1898). Celui-ci réalisa à la même période le plafond de l'Opéra Garnier à Paris.
HÔTEL PINCÉ ET MUSÉE TURPIN-DE-CRISSÉ ● *74.* (N° 32 *bis*, rue Lenepveu.) Cette élégante construction Renaissance, à tourelles, semble rivaliser avec le logis Barrault. Elle a été élevée entre 1530 et 1538 pour Jean de Pincé, lieutenant criminel du maréchal d'Anjou, et maire d'Angers. En 1861, le bâtiment est donné à la Ville par le peintre Guillaume Bodinier (1795-1872), qui le transforme en musée. Ce dernier y présentera les importantes collections du comte et peintre Turpin de Crissé (1782-1859), ancien chambellan de l'impératrice Joséphine. Diverses donations successives ont enrichi le musée de collections d'Extrême-Orient.
RUE SAINT-LAUD ● *73.* Elle est bordée de belles maisons à colombages (n°s 4, 15, 19 et 21), des XVe et XVIe siècles. Il s'agit, pour la plupart, d'anciennes maisons marchandes.
RUE DAVID-D'ANGERS. Elle a conservé son aspect d'il y a deux siècles. De nombreux hôtels particuliers s'y trouvent, tels l'hôtel Ménage (XVIe siècle, remanié au XVIIe siècle), l'hôtel Bardoul de la Bigottière (XVIIIe siècle) et l'hôtel Chemellier (XVIIIe siècle), où naquit en 1788 le célèbre sculpteur David d'Angers.
CHAPELLE DES URSULINES. (Rue des Ursules.) Cet édifice du XVIIe siècle abrite un remarquable retable Louis XIII, attribué à Pierre Corbineau. C'est l'une des plus spectaculaires illustrations de l'art du retable lavallois, qui se répandit alors de la Bretagne à la Touraine.
MAISON DITE DE LA «BELLE ANGEVINE». (Angle de la place du Pilori et de la rue Lenepveu.) Maison à pans de bois, du XVIe siècle, qui aurait été celle de la «Belle Angevine», Renée Corbeau, la jolie fille d'un marchand de draps.
RUE DU CORNET. Située en contrebas de l'ancien quartier des halles, elle comprend plusieurs hôtels, tels que l'hôtel Ayrault-de-Saint-Hénis, bâti pour le lieutenant criminel Pierre Ayrault, et l'hôtel de Maquillé, achevé en 1789, où siège aujourd'hui la direction de l'Architecture de la Ville.
PLACE LOUIS-IMBACH. Ancienne place des Halles au Moyen Âge, elle doit son nom actuel à un grainetier angevin, résistant, mort en déportation à Mauthausen. Depuis 1823, l'hôtel, qui était jusqu'alors occupé par la municipalité, a été

«La cuisine angevine est droite, raisonnable,
bon enfant, ne vise jamais l'effet…
L'Anjou est le paradis des digestions calmes.»
Curnonsky, le «prince des gastronomes»

cédé au ministère de la Justice pour y loger la cour d'appel.

Musée de Paléontologie. (N° 2, sur la place.) Installé à la fin du XIXe siècle dans la salle d'audience de la cour d'appel d'Angers, ce musée expose des collections pour l'essentiel d'origine locale et fait partie du Muséum d'histoire naturelle.

Hôtel de Lancreau-de-Bellefonds. (N° 14, rue Pocquet-de-Livonnières.) Ce bel édifice, construit en 1589, se compose de trois logis qui entourent une cour d'honneur, fermée par un porche d'ordre ionique.

Muséum d'histoire naturelle. (N° 43, rue Jules-Guitton.) Depuis 1958, l'ancien hôtel Valentin (début XIXe siècle) accueille les collections d'histoire naturelle du Muséum (ci-contre, planches de l'aquarelliste belge P. J. Redouté, 1759-1840).

Lycée Joachim-du-Bellay. (Avenue Marie-Tallet.) Il occupe l'ancienne abbaye bénédictine Saint-Serge, fondée au VIIe siècle, dont il reste quelques bâtiments reconstruits à la fin du XVIIe siècle.

Église Saint-Serge. L'ancienne abbatiale, flanquée d'une tour de 1480, fut bâtie vers 1210-1215. Sa remarquable nef unique, aux voûtes bombées angevines (ci-dessous), marque l'apogée du style gothique Plantagenêt.

Jardin des plantes. Il fut créé à la fin du XVIIIe siècle, sur un terrain de l'église Saint-Serge. À l'intérieur, l'ancienne église Saint-Samson fait fonction de serre.

Rue des Arènes. Des vestiges des anciennes arènes du IIe siècle ont été découvertes par des archéologues angevins en 1868, lors de la construction de l'église Saint-Joseph.

Jardin du Mail. Il a été inauguré en 1859, à la suite d'une exposition industrielle et horticole, sur le terrain d'un jeu de paume et s'organise autour d'une vaste fontaine ornée de divinités.

Hôtel de ville. Face au jardin du Mail, il occupe les bâtiments de style classique de l'ancien collège d'Anjou, érigé en 1691 par les pères de l'Oratoire. Le bâtiment fut agrandi en 1823, rénové en 1981 et prolongé par une construction de style contemporain, due à l'architecte Philippe Morel.

Le jeu de la boule de fort
Jeu très apprécié en Anjou, en particulier entre Les Ponts-de-Cé et le Bourgueillois. Il se pratique par équipes, surtout en salle, sur une piste de bois incurvée, parfois de plastique, avec des boules méplates, cerclées de fer et déséquilibrées par un côté, plus lourd que l'autre, appelé fort. Comme pour un jeu de boule classique, il s'agit de se rapprocher au plus près du cochonnet ou *maître*. Ce jeu, d'origine incertaine, a connu un regain de faveur au milieu du XIXe siècle. Les Anglais pratiquent un jeu semblable, mais sur du gazon, et avec une boule de fort non ferrée.

Curnonsky, le «prince des gastronomes»
Maurice-Edmond Sailland, né à Angers en 1872, devient journaliste spécialisé dans le journalisme culinaire. Il signe ses premiers articles du pseudonyme de Curnonsky et devient le chantre de la cuisine traditionnelle ● *54*, notamment angevine. Proclamé «prince des gastronomes» en 1927, craint par tous les restaurateurs de France, il fonde l'Académie des gastronomes. Il meurt à Paris, en 1956.

Pont de Verdun sur la Maine.

UNE COLLECTION DE BELLES FAÏENCES L'apothicairerie de l'hôpital Saint-Jean, située dans une travée de l'entrée, possède de précieuses faïences (XVIIe siècle) provenant de Nevers, Lyon, Rouen…

LE QUARTIER DE LA DOUTRE

Ce quartier d'outre-Maine s'est développé au Moyen Âge sur la rive droite de l'affluent de la Loire, à partir de l'abbaye du Ronceray (XIe siècle). Délaissé au XIXe siècle, il a fait l'objet, récemment, d'une importante rénovation.

TOUR DES ANGLAIS. À la tête du pont de la Haute-Chaîne, franchissant la Maine, cette tour est un vestige de l'enceinte du XIIIe siècle, érigée par Saint Louis.

Signe y materia (1968), de l'artiste catalan José Grau-Garriga (musée Jean Lurçat et de la Tapisserie contemporaine).

HÔPITAL SAINT-JEAN. (N°4, boulevard Arago.) Le plus ancien hôpital de France est un chef-d'œuvre du gothique primitif, édifié, en 1175, par Étienne de Marsay, sénéchal du roi anglais Henri II Plantagenêt.

MUSÉE JEAN-LURÇAT. Il est installé dans l'ancienne salle des malades de l'hôpital Saint-Jean et abrite depuis 1967 la magnifique tapisserie de Jean Lurçat intitulée *Le Chant du Monde*. Cette œuvre, hommage à la tenture de l'Apocalypse, devait mesurer 120 m de longueur. Elle a été tissée à Aubusson de 1957 à 1966. La mort de l'artiste, en 1966, a interrompu son travail. Dix panneaux (environ 80 m) sont exposés (ci-dessous), proposant d'abord une vision pessimiste de l'humanité (*La Grande Menace*, *L'Homme d'Hiroshima*) puis la perspective d'un cycle de renaissance (*L'Homme en gloire dans la Paix*).

L'ENSEMBLE DE TAPISSERIES DU CHÂTEAU (XVe -XVIIIe siècle) Outre la tenture de l'Apocalypse, les collections du musée exposent, dans plusieurs parties du château, 90 œuvres illustrant cet art. La chapelle Sainte-Geneviève-Saint-Laud présente par exemple les tentures flamandes des *Anges porteurs des instruments de la Passion*, ci-dessus, (début du XVIe siècle). Dans le logis du gouverneur et dans le logis seigneurial sont exposées d'autres tapisseries, dont la fameuse *Dame à l'orgue* (1500) et *Penthésilée* (début du XVIe siècle), ainsi que la *Vie de saint Saturnin* et la *Vie de saint Maurille* (XVIIe siècle).

MUSÉE DE LA TAPISSERIE CONTEMPORAINE. Ouvert depuis juin 1986 dans un bâtiment voisin, il expose des donations de Mme Simone Lurçat, ainsi que des œuvres du lissier contemporain Thomas Gleb et d'autres créateurs modernes.

CHAPELLE DE L'HÔPITAL. Construite aux XIIe et XIIIe siècles, elle repose sur de magnifiques voûtes angevines. Ses vitraux sont du XIIIe siècle, son maître-autel baroque du XVIIe.

«Œuvre amorcée tard et donc talonnée par la vieillesse, c'est en quelque sorte la table des matières d'une existence»

Jean Lurçat, à propos de son œuvre, en 1964

Place de la Paix. À cet emplacement se trouvait au Moyen Âge l'ancien cimetière des pauvres d'Angers. Elle comprend de nombreux hôtels particuliers, dont les plus imposants sont l'hôtel de Richeteau (XVIIe) et l'hôtel Du Guesclin (1554).

Abbaye du Ronceray. Fondée vers 1060 par Foulques Nerra ▲ *297*, l'abbaye sera l'unique abbaye de femmes d'Angers. Cet édifice roman introduit, pour la première fois en Anjou, une haute nef à collatéraux entièrement voûtés. L'abbaye, reconstruite au XVIIe siècle, abrite l'École nationale des arts et métiers depuis 1815.

Église de la Trinité (seconde moitié du XIIe siècle). Elle jouxte l'abbaye du Ronceray. Sa nef unique s'enrichit d'une suite de chapelles latérales en hémicycle. À l'entrée de la nef, on aperçoit, un escalier exceptionnel, en bois sculpté et ajouré, provenant de l'ancienne tribune d'orgue et datant de la première Renaissance.

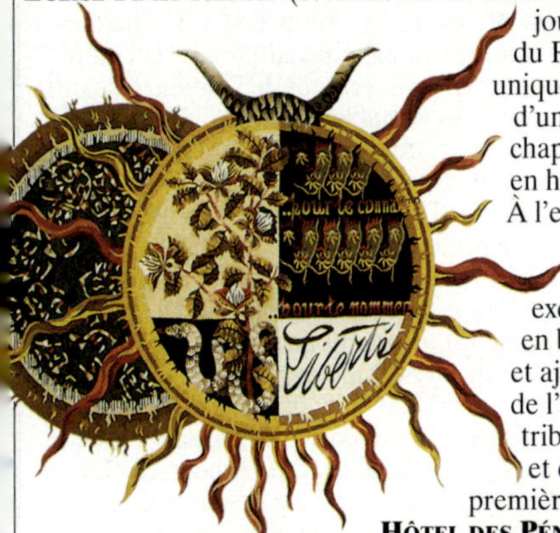

Hôtel des Pénitentes. (Boulevard Descazeaux.) Construit au XVIe siècle, cet édifice servait à l'origine de refuge aux moines de l'abbaye Saint-Nicolas. À partir de 1640, il abrita la communauté des Pénitentes, fondée par Marguerite Deshaies pour recevoir les prostituées et les repenties volontaires.

Ancienne abbaye Saint-Nicolas. Fondée au XIe siècle par Foulques Nerra, elle a été reconstruite en 1725. Sa majestueuse façade sud, qui s'étend sur une longueur de 88 m, domine l'étang et les jardins.

Jean Lurçat
D'abord peintre et graveur, influencé par Matisse, puis séduit par le cubisme et le surréalisme, Jean Lurçat (1892-1966) aborde la tapisserie dès 1933. Ébloui, en 1937, par la tenture de l'Apocalypse, il réalise alors pour cet art son œuvre majeure, *Le Chant du Monde*. Il est le créateur de plus de 800 pièces tissées (ci-contre *Liberté*, 1943, inspirée du très beau poème de Paul Éluard). Il a contribué à faire entrer les lissiers dans l'art moderne.

Les expositions temporaires du musée de la Tapisserie présentent les œuvres des meilleurs artistes français ou étrangers. Ci-contre, *Mai* (1960) de Mario Prassinos (1916-1985).

Ci-contre, *Champagne* (1959), de Jean Lurçat, et, ci-dessus, timbre poste édité en hommage à l'artiste.

LE PLESSIS-MACÉ
Donjon fortifié surplombant les douves (ci-contre) et balcon de tuffeau du logis seigneurial Renaissance (à droite).

"...et, s'il vous plaît
de vous attarder
ensuite [...]
dans la Vallée large
où passe le fleuve,
où passe le vent
des marées,
où il y a tant
de grèves de sable,
tant de peupliers
et tant de raisin,
vous aurez vu
le cinquième canton
de l'Anjou et sa plus
grande beauté."

René Bazin

Serrant, somptueux château princier.

Si Angers est bien le centre économique et culturel autour duquel s'organise la vie de la région, l'Anjou comprend d'autres contrées, dont la diversité constitue l'un des atouts, notamment sur le plan touristique ● *12*.

LA VALLÉE (A6)

Au sud-ouest d'Angers, le pays de la Loire angevine est formé de coteaux surplombant la vallée alluviale. En arrière du fleuve, parsemé de nombreuses îles dont la plus longue est celle de Chalonnes, le paysage, resté relativement sauvage, est entrecoupé de chemins ombragés et de haies d'où émergent quelques demeures seigneuriales.

CORNICHE ANGEVINE ♥. Entre Les Ponts-de-Cé et Chalonnes, en aval d'Angers, la route sinueuse qui surplombe la rivière du Louet est l'une des plus belles routes de l'Anjou. Elle offre de magnifiques vues sur les vignobles, sur la Loire et sa vallée, sur les villages aux bâtisses à tourelles et aux toits d'ardoises.

CHÂTEAU DE SERRANT ♥. Situé sur la rive droite de la Loire, près de Saint-Georges-sur-Loire, il se dresse au milieu d'un vaste parc, entouré de profondes douves. Ce château de schiste gris et de tuffeau clair présente une belle unité de style, bien que sa construction se soit étalée sur un siècle et demi. La première campagne fut menée à partir de 1539 par Jean Delespine, instigateur du classicisme angevin, tandis que la chapelle ne devait être édifiée qu'entre 1700 et 1710, par le célèbre Hardouin-Mansart, architecte de celle de Versailles. Le corps de logis est flanqué de deux tours rondes, coiffées d'un dôme à clocheton. Sa façade principale est occupée, comme à Azay-le-Rideau ▲ *234*, par un escalier d'honneur surmonté d'un fronton. La chapelle abrite un mausolée en marbre blanc, sculpté par Antoine Coysevox en 1705 et dédié au marquis de Vaubrun, tué à la bataille d'Altenheim en 1675. Dans les appartements du château est exposée une splendide collection d'objets et de mobilier, ainsi que des tapisseries des Flandres et de Bruxelles (XIIe siècle), dont les *Métamorphoses* d'Ovide. La très belle bibliothèque renferme plus de 12 000 volumes.

LE SEGRÉEN (A4, 5)

Ce paysage de collines et de haies autour de la ville de Segré s'étend, au nord-ouest d'Angers, jusqu'aux limites du Maine et de la Bretagne, et a vu s'édifier de nombreuses forteresses protectrices.

CHÂTEAU DU PLESSIS-MACÉ ♥. Le château, à l'ouest d'Angers, fut aménagé au XVe siècle par Louis de Beaumont, le chambellan du roi Louis XI, dans l'ancienne forteresse fondée par le seigneur Macé du Plessis trois siècles plus tôt. Entourés d'arbres centenaires, l'enceinte du XIIe siècle et le donjon rectangulaire à

mâchicoulis, reconstruit en 1445, imposent le respect. Pourtant le visiteur est séduit par l'élégant corps de logis du XVe siècle où alternent le sombre schiste des murs et le tuffeau blanc du gracieux balcon ciselé ou des fenêtres. La chapelle, datée également du XVe siècle et dédiée à saint Michel, a conservé son autel ainsi qu'une tribune de bois sculpté à deux étages.

Château du Plessis-Bourré ♥. Il se situe au nord d'Angers, dans le bourg d'Écuillé, entre les rivières de la Sarthe et de la Mayenne. Sur la terre du Plessis-le-Vent achetée en 1462, le château fut rapidement construit, de 1468 à 1472, par Jean Bourré, trésorier et confident de Louis XI. Éclatant de tuffeau blanc, il semble posé sur l'eau, au milieu de douves de la taille d'un étang.

Le caractère de forteresse du château est donné par le châtelet fortifié à l'entrée, par les tours puissantes des quatre angles, dont celle du sud-est avec son chemin de ronde à mâchicoulis, et par la ceinture de terrasses basses, destinées à servir de plates-formes d'artillerie. Le logis principal, de style Renaissance, apparaissant dans la vaste cour intérieure, est d'un aspect plus fastueux. Au premier étage, la salle du corps de garde est dotée d'un étonnant plafond à caissons de bois, ornés d'étranges peintures alchimiques, tels l'*Âne chantant la messe* (ci-dessus), la *Vénus impudique*, plus hermétique, ou le *chariot à voile*, autant d'exemples magnifiques de l'art du XVe siècle.

Des vins renommés depuis le Moyen Âge ◆ *322*, ● *30*
Si le rosé de Cabernet est le plus connu, ce sont les vins blancs qui font la réputation de l'Anjou. Au sud d'Angers, sur les deux rives, les Coteaux-de-Loire comprennent le savennières, le plus apprécié des blancs secs, et les célèbres crus la roche-aux-moines et la coulée-de-serrant, ce dernier étant l'un des plus grands blancs de France. Sur la rive gauche, les cépages de chenin blanc donnent les moelleux coteaux-du-Layon-village, dont les meilleurs sont le bonnezeaux et le quarts-de-chaume.

Le bâtisseur de châteaux
Fils d'un juriste de Château-Gontier, Jean Bourré (1424-1506) entre au service de Louis XI après des études de droit. Contrôleur de la chancellerie royale puis gouverneur de Langeais, il devient trésorier de France. Nommé capitaine du château d'Angers sous Charles VIII, il fait bâtir les châteaux de Vaux, de Jarzé, et du Plessis-Bourré, en Maine-et-Loire.

LE BAUGEOIS (D5,E5)

À l'est d'Angers, le pays baugeois est un plateau sableux où alternent forêts profondes et étendues bocagères.

BAUGÉ. Le bourg est situé en lisière de la forêt de Chandelais, sur la rive droite du Couasnon, à la frontière de la Touraine.

LE CHÂTEAU ♥. Un premier château est édifié vers l'an mille par Foulques Nerra. Baugé devient, au XVe siècle, le lieu de villégiature du roi René, qui dirigea la rénovation du château, commencée par sa mère, Yolande d'Aragon, à partir de 1455. Le pavillon nord du corps de logis est agrémenté d'un grand escalier couvert d'une voûte en palmier, aux armes d'Anjou-Sicile. Le château abrite aujourd'hui l'hôtel de ville et un petit musée consacré à l'histoire et aux coutumes locales.

HÔPITAL SAINT-JOSEPH ♥. Il conserve un cabinet de pharmacie («apothicairerie», ci-contre) du XVIIe siècle, où est déposée une rare collection de pots de faïence (XVIe-XVIIIe siècle).

CHAPELLE DE LA GIROUARDIÈRE. Cette ancienne chapelle de l'hospice des Incurables (XVIIIe siècle) possède, depuis la Révolution, la croix d'Anjou ● *37* qui serait composée du bois de la vraie croix du Christ.

LA VALLÉE DE L'AUTHION (D5,6)

Au sud-est d'Angers, cette longue vallée, autrefois zone de marécages, est aujourd'hui bordée de champs de fleurs et de maïs. Au XVIIIe siècle, l'assainissement de la région amena la construction de demeures d'agrément qui ajoutèrent au charme des nombreux bourgs fleuris, avec leurs petits moulins et leurs habitations en tuffeau.

CHÂTEAU DE MONTGEOFFROY. Cette demeure classique ● *70* fut édifiée en 1772 par l'architecte Nicolas Barré, pour le maréchal de Contades. Les deux tours rondes et la chapelle de l'ancien manoir du XVIe siècle encadrent l'imposant corps de logis du XVIIIe siècle. Une exposition permanente y présente des documents signés par Louis XV, Napoléon et Louis XVIII. Le petit temple dans le parc date du XIXe siècle.

TRÉLAZÉ (B6)

Il est impossible d'évoquer Angers sans signaler cette petite ville, située à l'est de l'agglomération. Elle a contribué très largement à la réputation de l'Anjou dès le XVe siècle, grâce à ses exploitations de schiste dont est tirée l'ardoise. Mémoire ouvrière de la ville d'Angers, Trélazé a longtemps été la capitale mondiale de l'ardoise. Sous le double effet de la crise et de la concurrence, notamment espagnole, cinq des six puits d'Angers ont dû fermer. Les ardoisières de Trélazé n'emploient plus aujourd'hui que 350 salariés. Dans les anciens sites, on peut visiter le musée de l'Ardoise.

LES CLOCHERS «TORS»
Plusieurs bourgades, comme Graçay, Fougeré, Pontigné, Fontaine-Guérin, Mouliherne ont des clochers dits «tors», à l'aspect hélicoïdal et penché sous l'effet d'une étrange torsion. L'origine de cette vrille de flèche reste encore inexpliquée. À Vieil-Baugé, la flèche du clocher a subi une torsion supplémentaire sous l'effet de la foudre.

Apothicairerie de l'hôpital Saint-Joseph à Baugé.

L'INDUSTRIE DES ARDOISIÈRES
La légende attribue à saint Lézin, évêque d'Angers au VIe siècle, l'introduction de l'ardoise pour couvrir les toits. L'exploitation des ardoisières de Trélazé se développe à partir du XVe siècle dans les *perrières* (carrières). Au siècle suivant, les ouvriers, dits *perreyeux*, se spécialisent. Ceux travaillant en bas, les *fonceurs*, arrachent le schiste tandis que ceux d'en haut, les *fendeurs*, tranchent les blocs les plus minces pour en extraire les ardoises. Les fils de ces derniers avaient la priorité pour leur succéder. Tous les ouvriers bénéficiaient du statut de mineur, obtenu par la Fédération des ardoisiers, fondée en 1904 par l'ardoisier trélazéen Ludovic Ménard (1855-1935).

CARNET DE VOYAGE

◆ PRÉPARATIFS

Château de Montsoreau

Entre Gien et Angers, la Loire traverse les départements du Loiret, du Loir-et-Cher, de l'Indre-et-Loire et du Maine-et-Loire. Le fleuve leur donne un val prestigieux constituant la région de France où s'élève le plus grand nombre de châteaux mondialement connus. Le Val de Loire dispose d'une infrastructure touristique de qualité et particulièrement adaptée au tourisme culturel. Proche de Paris, les moyens d'accès y sont multiples : autoroutes, TGV, aéroports... Le printemps, à partir de mai, et l'été restent les deux saisons idéales pour découvrir l'art, l'histoire et la gastronomie de la vallée des rois de France.

SE RENSEIGNER

COMITÉS RÉGIONAUX DE TOURISME (CRT)

CENTRE
9, rue Saint-Pierre-Lentin
45041 Orléans
Cedex 1
Tél. 02 38 70 32 74
Fax 02 38 54 95 46

PAYS-DE-LOIRE
2, rue de la Loire
BP 20411
44204 Nantes
Cedex 2
Tél. 02 40 48 24 20
Fax 02 40 08 07 10

COMITÉS DÉPARTEMENTAUX DE TOURISME (CDT)

INDRE-ET-LOIRE
9, rue Buffon
BP 3217
37032 Tours
Cedex
Tél. 02 47 31 42 60
Fax 02 47 31 42 76

LOIRET
8, rue d'Escures
45000 Orléans
Tél. 02 38 78 04 04
Fax 02 38 77 04 12

LOIR-ET-CHER
5, rue de la Voûte-du-Château
41000 Blois
Tél. 02 54 78 55 50
Fax 02 54 74 81 79

MAINE-ET-LOIRE
Place Kennedy
BP 2147
49021 Angers
Cedex 02
Tél. 02 41 23 51 51
Fax 02 41 88 36 77

LE CLIMAT

L'influence maritime permet d'éviter à la vallée de la Loire des froids vifs. L'influence continentale donne des températures estivales plus élevées qu'en bord de mer. L'Anjou et le Val de Touraine sont plus humides que la région de Blois et d'Orléans. Le taux d'humidité se traduit par un nombre de jours de brouillard plus élevé. Les pluies sont régulières, mais rarement fortes et de longue durée.

L'ÉTÉ
Les orages d'été sont plus fréquents qu'au bord de l'océan ; ils maintiennent un bon niveau de précipitations pendant cette saison.

L'HIVER
Les températures sont rarement en dessous des 5 °C pendant l'hiver.

LE PRINTEMPS
Il est doux, mais frais la nuit. L'été peut-être vraiment chaud : 30 °C.

L'AUTOMNE
L'automne réserve souvent de belles surprises avec des été indiens superbes.

QUELQUES RAISONS POUR Y ALLER

- Les vignobles, le vin, la gastronomie...
- Une centaine de châteaux et leurs merveilleux jardins
- La tapisserie de l'Apocalypse à Angers
- Les habitations troglodytiques
- Les moulins à vent de l'Anjou
- La Loire, dernier fleuve sauvage de France
- La douceur de vivre
- Les grands écrivains, de Grégoire de Tours, Joachim du Bellay, Rabelais à Balzac, Proust, René et Hervé Bazin...
- Les peintres et sculpteurs : les Juste, les Corneille, David d'Angers, Léonard de Vinci, François Clouet, Michel Colombe, Jean Bourdichon, Jean Fouquet...

À QUEL MOMENT PARTIR

AU PRINTEMPS
L'appellation «jardin de la France», attribuée à la vallée de la Loire, prend tout son sens pendant les mois de mai et juin. Les monuments et châteaux ne sont pas encore surchargés de visiteurs, de nombreux festivals de musique et de théâtre animent la région. Les conditions climatiques parfois sont perturbées par des pluies ou des moments de fraîcheur, mais cela ne dure jamais.

À L'AUTOMNE
L'arrière-saison d'été est également très agréable. Les vendanges rythment alors la vie de la région.

SANTÉ

CEE
Le formulaire E 111, disponible auprès des assurances-maladies permet de bénéficier d'une prise en charge, en cas d'urgence.

AUTRES PAYS
Souscrire une assurance spéciale avant de partir.

SON ET LUMIERE
il est prudent de se munir d'un produit anti-moustiques.

FORMALITÉS

ESPACE SCHENGEN
Aucun papier n'est obligatoire pour les ressortissants de ces pays.

UNION EUROPÉENNE
Une carte d'identité pour les autres habitants de la CEE.

AUTRES PAYS
Un passeport est nécessaire ainsi qu'un visa, dans quelques cas.

FÊTES ET FESTIVALS (SÉLECTION)

PRINTEMPS	
Février 2000	Concours international de piano du xxe siècle, Orléans (bi-annuel) (Loiret)
Mars-avril	Printemps musical de Saint-Cosme (Indre-et-Loire)
Mars-Avril	Festival de Pâques dans l'abbaye de Fontevraud (Maine et Loire)
Avril	Fête des plantes et des jardins de Touraine, Montlouis (Indre et Loire)
Avril	Fête de Jeanne d'Arc, Orléans (Loiret)
Fin avril	Festival international «Acteurs-Acteurs», Tours (Indre et Loire)
Avril	Soirées de gala du Cadre Noir, Saumur (Maine et Loire)
Avril à septembre	Présentation publique du Cadre Noir au grand manège de l'École nationale de l'équitation de Saumur (Maine et Loire) ❤
Mai-juin	Les gisants des Plantagenêts, abbaye de Fontevraud (Maine et Loire)
Fin mai	Florilège vocal de Tours (Indre et Loire)
Juin	Festival de musique classique de Sully-sur-Loire (Loiret)
Juin	Le Chore-graphique, festival de danse contemporaine, Tours (Indre et Loire)
Fin juin	Festival de rock à Tours (Indre et Loire)
(Novembre)-juin	Fêtes musicales en Touraine, Grange de Meslay, Tours (Indre et Loire) ❤

❤ Une fête du vin. À Vouvray en février, à Chinon et Bourgueil en mars, à Saumur en avril, à Amboise à Pâques...

ÉTÉ	
Mai-septembre	Son et lumière : châteaux d'Azay-le-Rideau (Indre et Loire) ❤, d'Amboise (Indre et Loire) et de Blois (Loir et Cher)
Juin-octobre	Festival international des parcs et jardins, Chaumont-sur-Loire (Loir et Cher)
Fin juin-début juillet	Orléans'Jazz, Orléans (Loiret)
Juin-juillet 2000	Festival national d'opéra pour enfants de la Chapelle Saint-Mesmin (bi-annuel)
Juillet	Heures musicales de Cunault, église de Trèves (Maine et Loire)
Juillet	Journées de la rose, Doué-la-Fontaine (Maine et Loire)
Juillet	Festival d'Anjou: musique et arts dans les châteaux angevins
Juillet	Les semaines musicales de Tours (Indre et Loire)
Juillet	Théâtre musical en Touraine, Loches (Indre et Loire) et Touraine Sud
Juillet	Son et lumière : château de Meung-sur-Loire (Loiret)
Juillet-août	Festival estival de musique autour de l'orgue, Amboise (Indre et Loire)
Juillet-août	Son et lumière : châteaux de Chenonceau, de Loches (Indre et Loire) et de Valençay (Indre)
Juillet-août	Son et lumière de Cléry-Saint-André (Loiret)
Août	Marché Rabelais, Chinon (Indre et Loire)
Août	Festival du château de Pimpéan, Grézillé (Maine et Loire)

❤ Le marché médiéval de Chinon en août (Bateleurs, marionnettes, métiers d'autrefois, dégustation de cuisine ancienne... le Chinon du Moyen Âge)

AUTOMNE	
Fin septembre	Jazz en Touraine, Montlouis (Indre et Loire)
Octobre	Week-end Jardin et Forêt au château de Lude (Sarthe)

❤ Le mondial du Lion : concours complet international d'équitation au Lion d'Angers en octobre

HIVER	
Janvier-février	Rencontres musicales de l'est tourangeau, Montlouis (Indre et Loire)

CONSEIL VESTIMENTAIRE

Les pluies peuvent arriver à tout moment, parfois des orages violents, surtout en été. Il convient de prévoir parapluie et imperméable.

JOURS FÉRIÉS

- Lundi de Pâques
- 1er mai
- 8 mai
- L'ascension
- Lundi de Pentecôte
- 14 juillet
- 15 août
- 1er novembre
- 11 novembre
- 25 décembre
- 1er janvier

En train

Le TGV

Rapide et confortable, il permet d'atteindre facilement la vallée de la Loire.

Tours

Tours est desservi plusieurs fois par jour par des TGV directs venant de la gare Paris-Montparnasse (1 h de trajet), de Lyon-La-Part-Dieu (3 h 30), de Lille (3 h) ou de Bordeaux (2 h 30). Les trains s'arrêtent à la gare de Tours ou à celle de Saint-Pierre-des-Corps (navettes fréquentes pour le centre ville de Tours).

Angers

Plusieurs TGV quotidiens assurent également une liaison directe entre Paris-Montparnasse-Angers (1 h 30), Lille-Angers (3 h 15) et Lyon (La-Part-Dieu)-Angers (4 h).

Les trains «Corail»

Ils sont moins rapides, mais ils circulent très fréquemment. Depuis Paris, les trains partent presque toutes les heures pour
• Orléans (départ de la gare d'Austerlitz, 1 h de trajet)
• Blois (gare d'Austerlitz, 1 h 30)
• Gien (gare de Lyon, 1 h 30).

Réductions

De 20 à 60 % selon la formule choisie : Joker (réservation au moins 30 ou 8 jours à l'avance), Carte Jeune (moins de 26 ans), Vermeil (plus de 60 ans), cartes famille, couple ; il existe également des tarifs spéciaux, selon le jour ou la durée du voyage.

Renseignements

Toutes les gares ont désormais un seul numéro central pour tout renseignement tarifaire ou horaire, les réservations et commandes de billets.
Tél. 08 36 35 35 35
Minitel 3615 SNCF

En avion

Jusqu'à Nantes

L'aéroport intérnational de Nantes est situé à 90 km d'Angers et à 180 km de Tours. Il est en connexion avec Paris et de nombreuses autres villes en France et à l'étranger. Les vols sont assurés par des compagnies françaises et étrangères. Selon la période et la durée du voyage ou l'âge du passager, les compagnies proposent des tarifs variables et des réductions importantes.

Mettre son vélo dans le train, c'est possible, même dans le TGV ! Gratuitement, en bagage à main, ou payant, en bagage enregistré. Renseignements dans toutes les gares.

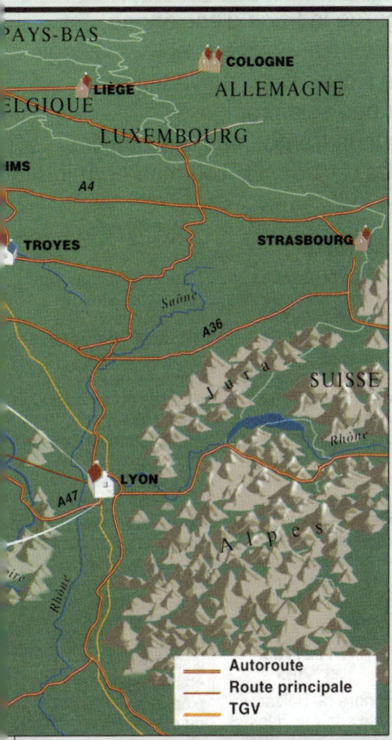

RENSEIGNEMENTS
Aéroport international de Nantes
Tél. 02 40 84 80 00
et dans toutes les agences de voyage

JUSQU'À TOURS
La compagnie aérienne Air Liberté assure deux vols quotidiens aller-retour entre Tours et Lyon, où l'on peut prendre une correspondance pour d'autres villes de province et de l'étranger.

RENSEIGNEMENTS
Aéroport Tours-Symphorion (à 6 kilomètres du centre ville) et Air Liberté
Tél. 02 47 49 37 00

EN VOITURE

PAR L'AUTOROUTE
Toutes les grandes villes du Val de Loire sont accesibles par l'autoroute. L'A10 (Paris-Bordeaux) dessert Orléans, Blois et Tours. Angers est situé sur le trajet de l'A11, l'«Océane» (Paris-Nantes). De la région lyonnaise ou du Sud-Est de la France, on peut atteindre Orléans par l'A72 et l'A71,

puis poursuivre son voyage sur la N152, qui longe la Loire d'Orléans à Saumur.

PAR LA ROUTE NATIONALE
Emprunter la RN 10 (Paris-Bordeaux-Hendaye), en venant du Nord ou du Sud-Ouest ; et l'axe Laval-Bourges-Moulins, en arrivant de l'Ouest ou du Sud-Est de la France.
• Information routière
Tél. 08 36 68 20 00
ou minitel
3615 ROUTES

ALLOSTOP
Une association qui met en contact des automobilistes et des passagers auxquels une participation financière, calculée sur le kilométrage, est demandé.
• Réservations :
Tél. 01 53 20 42 42 (de Paris)
Tél. 01 53 20 42 43 (de province)

TRANSPORTS RÉGIONAUX

Les trains et autocars du réseau TER parcourent la région. Pour connaître les horaires, les correspondances et la durée du trajet, consulter le *Guide régional des transports*, disponible dans les gares et les offices de tourisme ◆ *320*.

LES GARES SNCF
Renseignements horaires et tarifaires pour toutes les gares au tél. 08 36 35 35 35

ORLÉANS
6, rue Saint-Yves

BLOIS
Avenue Jean-Laigret

TOURS
Place du Maréchal-Leclerc

ANGERS
Place de la gare

LES GARES ROUTIÈRES

ORLÉANS
Rue Marcel-Proust
Tél. 02 38 53 94 75

BLOIS
2, avenue Victor-Hugo
Tél. 02 54 78 15 66

TOURS
Place du Maréchal-Leclerc
Tél. 02 47 05 30 49

ANGERS
Place de la République
Tél. 02 41 88 59 25

TRANSPORTS TOURISTIQUES

Les comités départementaux de tourisme proposent, pour un ou plusieurs jours, des randonnées pédestres ou à cheval, en roulotte ou en calèche, en vélo ou en canoë-kayak. On peut également se promener en bateau, au fil des canaux, en louant, par exemple, un *houseboat*.

SURVOLER LA LOIRE

Un mode de transport relativement cher, mais spectaculaire est le survol de la région en montgolfière, en hélicoptère ou en avion. Tout au long du fleuve, on découvre ainsi une mosaïque de paysages, dans lesquels sont posés les innombrables châteaux comme autant de couronnes royales.

RENSEIGNEMENTS
aux services «Loisirs Accueil» des CDT ◆ *314* ou dans les offices de tourisme ◆ *320*.

De Gien à Angers, le Val de Loire garde la trace d'anciennes traditions culinaires. Rabelais et Balzac en témoignent, et l'archéologie est venue confirmer les intuitions de Roger Dion sur l'antiquité du vignoble qui s'était acclimaté sur ces sols propices.
La vigne, en France, est un signe qui ne trompe pas des qualités de l'accueil et de la table avoisinantes. Orléanais, Touraine et Anjou n'échappent pas à la règle.

TRADITIONS DE TABLE

La cuisine du Val de Loire est simple et les restaurants, que fréquentent aussi les habitants des alentours, conservent en général cette tradition de simplicité. Les asperges, à la saison, seront préférées à la sauce hollandaise. La matelote d'anguille, avec une sauce au vin rouge, la fricassée de poulet à la crème et au vin blanc. Les andouillettes – grillées ou au vouvray – sont sur toutes les cartes, comme le sandre pourtant si rare et servi avec l'onctueux beurre blanc. Sans oublier la tarte des demoiselles Tatin, d'origine solognote.

RABELAIS ET LA CUISINE CHINONAISE

À Chinon, le père de Rabelais tenait un cabaret, et boire les vins de Chinon, tel fut l'authentique oracle de la Dive Bouteille ● *104*. Rabelais est né à La Devinière, *emprès* Chinon, quelques vieux bâtiments de ferme au milieu du vignoble. La Guerre Picrocholine ▲ *251* eut pour origine une sombre histoire de bergers et de fouace, ce délicieux gâteau aux raisins, que l'on fabrique encore.

La mémoire alimentaire offerte à profusion dans le *Quart Livre* est la mémoire d'un peuple. Sans elle pas de réelle cuisine. Comme un vaste défilé de mode contemporain, la geste gargantuesque est le portrait ironique d'une société, qui, par temps de disette et de troubles, est obsédée par la pléthore alimentaire. Se succèdent : mitonnée chinonaise ; potage au potiron ; terrine aux pruneaux ; lamproie à la chinonaise ; brochet braisé au chinon… et encore : tourte chinonaise ; œufs au vin de chinon ; gratin de sainte-maure ; carpe farcie ; coq au vin de chinon… et les fouaces.

Ainsi est passée dans la mémoire collective, dont Rabelais est le rapporteur, la cuisine de Chinon, simple dans ses données et ses recettes. Les éléments de base de cette cuisine venaient également des rivières avec l'alose et le saumon, rares aujourd'hui, et le sandre, toujours magnifique sur la table de Jean-Claude Rigollet ▲ *344*.

RILLETTES ET VINS

Honoré de Balzac avec son *Lys dans la vallée* nous offre du Val de Loire un portrait culinaire ramassé dans l'évocation pyramidale des rillettes et des rillons. Les rillettes sont un plat blond, rosé d'aspect, dont la couleur est éclaircie par une graisse légère.

Depuis le Moyen Âge la raison d'être des rillettes est de se conserver. Elles sont alors connues sous le nom de *rillée* ou de *rihelle*. Elles étaient, en Touraine, un signe d'abondance, un friand régal. Quelques vignerons obstinés se sont appliqués depuis une vingtaine d'années à faire renaître le Noble-Joué, un vin gris ou œil de perdrix, issu des cépages gris meunier, pinot gris ou malvoisie et pinot noir. Ce vin figurait à la table de Louis XI, dans son château de Plessis-les-Tours. Le Noble-Joué est souverain pour accompagner rillettes et rillons, que l'on appelle aussi, fort à propos, la confiture de cochon !

LE PRIX DES CHOSES

1 bouteille de Chinon : 40 F

1 promenade en montgolfière : 1800 F pour 2 personnes

1 kilo de champignons de Paris : 14 F

1 bouteille de vinaigre (75 cl) de vin à l'ancienne : 20 F

1 nuit dans un château privé : 350-2 500 F pour 2 personnes

1 entrée dans un château : de 10 à 60 F

1 pot de rillons de Tours : 68 F

1 visite du château et de « l'Apocalypse » d'Angers : 35 F

TRADITIONS D'HÉBERGEMENT

Le Val de Loire a été justement appelé Côte d'Azur des Valois. La tradition de l'hébergement aristocratique s'est maintenue non seulement à travers des établissements de prestige, tous membres de la Chaîne des Relais et Châteaux, mais également dans de nombreux établissements de moindre importance – manoirs ou maisons paysannes – et dans d'élégantes demeures d'hôtes, tel le *Domaine de Mestré* sur le site de Fontevraud. Mais la richesse de cette région qui tient à l'infinie variété de ses paysages permet aussi de rechercher des établissements plus modestes avec vue sur le fleuve, le long de la levée de Loire, à proximité des ponts dans de charmantes villes intactes ou bien au cœur d'une nature généreuse, telle la Sologne.

L'hébergement rural est aussi très développé, qu'il s'agisse de gîtes ruraux, de gîtes d'étape pour les randonneurs ou de gîtes de groupes. Consulter le guide des chambres d'agriculture et de Tourisme *Bienvenue à la ferme* (9, avenue Georges-V 75008 Paris Tél. 01 47 23 55 40). Les comités régionaux du tourisme informent également sur les possibilités d'accueil en chambres d'hôtes et sur l'hébergement pour les jeunes. Sur le Minitel on disposera également de toutes les informations pour se loger : 3615 code SLA.

TRADITIONS CITADINES ET MARCHÉS

Dans la plupart des villes et des villages ont lieu des marchés hebdomadaires où sont proposés spécialités, légumes, fruits et fleurs provenant du «Jardin de la France». Le plus célèbre marché aux fleurs de la région est celui de Tours, ci-contre. Dans chaque ville importante des confréries gourmandes tiennent leurs chapitres : AMBOISE, chapitre de la Sève montante, le 1er samedi de mai ; à BOURGUEUIL se réunit la Commanderie de la Dive Bouteille, les 4es dimanches d'avril et de novembre ; tandis qu'à CHINON les Entonneurs rabelaisiens animent la vie locale de façon régulière et joyeuse.

À partir de 250 F, on peut trouver des chambres d'hôtels agréables. Ce sont généralement des deux étoiles, nouvelles normes. Hors saison, il est possible de s'offrir une nuit dans un des nombreux châteaux et manoirs, devenus hôtels de luxe, pour un prix avoisinant les 600 F. Les chambres d'hôtes et les gîtes sont très repandus en Val de Loire. Ils proposent des chambres à prix raisonnable, souvent dans un cadre privilégié.
Les offices de tourisme locaux sont de bons conseils pour réserver l'hébergement le plus adapté au type de séjour souhaité.

OFFICES DE TOURISME

ANGERS
Place Kennedy
Tél. 02 41 23 51 11
Ouvert (été) lun.-sam. 9 h-19 h ; dim. 10 h-13 h et 14 h-18 h

BLOIS
Pavillon Anne-de-Bretagne
3, av. du Docteur-Jean-Laigret
Tél. 02 54 90 41 41
Ouvert (été) lun.-sam. 9 h-19 h ; dim. 10 h-19 h

ORLÉANS
Place Albert Ier
Tél. 02 38 24 05 05
Ouvert lun.-sam. 9 h-19 h ; dim. 10 h-12 h (juil.-août 15 h-18 h 30)

SAUMUR
Place de la Bilange
BP 241
Tél. 02 41 40 20 60
Ouvert (été) lun.-sam. 9 h 15-19 h ; dim. 10 h 30-12 h 30 et 15 h 30-18 h 30

TOURS
78, rue Bernard-Palissy
Tél. 02 47 70 37 37
Ouvert (été) lun.-sam. 8 h 30-19 h ; dim. 10 h- 12 h 30 et 14 h 30-17 h

CAMPING-CARAVANING

De nombreux campings, classés 2, 3 ou 4 étoiles sont installés le long de la vallée de la Loire. Beaucoup d'entre eux disposent de plans d'eau, de baignades ou piscines, de tennis et de terrains de jeux… Des brochures gratuites, présentant tous les campings de la région avec leur équipement, sont publiées par les CRT.

STATIONS VERTES DE VACANCES

Ce sont des villages, réunis autour d'une charte, qui offrent aux touristes à la fois le repos et des distractions en milieu rural.
Idéal pour passer des vacances reposantes à petits prix, été comme hiver.
La région compte une cinquantaine de stations vertes.
FÉDÉRATION FRANÇAISE DES STATIONS VERTES DE VACANCES ET DES VILLAGES DE NEIGE
BP 598
21016 Dijon Cedex
Tél. 03 80 43 49 47

HÔTELLERIE

Les hôtels sont classés, selon les normes françaises, en six catégories : de sans étoiles à quatre étoiles luxe. On paye, normalement, à la chambre et non par personne. Il est prudent de réserver à Pâques et pendant les mois de juillet et août. En Val de Loire, toutes les chaînes d'hôtels sont présentes.

QUELQUES GROUPEMENTS HÔTELIERS

RELAIS ET CHÂTEAUX ET RELAIS DU SILENCE
La plupart des châteaux-hôtels en Val de Loire adhère à l'un de ces deux groupements d'hôtels, privilégiant l'environnement et la qualité du site.
RELAIS ET CHATEAUX
15, rue Galvani
75017 Paris
Tél. 01 45 72 90 00
RELAIS DU SILENCE
17, rue d'Ouessant
75015 Paris
Tél. 01 44 49 90 00

LOGIS DE FRANCE
Situés, pour la plupart, à la campagne, ils offrent une restauration et une hôtellerie traditionnelles.
LOGIS DE FRANCE
83, avenue d'Italie
75013 Paris
Tél. 01 45 84 70 00

LOCATIONS SAISONNIÈRES

CHAMBRES D'HÔTES
Pour une ou plusieurs nuits, le voyageur est reçu dans une maison particulière, en ville ou à la campagne. Outre le petit déjeuner, l'habitant propose parfois le dîner autour de «la table d'hôtes». Les prix pour une chambre d'hôtes varient entre 200 et 1 200 F (2 personnes, petit déjeuner inclus).

BIENVENU AU CHATEAU
Ce label regroupe des châteaux, des manoirs et des belles demeures, disposant de chambres d'hôtes dans un cadre exceptionnel. Les comités régionaux de tourisme fournissent sur demande la liste de ces établissements.

GÎTES RURAUX
Ils sont souvent aménagés dans une demeure traditionnelle à la campagne. Leurs prix varient de 700 à 3 000 F par semaine, pour 4 à 6 pers., en fonction du classement de 1 à 4 épis (norme de confort), de la localisation et de la saison. Les gîtes ruraux sont très prisés et souvent réservés d'une année à l'autre. Il est conseillé de réserver très tôt pour la période d'été.

GÎTES D'ÉTAPE
Plus particulièrement destinés aux randonneurs, ces gîtes sont cependant ouverts à toutes les clientèles, essentiellement de groupe. Ils proposent un hébergement simple, mais de plus en plus confortable, pour une ou plusieurs nuits, incluant souvent le petit déjeuner. Certains gîtes d'étape sont installés dans des habitations troglodytiques. Le prix moyen pour une nuit est de 60 F.
Renseignements et réservations
RELAIS DÉPARTEMENTAUX DES GÎTES DE FRANCE :
- Indre-et-Loire
Tél. 02 47 27 56 10
- Loire-et-Cher
Tél. 02 54 58 81 63
- Loiret
Tél. 02 38 78 04 00
- Maine-et-Loire
Tél. 02 41 23 51 23

AUBERGES DE JEUNESSE

Pour connaître les adresses des auberges de jeunesse, situées en Val de Loire, s'adresser à la
FÉDÉRATION DES AUBERGES DE JEUNESSE
27, rue Pajol
75018 Paris
Tél. 01 44 89 87 27
Minitel 3615 FUAJ

TOURISME ÉQUESTRE

Les centres équestres sont nombreux et la diversité des paysages offre un terrain de randonnée superbe aux amoureux du cheval. Stages et randonnées, avec hébergement en gîte d'étape, sont proposés.

CENTRE DE TOURISME ÉQUESTRE
49350 Trèves-Cunault
Tél. 02 41 67 92 43

TOURISME ÉQUESTRE
Le Sauvageot
49680 Vivy
Tél. 02 41 52 89 52

ASSOCIATION RÉGIONALE DE TOURISME ÉQUESTRE
VAL DE LOIRE-CENTRE
32, rue Alain-Gerbault - BP 719
41007 Blois Cedex
Tél. 02 54 42 95 60

L'École nationale d'équitation de Saumur ouvre ses portes au public d'avril à septembre. On peut assister à l'entraînement des écueyers du Cadre Noir
Tél. 02 41 53 50 66

CYCLOTOURISME

Des associations entre comités départementaux de tourisme, hôtels et campings proposent des circuits à vélo, incluant l'hébergement et un ensemble de prestations spécifiques au cyclotourisme : location de bicyclettes de randonnée, transfert des bagages d'étape en étape, documentation, carte-circuit, trousse de dépannage, pique-nique sur demande...
RENSEIGNEMENTS aux services «Loisirs Accueil» des CDT ou offices de tourisme

Vignobles de la coulée-de-serrant.

Cave troglodytique creusée dans le tuffeau.

Le développement du vignoble, sous cette latitude, est conditionné par la Loire : les vents tempérés d'ouest qui remontent la vallée créent un microclimat à l'ensoleillement remarquable.
Au Moyen Âge, les moines défricheurs des abbayes cisterciennes et bénédictines ont donné leur premier essor au vignoble du Val de Loire. Puis les rois, Plantagenêts et Valois, ont été à la fois consommateurs et promoteurs des vins locaux, dont le commerce national et international, dès le XIIe siècle, a été assuré par la voie navigable proche. Longtemps décriés, ces vins ont retrouvé depuis une trentaine d'années un niveau de qualité satisfaisant, qu'ils jouent dans le registre du charme ou de la puissance.

LES DIFFÉRENTES CATÉGORIES D'APPELLATION

La dénomination européenne «Vin de qualité produit dans une région déterminée» (VQPRD) recouvre les catégories françaises «Appellation d'origine contrôlée» (AOC) et «Appellation d'origine vin délimité de qualité supérieure» (AOVDQS). L'attribution de l'appellation d'origine est soumise à l'approbation du ministère de l'Agriculture, en fonction des conditions de production déterminées par l'Institut national des appellations d'origine (INAO).

LES APPELLATIONS RÉGIONALES

Elles peuvent être produites sur l'ensemble des vignobles d'Anjou, du Saumurois et de Touraine ■ *30*.

ROSÉ DE LOIRE
Ce sont des vins secs, fruités et frais, produits à partir de nombreux cépages (cabernet-franc, cabernet-sauvignon, grolleau, pineau-d'aunis et gamay noir à jus blanc).

CRÉMANT DE LOIRE
Cette appellation est produite à partir de nombreux cépages issus de sols très variés (à dominante calcaire). Suivant leur origine, les arômes des vins prennent une note végétale, florale ou fruitée.

LA TERRE DU CÉPAGE CHENIN

L'Anjou est la terre du chenin, une dizaine d'appellations s'en réclament. Il donne des vins blancs secs, moelleux, liquoreux, tranquilles, ou mousseux à Saumur. Amples et volumineux dans les années chaudes, les vins sont plus secs, voire sévères et longs à s'épanouir (jusqu'à un demi-siècle), dans les autres millésimes.

L'ANJOU

Vieille terre vinicole, l'Anjou est réputé pour ses vins moelleux des coteaux du Layon et de l'Aubance.

UN CRU À PART
• Le savennières. Cette appellation (75 ha), localisée à l'ouest d'Angers, a une grande tradition de chenin sec de garde. Les vignes prospèrent sur quatre coteaux orientés sud-sud-est, sur des sols de schistes volcaniques ou de grès rouges. Le savennières est un vin nerveux et austère dans sa jeunesse, à la sève vive, aux arômes de fruits mûrs et de fleurs. En fin de bouche, il procure une sensation d'amertume caractéristique. Il demande cinq à dix ans pour évoluer du floral vers le minéral et acquérir plus d'amplitude. Deux crus, la coulée-de-serrant (7 ha) et la roche-aux-moines (33 ha), se détachent du reste de l'appellation.

LES MOELLEUX ET LES LIQUOREUX
• Coteaux-du-layon, bonnezeaux et quarts-de-chaume. Sur les coteaux qui bordent le cours du Layon, le chenin donne des vins moelleux et liquoreux réputés. Les brouillards matinaux permettent à la pourriture noble de se développer. Les meilleurs vins sont ainsi issus de baies surmûries, au sucre

«C'EST DE LA DEVINIÈRE, C'EST VIN PINEAU !
– Ô LE JOLI VIN BLANC !
– ET PAR MON ÂME, CE N'EST QUE VIN DE TAFFETAS.»

RABELAIS

concentré, récoltées par tries successives au rythme de l'apparition du botrytis. Ces vins possèdent des arômes très denses de fruits confits, qu'une garde de plusieurs dizaines d'années rend plus subtils et complexes. La robe, jaune d'or en jeunesse, acquiert des teintes rousses et ambrées avec le temps. L'appellation générique est coteaux-du-layon (1 500 ha) ; six communes et un village (Chaume), au terroir particulièrement bien exposé, peuvent y associer leur nom. Deux crus, bonnezeaux (80 ha) et quarts-de-chaume (40 ha), bénéficient d'une appellation spécifique.

• Coteaux-de-l'aubance
Cette appellation (100 ha) produit des vins fruités et tendres, moins riches en sucre que leurs voisins du Layon.

LES ANJOUS DE TOUS LES JOURS

• L'AOC anjou englobe l'ensemble de la région, Saumurois compris, soit 200 communes.

• Les anjous blancs représentent la production traditionnelle de l'appellation. Produits à partir du seul chenin, les vins sont doux ou moelleux. En associant au chenin du chardonnay et du sauvignon, on obtient des vins secs. Tous développent des arômes d'agrumes et des notes florales.

• Les anjous rosés de cépages pineau-d'aunis et grolleau, pas assez secs, tombent en déshérence.

• Les anjous rouges, désormais majoritaires, sont issus du cabernet-franc et du cabernet-sauvignon.
Ils constituent des vins frais et légers, à boire jeunes.

• Les anjous-villages sont des vins fruités, amples, puissants et charnus. Leurs tanins leur permettent de vieillir.

• Les anjous-gamays, vins de soif, doivent être consommés dans l'année.

• Les rosés d'Anjou, produits à partir du grolleau, et les cabernets d'Anjou, issus des deux cabernets, sont des vins rosés, tendres et légèrement moelleux.

• Les anjous-coteaux de la Loire sont des vins blancs de chenin vinifiés en demi-secs ou moelleux.

LE SAUMUROIS

Angevin par l'histoire, le Saumurois est déjà proche de la Touraine par ses sols. Schistes et grès cèdent ici la place à la craie.

• Le saumur
L'aire d'appellation s'étend sur trente-six communes.

• Le saumur blanc, vin vif, floral et minéral, est produit à base de chenin, parfois associé au sauvignon et au chardonnay.

• Le saumur rouge, cultivé sur 750 ha de terrain calcaire et sablo-argileux, provient des deux cabernets (franc et sauvignon). Très aromatique, c'est un vin de charme aux tanins élégants, capable de vieillir.

• Saumur brut et demi-sec
Les vignes occupent 1 300 ha de craie tuffeau. Les blancs faits à partir du chenin (avec un apport autorisé de 20 % de chardonnay et de sauvignon) ont gardé les charmes d'un effervescent typé à la mousse fine et élégante, et à la robe jaune pâle.

• Saumur-champigny
Ce vignoble de cabernet-franc et de cabernet-sauvignon pousse sur des sols calcaires au bord de la Loire, et sur des sols plus argileux sur les rives du Thouet. Exclusivement rouge, ce vin est à double casquette. Il peut être fruité et charmeur, mais aussi charpenté, épicé et tannique.

LA TOURAINE

Ce vignoble de 1 000 ha a une longue histoire qui le fait remonter à l'Antiquité romaine. C'est au XIXe siècle, juste avant la crise phylloxérique, qu'il atteint sa taille maximale. Depuis les années 1950, le vignoble se redéploie et gagne en qualité.

LES GRANDES APPELLATIONS EN ROUGE

• Chinon
Sur la rive gauche de la Loire, 1 900 ha de cabernet-franc occupent un triangle formé par le confluent de la Vienne et de la Loire. Sur les gravières, les vins sont fringants et gouleyants. En coteaux et sur les plateaux, les terres argilo-siliceuses donnent des vins fins et structurés. Quant aux grands chinons de garde, ils s'affirment sur les sols argilo-calcaires des coteaux de Cravant et de Ligré.

• Bourgueil
Cette appellation de 1 200 ha, située sur la rive droite de la Loire, est plantée exclusivement de breton (le cabernet-franc) ; les vignobles s'étendent, pour les deux tiers, de la plaine vers les terrasses formées de sable et de graviers, où ils donnent des vins rouges fruités et souples, à boire jeunes. Le dernier tiers est établi sur les coteaux argilo-calcaires. Là, à l'abri des vents du nord, naissent des vins (dits de tuffeau) charpentés et tanniques de longue garde.

• Saint-nicolas-de-bourgueil
L'appellation se confond avec la commune du même nom. Les vins sont produits moitié sur terrasses, moitié sur coteaux crayeux. Leurs caractéristiques s'approchent de celles du bourgueil, en plus souples.

◆ Les vins du Val de Loire

Millésimes

	Vins rouges	Vins blancs	Liquoreux
1997	8	8	7
1996	7	7	6
1995	7	7	6
1994	6	6	6
1993	5	6	6
1992	6	6	6
1991	3	4	3
1990	9	9	10
1989	10	9	10
1988	7	8	7
1987	4	5	5
1986	6	7	7
1985	8	8	8
1984	5	6	5
1983	6	7	8
1982	7	7	7

Parmi les vieux millésimes, on notera, pour les vins blancs et les liquoreux, les excellents 1976, 1971, 1962 et 1959. Les liquoreux des grandes années (1989 ou 1990) ne finiront leur carrière qu'en 2020.

Associations mets et vins

Hors-d'œuvre, charcuteries : touraine, anjou.
Foie gras : quarts-de-chaume.
Coquillages : saumur.
Huîtres : savennières.
Petits crustacés : anjou (blanc), touraine (blanc).
Homard, langouste : vouvray, savennières.
Poissons d'eau douce : layon (sec), touraine (blanc), saumur.
Poissons d'eau de mer : vouvray, savennières.
Poissons grillés : saumur-champigny (rouge).
Viandes blanches : anjou (rouge), saint-nicolas-de-bourgueil.
Viandes rouges : chinon, bourgueil.
Gibiers à plumes : saint-nicolas-de-bourgueil, bourgueil.
Gibiers à poils : chinon, bourgueil.
Fromages à pâte dure : touraine, anjou (rouge ou blanc).
Fromages à pâte molle : anjou (rouge), saint-nicolas-de-bourgueil.
Fromages de chèvre : anjou (blanc), touraine (blanc).
Desserts : coteaux-du-layon, bonnezeaux.

Les grandes appellations en blanc

◆ Vouvray
Le vin de Vouvray a plusieurs visages : sec, demi-sec ou moelleux selon les années ; tranquille, mousseux ou tout juste pétillant suivant les vinifications.

◆ Montlouis
L'appellation (300 ha) est située entre la Loire et le Cher, sur un plateau calcaire orienté au midi. Ses caractéristiques sont proches du vouvray.

Les touraines de tous les jours

◆ Touraine
L'appellation régionale (5 000 ha) s'étend sur l'ensemble de la Touraine. Les sols sont de sable et d'argile avec parfois du calcaire.

◆ Touraine-amboise
Sur les deux rives de la Loire, ce vignoble de 150 ha donne des vins rouges légers à base de gamay, plus structurés et aptes à vieillir lorsqu'ils comprennent du cabernet et du côt.

◆ Touraine-azay-le-rideau
Sur 50 ha, au bord de l'Indre, naissent des vins blancs fins, secs, aptes au vieillissement.

◆ Touraine-mesland
Produits à l'est de la Touraine, ces vins sont fruités et aromatiques.

◆ Cheverny
Quatorze cépages sont autorisés dans cette appellation ! Les rouges, fruités, proviennent principalement du gamay et du pinot noir.

◆ Cour-cheverny
Appellation d'un seul cépage, le très local romorantin, qui donne des vins blancs très particuliers, à la fois nerveux et délicats.

Les vignobles excentrés

◆ Coteaux-du-loir
Cette petite appellation produit des blancs secs de chenin, des rouges fruités et légers de pineau-d'aunis, gamay et cabernet, ainsi que quelques rosés.

◆ Jasnières
Meilleur vin du monde trois fois par siècle selon Curnonsky, le «prince des gastronomes» ▲ *307*, ce vin blanc issu du chenin n'est produit que sur un seul coteau dominant le Loir, et exposé plein sud. Vin très rare, sec et minéral, il demande une dizaine d'années pour se policer.

◆ Valençay (VDQS)
Des vins fruités et aromatiques, à boire jeunes, sont produits sur les sols argilo-calcaires de cette appellation.

◆ Orléanais (VDQS)
Ce vignoble était réputé au Moyen Âge. Aujourd'hui, le gris-meunier donne des rosés profonds. Les rouges sont à base de pinot noir (appelé ici «auvernat»), tandis que les blancs sont issus du chardonnay (auvernat blanc).

◆ Coteaux-du-giennois (VDQS)
120 ha sont plantés en sauvignon, pinot et gamay. Les vins sont légers, frais et fruités.

Échappée en Sancerrois

À quelques encablures du Val de Loire, les vignobles réputés du Sancerrois (2 000 ha) dominent le fleuve depuis leurs coteaux pentus exposés est-sud-est. À l'ouest, les formations de terres blanches donnent des vins corsés et charpentés. Au centre, ce sont les terres calcaires et pierreuses, les «caillottes», qui produisent des vins plus tendres et fruités. Plus à l'est, les sols siliceux, les «chailloux», donnent des vins charpentés, plus lents à s'épanouir. Il est conseillé de laisser vieillir les vins rouges deux à trois ans.

La lettre et le chiffre mentionnés après chaque localité renvoient aux coordonnées des cartes de gardes.

Auraient-ils, pour certains, la trogne et la faconde rabelaisiennes, les vignerons de la Loire n'en sont pas moins des hommes pour lesquels la qualité prime désormais les lois du marché. Il en est qui, par amour de la production plus que de leur trésorerie, accumulent dans leur cave des millésimes anciens qui feront rêver les amateurs. Certes, on ne fait guère de meilleures affaires en achetant directement aux producteurs, mais le contact avec eux reste fondamental pour les vrais amoureux du vin. Si la moindre des politesses consiste à informer de son passage, il n'est pas inconvenant du tout de quitter la cave sans acheter la caisse de vins que l'on boirait à contrecœur sous prétexte de n'avoir pas voulu froisser les susceptibilités.

Une cave en Saumurois.

Château troglodytique en Anjou.

ANJOU/BONNEZEAUX

DOMAINE DE LA SANSONNIÈRE
Les rendements très faibles de ce domaine – dont le propriétaire a fait ses classes dans le Sauternais – sont un gage de qualité. On le retiendra pour un anjou blanc les Pouchardes (105 F), un anjou rouge (50 F) et un bonnezeaux coteau du Houet (195 F)
• 49380 Thouarcé (B7)
Tél. 02 41 54 08 08

DOMAINE DE HAUTE-PERCHE
Installé à 10 km au sud d'Angers, les 30 hectares de propriété produisent un anjou villages brissac dont le millésime 96, prêt à boire, se vend à 35 F, et un coteaux-de-l'aubance 97 à 55 F.
• 9, chemin de la Godelière 49610 Saint-Melaine-sur-Aubance (B6)
Tél. 02 41 57 75 65

DOMAINE DU FRESCHE
Alain Boré possède les meilleures terres des coteaux, et produit un vin d'une qualité exceptionnelle à des prix bas : en 1997, anjou blanc (sec) à 25 F, anjou villages à 28 F et anjou coteau-de-la-loire (mœlleux) à 40 F.
• 49620 La Pommeraye (A6)
Tél. 02 41 77 74 63

DOMAINE RICHOU FRÈRES
Rien ne laisse à désirer chez ces jeunes vignerons bien décidés à appliquer à la Loire les principes qui ont réussi ailleurs. On balancera entre un anjou-gamay à 26 F, un anjou villages brissac à 36 F et un aubance «3 Demoiselles» à 99 F
• Chauvigné 49610 Mozé-sur-Louet (B6)
Tél. 02 41 78 72 13

COTEAUX-DU-LAYON

DOMAINE MICHEL ROBINEAU
Les prix, ici, n'ont aucun rapport avec la qualité et le travail fournis. Michel Robineau trie et trie encore pour sortir des sélections de grains nobles vendus à des prix excessivement bas. On paie de 42 à 83 F, selon les qualités, des vins qui s'achèteraient le double partout ailleurs.
• 3, chem. du Moulin Les Grandes-Tailles 49750 Saint-Lambert-du-Lattay (B7)
Tél. 02 41 78 34 67

DOMAINE GAUDARD
Les anjous blancs, entre autres les Paragères (30 F pour le 98), rivalisent avec les layons sur le terrain de la qualité. Les amateurs de liquoreux retiendront un coteaux-du-layon, cuvée claire, 1997 à 90 F.
• Rte de Saint-Aubin 49290 Chaudefonds-sur-Layon (A6)
Tél. 02 41 78 10 68

QUARTS-DE-CHAUME

CHÂTEAU BELLERIVE
S'il a changé de propriétaire, le domaine a gardé son vinificateur hors pair. Jacques Lalanne a élaboré un quarts-de-chaume Quintessence 1996 à 170 F qui est l'un des modèles de la région.
• 49190 Rochefort-sur-Loire (B6)
Tél. 02 41 78 33 66

DOMAINE DES BAUMARD
S'il est réputé pour ses savennières, Jean Baumard ne l'est pas moins pour son quarts-de-chaume. Il s'érige en champion du rapport qualité-prix pour l'ensemble de sa production, et en particulier pour cette parcelle de quarts-de-chaume achetée en 1954.
• 8, rue de l'Abbaye 49190 Rochefort-sur-Loire (B6)
Tél. 02 41 78 70 03

BOURGUEIL ET SAINT-NICOLAS-DE-BOURGUEIL

DOMAINE DE LA CHEVALERIE
Pierre Caslot conserve une bonne dizaine de millésimes soigneusement rangés sur un hectare de caves creusées dans le tuffeau. Le tout décliné en quatre crus allant des jeunes vignes du Peu-Muleau aux vieux ceps des Busardières. La différence de prix d'un millésime à l'autre est minime. On peut donc picorer ce qu'il y a de meilleur, en recommandant les Busardières 1993 et 1995 à 42 F.
• 37140 Restigné (F7)
Tél. 02 47 97 37 18

DOMAINE DE LA LANDE
Marc Delaunay distingue ses cuvées selon les sols. Il y a celle des Pins, issue de vignes plantées dans le sable et les cailloux, et la Prestige, née de sols argilo-siliceux. Selon que l'on recherche le gras, pour la première, ou l'ampleur, pour la seconde, on devrait y trouver son bonheur à des prix s'échelonnant de 35 à 50 F.
• La Lande 20, route du Vignoble 37140 Bourgueil (F7)
Tél. 02 47 97 80 73

DOMAINE DE LA COUDRAYE
Comment éviter la dilution des années arrosées ? Yannick Amirault peut jouer de son terroir dont les graviers et le sable drainent admirablement les trombes d'eau. Il en résulte, pour les millésimes humides, des vins qui se situent en tête de leur appellation. À conseiller, une cuvée la Source 1997, qui domine l'appellation saint-nicolas-de-bourgueil ou les Graviers vieilles vignes 1997 à 45 F.
• 37140 Bourgueil (F7)
Tél. 02 47 97 78 07

SAUMUR/SAUMUR-CHAMPIGNY

LANGLOIS-CHÂTEAU
La maison Bollinger est l'actionnaire majoritaire de cette propriété, ce qui explique sans doute le soin apporté aux vinifications, qui se déroulent selon une rigueur toute champenoise. On la retiendra pour un saumur blanc de 1994 à 52 F. Élevé en barrique dès l'origine.
• Rte de Gennes Saint-Hilaire-Saint-Florent 49400 Saumur (D7)
Tél. 02 41 40 21 40

LA CAVE DES VIGNERONS DE SAUMUR
Cette coopérative réhabilite une fois pour toutes l'image industrielle que l'on prête à tort à ces institutions du vignoble français. Sa production est un modèle du genre dans le Val de Loire. Elle s'exprime parfaitement dans un saumur rouge à 22 F pour le millésime 97, et un saumur-champigny 97 à 33 F. Visite d'un site troglo.
• 49260 Saint-Cyr-en Bourg (D7)
Tél. 02 41 53 06 08

DOMAINE DE CHAMPS-FLEURIS
Le vignoble de chenin a dû céder du terrain au cabernet destiné au saumur-champigny dans cette partie de la Côte. S'ils en produisent un plutôt solide, on préférera chez Patrice Rétif et Denis Retiveau leur cuvée de saumur blanc à 39 F, admirablement équilibrées, dans deux tonalités différentes.
• 49730 Turquant (E7)
Tél. 02 41 38 10 92

DOMAINE DES ROCHES-NEUVES
Thierry Germain, Bordelais émigré en Saumurois, vinifie avec toute la rigueur qui a fait la réputation de sa région d'origine. Il fait une concession à la modernité avec un vin de jeunes vignes travaillé en macération à froid et, à l'opposé, produit une étonnante cuvée marginale entièrement fermentée et élevée en barrique.
• 56, bd Saint-Vincent 49400 Varrains (D7)
Tél. 02 41 52 94 02

CHINON

DOMAINE BAUDRY
Acheter du vin chez Brenard Baudry relève d'une acrobatie de l'agenda. En effet, certaines cuvée ne sont disponibles que quelques mois. Vous pouvez encore trouver les cuvées Domaines 97 (42 F) et Grézeaux 97 (60 F) La cuvée des jeunes vignes Les Granges 98 (35 F) est disponible à partir du printemps
• 13, coteau de Sonnay 37500 Cravant (F8)
Tél. 02 47 93 15 79

CHARLES JOGUET
Synonyme de qualité dans la région, Charles Joguet signe quelques splendides cuvées. De 41 F à 62 F, on passe des Jeunes Vignes 1996 au Varennes du grand clos 1996. Mais on aurait tort de ne pas considérer le Clos de la Dioterie et ses vignes septuagénaires, ou le Clos du Chêne vert comme les meilleurs de la région.
• La Dioterie 37220 Sazilly (F8)
Tél. 02 47 58 55 53

OLGA RAFFAULT
Dans les lignées de Raffault qui peuplent le Val de Loire, Olga avait commencé à ravir la vedette à ses homonymes. Aujourd'hui, c'est son fils, jean, sa femme Irma et leur enfants Sylvie et Éric de la Vigerie qui continuent de s'occuper du domaine. Fabuleux chinon rouge millésime 97 vendu entre 35 et 40 F et blanc, Champ-Chenin à environ 50 F.
• 1, rue des Caillis 37420 Savigny-en-Véron (E7)
Tél. 02 47 58 42 16

VOUVRAY

CLOS NAUDIN
De superbes moelleux aux alentours de 110 F pour les millésimes 96 et 97 chez cet amoureux du vin qui ne peut s'empêcher de les associer à des mets. À noter une très belle cuvée de vouvray, méthode traditionnelle brut à 45 F.
• (sur rdv.) 14, rue de la Croix-Buisée 37210 Vouvray (I6)
Tél. 02 47 52 71 46

DOMAINE HUET-L'ECHANSONNE
D'une superficie de 35 hectares répartie essentiellement sur trois propriétés : le Haut-Lieu, le Mont et le Clos du Bourg, le domaine est cultivé depuis toujours selon les méthodes traditionnelles. Le Chenin s'exprime ici en sec, demi-sec, mœlleux, pétillant et mousseux. de 50 à 190 F
• 11-13, rue de la Croix-Buisée 37210 Vouvray (I6)
Tél. 02 47 52 78 87

TOURAINE

DOMAINE DE LA CHARMOISE
De 30 à 80 F, les vins d'Henry Marionnet surpassent en qualité la plupart des crus de la région. En blanc, on ne saurait trop conseiller le sauvignon «M de Marionnet», tout simplement sublime. De même qu'en rouge, les gamays sont vinifiés en macération carbonique, ce qui leur confère un fruité unique, sans chaptalisation.
• 41230 Soings-en-Sologne (N6)
Tél. 02 54 98 70 73

DOMAINE DES ACACIAS
L'œil perpétuellement malicieux de Charles Guerbois, qui maltraite le latin pour baptiser certaines de ses cuvées, se retrouve dans ses bouteilles. On retiendra donc un Vinovorax 93 à 35 F la bouteille, qui présente la particularité d'avoir été vendangé en deux fois pour allier la vivacité et la maturité.
• Chémery 41700 Contres (M6)
Tél. 02 54 71 81 53

CHÂTEAU-GAILLARD
Vincent Girault a adopté de bonnes pratiques agricoles (culture biodynamique) et œnologique (vendange manuelle, élevage sur lies fines). Il en résulte d'excellents blancs (27 F) et surtout un touraine-mesland (rouge) 95 à 28 F qui est un subtil assemblage de ce que la propriété a de meilleur.
• 41150 Mesland (L5)
Tél. 02 54 70 25 47

◆ Lieux de visite
Adresses et horaires

Les villes, classées par ordre alphabétique, sont suivies du code postal ; la lettre et le chiffre (ex. **J6**) permettent de les repérer sur les cartes de gardes. À l'aide de l'index ◆ *337* on retrouvera les localités de chaque site et monument.

AMBOISE — 37400 — *OT 02 47 57 09 28* — J6

Chapelle Saint-Jean	*Ne se visite pas*	▲ *190*
Château ☎ 02 47 57 00 98	*Ouvert juil.-août : 9 h-19 h 30 ; avr.-juin : 9 h-18 h 30 ; mars et sep.-oct. : 9 h-18 h ; nov. et fév. : 9 h-12 h et 14 h-17 h 30 ; déc.-jan. : 9 h-12 h et 14 h-17 h* *Fermé 25 déc. et 1er jan.* *Visite guidée (45 min)*	▲ *184*
Église abbatiale Saint-Denis	*Ouvert juil.-août : 7 h-19 h ; sep.-juin : 8 h-19 h*	▲ *188*
Église Notre-Dame-du-Bout-des-Ponts	*Ouvert lors des offices*	▲ *191*
Église Saint-Florentin	*Ne se visite pas*	▲ *189*
Greniers de César 36, quai Charles-Guinot	*Accès uniquement lors des expositions*	▲ *190*
Maison enchantée 7, rue du Génaral-Foy ☎ 02 47 23 24 50	*Ouvert juin-sep. : 10 h-19 h ; oct.-avr. : mar.-dim. 14 h-17 h 30, le matin sur rdv.*	▲ *188*
Manoir du Clos-Lucé **Musée Léonard-de-Vinci** ☎ 02 47 57 62 88	*Ouvert juil.-août : 9 h-20 h ; 23 mars-30 juin et 1er sep.-12 nov. : 9 h-19 h ; 13 nov.-31 déc. et 1er fév.-22 mars : 9 h-18 h ; jan. : 10 h-17 h. Fermé 1er jan.*	▲ *185*
Musée de l'Hôtel de Ville Rue François-Ier	*Ouvert juil.-août : 14 h-18 h ; sep.-juin : sur demande à la mairie (☎ 02 47 23 47 23)*	▲ *189*
Musée de la Poste 6, rue Joyeuse ☎ 02 47 57 00 11	*Ouvert fév.-mars et oct.-déc. : 10 h-12 h et 14 h-17 h 30 ; avr.-sep. : 9 h 30-12 h et 14 h-18 h 30 ;* *Fermé lun., 1er mai, 1er nov., 25 déc.*	▲ *188*
Pagode de Chanteloup ☎ 02 47 57 20 97	*Ouvert juil.-août : 9 h 30-20 h ; juin et sep. : 10 h-19 h ; mai : 10 h-18 h ; avr. et oct. : 10 h-12 h et 14 h-17 h 30 ; mars : 10 h-12 h et 14 h-17 h ; nov. et 15-28 fév. : lun.-ven. 14 h-17 h, sam.-dim. 10 h-12 h et 14 h-17 h*	▲ *191*

ANGERS — 49000 — *OT 02 41 23 51 11* — B5/6

Abbaye du Ronceray	*Accès possible lors d'expositions temporaires ; renseignements auprès de l'office de tourisme*	▲ *309*
Ancien Évêché 2, rue de l'Oisellerie	*Ne se visite pas*	▲ *303*
Ancienne Collégiale Saint-Martin	*Ne se visite pas*	▲ *304*
Cathédrale Saint-Maurice Rue Saint-Christophe	*Ouvert la journée sauf pendant les offices*	▲ *302*
Chapelle des Ursulines Rue des Ursules	*Ne se visite pas*	▲ *306*
Château **Galerie de l'Apocalypse** ☎ 02 41 87 43 47	*Ouvert 1er juin-15 sep. : 9 h 30-19 h ; 16 sep.-oct. et Rameaux-mai : 10 h-18 h ; 2 nov.-sam. avant les Rameaux : 10 h-17 h Visite guidée (90 min)*	▲ *298*
Église de la Trinité	*Ouvert la journée sf pendant les offices*	▲ *309*
Église Saint-Serge Avenue Marie-Palet	*Ouvert 1er juil.-3e dim. de sep. : lun.-sam. 9 h-19 h, dim. 14 h 30-18 h ; oct.-juin : 9 h-19 h (fermé dim. a.-m.).*	▲ *307*
Galerie David-d'Angers 33 *bis*, rue Toussaint ☎ 02 41 87 21 03	*Ouvert mi-juin-mi-sep. : 9 h-18 h 30 ; mi-sep.-mi-juin : mar.-dim. 10 h-12 h et 14 h-18 h*	▲ *305*
Jardin des Plantes Rue Boreau ☎ 02 41 22 53 00	*Ouvert tlj. 7 h (été), 8 h (hiver)-tombée de la nuit*	▲ *307*
Logis de l'Estaignier **Musée de l'Étain** ☎ 02 41 88 67 41	*Ouvert juil.-août : mar.-sam. 9 h 30-12 h et 14 h-19 h ; sep.-juin : lun.-sam. 9 h 30-12 h et 14 h-19 h*	▲ *302*
Musée des Beaux-Arts 10, rue du Musée ☎ 02 41 88 64 65	*Fermé jusqu'en 2001*	▲ *304*
Musée Turpin de Crissé **Hôtel Pincé** 32 *bis*, rue Lenepveu ☎ 02 41 88 94 27	*Ouvert mi-juin-mi-sep. : 9 h-18 h 30 ; mi-sep.-mi-juin : mar.-dim. 10 h-12 h et 14 h-18 h*	▲ *306*
Muséum d'Histoire naturelle 43, rue Jules-Guitton ☎ 02 41 86 05 84	*Ouvert mar.-dim. 14 h-17 h*	▲ *307*
Musée Jean-Lurçat **Musée de la Tapisserie contemporaine** Hôpital Saint-Jean ☎ 02 41 24 18 45	*Ouvert mi-juin-mi-sep. : 9 h-18 h 30 ; mi-sep.-mi-juin : mar.-dim. 10 h-12 h et 14 h-18 h*	▲ *308*

TÉLÉPHONES
M : mairie
OT : office de tourisme
SI : syndicat d'initiative

AVOINE-CHINON	**37420** OT 02 47 58 45 40 **F7**		
CENTRALE NUCLÉAIRE Musée de l'atome et installations Tél. 02 47 98 77 77	*Visite des installations en fonctionnement interdite aux enfants de moins de 13 ans ; musée ouvert à tous Prendre rdv. 24 h à l'avance. Pièce d'identité exigée*	▲ 244	
AZAY-LE-RIDEAU	**37190** OT 02 47 45 44 40 **G7**		
CHÂTEAU ☎ 02 47 45 42 04	*Ouvert avr.-juin et sep.-oct. : 9 h 30-18 h ; juil.-août : 9 h 30-19 h ; 2 nov.-31 mars. : 9 h 30-12 h 30 et 14 h-17 h 30 Visite guidée (60 min) Fermé 1er jan., 1er mai, 1er et 11 nov., 25 déc.*	▲ 234	
BAGNEUX	**49400** OT 02 41 40 20 60 **D7**		
GRAND DOLMEN ☎ 02 41 50 23 02	*Ouvert 16 mars- 30 sep. : 9 h-19 h ; 1er oct.-15 mars : 9 h-18 h Fermé sep.-juin : mer. En 1999, fermé en fév. pour travaux*	▲ 289	
BAUGÉ	**49150** OT 02 41 89 18 07 **D5**		
CHÂTEAU - MUSÉE D'ART POULAIRE ☎ 02 41 89 18 07	*Ouvert mi-juin-mi-sep. : 11 h-13 h et 15 h-18 h ; hors saison visite sur rdv. pour les groupes*	▲ 312	
HÔPITAL SAINT-JOSEPH	*Pour visiter, se renseigner auprès de l'office de tourisme*	▲ 312	
BEAUGENCY	**45190** OT 02 38 44 54 42 **N3**		
ÉGLISE NOTRE-DAME	*Ouvert 9 h 30-18 h 30 (17 h en hiver)*	▲ 139	
CHÂTEAU DUNOIS **MUSÉE RÉGIONAL DE L'ORLÉANAIS** ☎ 02 38 44 55 23	*Visite guidée (60 min) avr.-sep. : lun., mer.-dim. 10 h-11 h et 14 h-18 h ; oct.-mars : lun., mer.-dim. 10 h-11 h et 14 h-16 h Fermé 1er mai et 25 déc.*	▲ 139	
BEAULIEU-LÈS-LOCHES	**37600** M 02 47 59 06 64 **J8**		
ABBAYE DE LA SAINTE-TRINITÉ	*Ouvert la journée ; si fermé s'adresser à la mairie*	▲ 230	
MANOIR DE SANSACQ ☎ 02 47 94 06 21	*Exposition des œuvres du peintres-illustrateur Pierre-Laurent Brenot : 15 juin-sep., lun. et mer.-dim. 10 h-12 h et 14 h-18 h*	▲ 230	
BLOIS	**41000** OT 02 54 90 41 41 **M4/5**		
CATHÉDRALE SAINT-LOUIS Place Saint-Louis	*Ouvert la journée*	▲ 155	
CHÂTEAU **MUSÉE DES BEAUX-ARTS** ☎ 02 54 74 16 06	*Ouvert 15 oct.-15 mars : 9 h-12 h 30 et 14 h-17 h 30 ; 15 mars-15 juin et sep.-15 oct. : 9 h-18 h 30 ; 15 juin-août : 9 h-20 h Fermé 25 déc. et 1er jan. Visite guidée (60 min). L'aile François-Ier est fermée jusqu'en mai 1999 pour travaux.*	▲ 148 ▲ 152	
CLOÎTRE SAINT-SATURNIN **MUSÉE LAPIDAIRE** ☎ 02 54 56 00 56	*Ouvert Pâques-juin et sep. : sam.-dim. 14 h-18 h 30 ; juil.-août : 14 h 30-18 h 30*	▲ 155	
ÉGLISE SAINT-NICOLAS Place Saint-Laumer	*Ouvert la journée*	▲ 153	
ÉGLISE SAINT-SATURNIN	*Ouvert la journée*	▲ 155	
MAISON DE LA MAGIE 1, place du Château ☎ 02 54 55 26 26	*Ouvert juil.-août : 10 h-18 h 30 ; juin et sep. : 10 h-13 h et 14 h-18 h ; oct.-nov. : mer., jeu., sam. et dim. 10 h-12 h 30 et 14 h-17 h 30*	▲ 153	
• **MUSÉE D'HISTOIRE NATURELLE** ☎ 02 54 90 21 00	*Ouvert mar.-dim. 14 h-18 h*	▲ 155	
• **MUSÉE DIOCÉSAIN D'ART RELIGIEUX** ☎ 02 54 78 17 14 Ancien couvent des Jacobins Rue Anne-de-Bretagne	*Ouvert mar.-sam. 14 h-18 h Fermé j. fér.*	▲ 155	
BRÉZÉ	**49260** M 02 41 51 62 07 **E8**		
CHÂTEAU DE BRÉZÉ ☎ 02 41 51 62 06	*Ouvert mai-sep. : lun.-sam. 10 h-18 h, dim. 14 h-18 h*		
BRIARE	**45250** OT 02 38 31 24 51 **T4**		
ÉGLISE SAINT-ÉTIENNE	*Ouvert la journée*	▲ 137	
MAISON DES DEUX MARINES 58, boulevard Buyser ☎ 02 38 31 28 27	*Ouvert juin-sep. : 10 h-12 h 30 et 13 h 30-18 h 30 ; oct.-déc. et mars-mai : 14 h-18 h*	▲ 137	
MUSÉE DE LA MOSAÏQUE ET DES ÉMAUX 1, boulevard Loreau ☎ 02 38 31 20 51	*Ouvert juin-sep. : 10 h-18 h 30 ; oct.-déc. et vac. scol. de fév.-mai : lun.-sam. 14 h-18 h, dim. 10 h-12 h 30 et 14 h-18 h Fermé 25 déc.*	▲ 137	
BRISSAC-QUINCÉ	**49320** OT 02 41 91 21 50 **B/C6**		
CHÂTEAU ☎ 02 41 91 22 21	*Ouvert juil.-15 sep. : 10 h-17 h 45 ; avr.-juin et 16 sep.-2 nov. : lun., mer.-dim. 10 h-12 h, 14 h 15-17 h 15*	▲ 294	

CANDES-SAINT-MARTIN	**37500**	M 02 47 95 90 61	**E7**	
COLLÉGIALE SAINT-MARTIN	*Ouvert tlj. sauf pendant les offices*			▲ 271
CANGEY	**37530**	M 02 47 30 08 43	**K5**	
ÉGLISE SAINT-MARTIN	*Ouvert la journée*			▲ 192
CELLETTES	**41120**	M 02 54 70 47 54	**M5**	
CHÂTEAU ET PARC DE BEAUREGARD ☎ 02 54 70 40 05	*Ouvert juil.-août : 9 h 30-18 h ; avr.-juin et sep. : 9 h 30-12 h et 14 h-18 h 30 ; 8 fév.-mars et oct.-déc. : 9 h 30-12 h et 14 h-17 h. Visite guidée (45 min)*			▲ 167
CÉRÉ-LA-RONDE	**37460**	M 02 47 94 23 61	**L7**	
CHÂTEAU DE MONTPOUPON ☎ 02 47 94 30 84	*Ouvert juil.-août : 10 h-18 h ; juin et sep. : 10 h-12 h et 14 h-18 h ; avr.-mai et oct.-1er nov. : sam., dim. et j. fér. : 10 h-12 h et 14 h-18 h*			▲ 216
CHÂTEAUNEUF-SUR-LOIRE	**45110**	OT 02 38 58 44 79	**Q2**	
ÉGLISE SAINT-MARTIAL	*Ouvert la journée*			▲ 127
MUSÉE DE LA MARINE DE LOIRE Dans les écuries du château ☎ 02 38 46 84 46	*Ouvert avr.-oct. : 10 h-18 h ; nov.-mars : 14 h-18 h Fermé 1er jan., 1er mai, 25 déc. Visite guidée (60 min) sur rdv.*			▲ 127
CHAMBORD	**41250**	M 02 54 20 31 53	**N4**	
CHÂTEAU DOMAINE NATIONAL ET PARC ☎ 02 54 50 40 00	*Ouvert juil.-août : 9 h 30-19 h 15 ; avr.-juin et sep. : 9 h 30-18 h 15 ; oct.-mars : 9 h 30-17 h 15. Fermé 1er jan., 1er mai, 25 déc. Visite guidée (60 min)*			▲ 158
CHARGÉ	**37530**	M 02 47 57 04 01	**J6**	
MUSÉE DE LA BATAILLE DE LA LOIRE ET DE LA RÉSISTANCE	*Pour visiter, renseignements à la mairie.*			▲ 192
CHAUMONT-SUR-LOIRE	**41150**	OT 02 54 20 91 73	**L5**	
CHÂTEAU ÉCURIES ET PARC ☎ 02 54 51 26 26	*Ouvert avr.-sep. : 9 h 30-18 h ; oct.-mars : 10 h-16 h 30. Fermé 1er mai, 1er et 11 nov., 25 déc. Visite guidée (60 min)*			▲ 177
FESTIVAL INTERNATIONAL DES JARDINS ☎ 02 54 20 99 22	*Ouvert mi-juin-mi-oct. : 9 h-tombée de la nuit Visite guidée (50 min)*			
CHEMILLÉ-SUR-INDROIS	**37460**	SI 02 47 92 64 64	**L8**	
CHARTREUSE DU LIGET ☎ 02 47 92 60 02	*Ouvert tlj. 9 h-18 h*			▲ 230
CHENONCEAUX	**37150**	OT 02 47 23 94 45	**K7**	
CHÂTEAU, JARDINS MUSÉE DE CIRES ☎ 02 47 23 90 07	*Ouvert 16 mars-15 sep. : 9 h-19 h ; 16-30 sep. : 9 h-18 h 30 ; 1er-15 oct. et 1er-15 mars : 9 h-18 h ; 16-31 oct. et 16-28 fév. : 9 h-17 h 30 ; 1er-15 nov. et 1er-15 fév. : 9 h-17 h ; 16 nov.-jan. : 9 h-16 h 30*			▲ 220
CHEVERNY	**41700**	OT 02 54 79 95 63	**M5**	
CHÂTEAU SALLE DES TROPHÉES CHENIL ☎ 02 54 79 96 29	*Ouvert juin-15 sep. : 9 h 15-18 h 45 ; avr.-mai : 9 h 15-12 h et 14 h 15-18 h 30 ; 16 sep.-sep. : 9 h 30-12 h et 14 h 15-18 h ; oct. et mars : 9 h 30-12 h, 14 h 15-17 h 30 ; nov.-fév. : 9 h 30-12 h et 14 h 15-17 h Visite du château, du parc et vol en ballon ; découverte insolite du parc et du canal : d'avr. à oct., mêmes horaires que le château Soupe des chiens, avr.-15 sep. : lun.-ven. à 17 h ; 16 sep.-mars : lun, mer.-ven. à 15 h*			▲ 170
CHÂTEAU DE TROUSSAY MUSÉE SOLOGNOT ☎ 02 54 44 29 07	*Ouvert juil.-août : 10 h-19 h ; sep. : 10 h-13 h et 14 h-18 h ; vac. scol. de Pâques : 10 h 30-12 h 30 et 14 h-18 h 30 ; oct.-Toussaint : dim., j. fér. 10 h 30-12 h 30 et 14 h-17 h 30 ; mai et juin : lun.-sam. 14 h-19 h, dim., j. fér. 10 h-12 h 30 et 14 h-17 h 30. Visite sur rdv. pour les groupes hors saison*			▲ 172
CHINON	**37500**	OT 02 47 93 17 85	**F8**	
CHÂTEAU ☎ 02 47 93 13 45	*Ouvert juil.-août : 9 h-19 h ; sep. et 15 mars-juin : 9 h-18 h ; oct. : 9 h-17 h ; nov.-14 mars : 9 h-12 h et 14 h-17 h Fermé 25 déc. et 1er jan. Visite guidée (1 h 15).*			▲ 244
CHAPELLE SAINTE-RADEGONDE MUSÉE DES ARTS ET TRADITIONS POPULAIRES	*Visite sur demande à l'office de tourisme*			▲ 248
COLLÉGIALE SAINT-MEXME	*Accès possible lors des animations organisées par le service culturel de la mairie (☎ 02 47 93 04 92)*			▲ 249
ÉGLISE SAINT-MAURICE	*Ouvert lors des offices ; juil.-août : a.-m.*			▲ 248
ÉGLISE SAINT-ÉTIENNE	*Ouvert lors des offices ; juil.-août : a.-m.*			▲ 248

MAISON DES ÉTATS-GÉNÉRAUX **MUSÉE DU VIEUX CHINON** **ET DE LA BATELLERIE** 44, rue Haute-Saint-Maurice ☎ 02 47 93 18 12	*Ouvert 16 avr.-15 oct. : 10 h 30-12 h 30 et 15 h-19 h* *Visite guidée sur demande et visite pour les groupes hors saison sur rdv. (permanence téléphonique : lun., mer. et jeu. 15 h 30-18 h)*	▲ 246
CIZAY-LA-MADELEINE	**49700** *M 02 41 67 04 92*	**D7**
ANCIENNE ABBAYE D'ASNIÈRES ☎ 02 41 67 04 92	*Ouvert juil.-août : lun., mer.-dim. 14 h 30-18 h*	▲ 290
CLÉRY-SAINT-ANDRÉ	**45370** *OT 02 38 45 94 33*	**O3**
BASILIQUE NOTRE-DAME	*Ouvert la journée*	▲ 138
CUNAULT	**49350** *SI 02 41 67 92 55 - 02 41 67 92 70*	**D6**
ÉGLISE NOTRE-DAME ☎ 02 41 67 92 44	*Ouvert du lever au coucher du soleil*	▲ 292
DÉNÉZÉ-SOUS-DOUÉ	**49700** *M 02 41 59 21 62*	**C7**
CAVE AUX SCULPTURES ☎ 02 41 59 15 40	*Ouvert juin-août : 10 h-19 h ; sep. : 10 h-18 h 30 ; avr.-mai : mar.-dim. 14 h-18 h 30 ; hors saison visite sur rdv. pour les groupes*	▲ 288
DOUÉ-LA-FONTAINE	**49700** *OT 02 41 59 20 49*	**C7/8**
ARÈNES DE DOUCES Rue des Arènes ☎ 02 41 59 22 28	*Ouvert avr.-sep. : mar.-dim. 10 h-12 h et 14 h-18 h*	▲ 289
CAVE AUX SARCOPHAGES 1, rue Croix-Mordet ☎ 02 41 59 24 95	*Ouvert avr.-oct. : 10 h-12 h et 14 h-19 h* *Visite hors saison sur rdv.*	▲ 288
MOULIN DE LA FOURCHETTE (MOULIN CARTIER) ☎ 02 41 59 20 49	*Ouvert mar.-dim. 10 h-12 h et 15 h-18 h*	▲ 289
MUSÉE DES COMMERCES ANCIENS Écuries du Baron-Foullon ☎ 02 41 59 28 23	*Ouvert juil.-août : 9 h-19 h ; mai-juin et sep.-oct. : 9 h 30-12 h et 14 h-19 h ; nov.-Noël et mi-fév.-avr. : mar.-dim. 10 h-12 h et 14 h-18 h*	▲ 289
PARC ZOOLOGIQUE DES MINIÈRES Rue de Cholet ☎ 02 41 59 18 58	*Ouvert avr.-sep. : 9 h-19 h ; oct.-mars : 10 h-12 h et 14 h-18 h*	▲ 289
LA SABLIÈRE ☎ 02 41 59 96 83 (saison)	*Ouvert avr.-oct. : 10 h-12 h et 14 h-19 h*	▲ 289
ÉCUILLÉ	**49460** *M 02 41 93 32 32*	**B4**
CHÂTEAU DU PLESSIS-BOURRÉ ☎ 02 41 32 06 01	*Ouvert juil.-août : 10 h-17 h 45 ; sep.-oct. et mars-juin : lun.-mar., jeu. a.-m.-dim. 10 h-12 h et 14 h -17 h 45 ; nov. et fév. : lun.-mar. et jeu.-dim. 14 h-17 h 45*	▲ 311
FONTEVRAUD	**49590** *OT 02 41 54 79 45*	**E8**
ABBAYE ROYALE ☎ 02 41 51 71 41	*Ouvert nov.-27 mars : 9 h 30-12 h 30 et 14 h-17 h 30 ; 28 mars-mai : 9 h 30-12 h 30 et 14 h-18 h 30 ; juin-3e dim. de sep. : 9 h 19 h ; 3e dim. de sep.-oct. : 9 h 30-12 h 30 et 14 h-18 h*	▲ 272
FORGES	**49700** *M 02 41 59 72 07*	**D7**
LA FOSSE (HAMEAU TROGLODYTIQUE) ☎ 02 41 59 00 32 (saison) ou 02 41 52 27 60 (hors saison)	*Ouvert juin-sep. : 9 h 30-19 h ; mars-mai et oct. : 9 h 30-12 h 30 et 14 h-18 h 30 ; fév. et nov. : sam., dim. 14 h-18 h*	▲ 288
FOUGÈRES-SUR-BIÈVRE	**41120** *M 02 54 20 26 50*	**L/M6**
CHÂTEAU ☎ 02 54 20 27 18	*Ouvert avr.-sep. : 9 h-12 h et 14 h-18 h ; oct.-mars. : lun., mer.-dim. 10 h-12 h et 14 h-16 h 30* *Fermé 1er jan., 1er mai, 1er et 11 nov., 25 déc. Visite guidée*	▲ 176
FRESNES	**41700** *M 02 54 79 53 19*	**M6**
CHÂTEAU DE ROUJOUX **MUSÉE HISTORIQUE ANIMÉ**	*Fermé pour travaux en 1999. Réouverture prévue en 2000. Renseignements : ☎ 02 54 42 45 72*	▲ 173
GENNES-SUR-LOIRE	**49350** *OT 02 41 51 84 14*	**D6**
AMPHITHÉÂTRE GALLO-ROMAIN Avenue de l'Amphithéâtre ☎ 02 41 51 55 04	*Ouvert juil.-août : 10 h-12 h 30 et 15 h-18 h 30 ; avr.-juin et sep. : dim. et j. fér. 15 h-18 h 30* *Visite toute l'année sur rdv. pour les groupes*	▲ 293
ÉGLISE SAINT-VÉTÉRIN	*Ouvert la journée*	▲ 293
ÉGLISE PAROISSIALE SAINT-EUSÈBE ☎ 02 41 51 84 14	*Ouvert juil.-août : 15 h-18 h 30 ; avr.-juin et sep. : dim. et j. fér. 15 h-18 h 30* *Visite sur rdv. toute l'année pour les groupes.*	▲ 293
MOULIN À EAU DE SARRÉ ☎ 02 41 51 84 14	*Visite mai-sep. : à 15 h, 16 h et 17 h ; oct.-avr. sur rdv.*	▲ 293

GERMIGNY-DES-PRÉS	**45110**	M 02 38 58 27 97	**Q3**	
ORATOIRE CAROLINGIEN ☎ 02 38 51 81 32	*Ouvert 16 mars-sep. : 8 h 30-19 h ; oct.-15 mars : 9 h-18 h*			▲ 128
GIEN	**45500**	OT 02 38 67 25 28	**S4**	
CHÂTEAU MUSÉE INTERNATIONAL DE LA CHASSE ☎ 02 38 67 69 69	*Ouvert mai-oct. : 9 h 30-18 h 30 ; nov.-avr. : 9 h-12 h et 14 h-17 h Fermé 1er jan., 25 déc. Visite guidée (90 min)*			▲ 136
ÉGLISE SAINTE-JEANNE-D'ARC	*Ouvert la journée*			▲ 136
MUSÉE DE LA FAÏENCERIE MANUFACTURE DE GIEN 78, place de la Victoire ☎ 02 38 67 00 05	*Ouvert mai-sep. : lun.-sam. 9 h-18 h 30, dim. et j. fér. 10 h-18 h ; oct.-avr. : lun., sam. 9 h-12 h et 14 h-18 h, dim. et j. fér. 10 h-12 h et 14 h-18 h ; jan.-fév. : 14 h-18 h Fermé 1er et 11 nov. , 25 déc.*			▲ 136
GRÉZILLÉ	**49320**	M 02 41 45 50 10	**C6**	
CHÂTEAU DE PIMPÉAN ☎ 02 41 68 95 90	*Ouvert juin-14 juil et sep. : 10 h-19 h, pendant le festival : 10 h-17 h*			▲ 293
JARGEAU	**45150**	OT 02 38 59 83 42	**Q2**	
COLLÉGIALE SAINT-VRAIN	*Ouvert 9 h-12 h et 14 h-18 h (si fermée, clef à l'OT)*			▲ 126
LA FERTÉ-SAINT-AUBIN	**45240**	OT 02 38 64 67 93	**P4**	
CHÂTEAU ☎ 02 38 76 52 72	*Ouvert 15 fév.-15 nov. : 10 h-19 h ; 16 nov.-début déc. : mer., dim. 14 h-18 h*			▲ 125
LANGEAIS	**37130**	OT 02 47 96 58 22	**G7**	
CHÂTEAU ☎ 02 47 96 72 60	*Ouvert 15 juil.-août : 9 h-21 h ; sep. et avr.-14 juil. : 9 h-18 h 30 ; oct.-2 nov. : 9 h-12 h 30 et 14 h-18 h 30 ; 3 nov.-mars : 9 h-12 h et 14 h-17 h Fermé 25 déc. Visites guidées (60 min)*			▲ 268
ÉGLISE SAINT-JEAN-BAPTISTE	*Ouvert la journée*			▲ 268
LA RICHE	**37520**	M 02 47 36 24 24	**H6**	
CHÂTEAU DU PLESSIS-LÈS-TOURS	*Accès lors de représentations théâtrales de «l'Autruche théâtre». Renseignements ☎ 02 47 38 29 29*			▲ 259
PRIEURÉ SAINT-COSME	*Ouvert juin-sep. : 9 h-19 h ; 15 mars-mai et oct. : 9 h-12 h 30 et 13 h 30-18 h ; fév.-14 mars et nov. : 9 h-12 h 30 et 13 h 30-17 h*			▲ 258
LE COUDRAY-MACOUARD	**49260**	M 02 41 67 98 10	**D7**	
MAGNANERIE Impasse Bel-Air ☎ 02 41 67 91 24	*Ouvert juil.-août : lun.-ven., dim. 10 h-18 h ; mai-juin et sep.-Toussaint : lun.-ven., dim. 14 h-18 h Hors saison, visite sur rdv. pour les groupes*			▲ 289
LÉMÉRÉ	**37120**	M 02 47 95 70 36	**F8**	
CHÂTEAU DU RIVAU	*Visite extérieure : 26 juin-5 sep. 13 h-19 h*			▲ 250
LE PLESSIS-MACÉ	**49770**	M 02 41 32 67 94	**A5**	
CHÂTEAU ☎ 02 41 32 67 93	*Ouvert juil.-août : 10 h 30-18 h 30 ; juin et sep. : lun., mer.-dim. 10 h-12 h et 14 h-18 h 30 ; oct-nov. et mars-mai : lun., mer.-dim. 13 h 30 et 17 h 30 ;*			▲ 310
LE PUY-NOTRE-DAME	**49260**	OT 02 41 38 87 30 - 02 41 52 26 34	**D8**	
CHAMPIGNONIÈRE LA CAVE SAINT-MAUR ☎ 02 41 52 26 84	*Visites guidées mars-oct. : 10 h, 11 h, 14 h, 15 h, 16 h, 17 h et 18 h Visite sur rdv. toute l'année pour les groupes*			▲ 310
COLLÉGIALE NOTRE-DAME	*Ouvert la journée*			▲ 290
LES PONTS-DE-CÉ	**49130**	M 02 41 79 75 75	**B6**	
ÉGLISE SAINT-AUBIN	*Ouvert la journée*			▲ 294
ÉGLISE SAINT-MAURILLE	*Ouvert la journée*			▲ 294
MUSÉE DES COIFFES D'ANJOU 4, rue Charles-de-Gaulle ☎ 02 41 44 68 64 (saison) ou 02 41 79 75 75 (hors saison)	*Ouvert juil.-août : 10 h-12 h 30 et 13 h 30-18 h ; juin et sep. : sam.-dim. et j. fér. 14 h-18 h ; avr.-mai et oct. : dim. et j. fér. 14 h-18 h*			▲ 294
LIMERAY	**37530**	M 02 47 30 11 14	**K6**	
ÉGLISE SAINT-SATURNIN	*Ouvert la journée*			▲ 192
LOCHES	**37600**	OT 02 47 91 82 82	**K8**	
CHÂTEAU	*Fermé 25 déc. et 1er jan.*			▲ 228
• DONJON ☎ 02 47 59 07 86	*Ouvert oct.-14 mars : 9 h 30-13 h et 14 h 30-18 h ; 15 mars-juin et 16-30 sep. : 9 h 30-13 h et 14 h 30-19 h ; juil.-15 sep., et grands w.-e. : 9 h-19 h*			
• LOGIS ROYAL ☎ 47 59 01 32	*Ouvert oct.-mars : 9 h-12 h et 14 h-17 h ; 15 mars-juin et 16-30 sep. : 9 h-12 h et 14 h-18 h ; juil.-15 sep. et grands w.-e. : 9 h-19 h*			▲ 226

COLLÉGIALE SAINT-OURS	*Ouvert la journée*			▲ 227
MAISON LANSYER 1, rue Lansyer ☎ 02 47 59 05 45	*Ouvert avr.-mai et oct.-15 nov. : lun., mer.-dim. 10 h-12 h et 13 h 30-18 h ; juin-sep. : lun., mer.-dim. 10 h-19 h*			▲ 228
LOURESSE-ROCHEMENIER	**49700**	*M 02 41 59 13 13*	**C7**	
VILLAGE TROGLODYTIQUE ☎ 02 41 59 18 15	*Ouvert avr.-1er nov. : 9 h 30-19 h ; 2.-30 nov. et fév.-mars : sam., dim. 14 h-18 h*			▲ 288
LUSSAULT-SUR-LOIRE	**37400**	*M 02 47 57 16 29*	**I/J6**	
AQUARIUM DE TOURAINE **PARC DES MINI-CHÂTEAUX** **PARC LE FOU DU L'ÂNE** ☎ 08 36 68 69 37	*Ouvert fin mars-mi-nov. : 11 h, 15 h et 17 h*			
LUYNES	**37230**	*OT 02 47 55 77 14*	**H6**	
CHÂTEAU ☎ 02 47 55 67 55	*Ouvert avr.-sep. : 10 h-18 h*			▲ 262
MAZÉ	**49630**	*OT 02 41 80 60 19*	**C5**	
CHÂTEAU DE MONTGEOFFROY ☎ 02 41 80 60 02	*Ouvert 15 juin-15 sep. : 9 h 30-18 h 30 ; 16 sep.-1er nov. et 20 mars-14 juin : 9 h 30-12 h et 14 h 30-18 h 30* *Visite guidée sur rdv.*			▲ 312
MÉNARS	**41500**	*M 02 54 46 81 25*	**M4**	
CHÂTEAU ET JARDINS ☎ 02 54 46 89 89	*Ne se visite pas*			▲ 140
MEUNG-SUR-LOIRE	**45130**	*OT 02 38 44 32 28*	**N3**	
CHÂTEAU ☎ 02 38 44 36 47	*Visite guidée (60 min) juil.-4 sep. : 9 h-12 h 30 et 13 h 30-18 h 30 ; avr. juin : 10 h-12 h et 14 h-17 h 30 ; 5 sep.-mars : 10 h-12 h et 14 h-17 h*			▲ 138
ÉGLISE SAINT-LYPHARD	*Ouvert la journée. Visite guidée sur rdv. pour les groupes par l'office de tourisme*			▲ 138
MONTRÉSOR	**37460**	*OT 02 47 92 71 04*	**L8**	
CHÂTEAU ☎ 02 47 92 60 04	*Ouvert avr.-oct. : 10 h-12 h et 14 h-18 h*			▲ 231
COLLÉGIALE SAINT-JEAN-BAPTISTE	*Ouvert tlj. 8 h 30-19 h, sauf pendant les offices*			▲ 231
MONTREUIL-BELLAY	**49260**	*OT 02 41 52 32 39*	**D8**	
CHÂTEAU ☎ 02 41 52 33 06	*Ouvert avr.-1er nov. : lun., mer.-dim. 10 h-12 h et 14 h-17 h 30*			▲ 291
MONTRICHARD				
AIGLES DU DONJON ☎ 08 36 68 69 37	*Ouvert fin mars-mi-nov. : 11 h, 15 h et 17 h* *Spectacle de haut-vol de rapaces en liberté*			▲ 216
MONTSOREAU	**49730**	*OT 02 41 51 70 22*	**E7**	
CHAMPIGNONIÈRE DU SAUT-AUX-LOUPS Route de Saumur à Chinon ☎ 02 41 51 70 30	*Ouvert juil.-août : 10 h-18 h 30 ; mars-juin et sep.-11 nov. : 10 h-12 h et 14 h-18 h 30.*			▲ 292
CHÂTEAU ☎ 02 41 51 70 25	*Ouvert juil.-août : 10 h-18 h 30 ; 16 mai-juin et sep. : 10 h-12 h et 14 h-18 h 30 ; oct.-nov. et mars-15 mai : lun., mer.-dim. 13 h 30-17 h 30*			▲ 276
NOUANS-LES-FONTAINES	**37460**	*OT 02 54 88 76 75*	**L/M8**	
ÉGLISE SAINT-MARTIN	*Ouvert 8 h-20 h sauf pendant les offices*			▲ 231
ORLÉANS	**45000**	*OT 02 38 24 05 05*	**O/P2**	
CATHÉDRALE	*Ouvert la journée sauf pendant les offices* *Fermé oct.-mai : 12 h-14 h*			▲ 114
CHAPELLE NOTRE-DAME-DES-MIRACLES Rue Saint-Paul	*Ouvert la journée*			▲ 121
COLLÉGIALE SAINT-PIERRE-LE PUELLIER Rue de l'Université	*Ouvert mar.-ven. 10 h-12 h 30 et 13 h 30-18 h, sam. 10 h-12 h et 14 h-18 h, dim. 14 h-19 h*			▲ 121
ÉGLISE NOTRE-DAME-DE-RECOUVRANCE Rue Notre-Dame-de-Recouvrance	*Ne se visite pas*			▲ 122
ÉGLISE SAINT-AIGNAN Rue Neuve-Saint-Aignan	*Ouvert lors de l'office du dim.* *Visite de la crypte sur rdv. auprès de l'office de tourisme*			▲ 121
ÉGLISE SAINT-PIERRE-DU-MARTROI Rue d'Escures	*Ouvert 15 h-18 h* *Fermé vac. scol. et juil.-août*			▲ 123

MUSÉE ARCHÉOLOGIQUE ET HISTORIQUE, HÔTEL CABU Square Abbé-Desnoyers ☎ 02 38 79 21 55	*Ouvert juil.-août : mar.-dim. 10 h-18 h ; mai-juin et sep. : mar.-dim. 14 h-18 h ; oct.-avr. : mer., sam. et dim. 14 h-18 h Fermé 1er jan., 1er mai, 1er nov. et 25 déc.*		▲ 119
CENTRE CHARLES-PÉGUY HÔTEL EUVERTE-HATTE 11, rue du Tabour ☎ 02 38 53 20 23	*Ouvert lun.-ven. 14 h-18 h Fermé j. fér. Expositions d'art contemporain juin-sep. : mar.-dim. 14 h-18 h*		▲ 122
HÔTEL GROSLOT Place de l'Étape ☎ 02 38 79 22 30	*Ouvert 16 juin-25 sep. : 9 h-19 h ; 26 sep.-déc. : 10 h-12 h et 14 h-17 h ; jan.-15 juin : 10 h-12 h et 14 h-18 h Fermé 8 mai et cérémonies*		▲ 118
JARDIN JACQUES-BOUCHER PAVILLON COLAS-DES-FRANCS	*Jardin : ouvert la journée ; pavillon : ne se visite pas*		▲ 122
MAISON DE JEANNE-D'ARC Place du Général-de-Gaulle ☎ 02 38 52 99 89	*Ouvert mai-oct. : 10 h-12 h et 14 h-17 h 30 ; nov.-avr. : 14 h-18 h Visite guidée (60 min). Fermé lun., 1er jan., 1er mai, 31 déc. et 30 avr.*		▲ 118
MUSÉE DES BEAUX-ARTS Place Sainte-Croix ☎ 02 38 79 21 55	*Ouvert mar., dim. 11 h-18 h, mer. 10 h-20 h, jeu., ven. et sam. 10 h-18 h Fermé 1er jan., 1er mai, 1er nov., 25 déc.*		▲ 115
ORLÉANS-LA-SOURCE	**45000** OT 02 38 24 05 05	**O/P2**	
PARC FLORAL ☎ 02 38 49 30 00	*Ouvert 3 avr.-14 nov. : 9 h-18 h ; 15 nov.-2 avr. : 14 h-17 h Fermé 25 déc.*		▲ 124
RIGNY-USSÉ	**37420** M 02 47 95 55 85	**F7**	
CHÂTEAU CHEMIN DE RONDE ☎ 02 47 95 54 05	*Ouvert juil.-août : 9 h-18 h 30 ; 7 avr.-juin et 1er-25 sep. : 9 h-12 h et 14 h-18 h 45 ; 26 sep.-11 nov. et 12 fév.-15 mars 10 h-12 h et 14 h-17 h 30 Visite guidée (45 min) de l'intérieur du château*		▲ 268
SACHÉ	**37190** M 02 47 26 86 65	**H7**	
CHÂTEAU MUSÉE BALZAC ☎ 02 47 26 86 50	*Ouvert fév.-15 mars. et oct.-nov. : 9 h 30-12 h et 14 h-17 h ; sep. : 9 h 30-12 h-14 h-17 h 30 ; 15 mars-15 mai : 9 h 30-12 h et 14 h-18 h ; 15 mai-juin : 10 h-18 h ; juil.-août : 10 h-18 h 30. Visite guidée (45 min)*		▲ 240
ÉGLISE SAINT-MARTIN-DE-VERTOU	*Ouvert la journée*		▲ 241
SAINT-AIGNAN	**41110** OT 02 54 75 22 85	**M7**	
COLLÉGIALE ☎ 02 54 75 01 33	*Ouvert la journée*		▲ 217
PARC DE BEAUVAL ☎ 02 54 75 05 56	*Ouvert tlj. 9 h-tombée de la nuit*		▲ 217
SAINT-BENOÎT-SUR-LOIRE	**45730** OT 02 38 35 79 00	**R3**	
ÉGLISE ABBATIALE ☎ 02 38 35 72 43	*Ouvert la journée sauf pendant les offices. Visite guidée (70 min) sur rdv.*		▲ 130
SAINT-DENIS-DE-L'HÔTEL	**45550** M 02 38 46 83 40	**Q2**	
MAISON MAURICE-GENEVOIX Place du Cloître ☎ 02 38 59 12 80	*Ouvert sam. et dim. 10 h-12 h et 14 h-18 h*		▲ 126
SAINT-JEAN-DE-BRAYE	**45800** M 02 38 21 57 99	**P2**	
MUSÉE CAMPANAIRE BOLLÉE 156, faubourg de Bourgogne ☎ 02 38 86 29 47	*Ouvert avr.-sep. : lun., mer.-dim. 14 h-19 h ; sep.-mars : lun., mer.-ven. 14 h-17 h 30, sam.-dim. 14 h-17 h 30 ; Visite guidée (120 min) Fermé 25 déc. et 1er jan.*		▲ 126
SAINT-GEORGES-DES-SEPT-VOIES	**49350** M 02 41 57 94 28	**C6**	
HÉLICE TERRESTRE DE L'ORBIÈRE ☎ 02 41 57 95 92	*Ouvert mai-sep. : 11 h-20 h ; oct.-avr. 14 h-18. ; visites nocturnes sur rdv.*		▲ 293
SAINT-GEORGES-SUR-LOIRE	**49170** M 02 41 72 14 80	**A6**	
CHÂTEAU DE SERRANT ☎ 02 41 39 13 01	*Visite guidée juil.-août : départ toutes les 1/2 h de 10 h 20 à 11 h 20 et 14 h 20 à 17 h 20 ; sep.-oct. et dernier w.-e. de mars-juin : lun., mer.-dim. départ à 10 h 20, 11 h 20, 14 h 20, 15 h 20, 16 h 20, 17 h 20 ; nov.-déc. : sem. sur rdv., sam.-dim. dernière visite à 16 h 20*		▲ 310
SAINT-HILAIRE-SAINT-FLORENT	**49400** OT 02 41 40 20 60	**D7**	
ÉGLISE SAINT-BARTHÉLÉMY	*Ouvert la journée. Fermé dim. a.-m.*		▲ 291
MUSÉE DU CHAMPIGNON Route de Gennes ☎ 02 41 50 31 55	*Ouvert 15 fév.-15 nov. : 10 h-19 h*		▲ 292

SAINT-LAURENT-DES-EAUX — 41220 — M 02 54 81 45 60 — N4

CENTRALE NUCLÉAIRE ☎ 02 54 44 84 09	*Visite sur rdv. Réserver 2 jours à l'avance. Pièce d'identité exigée. Interdite aux enfants de moins de 10 ans*	▲ 139

SAUMUR — 49400 — OT 02 41 40 20 60 — D7

CHAPELLE NOTRE-DAME-DES-ARDILLIERS Route de Chinon	*Ouvert 8 h-12 h et 14 h-18 h*	▲ 285
CHÂTEAU DE BOUMOIS ☎ 02 41 38 47 27	*Ouvert juil.-15 août : 10 h-18 h ; Rameaux-Toussaint sur rdv. pour les groupes*	▲ 285
CHÂTEAU DE SAUMUR **MUSÉE DES ARTS DÉCORATIFS** **MUSÉE DU CHEVAL** Rue des Remparts ☎ 02 41 40 24 40	*Ouvert juin-sep. : 9 h 30-18 h (nocturenes en juil.-août : mer. et sam. 20 h 30-22 h 30) ; oct.-mai : lun., mer.-dim. 9 h 30-12 h et 14 h-17 h 30*	▲ 280
ÉCOLE NATIONALE D'ÉQUITATION Terrefort ☎ 02 41 53 50 66	*Ouvert avr.-sep. : 9 h-11 h et 14 h-16 h Fermé lun. mat., sam. a.-m. et dim.*	▲ 284
ÉGLISE NOTRE-DAME-DE-NANTILLY Place des Récollets	*Ouvert tlj.*	▲ 284
ÉGLISE SAINT-PIERRE	*Ouvert 8 h-12 h et 14 h-18 h*	▲ 280
MUSÉE DES BLINDÉS (CDEB) 1043, route de Fontevraud ☎ 02 41 53 06 99	*Ouvert juil.-août : 9 h-18 h ; mai-juin et sep.-oct. : 9 h-12 h et 14 h-18 h ; nov.-avr. : 10 h-12 h et 14 h-17 h Fermé 25 déc. et 1er jan.*	▲ 285
MUSÉE DE LA CAVALERIE Avenue Foch ☎ 02 41 83 93 06	*Visite pour les groupes uniquement, sur demande préalable à : Monsieur le Général-Commandant EAABC - Rue du Maréchal-Foch - 49409 Saumur Cedex*	▲ 284

SAVONNIÈRES — 37510 — OT 02 47 50 12 66 — H6

GROTTES PÉTRIFIANTES ☎ 02 47 50 00 09	*Ouvert avr.-sep. : 9 h-19 h ; oct.-11 nov. : 9 h-12 h et 14 h-18 h ; 12 nov.-15 déc. et 5 fév.-mars : lun.-mer. et ven.-dim. 9 h-12 h et 14 h-18 h*	▲ 262

SEUILLY — 37500 — M 02 47 95 90 35 — F8

ABBAYE SAINT-PIERRE	*Pour visiter, s'adresser à la mairie*	▲ 251
LA DEVINIÈRE, MAISON DE RABELAIS ☎ 02 47 95 91 18	*Ouvert mai-sep. : 10 h-19 h ; 15 mars-avr. : 9 h 30-12 h 30 et 14 h-18 h ; oct.-14 mars : 9 h 30-12 h 30 et 14 h-17 h Fermé 25 déc., 1er jan.*	▲ 250

SULLY-SUR-LOIRE — 45600 — OT 02 38 36 23 70 — R3

CHÂTEAU, DEMEURE DU DUC DE SULLY ☎ 02 38 36 36 86	*Ouvert fév.-mars et oct.-déc. : 10 h-12 h et 14 h-17 h ; avr.-sep. : 10 h-18 h Fermé 25 déc. Visite guidée (1 h).*	▲ 132
COLLÉGIALE SAINT-YTHIER	*Ouvert la journée*	▲ 133

TALCY — 41170 — M 02 54 81 20 45 — M3

CHÂTEAU DES SALVIATI ☎ 02 54 81 03 01	*Visite guidée (45 min) juil.-août : lun.-ven. 9 h 30-12 h et 14 h-18 h, sam.-dim. (et w.-e. de Pâques et Pentecôte) 9 h 30-18 h, avr.-juin et sep. : 9 h 30-12 h et 14 h-18 h ; oct.-mars : lun., mer.-dim. 10 h-12 h et 14 h-16 h 30. Fermé 1er jan., 1er mai, 1er et 11 nov., 25 déc.*	▲ 140

TAVANT — 37220 — M 02 47 58 58 01 — G8

ÉGLISE SAINT-NICOLAS ☎ 02 47 58 58 06	*Ouvert mars-15 nov. : lun., mer.-dim. 10 h-12 h et 14 h 30-18 h*	▲ 251

TOURS — 37000 — OT 02 47 70 37 37 — H6

ANCIENNE BASILIQUE SAINT-MARTIN	*Ne se visite pas*	▲ 204
ATELIER «HISTOIRE DE TOURS» **LOGIS DU GOUVERNEUR** 25 quai d'Orléans ☎ 02 47 64 90 52	*Ouvert 15 mars-15 déc. : mer., sam. 15 h-18 h 30*	▲ 198
BASILIQUE SAINT-MARTIN Rue Descartes	*Ouvert 8 h-12 h et 14 h-18 h 45*	▲ 204
CATHÉDRALE SAINT-GATIEN	*Ouvert 9 h-19 h*	▲ 196
CHÂTEAU DE TOURS		▲ 198
• **AQUARIUM TROPICAL** ☎ 02 47 64 29 52	*Ouvert juil.-août : 9 h 30-19 h ; avr.-juin et sep.-15 nov. : lun.-sam. 9 h 30-12 h et 14 h-18 h, dim. 14 h-18 h ; 16 nov.-mars : 14 h-18 h*	
• **HISTORIAL DE TOURAINE** **MUSÉE GRÉVIN** ☎ 02 47 61 02 95	*Ouvert juil.-août : 9 h-18 h 30 ; sep.-oct. et 16 mars-juin : 9 h-12 h et 14 h-18 h ; nov.-15 mars : :14 h-17 h 30 et visite sur rdv. pour les groupes le matin*	

CLOÎTRE DE LA PSALETTE Accès par la cathédrale ☎ 02 47 45 42 04	*Visite guidée (45 min) avr.-sep. : 9 h 30-12 h 30 et 14 h-18 h ; oct.-nov. : 9 h 30-12 h 30 et 14 h-17 h ; déc.-mars : mer.-sam. 9 h 30-12 h 30 et 14 h-17 h, dim. 14 h-17 h Fermé 25 déc. et 1er jan.*	▲ 197
JARDIN DES PRÉBENDES D'OÉ **JARDIN BOTANIQUE**	*Ouvert 8 h -tombée de la nuit*	▲ 215
MARCHÉ AUX FLEURS	*Mer. et sam.*	▲ 214
MUSÉE ARCHÉOLOGIQUE **HÔTEL GOUIN** 25, rue du Commerce ☎ 02 47 66 22 32	*Ouvert 15 mai-sep. : 10 h-19 h ; 15 mars-14 mai : 10 h-12 h 30 et 14 h-18 h 30 ; oct.-nov. et fév.-14 mars : 10 h-12 h 30 et 14 h-17 h 30. Visite guidée (30 min)*	▲ 208
MUSÉE DES BEAUX-ARTS 18, place François-Sicard ☎ 02 47 05 68 73	*Ouvert lun., mer.-dim. : 9 h-12 h 45 et 14 h-18 h Fermé 1er jan., 1er mai, 14 juil., 1er et 11 nov., 25 déc.*	▲ 198
MUSÉE DU COMPAGNONNAGE **CLOÎTRE SAINT-JULIEN** 8, rue Nationale ☎ 02 47 61 07 93	*Ouvert 16 juin-15 sep. : 9 h-12 h 30 et 14 h-19 h ; 16 sep.-15 juin : lun., mer.-dim. 9 h-12 h et 14 h-18 h Fermé 1er jan., 1er mai, 14 juil., 1er et 11 nov., 25 déc.*	▲ 199
MUSÉE DU GEMMAIL **CHAPELLE SOUTERRAINE** 7, rue du Mûrier ☎ 02 47 61 01 19	*Ouvert 15 mars-15 nov. : 10 h-12 h et 14 h-18 h 30 (fermé lun. sf j. fér.) ; 16 nov.-14 mars : sam., dim. et j. fér. 10 h-12 h et 14 h-18 h 30 Visite guidée (60 min)*	▲ 212
MUSÉE SAINT-MARTIN **CHAPELLE SAINT-JEAN** 3, rue Rapin ☎ 02 47 64 48 87	*Ouvert mi-mars-mi-nov. : mer.-dim. 9 h 30-12 h 30 et 14 h-17 h 30 Fermé 1er mai, 14 juil.*	▲ 205
MUSÉE DES VINS DE TOURAINE **CELLIERS SAINT-JULIEN** 16, rue Nationale ☎ 02 47 61 07 93	*Ouvert 16 juin-15 sep. : 9 h-12 h 30 et 14 h-19 h ; 16 sep.-15 juin : lun., mer.-dim. 9 h-12 h et 14 h-18 h Fermé 1er jan., 1er mai, 14 juil., 1er et 11 nov., 25 déc.*	▲ 199
MUSÉUM D'HISTOIRE NATURELLE 3, rue du Président-Merville ☎ 02 47 64 13 31	*Ouvert 10 h-12 h et 14 h-18 h Fermé dim. mat. et lun., 1er jan., 1er mai, 14 juil., 25 déc.*	▲ 212
TOUR-EN-SOLOGNE	**41250** M 02 54 46 42 86	**N5**
CHÂTEAU DE VILLESAVIN **COLLECTIONS DE VOITURES HIPPOMOBILES ET D'ENFANTS** ☎ 02 54 46 42 88	*Ouvert mars-mai : 10 h-12 h et 14 h-19 h ; juin-sep. : 10 h-19 h ; oct.-déc. : 14 h-17 h Visite libre des extérieurs et visite guidée (55 min) de l'ensemble.*	▲ 166
TRÉLAZÉ	**49800** M 02 41 33 74 74	**B6**
MUSÉE DE L'ARDOISE ☎ 02 41 69 04 71	*Ouvert juil.-15 sep. : mar.-dim. 14 h-18 h ; 15 fév.-juin et 16 sep.-nov. : dim. et j. fér. 14 h-18 h Démonstration du travail de l'ardoise : 15 h*	▲ 312
TRÈVES	**49350** M 02 41 67 92 70	**D7**
ÉGLISE SAINT-AUBIN	*Ouvert tlj. sauf pendant les offices*	▲ 292
TURQUANT	**49730** M 02 41 38 11 65	**E7**
LA GRANDE VIGNOLLE ☎ 02 41 38 16 44 (en saison) ou 02 41 52 90 84 (hors saison)	*Ouvert Pâques-sep. : 10 h-18 h ; oct.-nov. : mer.-ven. 14 h-18 h, sam.-dim. 10 h-18 h Visite sur rdv. hors saison*	▲ 287
TROGLODES DES POMMES TAPÉES ☎ 02 41 51 48 30	*Ouvert juil.-août : mar.-dim. 10 h-12 h et 14 h 30-18 h 30 ; juin et sep. : mar.-ven. 14 h 30-18 h 30, sam. et dim. 10 h-12 h et 14 h 30-18 h 30 ; Pâques-mai et oct.-11 nov. : sam. et dim. 10 h-12 h et 14 h 30-18 h 30 Ouvert les lun. fér.*	● 27
MOULIN CAVIER ☎ 02 41 51 75 22	*Ouvert juin-août : 9 h 30-11 h 30 et 15 h-19 h ; mai et sep. : 14 h-18 h ; oct.-avr. : sam., dim. et j. fér. 14 h-18 h Fermé jan.-fév.*	▲ 287
VALENÇAY	**36600** M 02 54 00 32 32	**N8**
CHÂTEAU **MUSÉE DE VOITURES ANCIENNES** ☎ 02 54 00 10 66	*Ouvert juil.-août : 9 h 30-19 h 30 ; avr.-juin : 9 h-18 h ; sep.-1er nov. : sam., dim. et j. fér. 9 h 30-18 h ; mars. : lun.-ven. 14 h-17 h ; sam., dim. et j. fér. 10 h-17 h ; 2 nov.-fév. : 14 h-17 h*	▲ 232
VILLANDRY	**37510** OT 02 47 50 12 66	**G6**
CHÂTEAU **JARDINS** ☎ 02 47 50 02 09	*Château : ouvert juil.-août : 9 h-18 h 30 ; 6-28 fév. et 25 oct.-14 nov. : 9 h-17 h ; 1er-27 mars : 9 h-17 h 30 ; 28 mars-juin et sep.-24 oct. : tlj. 9 h-18 h Jardins : ouvert juil.-août : 8 h-tombée de la nuit ; hors saison : 9 h-tombée de la nuit+*	▲ 263

L'index identifie les localités de chaque lieu de visite. Pour retrouver les informations les concernant se reporter au tableau Lieux de visite ◆ *328,* classé par ordre alphabétique de localités.

INDEX ◆ DES LIEUX DE VISITE

INDEX DES LIEUX DE VISITE

INDEX DES RESTAURANTS ET DES HÔTELS

COMMENT UTILISER CE CARNET D'ADRESSES
Le carnet d'adresses adopte l'ordre des itinéraires groupés par zones géographiques. À l'intérieur de chaque zone, les villes et les établissements sont classés par ordre alphabétique. La lettre et le chiffre suivant le code postal renvoient aux coordonnées des cartes de gardes. Index des restaurants et des hôtels ◆ *338.*

Une bonne auberge avec vue sur la Loire, l'étape gastronomique de rigueur, l'hôtel pas cher mais de bon accueil, tels sont les critères des établissements choisis, tous de qualité, chacun dans sa catégorie. Proches des sites et des châteaux, ils participent aussi à la découverte du Val de Loire.

◆

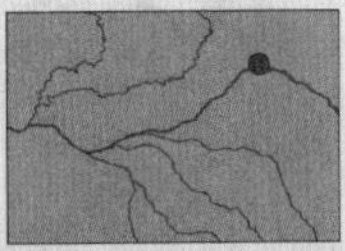

ORLÉANS

45000 (O/P2)

RESTAURANTS

LA POUTRIÈRE
8, rue de la Brèche
Tél. 02 38 66 02 30
L'ancienne maison vigneronne est devenue opulente auberge, avec jardin et piscine. Simon Le Bras aime les crustacés et les poissons ; il accommode avec art les légumes d'Orléans et les fruits du Val de Loire. Sa cuisine résulte d'une parfaite maîtrise des produits, de l'assaisonnement et des garnitures.
Menus 198-275 F F
Carte 330-450 F

LES ANTIQUAIRES
2, rue au Lin
Tél. 02 38 53 52 35
Fax 02 38 62 06 95
Fermé dim. soir
Nouvelle jeunesse pour cette élégante maison bourgeoise où Philippe Bardau, jeune maître cuisinier de France, formé à l'Oasis (La Napoule) et au Négresco, *a fait entrer un rayon de soleil dans la cuisine des Antiquaires. Petits choux de langoustines à la moelle et fleur de sel ; saint-jacques et poireaux dans un bouillon de truffe fraîche ; noisette de biche de Sologne, tortellini de châtaignes.*
Menu : 200 F (sf sam. soir et dim. midi)
Carte : 280 F - 350 F

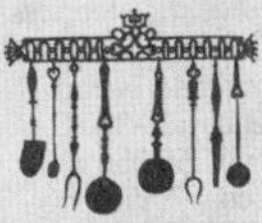

GIEN

45500 (S4)

HÔTEL-RESTAURANT

❤ HÔTEL DU RIVAGE
1, quai de Nice
Tél. 02 38 37 79 00
Fax 02 38 38 10 21
Fermé 8-28 fév.
Dans un jardin au bord de la Loire, on déguste de délicieux plats. La cuisine moderne du chef Laurent Pillard est imprégnée de simplicité et d'harmonie : sandre de Loire rôti, gâteau de pomme de terre, jus au pain ; pied de cochon farci au jarret, champignon du moment ; gâteau chocolat Guanaja, pailleté au praliné. Christian Gaillard, le patron, veille à l'accueil et au service de salle.
Menus 140-380 F
Carte 250-400 F
16 ch., 3 appt., 300-520 F

◆

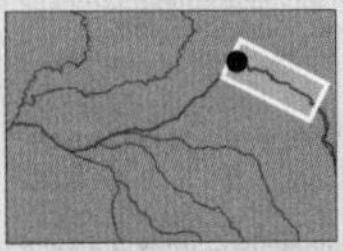

ORLÉANS VERS GIEN

CHÂTEAUNEUF-SUR-LOIRE

45110 (Q2)

HÔTEL-RESTAURANT

AUBERGE DU PORT
83 Grande-Rue du Port
Tél. 02 38 58 43 07
Fermé mer. et déc.
Une auberge toute simple dans la ville de Maurice Genevoix, le fin conteur de Loire. Des recettes aussi, que l'on trouve dans Raboliot : *fritures, matelotes, gibiers ou simple fricassée de veau aux champignons des bois. Les chambres donnent sur le fleuve et le pont suspendu. Promenade le long de la Loire.*
Menus 85-195 F
4 ch. avec douche, 250-280 F

CHÉCY

45430 (P2)

RESTAURANT

LE WEEK-END
1, place du Cloître
Tél. 02 38 86 84 93
La cuisine de l'Orléanais qui fait honneur aux délices d'autrefois est défendue, dans ce cadre rustique, par un chef aux solides références. Sandre, asperges, fraises et gibiers sont à l'honneur, soutenus par une belle sélection de vins de la région. Service attentif.
Menus 100 (sem.), 150-220 F
Carte 240-400 F

GERMIGNY-DES-PRÉS

45110 (Q3)

HÔTEL-RESTAURANT

HÔTEL DE LA PLACE
Tél. 02 38 58 20 14
Fax 02 38 58 21 33
Une cuisine de cordon-bleu en harmonie avec la simplicité de l'église carolingienne dont l'abside est décorée d'une célèbre mosaïque. C'est une halte de village à ne pas manquer. Certaines chambres n'ont qu'un confort monastique, d'autres sont équipées de sanitaires.
Menus 59 F (sem.), 89-140 F
Carte 120-160 F
11 ch., 150-250 F

JARGEAU

45150 (Q2)

RESTAURANT

AUX QUAIS DE LOIRE
23, rue du 71e B.C.P.
Tél. 02 38 59 92 18
Fermé dim. soir et lun.
À Jargeau, capitale de l'andouillette, Mme Chansard est la bonne hôtesse de cette maison au bord de la Loire. Outre l'andouillette, la salade solognote, le sandre et le saumon au lard, on y déguste les volailles de l'Orléanais en fricassée. Cadre plaisant et cuisine attachante du patron, un ancien du Negresco.
Menus 80-170 F
Carte 140-200 F

SAINT-BENOÎT-SUR-LOIRE

45110 (R3)

HÔTEL

Hôtel du Labrador
7, place de l'Abbaye
Tél. 02 38 35 74 38
Fax 02 38 35 72 99
Hôtel calme, partiellement rénové ; certaines chambres avec poutres apparentes sont dotées de tout le confort. Une véritable initiation à la Loire au pied de l'abbaye de Saint-Benoît, où l'on savoure l'atmosphère de plénitude qui se dégage du fleuve ; avec une pensée pour Max Jacob qui vécut là, avant de partir pour Drancy. Son restaurant, Le Grand Saint-Benoît *est à 200 m.*
45 ch., 180-360 F

SAINT-JEAN-DE-BRAYE

45800 (P2)

RESTAURANT

La Grange
205, fg de Bourgogne
Tél. 02 38 86 43 36
Fermé dim. soir, lun. et août
Les mauviettes étaient nombreuses au temps de Charles IX, quand Pithiviers obtint le privilège royal du pâté d'alouette. À défaut, Francis Chapot propose une cuisine gastronomique : Saint-Jacques poêlées au beurre de Provence, feuilleté de canard sauvage Matignon au porto, mœlleux au cacao avec un sorbet chacolat. Belle cave de vins de l'Orléanais.
Menus 125-260 F
Carte 250-320 F

SULLY-SUR-LOIRE

45600 (R3)

HÔTEL-RESTAURANT

Hostellerie du Grand-Sully
10, boulevard du Champ-de-Foire
Tél. 02 38 36 27 56
Fax 02 38 36 44 54
Fermé dim. soir et lun.
Une terrasse d'été pour déguster la poule au pot du Bon Roy Henri, la papillote de sandre aux petits légumes ou le filet de perche au beurre blanc et écrevisses. Une cuisine imprégnée de cette douceur de vivre que l'on trouve sur les paisibles rives du fleuve majestueux. Chambres confortables. Maison de tradition rénovée par Philippe Calciat.
Menus 150-210 F
Carte 280-380 F
10 ch., 270 F

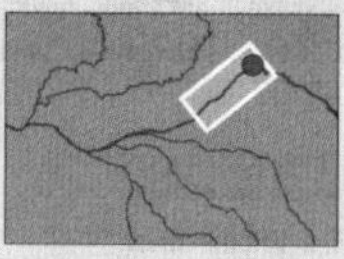

ORLÉANS VERS BLOIS BEAUGENCY

45190 (N3)

HÔTEL-RESTAURANT

Hostellerie de l'Écu de Bretagne
Place du Martroi
Tél. 02 38 44 67 60
Fax 02 38 44 68 07
Les chambres de l'ancien relais de poste – mieux que celles de l'annexe – sont en harmonie avec cette ville où, du vieux pont, l'été, on voit filer les poissons. Une cuisine rutilante aux alliances de saveurs insolites : lapin au pain d'épice, travers de porc au miel.
Menus 95 F (déj.), 130-220 F
25 ch., 200-365 F

Le P'tit Bateau
54, rue du Pont
Tél. 02 38 44 56 38
Fax 02 38 46 44 37
Fermé 18 août-8 sep. ; dim. soir et lundi
Voici une charmante étape rustique, dans un cadre solognot. Le service, très soigné et attentif, fait la différence avec nombre d'établissements de cette ville touristique ; la cuisine de Pascal Pougis est elle-même très au point. Bouchée de langoustines au saumon mariné à l'aneth ; cailles rôties au four farcies au foie gras ; estouffade de biche à la solognote.
Menus : 95 F (sauf dim.) 120-210 F
Carte : 200 F

CLÉRY-SAINT-ANDRÉ

45370 (O3)

HÔTEL-RESTAURANT

Les Bordes
9, rue des Bordes
Tél. 02 38 46 94 60
Fax 02 28 46 94 61
«Orléans, Beaugency, Notre-Dame de Cléry, Vendôme...», dit la vieille chanson, en souvenir de ce qui fut, au temps de Villon et son souverain, Louis XI, un lieu de pèlerinage et une halte réputée sur le chemin de Compostelle. Vaste maison bourgeoise dans un parc. Chambres de confort différent.
Menus 59-180 F
9 ch., 240-390 F

LA FERTÉ-SAINT-AUBIN

45240 (P4)

RESTAURANT

La Ferme de la Lande
Rte de Macilly
Tél. 02 38 76 64 37
Fermé dim. soir et lun.
Dans cette ancienne ferme du château de La Ferté-Saint-Aubin, restaurée avec soin, le patron est accueillant et le chef sait à merveille accommoder le sandre de Loire, la canette fondante du Gâtinais. À la saison de la chasse, on dégustera le lièvre à la royale – une recette inventée par Carême – et la tarte des demoiselles Tatin.
8 menus, 138-370 F
Carte 250-300 F

MEUNG-SUR-LOIRE

45130 (N3)

HÔTEL-RESTAURANT

Auberge Saint-Jacques
60, rue du Général-de-Gaulle
Tél. 02 38 44 30 39
Fax 02 38 45 17 02
N'allons pas chercher ici le poisson que Rabelais offrait à ses hôtes de Saint-Ay, tout proche. Le soufflé de brochet ou les coquilles Saint-Jacques aux pâtes fraîches du chef Le Gall, lauréat du Trophée de la cuisine et de la pâtisserie, sont un gage de simple et excellente cuisine.
Menus 95 (sem.)-220 F
Carte 250 F
12 ch., 190-260 F

OLIVET

45160 (O2)

HÔTEL-RESTAURANT

Le Rivage
635, rue de la Reine-Blanche
Tél. 02 38 66 02 93
La faune aquatique du grand fleuve concourt, avec le Loiret et les étangs proches de Sologne, à la finesse de la cuisine de François Tassain. Situé dans une île, ce havre de paix rustique offre aussi le pigeonneau de Sologne, le ris de veau aux écrevisses et morilles et le cendré d'Olivet, vanté par Balzac.
Menus 155-300 F
Carte 250-350 F
18 ch. 370-590 F

SAINT DYÉ-SUR-LOIRE

41500 (M/N4)

HÔTEL-RESTAURANT

MANOIR DE BEL-AIR
(5 km au nord de Chambord)
Tél. 02 54 81 60 10
Fax 02 54 81 65 34
Vieille bâtisse couverte de lierre où le Loir-et-Cher est sur la table. Et même si la poularde vient de Beauce, la Loire fait le lien entre ces régions gastronomiques qui s'ignorent, sinon à la saison des moissons (cailles à la solognote) et des vendanges (gibier). Balades au bord du fleuve.
Menus 118-238 F
40 ch., 240-400 F

TAVERS

45190 (N3)

HÔTEL-RESTAURANT

LA TONNELLERIE
12, rue des Eaux-Bleues (près de l'église, accès depuis Beaugency, par N 152)
Tél. 02 38 44 68 15
Fax 02 38 44 10 01
Fermé jan.-fév.
«Mes cercles sur mon dos, mes outils dans ma main, je conserve à propos du plaisir aux humains.» C'est la devise du tonnelier, c'est celle d'Alain Pouey, qui propose, dans une élégante maison ancienne, décorée avec goût, sandre mi-fumé et rillons de Touraine parfumés aux herbes.
Menus 145-270 F
Carte 320 F
12 ch., 375-710 F
8 appt., 580-1 290 F

VILLENY

41220 (O4)

HÔTEL-RESTAURANT

LES CHÊNES-ROUGES
Tél. 02 54 98 23 94
Fax 02 54 98 23 99
Fermé dim. soir et lun. (sf juin-août) et fév.
Relais de chasse au bord de l'étang en forêt. Les chambres donnent sur les roseaux qui dissimulent la bonde en forme de croix. Un paysage de bouleaux, une cuisine de saison : gibier en hiver, poissons des étangs l'été, ablettes, chevesnes, tanches et, parfois, la magnifique perche arc-en-ciel.
Menus 175-185 F
10 ch., 650-800 F

◆

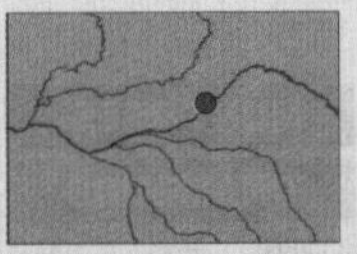

BLOIS

41000 (M4/5)

RESTAURANTS

L'ORANGERIE DU CHÂTEAU
1, avenue Jean-Laigret
Tél. 02 54 78 05 36
Fermé mer., dim. soir et vac. scol. fév.
Face au château royal, Jean-Marc Molveaux donne à penser que la cuisine du Loir-et-Cher est une gerbe magnifique qui rassemble Vendômois, Touraine, Beauce et Sologne. Venu de la Savoie, il n'en a que plus de mérite à présenter une cuisine dont les produits sont un label de qualité (gibier, pêche et légumes frais).
Menus 125-340 F
Carte 285-380 F

AU RENDEZ-VOUS DES PÊCHEURS
27, rue du Foix
Tél. 02 54 74 67 48
Fermé dim. et lun. midi
Produits de la mer et du fleuve, dans cette ancienne épicerie de la vieille ville qu'affectionnent les Blésois. Éric Reithler pratique une cuisine d'opportunité avec ce que livre la marée : potage froid de homard, huîtres en nage et queues de langoustine ou le sandre en caillette sur corail d'oursin crémé, sans oublier le mille-feuille à la vanille caramélisé, le fondant au chocolat noir au café arabica glacé.
Menu 145 F
Carte 250-310 F

ENVIRONS DE BLOIS

CANDÉ-SUR-BEUVRON

41120 (L5)

HÔTEL-RESTAURANT

HOSTELLERIE DE LA CAILLÈRE
36, rte des Montils
Tél. 02 54 44 03 08
Fax 02 54 44 00 95
Fermé 2 jan. -28 fév.
Jacky Guidon réalise une cuisine de qualité dans son agréable et calme demeure environnée de verdure. Un classicisme teinté d'audace avec le sandre aux agrumes et gingembre, le homard à l'infusion de vanille ou la poitrine de canard au miel, cannelle et amandes. Très grand choix de vins de Loire. Chambres de bon goût.
Menus 98 F(sem.)-288 F
Carte 220-280 F
14 ch., 330-360 F

CHAMBORD

41250 (N4)

HÔTEL-RESTAURANT

HÔTEL DU GRAND-SAINT-MICHEL
Tél. 02 54 20 31 31
Fax 02 54 20 36 40
Fermé 12 nov.-20 déc.
Face au château, c'est l'enchantement

BRACIEUX

41250 (N5)

RESTAURANT

❤ LE RELAIS DE BRACIEUX
1, av. de Chambord
Tél. 02 54 46 41 22
Fermé mardi soir et mer.
L'ancien relais de poste était devenu le café de la Gare, puis une vaste hostellerie voici 60 ans. Aujourd'hui, l'ensemble est aménagé avec goût, dans un style contemporain. Depuis 1975, Bernard Robin interprète le grand répertoire classique avec talent et conviction, sans négliger le terroir : la carpe à la Chambord, la mousseline de brochet et même le rustique – et délicieux – pâté de pommes de terre à la solognote. Une table à ne pas manquer, avec ses vins exceptionnels. Pour le gibier, elle est sans égale.
Menus 250-580 F
Carte 330-500 F

de Cendrillon *ou* de La Belle et la Bête. *Lorsque les visiteurs sont partis, le soir, promenade tranquille dans le parc. Pendant ce temps, les chefs préparent l'escalope de saumon frais grillé au beurre blanc, le civet de marcassin. Les vins de Touraine sont de rigueur.*
Menu 98-135 F
Carte 200 F
40 ch., 300-450 F

CHAUMONT-SUR-LOIRE

41150 (L5)

RESTAURANT

LA CHANCELIÈRE
1, rue de Bellevue
Tél. 02 54 20 96 95
Au pays du Festival international des jardins, au pied du célèbre château, une petite maison rustique et déjà renommée. Le canard est à l'honneur : le filet de canard aux cerises à l'eau-de-vie, le foie gras de canard, maison en terrine, mais aussi le sandre au beurre blanc ou le gâteau de foie blond à la Bressanne. Qualité, prix sages et courtoisie.
Menus 82-205 F

CONTRES

41700 (M6)

RESTAURANT

HÔTEL DE FRANCE
37-39, rue Pierre-Henri-Mauger
Tél. 02 54 79 50 14
Fax 02 54 79 02 95
29 ch. 250-450 F
Au restaurant de l'hôtel, appelé les Rois de France *en souvenir des Valois, l'on fera un peu de gastronomie buissonnière avec les saint-jacques à la vanille ou le ris de veau aux agrumes, mais le fond sait rester classique, comme l'accueil, discret et courtois. Bonne sélection de vins régionaux. Gâteau de lapereau aux pruneaux et compote aigre-doux ; sandre à la mousseline de fenouil et asperges vertes*
Menus : 110-150 F-200 F (déj. aff.)
Carte : 250 F

COUR-CHEVERNY

41700 (M5)

HÔTEL-RESTAURANT

CHÂTEAU DU BREUIL
(à 3 km, par D 52)
Tél. 02 54 44 20 20
Fax 02 54 44 30 40
Fermé 30 nov.-1er mars., dim. soir et lun. midi
Tout le faste et l'apparat d'une belle demeure de la fin du XVIIIe siècle dans un parc, et la cuisine d'une maison de maître. Les plats dépendent des saison et des produits du marché : moelleux et croustillant d'artichaut et médaillon de homard sauce barigoule, bar en croûte de cèpes. Accueil et service charmants.
Menus 195-375 F
Carte 400-450 F
16 ch., 530-895 F

MONT-PRÈS-CHAMBORD

41250 (M5)

HÔTEL-RESTAURANT

LE SAINT-FLORENT
(à 10 km au sud de Chambord, par D 923)
Tél. 02 54 70 81 00
Fax 02 54 70 78 53
Hôtel simple et coquet au cœur de la région des châteaux. Une part de la Sologne est sur la table : pied de porc, marmite de carpe au chinon. Goûter la terrine de gibier, c'est se souvenir de la petite grand-mère en coiffe. C'était presque hier...
Menus 85-215 F
18 ch. 200-295 F

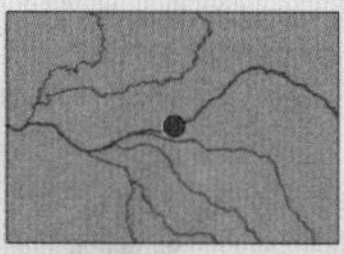

ENVIRONS D'AMBOISE

NOIZAY

37210 (I6)

HÔTEL-RESTAURANT

CHÂTEAU DE NOIZAY
Rte de Chançay
(8 km est, par D 46)
Tél. 02 47 52 11 01
Fax 02 47 52 04 64
Fermé mi-jan.-mi-mars

ONZAIN-EN-TOURAINE

41150 (L5)

HÔTEL-RESTAURANT

❤ DOMAINE DES HAUTS-DE-LOIRE
Route d'Herbault
(par D1)
Tél. 02 54 20 72 57
Fax 02 54 20 77 32
La famille Bonnigal a fait de cet ancien pavillon de chasse un lieu de charme boisé. La cuisine du chef Rémy Giraud, Vendéen d'origine, est à la fois savante et sage, empruntant au génie du terroir. Rien de pesant dans les entrées, le filet de bœuf poché au vin de Montlouis ou la raviole de crustacés aux fèves. Le pigeonne au du Vendômois, au jus de presse et champignons, développe des saveurs profondes. La série des vouvrays de longue garde s'accorde avec le carré au chocolat, sauce menthe. Service et cadre de grande maison.
Menus 315-650 F
Carte 400-500 F
25 ch., 680-1 500 F
10 appt., 1 700-2 450 F

AMBOISE

37400 (J6)

HÔTEL-RESTAURANT

❤ LE CHOISEUL
36, quai Charles-Guinot
Tél. 02 47 30 45 45
Fax 02 47 30 46 10
Fermé mi-déc.-fin jan.
Sur le quai – au bord de «ce chemin qui marche», disait-on, lorsque la Loire était navigable – l'élégante bâtisse du Choiseul *dresse sa façade sobre au pied du château. Le chef Pascal Bouvier décline un répertoire moderne d'arômes et de saveurs savamment conjugués, comme la Bavaroise de cuisses de grenouilles et ail doux, raviole de tourteau et écrevisses, le cochon de lait à la cuillère et le millefeuilles poivré au fromage blanc et vanille. Vins de Touraine (Amboise j. Dutertre) et de Montlouis (Jacky Blot). Belles chambres et service très prévenant.*
Menus 190 (déj.)-500 F
Carte 280-450 F
29 ch., 620-1 400 F
4 appt., 1 500-1 850 F

Des arbres centenaires, un château datant du XVIe siècle et des chambres d'un grand raffinement. Le chef, Didier Frebout, au rythme des saisons, emploie les produits régionaux : cèpes farcis aux «Petits-Gris», escalope de sandre en matelote de Vouvray, poire rôti au miel épicé de Vaugadeland, témoignant d'une réelle maîtrise des saveurs.
Menus 155-360 F
Carte 260-380 F
14 ch., 550-1 400 F

SAINT-OUEN-LES-VIGNES

37530 (J5)

RESTAURANT

L'AUBINIÈRE
Rue J.-Gauthier
Tél. 02 47 30 15 29
Fermé mar. soir et mer.
Cuisine de saison, saveurs ciselées et intenses sont les principales qualités de la cuisine de Jacques Arrayet : tomates confites à la vinaigrette tiède de queue de bœuf, minute de rouget-barbet aux poivrons rouges, homard à la coriandre, que l'on peut déguster sur la terrasse, en été, au cœur d'un village des environs d'Amboise.
Menu 105 F (sem.), 195-380 F
Carte 320-450 F

◆

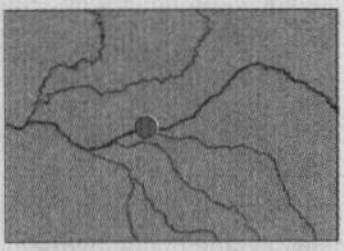

TOURS

37000 (H6)

RESTAURANTS

CHARLES BARRIER
101, av. Tranchée
Tél. 02 47 54 20 39
Fermé dim. soir
Cuisinier d'une exceptionnelle longévité et d'un classicisme absolu, Charles Barrier est l'un des «grands» des trente dernières années. La table, par son décor, annonce le plaisir incomparable d'une terrine de homard breton à la tomate acidulée ou d'un pintadeau fermier au foie gras et pommes fondantes. Souvent imité, rarement égalé.
Menus 230-470 F
Carte 370-500 F

LA ROCHE LE ROY
55, route Saint-Avertin
Tél. 02 47 27 22 00
Fermé sam. midi, dim. soir et lun.
Dans ce vieux manoir tourangeau, Alain Couturier excelle dans la préparation de plats régionaux et saisonniers, le sandre au beurre blanc, la matelote d'anguilles au vieux chinon ou la fricassée de géline de Touraine aux morilles. Les vins sont conservés dans une cave creusée dans le roc.
Menus 160 F (déj.), 200-350 F
Carte 240-400 F

ENVIRONS DE TOURS

ROCHECORBON

37210 (H6)

HÔTEL-RESTAURANT

LES HAUTES-ROCHES
86, quai de Loire
Tél. 02 47 52 88 88
Fax 02 47 52 81 30
Hôtel fermé mi-jan.-mi-mars
Vue panoramique sur la Loire et chambres troglodytiques, dans un site extraordinaire. S'il affiche son goût pour les produits de la mer – gigotin de lotte et jambon de canard fumé au maury, suprême de turbot et persillade d'encornets et tomates confites –, le chef Didier Edon propose aussi un exceptionnel pigeonneau.
Menus 160 F (déj.), 280-365 F
15 ch., 695-1 350 F

SEMBLANÇAY

37360 (H5)

HÔTEL-RESTAURANT

HOSTELLERIE DE LA MÈRE-HAMARD
Place de l'Église
Tél. 02 47 56 62 04
Fax 02 47 56 53 61
Fermé dim. soir et lun. (sf saison)
Une maison ancienne, située dans un jardin, abrite quelques chambres simples mais confortables, et une salle à manger aussi traditionnelle que la cuisine. On emploie ici seulement des produits frais, sandre et saumon, gibier en saison. Accueil et service courtois.
Menus 99-260 F
9 ch., 200-265 F

VALLIÈRES (PAR FONDETTES)

37230 (H6)

RESTAURANT

AUBERGE DE PORC-VALLIÈRES
Tél. 02 47 42 24 04
Fermé dim. soir et lun.
Jean-Jacques Thomas cuisine avec talent. Ses deux grandes spécialités : le pied de cochon et la friture de Loire ; sa carte, elle, suit les saisons. Le matin, rien de tel, que de venir grignoter dans la salle bistrot du restaurant. Petit choix de vins magnifiques.
Menu du jour 85 F

TOURS

37000 (H6)

HÔTEL-RESTAURANT

❤ JEAN BARDET
57, rue Groison
Tél. 02 47 41 41 11
Fax 02 47 51 68 72
Fermé lun. midi avr.-oct., dim. soir et lun. nov.-mars
Cuisinier, poète et jardinier, Jean Bardet sait faire partager ses passions. «Le brochet au beurre blanc n'est délicat que par temps pluvieux», affirme-t-il en débouchant quelque «vin frais». Un montlouis 1989, (domaine Delétang) par exemple, pour souligner les saveurs d'un blanc de turbot poché dans une sève d'asperges. La géline du pays de Racan, rare volaille à la chair dense et goûteuse, s'accorde avec un bourgueil (domaine de la Chevalerie) de Pierre Caslot (1986). La plus belle table de la région ! Chambres très confortables. Jardin botanique merveilleux. Accueil et service chaleureux.
Menus 270-720 F
Carte 500-700 F
16 ch., 750-1 400 F
5 appt., 1 700-1 950 F

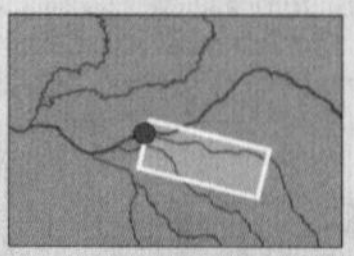

TOURS VERS VALENÇAY

CHENONCEAUX

37150 (J6/7)

LA ROSERAIE
7, rue du Docteur Bretonneau
Tél. 02 47 23 90 09
Ouvert 15 février-15 nov.
Charmant établissement, avec piscine chauffée, jardin fleuri, et de bien jolies chambres à proximité du château. Décor rustique et ambiance familiale. La cuisine du chef Fencky est élaborée uniquement à partir de produits frais. Tous les desserts sont faits «maison». Cave riche en vins régionaux. Escalope de foie gras chaud aux raisins ; magret de canard au miel ; turbot en papillote aux petits légumes ; crêpe flambée à l'orange.
16 ch. 285-490 F
Suite 900 F
Menus 99-170 F
Carte 200 F.

HÔTEL-RESTAURANT

HÔTEL DU BON-LABOUREUR ET CHÂTEAU
6, rue du Docteur-Bretonneau
Tél. 02 47 23 90 02
Fax 02 47 23 82 01
Fermé 11 nov.-20 déc.
Classicisme rassurant pour cette bonne auberge, située dans le village, près du château. Les chambres – confortables – sont des plus accueillantes. La salle à manger ouvre sur un agréable patio. Antoine Jeudi travaille volontiers les produits de la région, marinière d'anguilles en matelote ou magret de canard au vin de Chinon.
Menus 150-300 F
Carte 280-320 F
22 ch., 400-600 F
5 appt., 700-1 000 F

ROMORANTIN

41200 (O6)

HÔTEL-RESTAURANT

❤ GRAND HÔTEL DU LION-D'OR
69, rue Georges-Clemenceau
Fermé 15 fév.-fin mars
L'une des grandes tables de France, non loin de Valençay. Ancienne demeure d'un proche de François Ier, c'est aujourd'hui un élégant hôtel avec patio, au cœur de la bourgade. Deux générations y veillent sur votre plaisir. Didier Clément, le chef, s'assure des meilleurs produits (langoustines, homards ou anguilles), maîtrise l'usage si délicat des épices ou des cuissons (pigeon farci et ris de veau) et attache une égale importance au moindre détail. Service parfait. Carte des meilleurs vins de Loire.
Menus 420 F (déj.)-630 F
Carte 550 F
10 ch., 700-1 900 F
6 juniors-suites, 1 650-2 300 F

CHISSAY-EN-TOURAINE

41400 (L6)

HÔTEL-RESTAURANT

CHÂTEAU DE CHISSAY
Tél. 02 54 32 32 01
Fax 02 54 32 43 80
Ouvert 15 mars-15 nov.
Le souvenir de Charles VII et de Louis XI hante le vieux donjon royal. Les appartements et la plupart des chambres, récemment rénovés, offrent un confort parfais. La salle à manger, qui occupe l'une des salles les plus anciennes du château, ne déroge pas à l'ensemble. Mais le chef sait que sans le vilain qui tournait la spatule dans la casserole de gaude à l'ombre du château, la haute cuisine n'aurait pu voir le jour. Quelques plats roturiers aussi ; belle cave de vins de Loire.
10 appart. 920-1600 F
21 ch. 390-1000 F
Menus 160 F-295 F
Carte 300 F

LE GRAND-PRESSIGNY

37350 (I9)

HÔTEL-RESTAURANT

L'ESPÉRANCE
Tél. 02 47 94 90 12
Fermé lun. et 6 jan.-3 fév.
Une demeure bourgeoise et cossue où les époux Torset, Paulette et Bernard, se partagent les tâches. Variations classiques sur des produits généreux, foie gras poêlé aux pommes acidulées, dos de turbot à la mousse de saint-pierre au vermouth et pigeonneau de Touraine poêlé aux épices. Quelques chambres agréables au cœur du village.
Menus 100-195 F
Carte 280-320 F
10 ch., 150-200 F

LE PETIT-PRESSIGNY

37350 (I9)

RESTAURANT

LA PROMENADE
Tél. 02 47 94 93 52
Fermé dim. soir-mar.midi
Jacky Dallais, auprès de Jacques Manière, a appris à maîtriser l'insolite. Le pain brûlé qui accompagne le parmentier de foie gras et artichaut, comme les asperges blanches et fraise de veau sauce gribiche, en sont le témoignage. Le confortable décor de ce restaurant de village, son accueil en font une étape obligée pour gourmet averti.
Menus 185-380 F
Carte 320-450 F

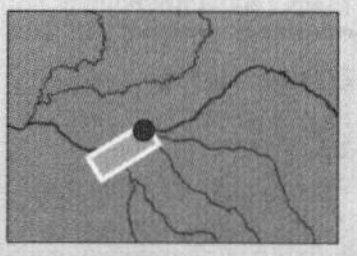

TOURS VERS CHINON

BEAUMONT-EN-VÉRON

37420 (F8)

HÔTELS-RESTAURANTS

CHÂTEAU DE DANZAY
À 5 km de Chinon
Tél. 02 47 58 46 86
Fax 02 47 58 84 35
Élégant château du XVe siècle situé au milieu du vignoble réputé du Véron. Une dizaine de chambres superbes avec lits à baldaquins, meubles médiévaux en bois massif séduiront les nostalgiques de la vie de château. La table – le soir seulement – propose quelques plats régionaux de belle facture.
Menus 290-350 F
10 ch., 850-1 600 F

L'Île-Bouchard

37220 (G8)

Restaurant

❤ Auberge de l'Île
3, pl. Bouchard
Tél. 02 47 58 51 07
Fermé mar. soir-mer. et 2 jan.-20 fév.
Cette modeste auberge, dont la terrasse regarde le pont sur la Vienne, a changé de décor. Les asperges sont servies en feuilleté aux ris d'agneau. Le dos de sandre rôti au ragoût de grenouilles et de morilles est emblématique de la table ligérienne. Le vin de Chinon, depuis Rabelais, se marie à merveille avec le pied de cochon aux pommes de terre et aux champignons des bois, sauce diable. Avec le sainte-maure, fromage de chèvre de la région, on appréciera les blancs : cheverny, amboise, azay-le-rideau – noms de châteaux célèbres et vins excellents.
Menus 98-320 F
Carte 260-300 F

La Giraudière
Tél. 02 47 58 40 36
Fax 02 47 58 46 06
Restaurant fermé mar., mer. midi et 15 nov.-15 mars
Gentilhommière du XVIIe siècle flanquée d'un pigeonnier au milieu d'un parc. Calme absolu dans ce séduisant hôtel dont les chambres luxueuses sont aménagées avec goût. La table, avec un modeste menu journalier, offre une cuisine traditionnelle et gastronomique. Quelques beaux vins de la région.
Menus 125-230 F
25 ch., 200-590 F

Chinon

37500 (F8)

Restaurant

L'Océanic
13, rue Rabelais
Tél. 02 47 93 44 55
Fermé 8-16 juin
Le long de la Vienne, où l'on pêche le sandre, Chinon s'étend nonchalamment à l'abri de la falaise. Dans la vieille ville, cette modeste adresse connaît un succès mérité. On y sert d'excellents poissons de mer et de rivière, parés de leur seule fraîcheur et accompagnés de quelques vins régionaux à prix mesuré.
Menus 105-160 F

Hôtel

Le Diderot
4, rue Buffon
Tél. 02 47 93 18 87
Fax 02 47 93 37 10
Près de la place Jeanne-d'Arc, cet hôtel calme, aménagé dans une maison de ville du XVIIIe siècle en tuffeau – avec bel escalier en colombage –, offre un excellent service pour un prix modéré. Chambres toutes différentes. Confitures maison au petit déjeuner, servi près d'une vieille cheminée.
28 ch., 250-400 F

Chinon

37600 (F8)

Restaurant

❤ Au Plaisir Gourmand
2, rue Parmentier
Tél. 02 47 93 20 48
La tradition régionale inspire la cuisine de ce grand professionnel qu'est Jean-Claude Rigollet, avec la fouée à l'ancienne et la mousseline de brochet, la terrine de poireaux aux rillons et la tourte de ris de veau à la tourangelle. Tradition qui s'exprime encore dans le sandre au vin de Chinon ; invention, en revanche, avec les langoustines aux courgettes et à la vanille soulignées par quelque coteaux-du-layon. La jolie demeure Renaissance dans le vieux Chinon, son décor de beaux objets font de cette table une étape obligée au pays de Rabelais. Grande carte de vins régionaux. Accueil charmant de l'hôtesse, Danielle Rigollet.
Menus 175-340 F
Carte 280-320 F

Marçay

37500 (F8)

Hôtel-Restaurant

❤ Château de Marçay
Tél. 02 47 93 03 47
Fax 02 47 93 45 33
Fermé dim. et lun. midi hors saison et mi-jan.-mi-mars
Le magnifique château de tuffeau et d'ardoise de la fin du Moyen Âge dresse son donjon et ses tours au milieu d'un parc paysagé, symbole du «Jardin de la France», et de vignobles alentour. Les chambres du château et de ses dépendances, meublées avec beaucoup de goût, sont d'un confort parfait. David Grandjean, le chef, se satisfait d'un registre classique, empruntant aux produits et traditions locales : fine crème d'étrilles orangée, langoustines grillées et morceaux de volaille saisis, filet de Saint-Pierre au thym citron, légumes sutés à cru et julienne de truffe noire, millefeuille orange au basilique et pulpe de citron que l'on déguste sur la terrasse, l'été. Grande carte des vins. Service d'une grande prévenance.
Menus 240-380 F
Carte 340-420 F
28 ch., 660-1 360 F
6 appt., 1 660 F

MONTBAZON

37250 (H7)

HÔTEL-RESTAURANT

CHÂTEAU D'ARTIGNY
Route d'Azay-le-Rideau
Tél. 02 47 34 30 30
Fax 02 47 34 30 39
Fermé 1er-9 sep.
et 21 nov.-déc..
François Coty, le parfumeur, n'ayant pu acheter Chambord, se résigna à faire copier un château du XVIIIe siècle, aujourd'hui transformé en luxueux hôtel à l'accueil et au service soignés. La table est magnifique dans la salle à manger en rotonde : Sandre au beurre verjuté, géline de Touraine parfumée à la truffe blanche, turone chocolat-framboise. Grandiose livre de cave.
Menus 290-450 F
Carte 390 F
51 ch., 670-1 780 F
4 appt., 2 390-3 180 F

◆

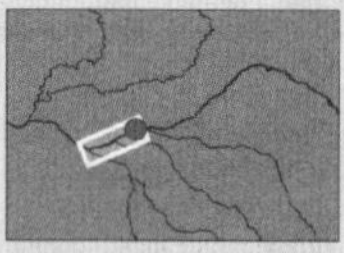

TOURS VERS FONTEVRAUD BOURGUEIL

37140 (F7)

RESTAURANTS

AUBERGE DE TOUVOIS
Route de Gizeux
(5 km nord par RD 749)
Tél. 02 47 97 88 81
Fax 02 47 97 82 34
Fermé dim. soir et lun.
Près de la forêt, cette auberge a tout d'une halte idyllique. Cuisine classique, mille-feuille d'escargots, rognons aux trois moutardes, sans oublier les joues de bœuf braisées au bourgueil ou le sandre rôti au beurre rouge, fameux prétexte à la dégustation de quelques bouteilles du vin généreux de Bourgueil. Un changement de propriétaire est en vue. Il aura certainement à cœur de prolonger une

formule qui marche.
Menus 85 F-190 F
Carte 250 F

FONTEVRAUD-L'ABBAYE

49590 (E8)

RESTAURANT

LA LICORNE
Allée Sainte-Catherine
Tél. 02 41 51 72 49
Nichée dans le jardin fleuri d'une demeure du XVIIIe siècle, La Licorne offre une cuisine classique attentive aux saisons et aux produits locaux. Le pavé de saumon à l'anchoïade et gratin d'aubergines ou les ris de veau rôtis au vin du Layon sont prétexte à déguster de beaux vins régionaux.
Menu 110-280 F
Carte 300-380 F

LUYNES

37230 (H6)

HÔTEL-RESTAURANT

DOMAINE DE BEAUVOIS
Route de Cléré
(4 km nord-ouest, D 49)
Tél. 02 47 55 50 11
Fermé 31 jan.-12 mars
Un parc, de la verdure, une demeure splendide avec piscine en contrebas de la pelouse. Laurent Suaudeau propose un carré d'agneau cuisiné en cataplana dans un bouquet de thym et romarin ou un tournedos de homard rôti au sautoir…
Menus 265-440 F
Carte 340-380 F
38 ch., 790-1 680 F

SAINT-PATRICE

37130 (F7)

HÔTEL-RESTAURANT

CHÂTEAU DE ROCHECOTTE
Tél. 02 47 96 16 16
Fax 02 47 96 90 59
Fermé fév.
Les souvenirs de Talleyrand plus que celui des repas bien arrosés auxquels il conviait ses amis hantent les murs de ce château. Quelques salles somptueuses témoignent encore de ce passé glorieux, quand bien même la table d'Emmanuelle et de Gérard Pasquier n'est plus celle des «victuailles échauffantes et des vins incendiaires» de l'ancien et illustre amphitryon. Cassolette de langoustines et asperges, gnocchis gratinés au basilic ; côte de veau de lait fermier poêlée au jus et fricassée de champignons et asperges.
3 appart. 1260 F
29 ch. 580-950 F
Menus : 210-320 F
Carte : 350 F

◆

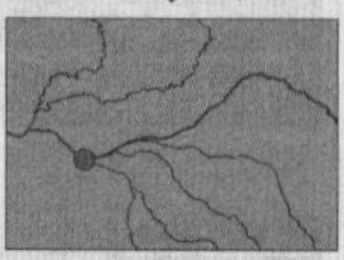

SAUMUR

49400 (D7)

RESTAURANTS

LES MENESTRELS
11, rue Raspail
Tél. 02 41 67 71 10
Fax 02 41 50 89 64
Fermé dim. soir
Cuisine gastronomique. Vaste salle décorée de poutres et de meubles anciens dans l'enceinte de l'Hôtel d'Anne d'Anjou. La cuisine de Lucien Vion joue habilement du mariage des épices et de l'utilisation des aromates. Salade de pigeonneau, mâche et artichauts au poivre de Sétchouan ; râble de veau à l'étuvée de poivrons doux ; saint-jacques en coque au parfum d'orange et de gingembre.
Menus : 98 F - 340 F
Carte : 300 F

LES DÉLICES DU CHÂTEAU
Cour du château
de Saumur
Tél. 02 41 67 65 60
Pierre Millon s'est installé dans l'ancienne chapelle du château de Saumur, datant du XIVe siècle. À ses pieds, la ville et le fleuve. Situation exceptionnelle,

FONTEVRAUD-L'ABBAYE

49590 (E8)

DEMEURE D'HÔTES

❤ DOMAINE DE MESTRÉ
Fontevraud-l'Abbaye
Tél. 02 41 51 72 32
Fax 02 41 51 71 90
Un charmant domaine agricole exploité par la même famille depuis le XVIIIe siècle, posé dans un paysage de vallons et de forêt, proche du confluent de la Vienne et de la Loire, ouvre ses chambres et sa table d'hôtes pour un prix attrayant. L'accueil familial permet de goûter aux délicats produits de la ferme – poulet de grain, veau élevé sous la mère, fromage blanc et fermenté de la laiterie. Un domaine d'autrefois, mis à la disposition d'hôtes, souvent étrangers. C'est une image chaleureuse de la vieille France.
Dîner 140 F, 12 ch.
325-590 F

l'été, sous les ombrages de la terrasse. Table imaginative et savoureuse, axée sur les poissons, les légumes et les fruits de la vallée, le gibier en saison.
Menu-carte à partir de 185 F

SAUMUR VERS MONTREUIL-BELLAY OIRON

79100 (E9)

HÔTEL-RESTAURANT

RELAIS DU CHÂTEAU
Tél. 05 49 96 54 96
Fax 05 49 96 54 45
Le jeune Éric Bernier possède un art consommé des alliances de saveurs et joue des arômes et des textures avec entrain. La petite verdurette de gésiers confits, le blanc de sandre à la crème d'huîtres et les noisettes d'agneau au porto parfumé à la cannelle sont déjà la marque d'un talent confirmé.
Menus 79-170 F
Carte 240-280 F
14 ch., 130-230 F

THOUARS

79100 (D9)

HÔTEL-RESTAURANT

LE CLOCHER SAINT-MÉDARD
14, place Saint Médard
Tél. 05 49 67 90 50
Fax 05 49 67 90 51
Fermé vac. scol. de fév., 2 sem. en août ; dim. soir-lun.
Le clos est devenu clocher, racheté et décoré par Béatrice et Marc de Passorio. Cette splendide bâtisse du 16è siècle qui domine le paysage et le cours du Thouet, méritait un tel effort. La cuisine bénéficie de la même exigence quotidienne, et atteint un bel équilibre entre la tradition et les saveurs d'aujourd'hui. Dos de saumon grillé aux lentilles vertes et moutarde au miel ; tranche de rognons de veau rosée et jus parfumé à la fleur de lavande.
4 ch. 250-350 F
Menus 130-185 F (déj. affaires)-400 F
Carte 300 F

◆

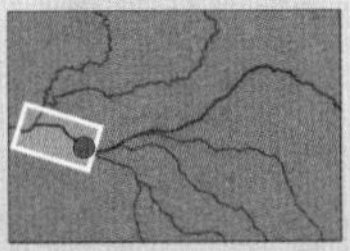

SAUMUR VERS ANGERS CHÊNEHUTTE-LES-TUFFEAUX

49350 (D7)

HÔTEL-RESTAURANT

LE PRIEURÉ
(à 7 km, au nord-ouest de Saumur, par D 751)
Tél. 02 41 67 90 14
Fax 02 41 67 92 24
Douceur de vivre angevine dans le ravissant manoir Renaissance entouré d'un parc de 25 ha, dominant la Loire. Les chambres luxueuses et la salle de restaurant ont vue sur le fleuve. Jean-Noël Lumineau met en valeur les produits régionaux à travers un menu angevin. Beau choix de vins de Loire.
Menus 240-420 F
Carte 350 F
20 ch. dont 2 appt., 750-1 600 F

LES ROSIERS-SUR-LOIRE

49350 (D6)

RESTAURANT

JEANNE-DE-LAVAL
(Hôtel des Ducs-d'Anjou)
54, rue Nationale
Tél. 02 41 51 80 17
Vaste auberge au bord du fleuve où Michel Augereau, installé par le solide Albert, son père, s'est révélé être un grand cuisinier après un stage chez Joël Robuchon. Sa cuisine du terroir angevin décline de nouvelles variations sur la nage d'écrevisses, les poissons de Loire au beurre blanc et la ballottine de pigeon aux truffes. Belle carte des vins de Loire, de Bordeaux et Bourgogne.
Menus 180-420 F
Carte 380-470 F
8 ch., 300-550 F

◆

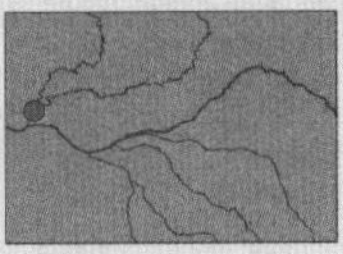

ANGERS

49000 (B5/6)

HÔTELS-RESTAURANTS

HÔTEL D'ANJOU RESTAURANT «LA SALAMANDRE»
1, bd Foch
Tél. 02 41 88 24 82
Fax 02 41 87 22 21
Fermé dim.
C'est le grand hôtel de la ville pour réceptions et festivités. On y apprécie la cuisine de Daniel Louboutin – une grande cuisine classique – bar grillé à la peau et crème de basilic, rissole de pigeon au jus de truffe. Un bon préambule à la visite incontournable des tapisseries de l'Apocalypse d'Angers.
Menus 120-195 F
Carte 300 F env.
53 ch., 380-680 F

ENVIRONS D'ANGERS BÉHUARD

49170 (B6)

RESTAURANT

NOTRE-DAME
12, pl. de l'Église
Tél. 02 41 72 20 17
En aval du confluent remarquable du Maine et de la Loire, une église rescapée des inondations et un restaurant de village, qui offre la cuisine populaire de l'Anjou, moules, friture de Loire, sandre beurre blanc, anguilles, canard. Le tout arrosé d'un vin frais de l'Anjou.
Menus 90-175 F

SAINT-GEORGES-SUR-LOIRE

49170 (A6)

RESTAURANT

RELAIS D'ANJOU
Tél. 02 41 39 13 38
Le vieux pressoir, face à l'abbaye, est agrémenté d'une tonnelle sur la terrasse. La salade de homard et foie gras frais au jus de truffe, la paupiette de saumon frais, beurre blanc, le pigeonneau du Haut-Anjou rôti à l'ail et la crème brulée au cointreau donnent la mesure d'une cuisine classique et régionale.
Menus 105-280 F

SAINT-SYLVAIN-D'ANJOU

49480 (B5)

RESTAURANT

L'AUBERGE D'EVENTARD
Route de Paris - N 23
Tél. 02 41 43 74 25
Fax 02 41 34 89 20
Fermé dim. soir-lun.
Jean-Pierre Maussion est un homme de passion et talentueux de surcroît. Sa table est le reflet de la nécessité intérieure qui provoque chez lui une envie de partager, de faire connaître. Et par exemple, d'initier les enfants à la découverte du monde des saveurs, grâce à un menu spécialement préparé à leur intention. La belle cave ligérienne permet quelques accords entre les mets et des vins méconnus. Rôti de saumon frais au lard fumé, beurre d'échalotes au jus de betterave ; ris de veau braisé à l'ancienne aux morilles et au vin jaune
Menus : 165-395 F
Carte : 350 F

◆ GÉNÉRALITÉS ◆

◆ BERGER (M.), DEBAL (J.) : *Le Loiret à tire-d'aile* (Saint-Jean-de-Braye, Photelico, 1992)
◆ BOUHIER (C.), CHASSAGNE (S.), MENARD (M.) : *Pays de la Loire* (Paris, Larousse, 1989)
◆ CABANNE (C.) : *Pays de la Loire, Centre* (Paris, Sirey, 1984)
◆ CASELI (G.) : *Les Itinéraires culturels. Loire* (Paris, Casterman, 1992)
◆ CATHERINE (C.) : *Les Châteaux de la Loire* (Rennes, Ouest-France, 1986)
◆ CHIROL (S.) et SEYDOUX (P.) : *Le Val de Loire. Des châteaux et des manoirs* (Paris, Le Chêne, 1991)
◆ CLOULAS (I.) : *La Vie quotidienne dans les châteaux de la Loire au temps de la Renaissance* (Paris, Hachette, 1986)
◆ COLLOMBET FRANÇOIS : *Les châteaux de la Loire. La Vallée des Reines* (Paris, Sélection du Reader's Digest, 1993)
◆ COUDERC (J.-M.) : *Beaux villages de Touraine* (Chambray-lès-Tours, C.L.D., 1993)
◆ CROUBOIS (C.), AUDIN (P.), BAILLEUL (R.), PÉRINET (S.) ET SURRAULT (J.-P.) : *L'Indre-et-Loire, la Touraine des origines à nos jours* (Saint-Jean-d'Angély, Bordessoules, 1982)
◆ DELPAL (J. -L.) : *Val de Loire* (Paris, Nathan, 1992)
◆ DESJEUX (B. et C.) et PROUTEAU (Bernard) : *La Rivière de Loire* (Paris, Nathan, 1984)
◆ GÉBELIN (F.) : *Les Châteaux de la Loire* (Paris, Gründ, 1983)
◆ JEANSON (D.) : *Sites et monuments du Val de Loire* (Tours, D. Jeanson, 1977-1987)
◆ LEBRUN (F.), GRUET (M.), GIRAUDEAU (J.), BIENVENU (J.-M.) : *Histoire des pays de la Loire. Orléanais, Touraine...* (Toulouse, Privat, 1972)
◆ MARTIN-DEMÉZIL (J.) : *Trésors du Val de Loire* (Paris, Arthaud, 1976)
◆ MARTIN-DEMÉZIL (J.), TOULIER (B.), DAVAU (M.), BOURIN (A.), COUDERC (J.-M.), BABONAUX (Y.) : *Touraine-Orléanais* (Le Puy, Christine Bonneton, 1980)
◆ POINTRINEAU (A.) : *La Loire. Les peuples du fleuve : "vilains sur terre, seigneurs sur l'eau"* (Le Coteau, Horvath, 1989)
◆ VERRIÈRE (J.) ET BRANCHEREAU (J.-P.) : *Centre et pays de la Loire* (Paris, Ellipses, 1984)

◆ RELIGION ◆

◆ OURY (G.-M.), BIENVENU (J.-M.), CHAUSSY (Y.), CHEVALIER (B.) : *Histoire religieuse de la Touraine* (Chambray-lès-Tours, C.L.D., 1975)
◆ VIGIER (Ph., sous la dir. de) : *Une histoire de la Loire* (Paris, Ramsay, 1986)
◆ VIGUERIE (J. de, sous la direction de) : *Histoire religieuse de l'Orléanais* (Chambray-lès-Tours, C.L.D., 1982)

◆ HISTOIRE ◆

◆ AUDIN (P.), BABONAUX (Y.), BOURIN (A.), COUDERC (J.-M.), SCHWEITZ (D.), TOULIER (B.) : *La Touraine* (Le Puy, Christine Bonneton, 1989)
◆ BOURDERIOUX (M.) : *Châteaux et manoirs en Touraine* (Paris, Éditions Latines, 1993)
◆ BOURRASSÉ (J.-J.) : *La Touraine, histoire et monuments* (Marseille, J. Laffitte, 1977)
◆ BOUSSARD (J.) : *Le Comté d'Anjou sous Henri II Plantagenêt et ses fils (1151-1204)* (Paris, Slatkine, 1977)
◆ BRULEY (É.), CROZET (R.), SIBERTIN-BLANC (C.) : *Visages de l'Orléanais* (Paris, Horizons de France, 1951)
◆ CHAFFARD (G.) : *Les Orages de mai* (Paris, Calmann-Lévy, 1968)
◆ CHALMEL (J.-L.) : *Histoire de la Touraine depuis la conquête des Gaules jusqu'à 1790* (Marseille, Laffitte Reprints, 1981)
◆ CHRISTIN (O.) : *Les Réformes, Luther, Calvin et les protestants* (Paris, Gallimard, 1995)
◆ DENIS (Y.), sous la direction de : *Histoire de Blois et de sa région* (Paris, Privat, 1989)
◆ DENIS (Y.), LOISEL (J.-J.), SAUVAGE (J.-P.), VASSORT (J.) : *Le Loir-et-Cher de la préhistoire à nos jours* (Saint-Jean-d'Angély, Bordessoules, 1985)
◆ DUMOUSTIER (M.) : *Histoire de Chinon* (Paris, Res Universis, 1990)
◆ DURAND (Y.) et VIVIER (R.) : *Libération des pays de Loire* (Paris, Hachette, 1974)
◆ FROMONT (CH.) : *Souvenirs d'antan, cartes postales anciennes de Beaugency et de son canton* (Musée régional de l'Orléanais, 1991)
◆ LABUSSIÈRE (J.) : *Grands notables du premier Empire en Touraine : Loir-et-Cher, Indre-et-Loire* (Paris, CNRS, 1982)
◆ LAURENCIN (M.) : *La Vie quotidienne en Touraine au temps de Balzac* (Paris, Hachette, 1980)
◆ LEBRUN (F.), sous la direction de : *Histoire des pays de la Loire* (Toulouse, Privat, 1972)
◆ LEVEEL (P.) : *Histoire de la Touraine* (Paris, PUF, 1967)
◆ LIVERNET (S.) : *Tours au temps du roi Louis XI* (Blois, Le Clairmirouère du Temps, 1984)
◆ NORA (P.), sous la direction de : *Les lieux de mémoire* (7 volumes, 1984-1992, Paris, Gallimard)
◆ NICOLIN (R.) : *L'épopée des Plantagenêts face aux Capétiens* (Chambray-lès-Tours, C.L.D., 1995)
◆ OURY (G.-M.) : *La Touraine au fil des siècles : la vallée de la Loire, le pays de Chinon, la ville de Tours, le pays de Loches, la vallée de l'Indrois* (Chambray-lès-Tours, C.L.D, 1976-1979)
◆ PERNOUD (R.) : *J'ai nom Jeanne la Pucelle* (Paris, Gallimard, 1994)
◆ PROVOST (M.) : *Carte archéologique de la Gaule : l'Indre-et-Loire* (Paris, Académie des inscriptions et belles lettres, 1988)
◆ TISSIER DE MALLERAIS (M. et H.) : *Le Château et la Ville de Blois* (Tours, La Nouvelle République, 1986)

GÉOGRAPHIE ◆ ÉCONOMIE ◆

◆ BACHELARD (P.) : *L'Industrialisation de la région Centre* (Tours, P. Bachelard, 1978)
◆ DION (R.) : *Le Val de Loire, étude de géographie régionale* (Tours, Arrault, 1934)
◆ FÉNELON (P.) : *Atlas géographique des pays de la Loire* (Paris, Flammarion, 1978)

◆ ARCHITECTURE ◆

◆ BABELON (J. -P.) : *Les Châteaux de France au siècle de la Renaissance* (Paris, Picard, 1990)
◆ BABELON (J.-P.), sous la direction de : *Les Châteaux en France* (Paris, Berger-Levrault / C.N.M.H., 1986)
◆ BERLAND (J.-M.) : *Val de Loire roman* (La Pierre-qui-Vire, Zodiaque, 1980)
◆ BILLY-CHRISTIAN (F.) RAULIN (H.) : *L'Architecture rurale française* (Paris, Berger-Levrault, 1986)
◆ DEYRES (M.) PORCHER (J.) : *Anjou roman* (La Pierre-qui-Vire, Zodiaque, 1987)
◆ GASCAR (P.) : *Chambord* (Suisse, Delpire Éditeur, 1962)
◆ GAUMONT (R.) : *Châteaux et manoirs de l'Orléanais* (Chambray-lès-Tours, C.L.D.,)
◆ GUILLAUME (J.) : *Léonard de Vinci et l'architecture française : la villa de Charles d'Amboise et le château de Romorantin* (*Revue de l'Art*, n° 25, 1974)
◆ GUILLAUME (J.) TOULIER (B.) : *Les Maisons de Tours* in *La Maison de ville à la Renaissance, De Architettura* (Paris, Picard, 1983)
◆ JEANSON (D.) : *La Basilique Saint-Martin de Tours* (Chambray-lès-Tours, C.L.D., 1988), *La Maison seigneuriale du Val de Loire* (Paris, Garnier Frères, 1981)
◆ JEANSON (D.) SARRAZIN (A.) : *Maisons rurales du Val de Loire : Touraine, Blésois, Orléanais, Sologne* (Paris, Vincent Fréal, 1976)
◆ LE GUILLOU (J.-C.) : *Azay-le-Rideau. Entre Renaissance et Romantisme* (Paris, CNMHS / CNRS, 1995)
◆ LELONG (C.) : *La Touraine romane* (La Pierre-qui-Vire, Zodiaque, 1977)
◆ LESUEUR (F. et P.) : *Le Château de Blois* (Paris, Picard, 1970), *Léonard de Vinci et Chambord* (*Études d'art*, nos 8, 9 et 10, Paris-Alger, 1953-1954)

◆ MARTIN-DEMÉZIL (J.) : *Chambord* (Paris, Société française d'archéologie, 1986)
◆ PÉROUSE DE MONTCLOS (J.-M.), sous la direction de : *Le Guide du Patrimoine. Architectures en région Centre. Val de Loire, Beauce, Sologne, Berry, Touraine* (Paris, Hachette, 1992)
◆ SEYDOUX (P.) : *Châteaux et manoirs du Blésois* (Paris, La Morande, 1990)
◆ TOULIER (B.) CHEVALIER (B.) BONIN (M.) : *L'Architecture civile à Tours des origines à la Renaissance* (Tours, Mémoire de la Société archéologique de Touraine, 1980)
◆ VIOLLET-LE-DUC (F.) : *Dictionnaire raisonné de l'architecture française du XIe au XVIe siècle* (Paris, Nobelle, 1967)

◆ LITTÉRATURE ◆

◆ ALAIN-FOURNIER : *Le Grand Meaulnes* (Paris, Fayard, 1971)
◆ ALQUIÉ (F.) : *Descartes, sa vie, son œuvre* (Paris, Hatier, 1955)
◆ BALZAC (H. DE) : *Eugénie Grandet, La Femme de trente ans, Le Lys dans la vallée, Le Curé de Tours, La Grenadière, La Rabouilleuse* in *La Comédie humaine* en 12 t. (Paris, Gallimard / Pléiade, 1971) in *Œuvres diverses* (Paris, Gallimard / Pléiade)
◆ BANCQUART (M.-Cl.) : *Anatole France, un sceptique passionné* (Paris, Calmann-Lévy, 1984)
◆ BEDEL (M.) : *Molinoff Indre-et-Loire* (Paris, Gallimard, 1928)
◆ BELLENGER (Y.) : *La Pléiade : la poésie en France autour de Ronsard* (Paris, Nizet, 1988)
◆ BENJAMIN (R.) : *La Prodigieuse vie d'Honoré de Balzac* (Paris, Éd. du Rocher, 1990)
◆ BOURIN (A.) : *Connaissance de Jules Romains* (Paris, Flammarion, 1961)
◆ BOURIN (A.) : *La Loire et ses poètes* (Chambray-lès-Tours, C.L.D., 1978)
◆ CASTEX (P.-G.) : *Vigny, l'homme et l'œuvre* (Paris, Hatier, 1952)
◆ COHEN (G.) : *Ronsard, sa vie, son œuvre* (Paris, Gallimard, 1956)
◆ COUDERC (J.-M.) : *La Touraine insolite* (1990), Le Loiret insolite (1994) (Chambray-lès-Tours, C.L.D)
◆ DUCHÊNE (R.) : *Madame de Sévigné* (Paris, Fayard, 1982)
◆ FLAUBERT (G.) : *Par les champs et par les grèves* (Castillon-en-Couserans, Encre, 1984)
◆ FRAGONARD (M.-M.) : *La Plume et l'Épée* (Paris, Gallimard / Découverte, 1990)
◆ FRAGONARD (M.-M.) : *Les Dialogues du Prince et du Poète* (Paris, Gallimard / Découverte, 1990)
◆ GALZY (J.) : *Agrippa d'Aubigné* (Paris, Gallimard, 1965)
◆ GENEVOIX (M.) : *Raboliot* (Paris, Grasset, 1983)
◆ GILLARD (M-C.) : *Gien, l'age d'or des faïences* (Paris, Massin)
◆ HALLOPEAU (F.) : *À la recherche de Ronsard* (Vendôme, Libraidisque, 1985)
◆ HENRY (G.) : *Rabelais* (Paris, Librairie académique Perrin, 1988)
◆ HESSE (J.) : *Sologne, l'homme et la nature* (Paris, Berger-Levrault, 1979)
◆ HUGO (V.) : *Œuvres complètes : Voyages* (Paris, Robert Laffont / Bouquins, 1987)
◆ JACOB (MAX) : *Saint Benoît et l'abbaye de Fleury* (La Pierre-qui-Vire, Zodiaque, 1988)
◆ JAMES (H.) : *Voyage en France* (Paris, Robert Laffont, 1987)
◆ LANOUX (A.) : *Le Voyageur du Val de Loire* (Paris, Hachette, 1965)
◆ OURY (G.-M.) : *Ronsard en son pays* (Chambray-lès-Tours, C.L.D., 1984)
◆ RABELAIS (F.) : *Gargantua, Pantagruel* (Paris, Gallimard / Folio, 1976)
◆ RONSARD (P.) : *Œuvres complètes* (Paris, Gallimard / Pléiade, 1950)
◆ SABATIER (H.) : *Les Fillettes chantantes* (Paris, Albin Michel, 1980)
◆ SÉVIGNÉ (Mme de) : *Correspondance* (Paris, Gallimard / Pléiade, 1973)
◆ STENDHAL : *Mémoires d'un touriste* (Paris, Albatros, 1986)
◆ VIGNY (A. de) : *Cinq Mars, ou Une conjuration sous Louis XIII* (Paris, Gallimard/ Folio, 1980)

◆ BEAUX ARTS ◆

◆ COLLECTIF : *Peintures murales romanes* (Région Centre, Cahiers de l'Inventaire. 15)
◆ COLLECTIF : *Souvenir de musée 1841-1991 Angers* (1991, Musée des Beaux-Arts d'Angers)
◆ DEMANGE (F.) : *Images de la Révolution. L'imagerie populaire orléanaise à l'époque révolutionnaire* (Musée des Beaux-Arts d'Orléans, 1989)
◆ SACHS (M.) : *Léonard de Vinci et son époque* (Paris, Nathan, 1980)
◆ STEADMAN (R.) : *Moi, Léonard de Vinci* (Paris, Aubier-Montaigne, 1986)

◆ NATURE ◆

◆ COURTEL (L.), GATEAUD (P.), STEPHAN (B.) : *La Loire en sursis. Croisade pour le dernier fleuve sauvage d'Europe* (Paris, Sang de la Terre, 1990)
◆ DUBOIS (Ph.) sous la direction de : *Où voir les oiseaux en France* ? (Paris, Nathan, 1989)

◆ TRADITIONS ◆

◆ BACHELARD (M.) : *Foires et marchés en Touraine* (Blois, Le Clairmirouère du temps, 1981)
◆ CHABOT (M.) : *L'Escarbille, histoire d'Eugène Saulnier, ouvrier verrier* (Paris, Presses de la Renaissance, 1978)
◆ CLÉMENT (M.-Ch. et D.) : *La Sologne gourmande* (Paris, Albin Michel, 1992)
◆ COLLECTIF : *L'inventaire du patrimoine culinaire de la France, Pays de Loire* (Paris, Albin Michel, 1993)
◆ COLLAS (R.) : *Heurs et malheurs des soieries tourangelles* (Blois, Le Claimirouère du Temps,1987)
◆ MASTROJANNI (M.) : *Le Grand Livre des vins de Loire* (Solar, 1991)
◆ ROUGÉ (J.-M.) : *Le Folklore de la Touraine* (Chambray-lès-Tours, C.L.D., 1975)
◆ TARDIF (B. et N.) : *La Cuisine en Val de Loire* (Chambray-lès-Tours, C.L.D., 1983)
◆ WALDEN (H.) : *Régions gourmandes. Les Pays de Loire,* (Paris, Hatier, 1993)

◆ BATELLERIE ◆

◆ DUSSOURD (H.) : *Les Hommes de la Loire* (Paris, Berger-Levrault, 1985)
◆ MARTIN (L.) : *Au temps de la marine de Loire* (Gien, Journal de Gien)
◆ POITRINEAU (A.) : *La Loire, les peuples du fleuve* (Le Coteau, Horvath, 1989)
◆ TOSCAN (R.) : *L'Épopée des mariniers de la Loire* (La Charité-sur-Loire, Delayence, 1938)

◆ GUIDES ◆

◆ MELOT (M.) GAUTIER (J. J.), (DUCAMP (E.), (MELCHIOR-DURAND (S.) : *l'ABCdaire des châteaux de la Loire* (Paris, Flammarion, 1996)
◆ GUIDES BLEUS : *Centre, Châteaux de la Loire* (Paris, Hachette, 1991) ; Pays de la loire, (Paris, Hachette, 1989)
◆ GUIDE DU ROUTARD : *Val de Loire* (Paris, Hachette, 1993)
◆ GUIDE MICHELIN : *Châteaux de la Loire* (Paris, Michelin, 1992)
◆ LAURENT (P.) : *Sentiers de Touraine* (Paris, Fayard, 1978)
◆ CHÉRISSEY THÉRÉSA DE : *Le guide de l'Anjou* (La Manufacture,1994)
◆ RIVET (CH.) : *Châteaux de la Loire* (Paris, Arhaud, 1989)
◆ SAUVAGE (J.-P.) et VIAUD (D.) : *Itinéraire à travers Blois médiéval* (Blois, C.D.D.T., 1987)
◆ VIALLES (H.) : *Tours pas à pas, ses rues, ses monuments, ses hommes célèbres* (Roanne, Horvath, 1985)
◆ VANNIER (S.) : *Orléans pas à pas* (Le Coteau, Horvath-Loddé, 1989)

◆ REVUES ◆

◆ *Monuments historiques,* Paris, n° 176 (1991) ; n°164 (1989)
◆ *Images du patrimoine n^os* 22, 29, 30, 45, 47, *72, 73, 87*

musée du Louvre, Paris, © RMN.
Le bal sauvage, détail d'une tapisserie, XVe siècle, musée des Arts Décoratifs, Saumur, © Pratt-Pries/Diaf.
La salle des faïences, © Serge Chirol.
Sainte-Catherine, statue des ateliers des bords de Loire, XVe siècle, © Pratt-Pries/Diaf.
281 *Vue aérienne du château de Saumur*, cl. Éric Guillemot/ Gallimard.
Portrait de Duplessis-Mornay, gravure, coll. part.
282/283 *Encart Cadre Noir*, © Alain Laurioux/ École nationale d'équitation, Saumur.
Carrousel, 1993, © Noël Hautemanière/Scope
284 *Le pont César*, © Jean-Paul Gislard.
Mademoiselle Florence La Bram, © Alain Le Bot/Diaf.
Église de Nantilly, de Wismes, litho, coll. part., cl. Gallimard.
285 *Notre-Dame-des-Ardilliers*, © Noël Hautemanière/Scope.
Château de Boumois, détails, © Éric Guillemot/ Gallimard.
286 *Le val Hulin*, © Éric Guillemot/Gallimard.
La Grande Vignole, © Yann Arthus Bertrand/Altitude.
287 *Dent de requin*, © François Joly.
Caves de Marson © Éric Guillemot/Gallimard.
288 *Dénézé-sous-Doué*, © Jean-Paul Gislard.
Doué-La-Fontaine, rue des Perrières, idem.
Doué-la-Fontaine, détail du musée des Anciens Commerces, © Éric Guillemot/Gallimard.
Doué-La-Fontaine, zoo des Minières, idem.
Dolmen de la Madeleine, idem.
290 *Le Puy-Notre-Dame, Sainte Ceinture*, © Inventaire général des Pays de Loire.
Montreuil-Bellay, la ville close, © Jean-Paul Gislard.
291 *Montreuil-Bellay*, de Wismes, litho, coll. part, cl. Gallimard.
Saint-Hilaire, © Éric Guillemot/Gallimard.
292 *Château de Pimpéan*, © Jean-Paul Gislard.
Cunault, élévation de la façade principale, 1880, coll. bibl. du Patrimoine, Paris, cl. Gallimard.
293 *Hélice terrestre de l'Orbière*, © Éric Guillemot/Gallimard.
Château de Pimpéan, fresques de la chapelle, © Jean-Paul Gislard.
294 *Château de Brissac*, © Wojtek Buss/Hoa-Qui.
Moulin du Pavé près de Brissac, vue aérienne des Ponts-de-Cé, © Éric Guillemot/Gallimard.
295 *Angers, le pont des Treilles*, J. V. de Fleury, h/t, vers 1840, musée des Beaux-Arts d'Angers.
296 *Saint Louis, vitrail à Mezières-en-Brenne*, © Guy Fleury/Artéphot.
Château d'Angers, © Éric Guillemot/Gallimard.
297 *Denier frappé à Angers par Foulques Nerra*, vers 1030, © Ohanna, DR.
Vue du château d'Angers, litho, XIXe siècle, DR
298 *Tourelle du château*, © Éric Guillemot/ Gallimard.
Le roi René, détail d'un vitrail de l'abbaye du Loroux, © Inventaire général des Pays de Loire.
Donadieu de Puycharic, statue tombale provenant de l'église des Jacobins, idem.
Les jardins du château, © Éric Guillemot/ Gallimard.
299 *Angers, daims dans les douves*, © Michel Gotin/Scope.
Le château, © Jean-Paul Gislard.
Les douves du château, © Éric Guillemot/ Gallimard.
Le chatelet, idem.
Le château, bouches à feu de l'enceinte, © Serge Chirol.
Vue de la galerie de l'Apocalypse, © Inventaire général des Pays de Loire.
300/301 *Tapisserie de l'Apocalypse*, © Inventaire général des Pays de Loire.
302 *Rosace sud de la cathédrale, Maître-autel à baldaquin*, © Éric Guillemot/Gallimard.
Peinture murale de la cathédrale La vie de saint Maurille, XIVe siècle, © Inventaire général des Pays de Loire.
Trésor, bras reliquaire, XVe siècle, *idem.*
303 *La cathédrale*, © Pratt-Pries/Diaf.
René Bazin, © Roger Viollet.
Maison d'Adam, bois sculpté, © Jean-Paul Gislard.
La maison d'Adam, idem.
304 *Ancienne abbaye Saint-Aubin*, © Jean-Paul Gislard.
Masque de femme en cuivre doré, coll. musée d'Anjou, Angers.
Portrait de David d'Angers, photo, 1845, © Roger Viollet.
Le Logis Barrault, de Wismes, litho, coll. part, cl. Gallimard.
305 *David d'Angers*, timbre, coll. musée de la Poste.
Francesca da Rimini, Ingres, h/t, 1819, © musée des Beaux-Arts d'Angers.
Hervé Bazin, 1981, © Roger Viollet.
Galerie David d'Angers, © Olivier Martel/Hoa-Qui.
Galerie David D'Angers, © Jean-Paul Gislard.
306 *Élévation aquarellée de la façade du théâtre*, Auguste-Joseph Magne, 1870, coll. musée d'Angers.
Le théâtre, © Jean-Paul Gislard.
Hôtel Pincé, élévation aquarellée, Auguste-Joseph Magne, 1976, coll. bibl. du Patrimoine, Paris., cl. Gallimard.
307 *Boule de fort*, © Jean-Paul Gislard.
Planches aquarellées, Pierre-Joseph Redouté, fin XVIIIe siècle, coll. musée botanique. *Angers*, © Pratt-Prie/Diaf.
Curnonsky, © Roger Viollet.
Église Saint-Serge, Angers, © Serge Chirol.
308 *Pont de Verdun sur la Maine*, © Pratt-Pries/Diaf.
Signeymateria, José Grau-Garrga, tapisserie, 1968, coll. musée Jean Lurçat, Angers.
Les Anges porteurs de la passion, détail de tapisserie, coll. musée du château d'Angers.
Hôpital Saint-Jean, © Éric Guillemot/ Gallimard.
309 *Jean Lurçat*, © Roger Viollet.
Liberté, détail de tapisserie, Jean Lurçat, 1943, coll. musée Jean Lurçat, Angers.
Mai, Mario Prassinos, tapisserie, 1960, *idem.*
Champagne, atelier Tabard, Aubusson, 1959, *idem.*
310 *Bibliothèque du château de Serrant*, © A. Février/Diaf.
Château de Serrant, © Wojteck Buss/Hoa-Qui.
311 *Balcon du château du Plessis-Macé*, © Pratt-Pries/Diaf.
Le Plessis-Macé, © Michel Gotin/Scope.
Le Plessis-Bourré, plafond peint, © Alain Le Bot/Diaf.
Le Plessis-Bourré, © Jean-Paul Gislard.
312 *Baugé, pharmacie de l'hôpital Saint-Joseph*, © Pratt-Pries/Diaf.
La Mine bleue, © Olivier Martell/Hoa-Qui.
314 *Château de Montsoreau*, © Éric Guillemot/Gallimard
317 *TGV Atlantique*, © Kid/Kervella/Hoa-Qui
322/323 *Coulée de Serrant*, © Jean-Paul Gislard.
Cave troglodytique, Saumur, © Julien Quideau/Hoa-Qui.
Bouteilles de vin, © Éric Guillemot/Gallimard.
325 *Cave à Saint-Cyr-en-Bourg*, © N. Thibaut/ Hoa-Qui.
Soussay, château troglodytique, © Richard Manin/Hoa-Qui.

Nous tenons à remercier les personnes et les institutions suivantes pour leur aide :

M. Patrick Boyer
M. Carvallo
Mme Florence Dauge
M. Dontenwille
M. Dupavillon
Mme Favard
M. Giquel
Mme Godefroy Durand-Ruel
M. Pierre Huteau
Mme Le Platre
M. Yves Maufra
M. Perraguin
M. Jean Poulain
Mme Muguette Rigaud
M. Steinberg
Mlle Claudine Varin
Mme Barbara Wright
Les Archives départementales du Loir-et-Cher
La bibliothèque du Patrimoine à Paris,
La bibliothèque départementale d'Indre-et-Loire à Tours
La bibliothèque municipale de Tours
La bibliothèque municipale de Vendôme
La Documentation de l'Inventaire à Orléans
La photothèque de la Ville de Tours
Le musée de l'Hôtel de Ville à Amboise
Le musée régional de l'Orléanais à Beaugency
Le Musée archéologique de Blois
Le musée des Beaux-Arts de Blois
Le musée des Amis du Vieux Chinon
Le musée de Sologne à Romorantin-Lanthenay
Le musée Lansyer à Loches
Le musée des Beaux-Arts à Tours
Le musée du Compagnonnage à Tours
Le Musée municipal de Vendôme
Les Amis de Rabelais et de La Devinière
La galerie La Cymaise à Paris
Pierre Aucante
Anne et Alain Beignet
Anne et Serge Chirol
Martine et Alain Doron
Jean-Paul Grossin
François Joly
Patrick Lavaud
Jean-Pierre Moreau
Jean-Luc Péchinot
Pierre Pitrou
Jean-Noël Thibault
Les Éditions CLD, Tours
Les Éditions du Zodiaque

Nous avons par ailleurs recherché en vain les héritiers ou éditeurs de certains documents. Un compte leur est ouvert à nos éditions.

K
L
M
N
O
Châteaudun
BELGIQUE
R.F.A.
Paris
Orléans
Angers
Loire
SUISSE
FRANCE
ITALIE
ESPAGNE
O R L É A
OR
La Chapelle-Saint-Mesmin
N 157
Saint-Ay
Meung-sur-Loire
Loire
Cléry-Saint-André
Vendôme
Talcy
A 10
Beaugency
Centrale de Saint-Laurent-des-Eaux
LOIR-ET-CHER
Mer
N 10
Saint-Dyé-sur-Loire
BLÉSOIS
Menars
Chambord
Villeny
Blois
A 10
Bracieux
Villesavin
Beauregard
Onzain
Troussay
Cheverny
Candé-sur-Beuvron
Chaumont-sur-Loire
S O L O
Fougères-sur-Bièvre
Roujoux
Contres
Amboise
Pagode de Chanteloup
Romorar
Lanthen
Montrichard
Chenonceau
Ancienne Abbaye d'Aiguevive
Cher
Saint-Aignan
Montpoupon
Parc zoologique de Beauval
Chartreuse du Liget
Montrésor
Valençay
Beaulieu-lès-Loches
Loches
Pyramide des chartreux
Nouans-les-Fontaines
GÂTINE
INDRE
N 143
Indre
Parc Naturel Régional de la Brenne
Châteauroux
1
2
3
4
5
6
7
8
9
10